科技情报
卓智赋能论

赵志耘◎著

·北京·

图书在版编目（CIP）数据

科技情报卓智赋能论/赵志耘著. —北京：科学技术文献出版社，2023.3
ISBN 978-7-5235-0099-6

Ⅰ.①科… Ⅱ.①赵… Ⅲ.①科技情报工作—研究—中国 Ⅳ.① G255.51

中国国家版本馆 CIP 数据核字（2023）第 045035 号

科技情报卓智赋能论

| 策划编辑：丁坤善　周国臻　责任编辑：赵　斌　责任校对：张永霞　责任出版：张志平 |

出 版 者	科学技术文献出版社
地 址	北京市复兴路15号　邮编　100038
编 务 部	（010）58882938，58882087（传真）
发 行 部	（010）58882868，58882870（传真）
邮 购 部	（010）58882873
官 方 网 址	www.stdp.com.cn
发 行 者	科学技术文献出版社发行　全国各地新华书店经销
印 刷 者	北京时尚印佳彩色印刷有限公司
版 次	2023 年 3 月第 1 版　2023 年 3 月第 1 次印刷
开 本	710×1000　1/16
字 数	361千
印 张	24.5
书 号	ISBN 978-7-5235-0099-6
定 价	186.00元

版权所有　违法必究

购买本社图书，凡字迹不清、缺页、倒页、脱页者，本社发行部负责调换中国科学技术信息研究所党委书记、所长，兼任科技部新一代人工智能发展研究中心主任；研究员，经济学博士，博士生导师；"万人计划"哲学社会科学领军人才，"新世纪百千万人才工程"国家级人选，中宣部"四个一批"理论家，国务院政府特殊津贴专家。曾任中国社会科学院财政税收研究中心主任等；兼任中国软科学研究会副理事长、《中国软科学》主编、中国成本研究会常务理事、中国财政学会常务理事。主要研究领域是宏观经济理论与政策、科技管理与政策、情报理论与方法。已出版学术专著30余部、译著5部，发表学术论文百余篇。

赵志耘

序

　　《科技情报卓智赋能论》的作者赵志耘是中国科学技术信息研究所党委书记、所长、研究员，也是北京大学情报学专业的博士生导师。赵志耘研究员所创建的"科技情报卓智赋能理论"向世人展现了新时期中国科技情报人的使命与担当，著述的内容也再次印证了火热的科技情报实践沃土必然催生出璀璨的科技情报理论之花。

　　中国科技情报的理论与实践探索工作，是按照周恩来总理的指示于20世纪50年代组织开展起来的。在中国社会主义建设事业发展的历史进程中，科技情报工作者勇于打破外部封锁，积极支持科技创新，融入战略科技力量，尽到了应有本分，发挥了重要作用。纵览中国科技情报和中国国防科技情报的历史资料档案，既能发现为时代和业务背书的优秀情报研究产品，也能看到映射升华工作理念和方法规律的情报专业教材与情报理论成果。令人印象深刻的是，在节点性的成果作品中总能看到中国科学技术情报研究所作者的身影。美国安全与新兴技术中心于2021年1月发布《中国科学技术情报行动——通过开源监测国外科技》报告，认为"中国在科技情报领域远远走在了世界前面"，并着重提到了中国科学技术情报研究所。这里所说的"中国科学技术情报研究所"，目前的正式名称是"中国科学技术信息研究所"。《科技情报卓智赋能论》出自这个具有优秀传统的研究机构，不由人不细细品评。

　　通常人们会凭自己的感觉或想象给情报和情报工作佩戴上各式各样的"神秘"标签。没有情报工作实践经验的学者常常着意从概念上将"情报"与"智慧""知识""信息""数据"等术语区隔开来，而疏于解读这些术语在实际使用中所对应的不同情报工作场景，鲜有意识到这些都是情报工作的对象成分，误用术语指代的对象层级去标定业务工作的层次高低。在此认知基础上所构建的情报理论与情报工作实践相脱离则不可避免。"理论、实践两张皮"的问题长期困扰着我国的科技情报界。卓智赋能理论的出现则直指该痼疾。

有经验的专家知道，情报工作其实是专业人员在任务场景所对应的信息环境中对WIKID（wisdom，intelligence，knowledge，information，data）进行去粗取精、去伪存真，以促进感知的形式呈现情报事实的作业（操作）。情报工作是要解决用户（即决策者）决策所需信息不完备的问题。减少决策者在决策过程中的认知意外，是情报工作的基本目标。卓越的情报智慧寓于3项标志性的情报专业工作：①快速全面发现线索；②准确有效刻画事实；③便捷恰当赋能保障。"卓智赋能"语带双关，既表运用卓越专业智慧、凸显科技情报特色的认知理念，又指重视智能技术加持、提升情报赋能效率的操作意涵。通读全书愈觉作者使用"卓智赋能"来标称理论之用词考究。

情报任务纷繁复杂，然则情报学术聚焦有道。情报理论探索解决的问题对象是分层有序的。第一，理论探索应该厘清情报工作所面临的必须解决的问题或必须完成的任务，此乃情报界的现实实践问题。第二，在扫视现实实践问题的过程中应该关注提取情报业务能够并且擅长解决的问题，即实践专业问题。第三，针对实践专业问题梳理出开展情报工作所需的认知保障项目，也就是通常所说的理论问题。就情报学而言，对这些理论问题的组织梳理可以运用业务、事业和教育的划分逻辑，也可以使用人才保障、资源保障、技术保障和制度保障的标识标签。本书的内容组织结构则呈现出鲜明的知行合一关系特征，作者用情报认知篇、技术基础篇和场景解析篇的架构形式来阐述对科技情报卓智赋能理论的认知解读、应用要求和使用示范。各个篇章的内容细分呈现能够诠释"完全穷尽""相互独立"的MECE原则，亦是另一个值得回味之所在。本书的内容组织在分类呈现、逐次递进和虚实互见上始终严格遵循情报事实的刻画表达逻辑，展示了作者深厚的情报业务功底。

情报理论发展的主旋律是学术与实践的关系互动。线索发现和未然感知等是科技情报战线的经典业务，在大国博弈的现实环境下不可避免地要成为先锋、骨干、核心。然而受限于历史敏感性等各种因素，此类内容在既有的情报理论著述中鲜有正面提及。本书作者创造性地将这些特色核心情报元素纳入科技情报卓智赋能理论，并用场景切割的方式巧妙应对了复杂信息环境带来的理论研究驾驭难题，展示了中国情报学者理论创新的时代风采。

科技情报事业运转跟国家建设与发展脉络节奏一致，科技情报理论探索任重而道远。《科技情报卓智赋能论》是当代中国科技情报工作者在严峻复杂的科技发展与安全形势下进行任务萃取所得的理论结晶，相信情报学界和业界同仁能够通过阅读此书激扬家国情怀、感悟专业魅力、碰撞思想火花。

王延飞
2023年2月于燕园

目 录

第1章 绪 论 1
  1.1 中外情报历史 1
  1.2 中外情报研究的基本原理及主要学说 11
  1.3 中国科技情报事业发展历程 43
  1.4 本章小结 56
  参考文献 57

科技情报卓智赋能之情报认知篇

第2章 复杂信息环境下的科技情报理论体系构建问题 65
  2.1 信息环境的复杂特征 65
  2.2 科技情报理论的探索要求 67
  2.3 科技情报理论体系的研究构成 71
  2.4 科技情报理论体系的特征关系 75
  2.5 科技情报理论体系构建的质量标准 78
  2.6 本章小结 80
  参考文献 81

第3章 卓智赋能之意义辨析 83
  3.1 科技情报理论体系中的赋能关切解析 83
  3.2 科技情报卓智赋能要求和要素条件 88

3.3 科技情报卓智赋能的实现路径 93
3.4 本章小结 99
参考文献 99

第 4 章　卓智赋能之专业能力 101

4.1 科技情报感知 101
4.2 科技情报刻画 107
4.3 基于情报感知和刻画的科技情报工作模式 111
4.4 科技情报感知和刻画的技术实施 112
4.5 本章小结 114
参考文献 115

第 5 章　卓智赋能之体系能力保障 117

5.1 情报体系能力研究的历史 117
5.2 对科技情报体系能力组成的既有认知 119
5.3 达成卓智赋能目标对体系能力保障所提的要求 121
5.4 数智转型对科技情报体系能力要素的影响 124
5.5 数智转型中的科技情报体系能力要素配置 128
5.6 本章小结 134
参考文献 135

第 6 章　卓智赋能之管理评估 139

6.1 情报业务管理评估 139
6.2 科技情报业务管理评估的模型和方法 141
6.3 卓智赋能关切下的业务管理评估实施 149
6.4 科技情报体系能力的赋能评估 158
6.5 本章小结 163
参考文献 164

科技情报卓智赋能之技术基础篇

第 7 章　科技情报资源建设 ... 169
- 7.1　科技情报资源 ... 169
- 7.2　科技情报资源建设 ... 175
- 7.3　科技情报资源谱系建设 ... 182
- 7.4　本章小结 ... 186
- 参考文献 ... 187

第 8 章　科技情报线索发现方法 ... 189
- 8.1　科技情报线索发现的情报工作要义 ... 189
- 8.2　科技情报线索发现的作业实施 ... 192
- 8.3　科技情报线索发现的主要方法 ... 198
- 8.4　科技情报线索发现方法及应用 ... 206
- 8.5　本章小结 ... 213
- 参考文献 ... 214

第 9 章　科技情报业务管理规制 ... 216
- 9.1　科技情报业务管理的规制内容 ... 216
- 9.2　科技情报业务管理体系 ... 221
- 9.3　美国情报业务管理体系及实施 ... 225
- 9.4　科技情报业务管理规制的相关建议 ... 235
- 9.5　本章小结 ... 237
- 参考文献 ... 238

第 10 章　专业人才队伍培养 ... 239
- 10.1　国内情报学教育 ... 239
- 10.2　国外情报学教育 ... 253
- 10.3　卓智赋能下的科技情报专业人才培养 ... 261

10.4 本章小结 264

参考文献 265

科技情报卓智赋能之场景解析篇

第 11 章　已然扫描 273

11.1 已然扫描的含义 273

11.2 已然扫描的任务解析 274

11.3 已然扫描的基本模型和步骤 276

11.4 已然扫描采用的主要方法和实施要求 278

11.5 已然扫描的作业案例 279

11.6 本章小结 281

参考文献 281

第 12 章　或然预见 282

12.1 或然预见的含义 282

12.2 或然预见的任务解析 283

12.3 或然预见的基本模型和步骤 285

12.4 或然预见采用的主要方法和实施要求 286

12.5 或然预见的作业案例 288

12.6 本章小结 295

参考文献 296

第 13 章　未然感知 297

13.1 未然感知的含义 297

13.2 未然感知的任务解析 298

13.3 未然感知的基本模型和步骤 300

13.4 未然感知采用的主要方法和实施要求 301

13.5 未然感知的作业案例 303

13.6　本章小结 ·· 306
　　参考文献 ·· 307

第 14 章　前瞻规划 ·· 308
　14.1　前瞻规划的含义 ·· 308
　14.2　前瞻规划的任务解析 ··· 309
　14.3　前瞻规划的基本模型和步骤 ·· 310
　14.4　前瞻规划采用的主要方法和实施要求 ·· 312
　14.5　前瞻规划的作业案例 ··· 314
　14.6　本章小结 ·· 316
　　参考文献 ·· 317

第 15 章　科技情报业务支撑平台建设 ·· 318
　15.1　情报认知论 ··· 318
　15.2　科技情报认知论 ·· 324
　15.3　科技情报业务支撑平台建设 ·· 330
　15.4　科技情报业务支撑平台的作业案例 ··· 335
　15.5　本章小结 ·· 344
　　参考文献 ·· 345

结束语 ·· 347

附　录 ·· 349
　附录 1　国外情报工作人才调研 ·· 349
　附录 2　国外高校信息科学相关研究生项目培养方案调研 ····················· 354

后　记 ·· 373

第1章 绪 论

信息学是研究信息的产生、表示、获取、存储、传输及使用规律的学科。中国研究者们认为：情报学是研究情报产生、构成、获取和转换的规律，采用现代信息技术对其进行加工、组织、检索、传输并实现有效利用的学科[1]。但是，早在情报被作为专门的学科研究之前，人类的情报活动已经开始。本章回顾中外情报历史，归纳和总结情报研究的基本原理及学说、主要学派及相关研究，中国的情报学理论研究，中国的科技情报事业发展历程等内容，以清晰地展示情报史、情报理论研究、中国科技情报事业的历史画卷。

1.1 中外情报历史

谢尔曼·肯特（Sherman Kent）认为情报的起源与社会同步，我们每天都在从事某种类型的情报工作。每个人决定采取行动时，如消费者决定购物清单、医生诊断病情，均会做些初步的情报工作。从这一点看，情报是一种与人类生活息息相关的信息。但对于高级情报人员来讲，需要具备丰富的知识和技能，绝非某个人决定购物清单那样简单，这也是情报存在的意义。美国学者拉迪斯拉斯·法拉戈（Ladislas Farago）认为，人类最早的"武器"是"石块、棒子和情报"[2]。从这一观点看，情报是作战的武器之一。所以，军事情报专家认为情报源于战争，情报是战争的产物。

1.1.1 情报的萌芽时期

情报的萌芽时期是指古代情报工作阶段。古代由于受到生产力水平的局限，尽管战争规模有限，但是战前的情报侦察和谋划很受重视。古埃及训练专门的情报搜集队伍定期系统地搜集情报。最早的系统化搜集情报的案例是古埃及的喜克索斯人建立的情报体系，情报人员利用火把和信使等通信手段传递信息，利用专门的侦察部队侦察地形、审问俘虏，然后向指挥官呈交标明信息来源的情报报告。文字和加密技术的出现，使情报在通信过程中发生变化，如古巴比伦、古埃及、古希腊和古罗马均使用过密码传递信息。但是国外在这一时期情报思想的论述较少，只有古罗马的维吉提乌斯（Vegetius）在著作《罗马军制论》中阐述了地形、进攻和行军路线情报的重要性，赛·尤·弗龙提努斯（Sextus Julius Frontinus）的《谋略》通过归纳作战案例，阐述著名军事将领用兵的军事谋略，体现了他们对情报的重视。

相比国外，中国古代军事家对战争与情报的系统思考和论述更为出色。战国时期的兵书《六韬·王翼第十八》中指出："伏鼓旗三人。主伏鼓旗，明耳目，诡符节，谬号令，蜀忽往来，出入若神……耳目七人。主往来听言视变，览四方之事，军中之情……羽翼四人。"伏鼓旗三人分管军事保密通信和制造假情报以欺骗敌方；耳目七人负责从各方面去侦察。宋代兵书《经武要略》指出："兵家之有采探，犹人身之有耳目也。耳目不具则为废人，采探不设则为废军。"采探即指侦察。孙子在其著名的军事著作《孙子兵法》中对战争和情报的论述非常详尽系统，对后世军事作战和情报工作具有深远的影响。《孙子兵法》强调先知，主张由"先知"求"先胜"，提出预知胜负的5种情况。认为只有在战前做充分的评估，分析结果有利于己的情况下，决策者才能做出开战的决策。因此，情报在决策中发挥着"先导"作用，而且对情报搜集进行了详细的描述，孙子提出"相敌""动敌""用间"。而《周易》强调预判和预警，"探赜索隐，钩深致远，以定天下之吉凶，成天下之亹亹者，莫大乎蓍龟"，指人们必须在事物的初始阶段就能发现端倪，掌握动向，把握导致事物变化的深层次原因。而且中国古代的军事情报已提出评估理念和方法，有研究学者就指出"庙算"与西方情报术语"净评估"在意义上是一致的[3]。值得注意的是以孙子为代表的古代情报分析步骤,孙子在《孙子兵法》中主张首先逐项分析,之后对比分析,最后综合评估。具体而言,逐项分析是指按照性质将影响战争胜负的战略要素分为"五事",即"道""天""地""将""法",分别分析民众对战争的态度、天气和战场环境、地理环境、指挥者素质和军队的建制。对比分析是指将分析评估的因素分为"七计",即"主孰有道？将孰有能？天地孰得？法令孰行？兵众孰强？士卒孰练？赏罚孰明？"。对比分析交战双方的民众拥护、将领的军事才干、自然环境和地理环境、军队管理能力、装备数量和质量、士兵训练质量、奖惩制度等方面。综合评估指从交战双方总体评估预测战争的胜负。由此可以看出,中国古代的情报分析已有定性分析和定量分析的萌芽。

1.1.2 情报的发展时期

情报的发展时期是指情报工作专业化形成阶段。在这一阶段,新的情报观开始形成,具备了以下3个方面的显著情报特征。

(1) 重视并建立情报机构

随着生产力的发展,战争规模开始扩大,欧洲主要国家如意大利、西班牙、法国、英国等开始建立情报机构并从事情报活动。中国在各个朝代都设有从事军事情报活动的部门,但不是专职情报机构,如西汉时期的大将军幕府指挥机构、唐宋时期的枢密院、明朝的设卫所制度、清朝的军机处。18世纪,随着法国大革命的爆发,近代军事制度在欧洲普遍建立,常设性的军事情报机构开始形成,情报工作开始走向专业化。以英国为例,英国政府在拿破仑战争后开始建立军事情报机构——军事知识部、地形测量暨统计局,主要搜集外国的地形、地图信息。普法战争后,地形测量暨统计局的情报职责增加了搜集外国军事实力及组织方面的情报,跟踪外国军事科学进展。因此,军事情报的内容除地形、战术、实力外,又增加了技术情报。1885年,亨利·布雷肯伯里(Henry Brackenbury)首任陆军情报部主任,直接对总司令负责,1887年,海军情报部成立。法国的情报工作在拿破仑统治时期得以迅速发展。拿破仑十分重视情报工作,对情报的不确定性有充分的认识。在每次战役发起前和进行过程中，他均会根据不断搜集的情报，对可能发生的情况进行假设并提出预案，直至战争结束。拿破仑设立的统帅部由参谋长办公室和总参谋部组成，参谋长办公室下设的情报部门主要进行情报工作。1871 年，普法战争失败后，法国改组总参谋部，除设立军事情报机构外，还有外交部情报机构和内政部安全局，两个机构通过破译密码获取情报。美国在独立之初没有建立常设性的情报机构，但华盛顿总统非常重视情报，他强调情报的保密性，认为过时的情报不再具有价值，并且重视情报分析。他认为：情报搜集过程中要注意那些看似"无足轻重"的信息。有些信息看起来不重要，但是与重要的信息合在一起，就可能得出有价值的情报。华盛顿领导的情报活动使得美国取得独立战争的胜利。战争结束后，美国出于资本扩张的需要重组海军，1882年成立海军情报部搜集外国海军军备情报，参与制订战略计划，如金伯尔计划。1885 年成立陆军情报部，海军情报部和陆军情报部的成立使美国军事情报机构具备了常设性。第一次世界大战（以下简称"一战"）期间，美国也加强了陆军情报工作，陆军部和远征军分别建立了各自的情报系统，除搜集军事情报外，还进入反情报领域及进行密码破译工作。

（2）开辟新的情报领域

两次世界大战推进了情报的多元化发展，情报的类型不再局限于传统军事情报，技术情报、经济情报、科技情报在相关领域也发挥着重要作用。

① 技术情报。1914—1945 年，两次世界大战先后爆发，为满足战争需求，各国军事情报机构迅速发展，技术情报的作用开始大于人力情报，这一时期航空侦察、信号情报发挥了重要作用。一战后，情报技术出现突破，无线电、雷达、航空侦察及公开情报源的搜集成为重要的情报搜集方法。情报技术的发展为第二次世界大战（以下简称"二战"）的情报工作提供了技术准备，如 1940 年美国的信号情报机构造出破译日本密码的破译机器"魔术"。"魔术"的情报使美国了解了日本的外交和战争意图，在珍珠港事件发生前，美国决策者认为日美之间的冲突最终只能通过战争解决。此外，美国还设立侦听站设法破译日本海军密码，分析日军的战斗部署和战机性能。随着战事的持续，了解交战国的经济逐渐成为战略决策的要

素，战略情报观开始形成。

②经济情报。在两次世界大战期间，英国是最早重视经济对战争影响的国家，先后设立战时贸易问题咨询委员会、外国工业情报小组、工业情报中心。工业情报中心将取自工业新闻期刊或简报、年度报告、国际联盟出版物、外交报告等的情报资料进行整理、分析和评估，形成报告。1934年，工业情报中心与空军部门合作发表第一篇有关德国经济的报告，该报告准确地判断了德国的工业生产能力，并建议英国政府做准备应对正在实施扩军备战的德国。1939年5月，工业情报中心在评估报告中指出，德国如果无法在占领区获得丰富的经济资源，它将在战争开始的12~18个月出现严重的资源供应困难。英国工业情报中心的成立是情报历史上的重要里程碑，即情报从局限于军事情报，转向开始关注非军事因素对国家实力的影响，为情报工作开辟了一个全新的领域。

③科技情报。在二战期间，苏联的情报机构除搜集军事、政治、经济情报外，获取西方国家科学技术情报也是其重要目标。1925年，苏联国家政治保卫局正式将获取"外国科学技术成就"作为自己的情报目标。仅1924—1925年，苏联政府用于获取西方先进科学技术情报的经费达到2600万金卢布。法国的军事工业，特别是航空业、化学工业及武器制造技术，德国的化学工业、钢铁工业、电子工业、航空工业均是苏联情报机构重要的研究目标。苏联情报机构编撰出版《军事技术通报》，阐述国外的武器装备、通信和电子技术、材料等最新技术及应用情况[4]，这些情报工作为苏联缩小与西方国家的科技差距发挥了积极的作用。

（3）情报分析思维逐步成熟和发展

两次世界大战推动情报工作从传统的以收集为主转向重视分析。以德国为例，德军将截收的信号情报送到分析中心，分别进行通信分析、测向分析、内容分析和最后分析。通过细致的分析，德国无线电情报机构在美国参战前为德国的战术情报做出巨大贡献。太平洋战争爆发后，美国组建战略情报局，下设的研究分析处聘请专家学者成立分析团队，专门研究与政策和战略有关的现实问题，结合未来问题进行分析，为决策者献计献策。研究分析处对交战国家的战略问题进行深度研究，也为美军作战提供战术支持。在战争期间，研究分析处提供的2000份研究报告，大部分涉及各个国家和地区的基本情况，如经济、地理、交通、军事能力、情报组织等。尽管研究分析处不参与政策制定，但是其报告内容为战争期间及战后美国战略制定做出了贡献，它的情报分析技巧影响了美国的情报工作[4]。

两次世界大战凸显情报的重要作用，各国政府更为重视情报分析和战略情报意识。两次世界大战中的主要交战国如美国、德国、苏联均出现过情报失误导致决策错误的问题，如美国的珍珠港事件、战前德国的战略评估失误、苏德战争前苏联的情报误判。情报失误的主要原因有：①情报搜集能力有限，情报来源单一。如苏联在1920年的苏波战争中，由于情报非常缺乏，苏联红军盲目地向华沙进军而惨遭失败。美国依赖"魔术"，但"魔术"仅提供日本的外交电报，对日本海军动向是情报空白。德国对苏联情报的主要来源是德国驻苏联武官与航空侦察，但无法全面分析苏联的战争潜力和军事实力。②情报分析能力有限。一是指情报搜集能力缺陷给情报分析带来严重问题。例如，德军在1941年承认对苏军战斗序列方面的情报几乎一无所知，严重低估苏军兵力。德军将领指出德军情报机构"可能历来就未用大规模手段去解决情报不足的问题……缺乏情报是最后导致灾难的根本原因"。二是缺乏高水平情报分析机构对情报线索进行可靠性的分析。例如，美国的"魔术"提供的情报线索尽管零碎且模糊，但对于具有情报分析能力的情报分析人员，是可以通过分析和整理来分析日本意图的。③情报对军事技术评估能力不足。例如，美国错误地认为日本缺乏能够攻击珍珠港的浅海鱼雷，但实际上日本已经研制成功新型浅海鱼雷，解决了在浅海使用鱼雷的技术难题。同样，德军不了解苏军的新式武器装备技术情况，不相信苏联的工业生产能力，所以对苏军的战斗力评估过低，对苏联情报准备不充分为最终德国侵略苏联计划的失败埋下了种子。

1.1.3　情报的成熟时期

第二次世界大战结束后，以美国为代表的情报发展渐入佳境，进入成熟阶段，这一阶段有3个基本特征。

（1）情报体制、情报工作、情报应用等方面均趋于成熟

二战后，美国总结战争的经验教训，决定建立一个中央情报机构协调国家情报活动，先后成立中央情报组、中央情报局。1992年，美国国会通过《情报组织法》明确中央情报局主任的作用。随着冷战的结束，美国专门设计跨部门、跨机构的国家级情报管理与协调机构，如联合情报界理事会、国家对外情报委员会、国家情报搜集委员会、高级情报指导小组等，以实现国家情报组织在水平、垂直两个方向的高效合作与沟通。当代美国情报界主要包括情报界管理机构、国家级情报机构、国防部情报机构、军种情报机构（陆海空）和非军事情报机构等。不难发现，情报体制从松散走向协调；情报工作如情报的搜集从人力、单一来源数据的搜集转向利用现代技术、开展多来源数据的搜集；情报分析从简单的翻译整理发展为预测和评估；情报应用从军事战场拓展至经济、科技领域等。

（2）情报机构组织日臻完善

世界六大情报机构包括：美国中央情报局、俄罗斯联邦安全局、英国秘密情报局、以色列情报机构摩萨德、法国对外安全总局、德国联邦宪法保卫局。以美国的情报机构组织为例，图1-1展示了美国情报机构的基本组成，其具备的诸多职能涉及管理和执行两个主要领域。

图1-2展示了美国情报机构的基本职能，以水平方式划分管理领域和执行领域。每个领域又包含诸多具体任务，如管理领域涵盖情报需求、情报资源、情报搜集、情报生产；执行领域则涵盖情报搜集系统的拓展、情报的搜集与生产，以及基础支援设施的维护。图1-2是周而复始的循环式流程，情报需求点是推动其他管理要点和执行要点的动力点。

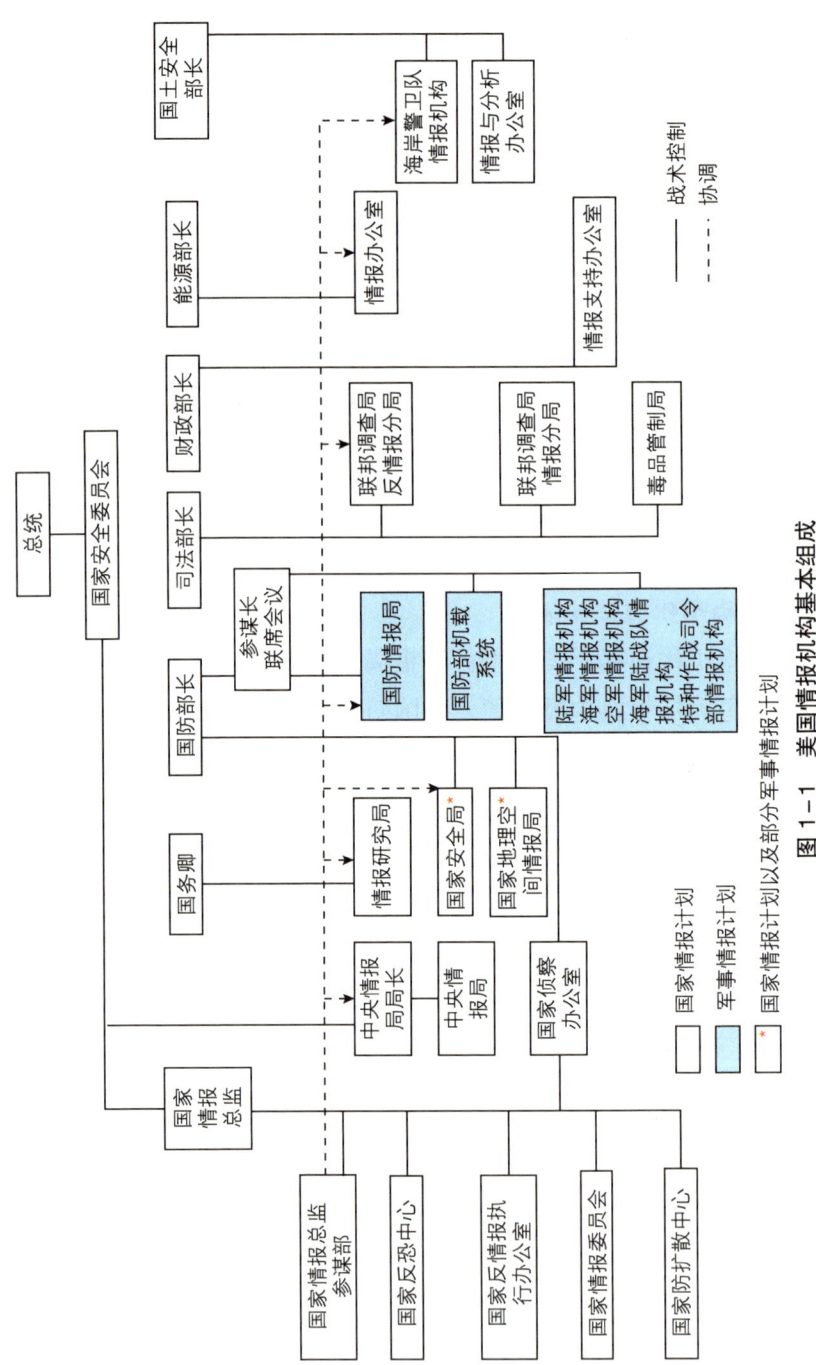

图1-1 美国情报机构基本组成

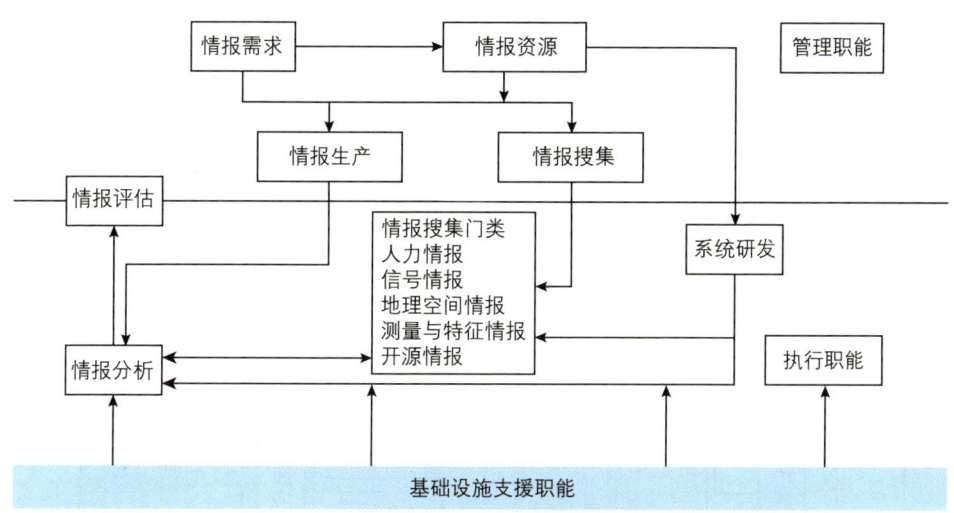

图 1-2 美国情报机构基本职能

(3) 情报运作的体系化与流程化走向成熟

美国的情报体系比较庞大，如图 1-3 所示。美国情报体系分为 4 个层次，管理者/用户层是一些主要的情报管理人员、主要用户，总统是主要情报用户但不是情报管理人员。国防部长、国务卿、商务部长与司法部长等是情报用户，其中国防部长、国务卿、司法部长控制着重要的情报资源。例如，国防部下属的情报组织参与国家层面的情报流程与产品，为军事行动提供情报支持；司法部长控制联邦调查局，监管情报政策、反情报及反间谍活动；能源部的情报办公室专门处理能源部的特定关切，协调情报活动；商务部通过派往各国的商务参赞公开履行情报职能；中央情报局局长是中央情报局的管理者；财政部管理恐怖主义与金融情报办公室。搜集者/建设者层中最重要的是国家侦察办公室，负责设计、制造和发射卫星情报搜集系统。搜集者层的国防情报局负责搜集信号情报，国家地理空间情报局负责处理和利用图像情报。最重要的情报生产者是中央情报局情报分局、国务院情报研究局。国防部的四大军种情报机构也生产情报产品。

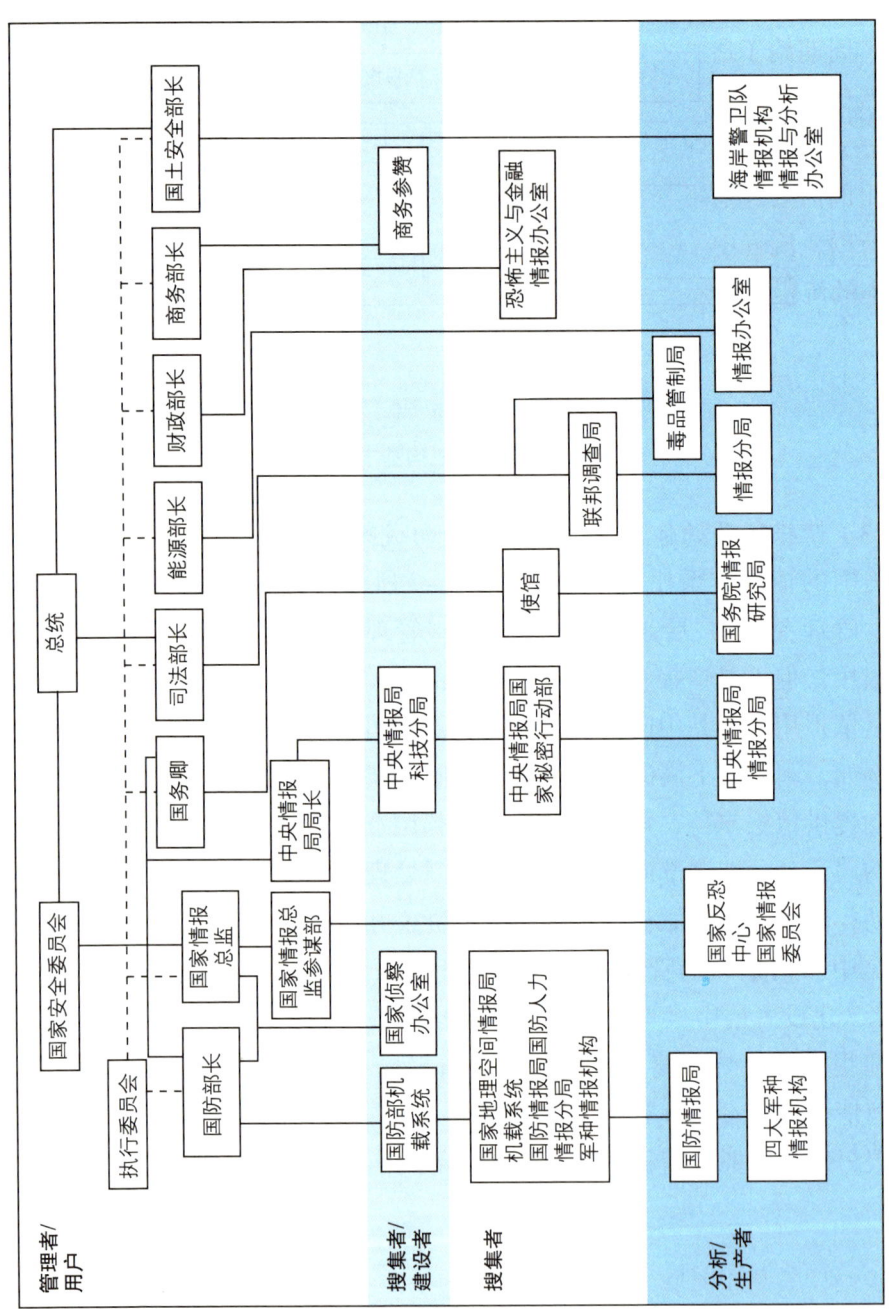

图1-3 美国情报体系

美国的情报体系可以对应图1-4所示的情报运作流程，美国中央情报局在1993年出版的《情报用户指南》中定义的情报运作流程周期是指情报的生产周期始于最高决策者制定规划和确定指导思想，情报界进行搜集情报，然后进行处理和利用、分析与分发，并传送给决策者。随着情报的不断发展，显而易见在这一情报运作流程中，各种情况均有可能发生，如搜集情报的需要、情报处理的不确定性、分析结果的未知、情报需求一直变动。所以，流程中的各个阶段均会发生变化，某个步骤会反复地执行，情报运作的流程也可能会反复重复。

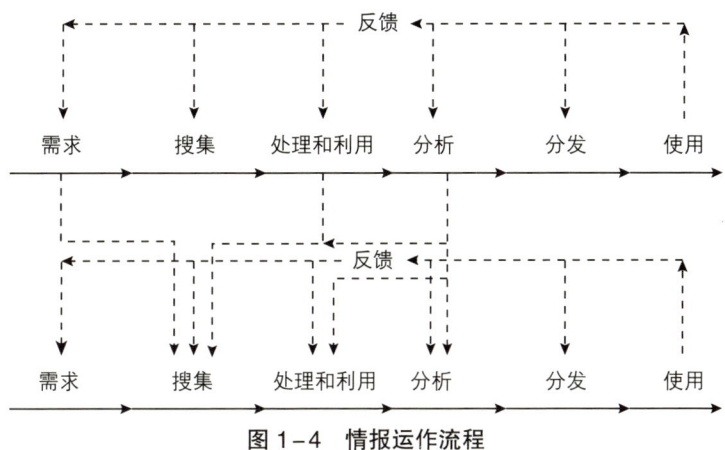

图1-4 情报运作流程

1.2 中外情报研究的基本原理及主要学说

由于各个国家的情报实践模式不同，会产生不同的情报学术研究学派/学说与观点，如苏联时期的米哈伊洛夫的交流型观点、英国布鲁克斯的知识型观点、美国约瑟夫的决策型观点等。从情报学学科视角看，情报学是社会科学、自然科学交叉而成的跨专业综合性学科，它的研究对象、研究范围、研究方法、研究技术会涉及多学科、多领域；从情报研究者来看，情报研究者可来自不同的学科领域，具有不同的知识结构、思维结构和文化背景。所以，关于情报理论研究的不同学说均有各自的情报研究基础、研究对象和范围、研究方法和应用目标。因此，情报研究的基本原理及主要学说各有特色。

1.2.1 情报研究基本原理

经过几十年的发展，情报学形成了一些具有普遍意义的、基础性的思想和原则，这些思想和原则为情报学的发展做出积极的指引，从而成为情报学学科的基本原理或开展研究的逻辑起点。本章研究、总结、介绍情报学的基本原理。这些原理是情报学的核心思想和基本原则，对学科的发展具有基础性意义[5]。

1.2.1.1 离散分布原理（20世纪30年代）

离散分布原理认为[6]：信息、知识和情报是以离散形式分布的，在离散分布基础上趋向集中。由于信息、知识和情报的离散分布是绝对的、复杂的，所以需要研究如何用科学的方法获取情报密度最大的情报源，为用户情报需求提供最优服务。信息、知识和情报的离散分布表现为其内容单元以不同的方式从不同的角度分散于各种著作或不同形式的载体中。情报的离散分布具有复杂的机制，本质上是由知识体系自身的分化和综合决定的，与情报的生产、利用，情报的累积性、再生性、老化性，以及对创造者的独立性有密切的关系[6]。情报的离散分布现象是全部情报活动的基础，对情报离散分布现象研究最负盛名的成果是布拉德福（Bradford）定律，于1933年提出，该定律研究和揭示了相关论文在科学期刊中的集中分散现象，被公认为情报学的基本定律，它与描述科学生产率分布的洛特卡（Lotka）定律、描述词频分布的齐夫（Zipf）定律、描述文献增长与老化的指数定律具有共同的渊源和机制。

布拉德福定律在研究中创造了一种重要的方法，即频次—等级排序法：按某一具体事项（如文章、作者、词等情报单元）在其主体来源（如期刊、作者集合或词的集合）中的出现频次按递减顺序排列起来，就会导出布拉德福分布。这种分布不仅仅存在于文献情报领域，在其他许多领域，尤其是在社会科学领域内更是一种常见的分布现象。布拉德福定律存在两个明显的不足：①对情报离散分布机制的研究还不够深入；②对情报离散分布规律的研究还停留在宏观水平上，即在内容单元和内在逻辑联系层次上的研究仍不多见。尽管埃格希和鲁索出版了《情报计量学引论》，但在论及情报的分散规律时，仍然是以宏观层次的文献为基础。这说明，情报离散分布在微观层次上的研究难度较大。

1.2.1.2 隐藏原理

隐藏原理认为：信息、情报的隐藏是情报工作及其研究者关注的问题之一。信息、情报隐藏的基本要求是信息、情报的载体对象是正常的，不会引起怀疑，伪装对象与载体对象无法区分。信息、情报的隐藏方法主要指利用以数字信号处理技术、密码技术等现代通信技术为代表的方法。利用通信技术信道、计算机处理系统的冗余，将信息和情报嵌入某种载体中或伪装式隐藏。信息、情报隐藏的安全性取决于第三方有没有能力将载体对象和伪装对象区别开来，而是对伪装对象进行正常处理，不会破坏隐藏的信息、情报。其原理可参见图1-5，隐藏的过程是从A至B，秘密情报I与相关载体信息，通过嵌入式算法和密钥模式组装成伪装对象，形成不安全信息，针对此类信息通过相关信息提取算法，最终获得秘密情报I。

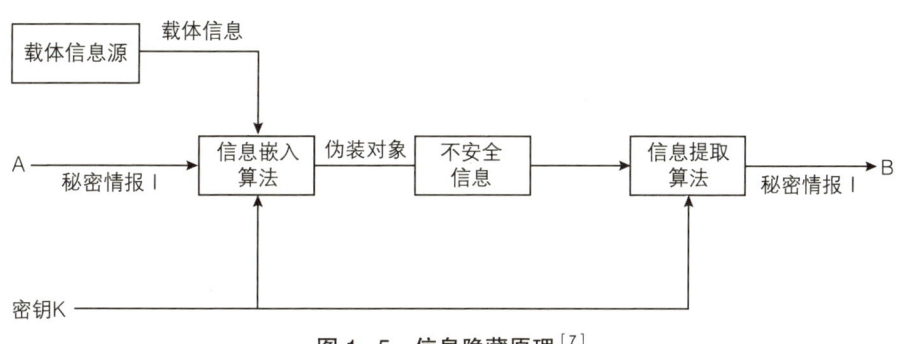

图1-5 信息隐藏原理[7]

1.2.1.3 相关性原理（20世纪50年代）

相关性原理认为：研究和揭示信息/情报之间的相互关联（即相关性）的规律和规则，是有效组织和检索信息、知识、情报的基础[5]。情报主体与情报客体之间普遍存在的相关性是情报学的一种基本现象，揭示这种基本现象的原则和思想是情报学研究的基本原理之一。情报实践中的相关性主要是指情报检索中的情报相关性和知识系统中的情报相关性。

① 情报检索中的情报相关性是指系统相关性和用户相关性。系统相关性主要研究用户情报需求的描述和表达与系统文档描述之间的相互匹配关系，它涉及情报检索系统的分析、设计、算法、性能、评估等要素。以文档内容的相关性为例，它是检索表达式与文档内容的一致性，即文档所包含的内容与检索表达式的适合程度。这一定义实际上包含3个基本假设：一是检索表达式中的主题词能够描述用户真实的信息需求；二是赋予文档的主题词足以概括文档包含的内容；三是检索匹配的结果是与用户真实的情报需求相关的文档集合。用户相关性指用户及用户检索代理者与检索系统之间的关系，这种相关性是主观的，在信息检索过程中，既涉及用户（或检索代理）的认知或知识储备，又涉及用户所处的情报问题情景。此类相关性受到用户偏好、兴趣、提出信息问题的时间、相关程度、完整性、信息价值、实用性和针对性等要素的影响。用户（或检索代理）在情报检索过程中与情报检索系统的相互作用关系、作用过程或结果表现为系统对用户情报问题的匹配程度，这种匹配程度可以用一致性、效用、关联度、满意度、适合度、关系等指标加以评估。

② 知识系统中的情报相关性。从信息链的结构看，情报是进入科学系统的某种知识。知识体系的整体性、综合性、继承性、累积性使情报在纵向和横向都存在较强的相关性。在纵向，情报的不同级别之间存在内在的逻辑联系；在横向，各知识领域之间具有整体关系，其情报单元也具有相关性。情报的这种逻辑上的相关性对于情报的组织、存储、检索具有特殊的意义。此种相关性可实现更深层次的知识组织，代表性的研究是布鲁克斯提出的"知识地图"，即对文献中记录知识的逻辑内容进行分析，发现人们思考与创造的相互影响及具有联系的节点，并且将它们直观地用地图形

式标示出来，进而展示知识的有序性结构，为用户提供情报。布鲁克斯认为，若利用关系索引可以较为准确地表达概念之间的关系，则可以将文献网变为由知识单元直接连接的概念网，使知识体系从外部宏观结构变为内部微观结构。

1.2.1.4 有序性原理（20世纪70年代）

有序性原理认为：情报的结构具有某种"有序性"，研究和揭示这种"有序性"，是设计最优情报系统的基础。情报的有序性源于科学体系的有序性和人的创造过程的有序性。情报的产生在许多情况下可能是随机的、无目的的，但它们一旦被生产出来并进入知识体系，成为科学结构中的一分子，便具有特殊意义。它们可能属于知识体系的不同级别（事实、假说、构想、理论等），在知识体系结构中具有不同的功能，但都会通过知识的自组织而形成有序结构。因此，情报的有序性结构既来自情报创造过程的机制，也来自知识体系自身的自组织功能。前者是主观知识结构的有序过程，后者是客观知识系统的有序结构。1967年，英国情报学家布鲁克斯提出情报与知识关系的基本方程式：

$$K[S]+\Delta I \rightarrow K[S+\Delta S]_\circ \qquad (1-1)$$

式中：$K[S]$ 为情报用户自有的知识结构；ΔI 为情报用户吸收的情报量；$K[S+\Delta S]$ 为情报用户新的知识结构。

布鲁克斯基本方程式直观地描述了情报的知识作用机制。布鲁克斯认为情报学的主要理论问题就是研究这一方程，该方程说明情报使原有知识结构发生改变，形成了新的知识结构。1980—1981年，布鲁克斯在其系列论文中，以"三个世界"哲学理论为基础，用"知识基础"论作为情报学基础理论，确立情报学中的知识学说。对客观知识进行组织和研究是布鲁克斯情报学理论的核心思想。布鲁克斯认为，用现有分类法、索引法对文献的分类、标引都不是在组织知识而是在组织文献，组织知识应是对文献中的逻辑内容进行分析，才能真正揭示知识的有机结构。情报在知识体系中的有序性结构并不意味着它能自动生成有序的情报检索系统，只是表明可以通过情报的有序结构研究情报的规律和组织，建设更有效率的情报系统[5]。

1.2.1.5 重组原理

重组原理认为：信息、知识和情报都可以进行重新排列组合，形成全新的概念和形态。重组可通过连接、分割、结合的方法，使对象获得改进的机会。实际上，重组是获取情报的重要手段之一，是知识创新的基础。重组的步骤：①归零思考；②重新定位和重新思考信息元和知识元的价值，搞清楚每个信息元和知识元的角色和相互关系；③重组是用片段的信息和知识来组织全貌，也是由个别的信息元和知识元来构建完整的概念；④重组要有明确的目标；⑤找出新的目标，加入新的信息元和知识元，产生新的关联；⑥重组可以产生无限的可能，如语义网的主要功能之一就是知识重组，从而创造知识[7]。

1.2.1.6 转化原理

转化原理认为：广义的信息如符号、事件、数据、信息、知识、情报，它们之间可以相互转化。符号是人们共同约定用来指称一定对象的标志物，如文字、语言、交通标志等；事件指自然界和人类思想及其社会活动的客观映射；数据指事实的数字化、编码化、序列化、结构化；信息指数据在信息媒介上的映射；知识指对信息加工、吸收、提取、评估的结果；情报指运用事实、数据、信息、知识的能力。通过信息链将它们连接在一起，它们之间存在着并列关系、转化关系、包含关系、层次关系。以知识为例，日本学者野中郁次郎提出著名的"知识转化模型"，该模型描述隐性知识到显性知识的循环转化过程，以及个人到组织的知识流动形式。知识的转化、传递和创造是一个动态的、递进的过程，当隐性知识完成知识螺旋运动并转化为新的隐性知识时，就开始了新一轮的知识螺旋[7]。

1.2.1.7 最小努力原则

最小努力原则认为：人类总是通过信息进行交流，并千方百计采取简单、方便、快捷、易用的手段来获取和利用信息、知识和情报。研究和揭示人类情报行为的最小努力特性，可以使情报获取和服务达到成本小、效率高的目的。美国科学家齐普夫在研究自然语言词汇使用时发现"最小努力原则"（principle of least effort），并得出如下公式：

$$f_r \cdot r = c_\circ \tag{1-2}$$

式中：f 表示词在文献中出现的频率，r 表示词的排序，c 为常数。

1974年，美国建筑师沃尔曼（R.S.Wurman）提出了"信息构建"（information architecture，IA），强调清晰、美观、易用，强调以最小的努力获取、利用信息、知识和情报[7]。

1.2.2 情报研究主要学说

1.2.2.1 古典信息学说（20世纪40年代）

古典信息学说[8-9]产生于20世纪40年代，该学说的主要代表人物为香农（Shannon）、维纳（Wiener）等。古典信息学说主要研究通信过程中信息量的基本概念、定量处理及物理熵。维纳把握住了通信和控制系统的共同特点，从更一般的角度提出信息概念和测度信息量的数学公式，使控制论和信息论在信息概念问题上统一起来。香农分别于1948年、1949年发表了2篇著名论文《通信的数学理论》《噪声中的通信》，论文中阐明了通信的基本问题，给出了通信系统的模型，提出了信息量的数学表达式，并解决了信道容量、信源统计特性、信源编码、信道编码等一系列通信技术问题，古典信息理论正式诞生。古典信息理论的许多概念影响、促进了信息科学的形成和发展。

香农认为传播是两个系统之间以一定量的信息为内容的活动，是一种以收信人的不确定性为目的的联系关系。该传播模型如图1-6所示。

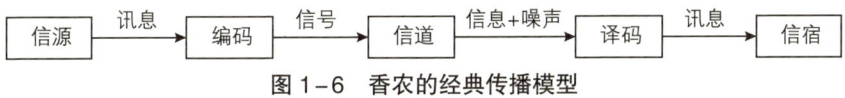

图 1-6　香农的经典传播模型

维纳认为"信息量是一个可以看作概率的量的对数的负数，实质上就是负熵，一个系统的熵就是它的无组织程度的度量"。波尔兹曼认为"熵是一个系统失去信息的量度"。信息与熵是互补的，信息是负熵。古典信息学说通过概率、有序与无序这些概念，将物理熵与信息联系在一起，并在数学表达上找到了两者的一致性[5]。

1.2.2.2 文献计量和检索学说（20世纪60年代）

"文献计量"由英国学者普里查德（Pritchard）于1969年首次提出，并很快得到了同行的认可和接受。为此，文献计量学说越来越多地受到人们的关注，并在情报学的发展历程中产生了深远的影响。对文献计量化的实践最早可以追溯至1917年文献学家科尔（Cole）和伊尔斯（Eales）发表的《比较解剖学的历史——对文献的统计分析》一文。该论文统计了1543—1860年欧洲各国发表的有关动物解剖学方面的出版物，共计6436件，并绘制了出版物数量的时间分布曲线，从曲线中可以较为清楚地发现比较解剖学的发展历程。该曲线与后来的科学发展指数增长规律曲线比较吻合。科尔和伊尔斯在统计数据的基础上，还比较了不同国家在比较解剖学领域的发展状况，确定不同时期比较解剖学的研究重点等问题。科尔和伊尔斯的研究工作是文献计量学说[10]早期最有代表性的事件之一，其影响逐步引起了学术界的关注。

科学发展的表现形式之一是科技文献的迅速增长，科尔等人以文献为切入点对科学进行定量研究，开创了科学计量学这个新领域。1969年，苏联学者纳利莫夫（Nalimov）和穆利钦科（Mulchenko）合著的《科学计量学：把科学作为情报过程来研究科学的发展》正式出版，俄语术语"科学计量学"正式被创造出来，同年也有了英语"scientometrics"。情报的主要载体之一是文献，对这类情报源形成、分布和演变规律的认识促成了对文献计量的研究，有研究称之为情报源流派，洛特卡、齐普夫、布拉德福和普赖斯是该流派的代表人物。由于科学计量学建立在文献研究基础之上，所以在某种程度上它为文献计量学奠定了基础。因此，情报研究学者认为它是传统情报学的源头[11]。文献计量学说的研究内容为文献，借助文献的各种特征的数量，采用数学与统计学方法来描述、评估和预测科学技术的现状与发展趋势。自"文献计量"被提出以来，文献计量的研究成果不断丰富。其中，影响最为深远的就是文献计量学中的布拉德福定律、洛特卡定律、齐普夫定律、科技文献增长规律、科技文献老化规律、文献引用定律、检索评估方法及向量空间模型等。

(1) 布拉德福定律

1934 年布拉德福首次提出文献分散定律的基本思想，后来发展成为著名的文献分布理论。布拉德福定律是关于专业文献在刊登该文献的期刊中数量分布规律的总结，是文献计量学中最重要的基本定律之一，基本内容包括区域描述和图像描述两个部分。

1) 布拉德福定律的区域描述

布拉德福发现，某一学科领域中的相关论文在期刊中的分布是不均匀的，而且具有明显的几种分散规律。他在长期的观察和研究下，提出了"布拉德福定律"（也称布拉德福分散定律）。该定律认为"如果将科学期刊按其刊载某个学科主题的论文数量以递减顺序排列起来，就可以在所有这些期刊中区分出载文率最高的'核心'部分和包含着与该核心部分同等数量论文的随后几个区，这时核心区和后继区（成为相关区、边沿区）中所含的期刊数成 $1:a:a^2$ 的关系（$a>1$，称为布拉德福系数，$a \approx 5$）"。

2) 布拉德福定律的图像描述

布拉德福分散曲线如图 1-7 所示。它是以期刊刊载量递减排列时的顺序号 n 的对数（$\lg n$）为横坐标，以相应的文献累积数 $R(n)$ 为纵坐标进行的图像描述。布拉德福分散曲线由三部分构成：①上升的曲线 AC；②直线 CB，拐点 C 为核心区的分界点；③下垂的曲线 BD。

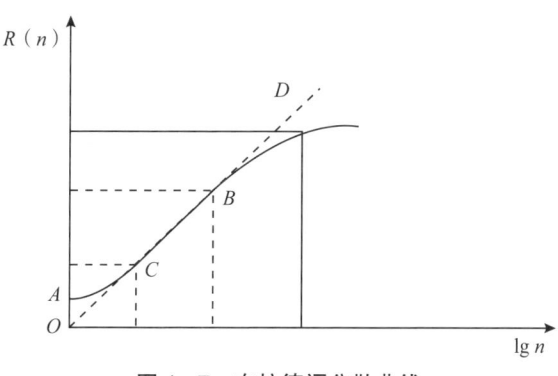

图 1-7 布拉德福分散曲线

（2）洛特卡定律

1926年，美国统计学家洛特卡在《科学生产的频率分布》中首次发布揭示科学论文作者与论文数量之间关系的洛特卡定律。它是文献计量学的经典定律之一。洛特卡定律的基本内容：若把每个来源看成科学论文作者，相应的项目为期刊论文。若撰写n篇论文的作者出现的频率（即占总作者数的比例）为$f(n)$，c是常数为0.6079，表示作者取样总数比例，则有：

$$f(n)=c/n^2 \text{。} \qquad (1-3)$$

洛特卡定律也可表述为"撰写两篇论文的作者数量大约是撰写一篇论文作者数量的1/4（即$1/2^2$），撰写三篇论文的作者数量大约是撰写一篇论文作者数量的1/9（即$1/3^2$），撰写n篇论文的作者数量大约是撰写一篇论文作者数量的$1/n^2$，而所有撰写一篇论文的作者约占所有作者数量的60%"。洛特卡最早将科学活动作为人类的生产活动来进行研究，并创造性地提出"科学生产率"的概念。所谓"科学生产率"是指科学家（科研人员）在科学上所表现出来的能力和工作效果，它具有一定的科学性和合理性。洛特卡定律是对信息生长的一般理论估计，并不是一个准确的统计分布，所以它具有一定的局限性[5]。

（3）齐普夫定律

1948年4月，齐普夫完成专著《人类行为与最小努力原则》。他认为，每个人在日常生活中都必定在他所处的环境中进行一定程度的运动，这种运动可视为走某种道路。然而，人们在自己的环境中所走的道路并非都是他的全部活动。对于一个处于相对静止状态的人来讲，他要完成新陈代谢，就要有不断的物质和能的运动，并进行输入、循环、输出等一系列的过程。这个物质和能的运动也是在一定的道路中进行的。无论哪一种运动、哪一种道路，人们在这个过程中都有意无意按照某一个基本原则来进行，就是"最小努力原则"。这个"最小努力"具有主观因素，在客观上各人有各人的"最小努力"方式，它们并不相同。

齐普夫定律的基本内容：如果将一篇较长的文章（5000字以上）中的每个词按其出现频次的递减排列起来（高频词在前，低频词在后），并用自然数给这些词编上等级序号，出现频次最高的为1级，其次为2级……这样一直到 D 级，如果用 f 表示某个词在文章中出现的词频，用 r 表示词的等级序号，则有 $f_r \cdot r = c$。式中，c 是常数，但不是绝对不变的恒量，它围绕一个中心值左右摆动。

如果建立 f 和 r 的直角坐标系，用纵坐标表示词的等级序号，横坐标表示出现频次，会得到一条双曲线；如果等级 r 与词频 f 都取对数，则双曲线变成一条直线，与之等价的数学表达式为

$$\lg f_r + \lg r = \lg c \text{。} \qquad (1-4)$$

齐普夫定律是从实践统计中总结出来的一条经验规律，未经过严格的数学逻辑推导，所以齐普夫定律只能刻画词频的一般变化规律，至于较特殊的情况，该定律可能不符合。齐普夫定律的研究已被应用到图书馆、情报工作等方面，其在情报科学领域中的地位显著[5]。

（4）普赖斯定律

对科技发展的描述可以有定性描述，也可以有定量描述。科技文献的数量与科技发展及活动有密切的联系。因此，科技文献数量的变化可以作为度量人类科研活动及其成果的主要指标之一。科技发展会引起科技文献数量的急剧增长问题很早就引起了科学家们的注意。其中，对此问题研究最全面、最彻底的人是美国著名的科学史、科学学专家，文献计量学的奠基人之一——普赖斯（1922—1983 年）。

普赖斯对各种科学指标进行统计分析，受洛特卡定律的启示，他提出核心生产者分布的"平方根定律"（也称为普赖斯定律），即在某一特定领域中，全部论文的半数是由该领域中全部作者数量的平方根的那些数量的人撰写的。这些人无疑是高产作者。该定律可表示为

$$\sum_{m+1}^{I} n(x) = \sqrt{N} \text{。} \qquad (1-5)$$

式中：$n(x)$ 为撰写 x 篇论文的作者数；$I = n_{\max}$ 为该学科规定时期内最高产的作者数；N 为该学科领域全部作者总数。普赖斯根据洛特卡定律，借用数学结论，经推导得出核心生产者的最低发文量：

$$m = 0.749\sqrt{n_{\max}} \text{。} \qquad (1-6)$$

普赖斯提出了文献增长曲线和逻辑增长曲线。其中，文献增长曲线表明科学期刊的数量大约每 50 年增长 10 倍。逻辑增长曲线表明，在文献增

长的初始阶段，科技文献数量的增长是符合指数增长规律的，但它不能始终保持指数增长的趋势，当文献数量增至最大值的一半时，增长率开始变小，最后慢慢增长并达到极限值。

（5）兰开斯特的信息检索

兰开斯特是信息系统与图书馆服务评价专家，他的研究领域涉及图书馆服务、检索系统、叙词表构建、图书情报服务的技术与管理等多个方面[12]。在这些研究中，关于检索系统性能评估的研究是对情报学领域影响最大的。20世纪50年代后期，他受到克兰菲尔德航空学院克莱弗登（Cleverdon）教授领导的一系列有关系统评估标准和程序研究的影响，开始进行检索系统评估方面的研究[13]。1968年，他发表《MEDLARS工作效率评估报告》（"MEDLARS: Report on Evaluation of Its Operating Efficiency"），该文深刻影响了MEDLARS系统的后期发展，而且还展示了用于测试、分析和评估某个现行信息检索系统运行状况的一系列改进方法。提出信息检索系统性能评估的指标、步骤和方法，得出影响检索系统查全率和查准率的因素主要有4个，即标引、检索、标引语言和用户/系统交互，而且查全率和查准率呈负相关关系，通过变换检索策略，可以改变查全率和查准率。而基于不同的检索需求，检索者对查全率和查准率的要求不同时，可采用不同的检索策略，达到最佳检索效果[14]。在现今的情报学领域，查全率和查准率仍然是信息检索系统性能评估的重要指标。

（6）索尔顿的向量空间模型

杰拉德·索尔顿（Gerard Salton）既是现代搜索技术之父，也是现代信息检索的奠基人，是著名的信息检索向量空间模型（vector space model，VSM）的创始人。索尔顿在哈佛大学和康奈尔大学的团队开发出SMART信息恢复系统，包含了类似向量空间模型、逆文档频率（IDF）、词频（TF）、术语偏离值（term discrimination values）等概念和相关反馈机制[15]。

向量空间模型[16]是文本表示模型中应用最多的模型，其在布尔模型的基础上，每一项的值不再是0或1，而是一个具体的权重。向量空间模型是将文本表示成实数值分量所构成的向量，每个分量对应一个词项，相当于将文本表示成空间中的一个点。向量不仅可以用来训练分类器，而且计算向量之间的相似度可以度量文本之间的相似度。在构建向量空间模型时，特征词表达相应文档的能力越强,其被赋予的权重应越高。权重的具体定义有多种方法,最常用的是基于 TF-IDF(词频—逆文档频率)来计算每个特征词的权重。向量空间模型的优点是简单、容易理解,并且相对于布尔模型,考虑了特征词的词频信息。但是,向量空间模型认为词在文档中出现的位置和顺序无关,并且假设每个特征词之间都是独立的,其缺点一是维度随着词表增大而增大,且向量高度稀疏;二是无法处理"一义多词"和"一词多义"问题。由于向量空间模型计算简单、文本表示效果较好,仍然是目前使用最广泛的代数模型之一,普遍应用于信息过滤、索引及评估中。

1.2.2.3 智能过程学说(20世纪60年代)

智能过程学说认为情报既不是一种客观存在的某种东西的物质属性,也不是具有固定效能和价值的商品,它是一种瞬时过程,是发生在人脑中的智能过程的表现,其存在和价值因人、因时、因地而异,无客观性。该学说的特征是从智能过程角度去研究情报现象,学说的代表人物是勃拉特、霍肖夫斯基、马萨、德本斯、法拉丹等,但他们各自的侧重面并不一致。例如,勃拉特从情报传播的背景中研究情报的智能过程,认为传播的目的和结果是改变意象;霍肖夫斯基和马萨将情报过程看作人在寻求解决问题方案过程中的一个智能过程;德本斯将智能过程看作人的心智状态,认为情报是一种不确定的智能过程;法拉丹从人类思维过程的角度,在知觉水平和概念水平上研究情报现象的本质及情报产生与接受的认知过程。智能过程学说在认知、思维、语言、智能等层次上对情报现象进行分析,但它将情报看作智能过程,以意象改变、心智状态为研究基点,不考虑情报的知识属性及物理属性[5]。

1.2.2.4 情报经济学说

情报经济学说[17]的主要代表人物是美国的马克卢普和波拉特,他们在《美国的知识生产与分配》《知识:它的生产、分配和经济意义》《信息经济》等著作中系统地阐明这一学说的基本思想。其核心学术思想是建立一种知识产品(情报产品)生产和流通的新经济领域,运用情报学概念和成果分析经济运行机制。这一学说的研究领域集中在:①科技情报作为经济活动的"投入"要素、产品的功能进行分析;②从劳动力和资本投入中分离出情报要素，考察情报因子与非情报因子的可折算性和可替代性。这一学说影响了我国部分情报学者，他们开展了信息、情报商品化的研究工作，如对技术市场中技术产品转让过程中如何体现其价值与价格关系、技术产品在流通与消费中的效用问题、技术产品生命周期及情报在新产品开发与论证中的地位问题、对企业内部情报管理与运用问题进行政治及经济学角度的研究。探索将情报产品作为公开性商品流通，如对情报产品从无偿到有偿转化、对市场运行机制和用户情报需求等问题进行研究。这种学说在很大程度上受用户情报意识及市场经济发达程度的制约。

1.2.2.5　决策功能学说（20世纪60年代）

决策功能学说是指将情报看作决策，用有价值的数据来研究和建立情报学理论体系的学术流派，它的代表人物是美国情报学家约维茨。以约维茨为代表的一批学者，从决策论的角度对情报流动、情报分析的理论基础进行了研究。通过对人类决策过程的分析，建立起以情报处理为核心的通用决策模型，用定量的方法对一系列与决策过程有关的变量和参数进行处理，描述情报流在决策过程中的动态过程，从而揭示出情报的决策功能。约维茨认为情报不是知识的同义语，他将情报定义为"对于决策具有价值的数据"，并深入地分析了情报流在情报决策中的功能，提出"广义情报系统"，即情报是由情报获取与传播机构向决策者提供的，决策者利用获得的情报来选择最佳的行动路径，决策者可以利用反馈数据来修改自己对决策情形的估计价值，如此多次反复，如图1-8所示。

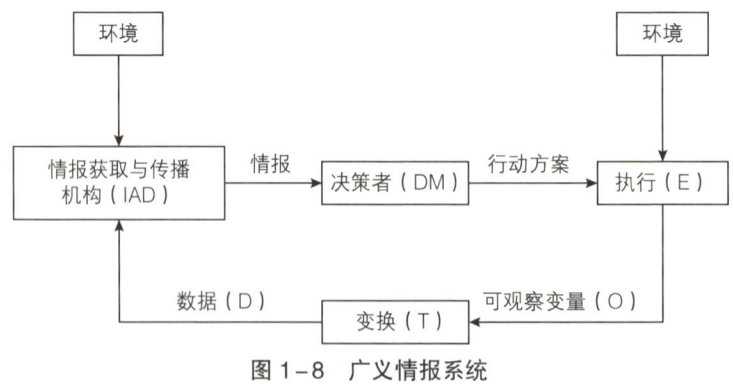

图1-8　广义情报系统

约维茨以接收情报后的决策情况作为出发点，从另一个视角研究观察情报对人类行为的影响，借以确定情报流过程中的各种变量和参数。决策功能学说的基本思想为建立以用户为中心的理论体系提供了出发点，为情报学理论研究提供了一个新的思路，即情报与决策的关系。为了衡量情报量、情报效率和情报价值，约维茨考察人们接收到情报后的决策程序，然后抽象出一种决策模型。约维茨的决策模型利用动态概率矩阵表示决策者利用情报的决策行为，从而将决策者的知识状态和决策状态直观化和具体化，用 W 矩阵和 V 矩阵表示：

$$
\begin{array}{c}
\quad\quad Q_1 \quad Q_2 \cdots Q_n \\
\begin{array}{c} a_1 \\ a_2 \\ \vdots \\ a_m \end{array}
\begin{bmatrix}
W_{11} & W_{12} & \cdots & W_{1n} \\
W_{21} & W_{22} & \cdots & W_{2n} \\
\vdots & \vdots & \ddots & \vdots \\
W_{m1} & W_{m2} & \cdots & W_{mn}
\end{bmatrix}
\end{array},
\begin{array}{c}
\quad\quad Q_1 \quad Q_2 \cdots Q_n \\
\begin{array}{c} a_1 \\ a_2 \\ \vdots \\ a_m \end{array}
\begin{bmatrix}
V_{11} & V_{12} & \cdots & V_{1n} \\
V_{21} & V_{22} & \cdots & V_{2n} \\
\vdots & \vdots & \ddots & \vdots \\
V_{m1} & V_{m2} & \cdots & V_{mn}
\end{bmatrix}
\end{array}。
$$

W_{ij} 表示在某一自然状态下，执行行动方案 i 而产生结果 j 的主观概率；V_{ij} 表示在某一自然状态下，执行行动方案 i 所产生的结果 j 对于决策者目标的主观估计价值。矩阵 W 和 V 是以决策者为转移的，它们代表了决策者在某个特定时刻对于决策情境的主观模型，反映了决策者的决策状态。

决策者在时刻 t 对第 i 行动路径的估计期望值是该行动路径各估计值之和，其中每一项都由对应的概率加权，可记为

$$EV_i(t) = \sum_{j=1}^{n} W_{ij} \times V_{ij}。 \tag{1-7}$$

决策者对某一行动路径 a_i 的选择概率 P 是由决策期望值确定的：

$$P = \frac{(EV_i)^c}{\sum_{k=1}^{m}(EV_k)^c}。 \tag{1-8}$$

式中：c 表示决策者对自己的决策情形的置信函数 $0 < c < \infty$。

由于约维茨把情报定义为决策时使用的数据。所以，在定义情报量的基本测度时，要考虑情报与决策的相互作用，把情报量与选择恰当的行动路径时具有的不确定性联系起来。如果决策者对于他将选择哪一个行动路径完全不确定，那么决策状态的情报量为零；反之，则情报量最大。

因此，约维茨将决策者选择某一行动路径的概率均方差作为情报量的基本测度。为保持不同情形的相应测度，约维茨用概率均值的平方将方差归一化，t 时刻决策状态的情报量为

$$I(t) = 概率均方差 / 概率均值^2。 \qquad (1-9)$$

约维茨所指的情报量是指决策者在决策过程中表现出的情报量，即情报状态，这与文献中包含的情报的量是不同的。资料或文献中包含的情报量用 QI 表示。给定数据集合 D 在某一时刻 t 时的情报量，可以表示为决策者收到这些数据后其决策状态的变化：

$$QI(D, t) = I(t) - I(t_0), \qquad (1-10)$$

该量值可以是正、负、零。

约维茨的决策功能学说对决策过程进行动态分析，描述内部情报的流动以及外部文献中的知识向内部情报转化的结果和数量关系。此外，约维茨以数学为工具，建立一系列的数量测度模型，符合"科学知识数学化"的要求和趋势。决策功能学说分析的对象是以决策者为主体的情报过程，它对于建立用户情报行为的理论框架有重要的意义。但对情报实践的整体而言，用户情报行为过程只是其中的一个基本层次，情报系统的情报行为及社会的情报行为，是与此相联系但又表现出各自独立的性质，需要采用不同的方法论和概念框架去描述和分析[10]。

1.2.2.6 社会传播学说（20世纪70年代）

社会传播学说探讨情报的社会传播过程，旨在对情报传播现象的本质及有关规律进行研究，从而阐明实现情报传播的社会情报系统的职能、要素、特点和规律，以便从理论的高度指导实践。

（1）萨拉塞维奇的社会传播论[18-19]

1970年，美国情报学家萨拉塞维奇在《情报科学引论》中指出，情报学不同于文献学、图书馆学，它有自己特殊的研究领域。萨拉塞维奇认为情报学是研究人类通信系统特性的科学，情报学分为理论情报学和应用情报学。其中，理论情报学主要指社会传播科学；而应用情报学尽管指向自然科学，但其理论体系主要包括交流、文献和情报系统3个方面的研究内容，也基本属传播学的研究内容。萨拉塞维奇借鉴哥夫曼的传染病传播

理论来将其概念、理论和观点统一起来，将情报交流从科技领域扩大到社会，形成了较有影响力的社会传播理论，有情报研究者认为其是情报学理论体系研究发展史上的一个里程碑。

萨拉塞维奇将情报的传播过程作为情报的研究对象，将传播过程视为一种社会现象进行研究，重点研究情报在社会背景中的宏观和微观传播规律；将情报过程视作情报的一系列连续事件，结果引起的从一个物（源）向另一个物的传递。情报科学的基本任务是从各个角度研究情报的行为、属性、效果及影响人类和受到人类影响的各个传播过程。萨拉塞维奇认为情报传播内容为知识与文献；情报传播者是情报创造者与用户；情报传播量度为相关性，相关性是情报传播过程中的关键概念和基本问题，是情报传播过程效能的量度。他认为："相关性是在交流过程中，来源与终点（接受者）之间接触效率的量度。"控制情报传播的是情报系统，情报传播过程的实现必须依赖于情报（传递交流）系统，它是将情报从情报源传递给有关用户的职能系统，它是由人、设备、情报传递交流过程及目的等系统对象所组成的综合体，是人们为搜集、处理、贮存、传递交流情报而建立的一种人工系统。情报科学就是要研究情报系统的结构、目的、功能、属性、行为和性能，该情报系统具有5个基本功能：①存取功能，即存取信息、知识、数据、文献等；②描述功能，即以某种描述形式和结构对获得的情报进行概念描述，如用自然语言、索引语言、分类方法等；③文档组织功能，即存储材料或其表述。④查询和检索功能，即以组织和约定的描述方式从系统中提取所存储的内容；⑤传播功能，即系统以某种有组织的方式按用户要求输出。

（2）米哈依洛夫的科学交流论

1976年，米哈依洛夫在《科学交流与情报学》中提出科学交流论，认为情报学是研究科学交流的学科，认为"人类社会中提供、传递和获取科学情报的各种过程是科学赖以存在和发展的基本机制，这些过程的总和称为科学交流"。米哈依洛夫将科学交流过程分为"正式交流"过程和"非正式交流"过程。其中，"正式交流"也称间接交流，是通过科学文献系统进行传递交流；"非正式交流"也称直接交流，是依靠人际交往、私人通信等进行的传递交流。科学情报交流系统由正式交流和非正式交流综合构成，其模型如图1-9所示。正式交流的优点是可检索、可核实和可引用，缺点是具有滞后性。正式交流涉及4种代表性的情报传递模式：①多向主动传递，指情报机构对情报进行整理后传递给事先没有确定的接收者；②单向主动传递，指情报机构根据用户需求对情报进行整理后传递给确定的接收者；③多向被动传递，指情报机构面向社会公开的阅览和借阅服务；④单向被动传递，指情报机构开展的情报咨询服务。非正式交流的优点是高效、快速、简便，缺点是其难以复核，一般通过"无形的集体"（"看不见的学院"）、情报交换小组、私人沟通和会谈等实现[20]。

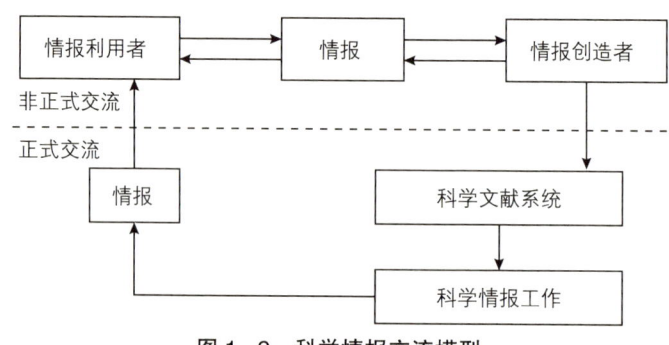

图1-9　科学情报交流模型

（3）维克里的SCR理论

英国情报学家维克里认为情报传播是3个基本传播过程中的一个，其他两个是质量传播和能量传播，情报传播以某种方式与质量传播和能量传播联系在一起，他认为情报科学是对社会情报传播活动进行科学研究的一门学科。

维克里对情报的认识以人本为中心，从社会背景探讨情报传播，与一般传播理论不同，他是基于单个传播行为的分析，情报传播模型为

$$S \rightarrow \leftarrow C \rightarrow \leftarrow R。 \qquad (1-11)$$

式中：S代表信源，C代表信道，R代表信宿（信息接收者）。C在广义上代表一切渠道，在狭义上代表各种媒介，如讲话的声波、书面材料，也可以是最复杂的一系列情报传递过程。

维克里模型的第一个要点是情报传递过程中的各个成分之间的联系不能用单向箭头表示。尽管传播的净结果可能是由信源到信宿之间的信息传递，但传播本身却常常是交互的、双向的。如果有一个信源有情报，并且发

出情报；如果接收者需要情报并接收情报；如果在两者之间有合适的渠道可利用，便会发生情报传播事件。所以，维克里模型的一个要点是将情报传播过程各成分之间的联系看作双向的、交互的。维克里模型的第二个要点是强调以人为中心传播。传播的兴趣、焦点集中在将人作为信源和将人作为接收者。在渠道中，人的参与可能是直接的，也可能是间接的。任何渠道的特性，不管物质技术起了多么重要的作用，都是由管理、设计和使用渠道的人所决定的。维克里模型的第三个要点是传播行为是在社会背景上进行的。事实上，情报行为是使情报传播赖以形成的一种社会存在形式。

1.2.2.7 认知学说（20世纪70年代）

20世纪60年代初期，心理学理论与方法开始用于信息意识、信息需求、需求表述等情报学问题的研究。进入70年代，认知科学得以确立，从心理学领域扩大为涉及人工智能、社会学、语言学、生物学、计算机科学、信息论、人类学等学科的综合性研究领域，影响逐渐波及情报学研究[21-22]。认知学说是以认知过程为参照，观察、解释情报现象，展开情报学研究的学术流派。其核心理念是：情报的处理是由构成情报处理主体的世界模型的一套概念体系协调的，认知过程发生在情报学研究所涉及的任何交流系统的两端。认知学说关注人对情报的利用与吸收，强调知识结构、认知能力、认知风格等主观因素在情报的感知、接收及创造活动中的关键性作用，主张情报系统和情报服务以实现用户与系统在认知层面而非物理层面上的交互作用为目标。

主流情报学研究采取的是一种物理学或系统驱动式的研究路线，而情报学认知学说强调情报概念的主观性质，重视个体的知识状态和情报交流的效果，从用户而不是从观察者的角度研究情报系统的设计与利用，采取的是心理学或用户驱动式的研究路线。认知学说批评主流情报学研究将情报视为独立于用户的存在，站在观察的立场上进行情报学研究和情报系统设计；批评主流情报学研究聚焦数据、技术和系统等物化对象，过度重视实验；批评主流情报学研究假定情报系统内部存在某种绝对、必要的秩序，用户必须予以配合或遵守。对认知学说的形成具有影响意义的理论如下。

（1）波普尔的"三个世界"理论

1967年，英国哲学家波普尔在《没有认识主体的认识论》一文中，首次系统阐述多元本体论——"三个世界"的理论，该理论将世界或宇宙划分为3个基本层次：①世界1，物理的对象和状态是客观的和自主的，如桌椅、植物；②世界2，精神世界是主观的，但它不是自主的，如愉快与痛苦、爱与恨、信仰等；③世界3，人类精神活动的产物，如科学思想、诗的思想和艺术作品的世界。世界3是从世界1（客观物质世界）和世界2（主观精神世界）派生出来的，它包罗了科学文化的精神内容，构成一个客观精神或客观知识的世界。它是另一个独立自存的世界，有其自身的演化方式，区别于世界1的物质性；它又是客观的，以一定的物质形式如文字、纸张、声音等体现出来，区别于世界2的主观性。

1983年，英国谢菲尔德大学图书馆学家、信息学家布鲁克斯在《情报学基础》一文中引用波普尔的"三个世界"理论，将其作为情报学的哲学基础，他认为[23]人们要探索世界1，就需要同时探索世界3。提出世界1的内容是物质、能和辐射，而情报、知识则是世界2、世界3的基本组成部分；情报学家主要研究世界2和世界3的相互作用并对世界3中记录下来的知识进行搜集和组织以供使用。人们从世界3获得所需知识，并利用这些知识将世界1和世界2联系起来，世界2作用于世界1的结果记录下来后又成为世界3的一部分，整个这一过程就是情报过程，情报就是这种过程中的动态知识。

（2）布鲁克斯的情报方程式与认知地图

20世纪70年代后期，布鲁克斯将波普尔的理论引入图书馆学和信息科学，信息科学的范式从技术与交流范式转向认知范式，布鲁克斯提出"情报认知范式"四要素：①客观知识的组织；②数据公开化、方法客观化；③情报知识是存在于认识空间的超物质的实体；④用新的定量方法研究认识空间。同时提出情报学的两个发展目标[24]：①情报学应发展成为人们认识世界1、2、3，尤其是认识世界2、3（即知识世界、信息世界）的"认识地图"。①情报学应该发展成为人们认识世界、改造世界的"体外大脑"。布鲁克斯的情报认知范式关注世界2和世界3的深层关联，认为情报学的理论任务可以归为研究世界2和世界3的相互作用，并在可能的范围内描述和解释这一相互作用,帮助组织知识以便人们更有效地利用知识。布鲁克斯不仅强调情报学作为一种集体智慧的认识功能,也更强调情报活动作为一种认识主体的社会实践活动,它在人类主、客观知识进化中具有特殊的"活化"功能[25]。

布鲁克斯将其情报认知观具体化为情报学基本方程式,如公式 1-1 ($K[S]+\Delta I \to K[S+\Delta S]$)所示。布鲁克斯将知识定义为"由概念间关系联结起来的一种概念结构",信息是这种结构的一个小却重要的部分。这一方程式表明,在信息(ΔI)的作用下,原有的知识结构($K[S]$)被改变为新的知识结构($K[S+\Delta I]$)。知识结构可以是客观的(属于世界 3 范畴),也可以是主观的(属于世界 2 范畴)。

(3)贝尔金的知识非常态理论

从 1978 年开始,贝尔金开展了从认知观角度对情报学的研究[26-27]。他认为情报学的基本问题是"促进所需的情报在情报生产者和情报用户之间有效传播",将情报学的主要议题分解为 5 个方面:①人类认知传播系统中的情报;②情报与情报生产者之间的关系;③情报与用户之间的关系;④多元主体所需的情报;⑤情报的效用与情报传递的效用。他提出情报学"有用的""情报概念"应符合 6 个条件:①应把情报作为一种人类社会传播过程来理解与说明;②情报科学关注的情报必须是有目的、有意义的(认知)情境中的情报;③应解释被需求的情报;④应解释情报对接受者的影响;⑤应解释情报与(生产者和用户的)知识状态的关系;⑥应解释以不同方式呈现的情报的各种影响。贝尔金引入认知科学、现象学、符号学等领域的概念——文本(text),认为文本是传送者有目的地组织起来的,意在改变接受者概念结构的符号集合。而情报是生产者(不是传送者)根据目的与意图,尤其是对接受者知识状态的了解而修正过的概念结构。情报与文本直接相关,是文本表层结构的基础。

贝尔金著名的"知识非常态"(anomalous states of knowledge,ASK)理论认为,用户的情报需求产生是因为用户意识到自己存在着知识的非常态以至于无法面对某种问题的情境,而且用户一般也无法精确描述究竟需要什么来解决这种非常态。所以,情报学的核心技术——情报检索的目的就在于描述、理解和解决知识的非常态。

(4)德尔文的意义构建假说

德尔文的科学假说——"意义建构"(sense-making)是其在20世纪70年代以信息需求为出发点的信息科学研究成果[28],研究人类情报利用和情报系统的替代手段(对应于传统的系统导向手段)在不同技术情境中的发展问题。"意义建构"指为"允许个人构建和设计自身时空运动的内部(即认知的)和外部(即程序上的)行为"。"意义建构"用于研究人们在日常生活中构建意义的过程,查询、处理、创造和利用情报是典型的意义建构活动。德尔文认为:①"意义建构"是一个过程,而意义(sense)是这一过程的产物,它不仅包括"知识",还包括许多反映个人对情境进行解释的其他影响因素(如直觉、观念、预感、效果反应、评估与问题等)。②"意义建构"是关于情报本质、人类情报使用的本质、人类传播沟通的本质的一套假说。德尔文提出"意义建构三步模式"[28],即"情境—差距—使用"揭示的情报需要的本质是:意义建构者在某一情境中停顿下来,由于某种"差距"的存在使其不能趋前(这种差距在情报需要的情境中是一个问题或问题集),而意义建构者有可能、有必要利用某种"桥梁",在情报使用的意义建构动态调整中把自己面对的"差距"填平。

(5)英格沃森的情境分析模型

英格沃森的情境分析模型发展了布鲁克斯基本方程式,将其修正为[29]

$$PI \to \Delta I + K(S) \to K(S + \Delta S) \to PI'。 \quad (1-12)$$

式中:PI为潜在情报,一旦其被个体认知就将转化成为情报ΔI,用户吸收ΔI后发生变化的新知识结构又可能产生新的潜在情报PI',其他符号则与布鲁克斯基本方程式中的含义相同。

英格沃森的情境分析模型修正了布鲁克斯基本方程式无法解释情报产生与接收环节的问题,覆盖情报-知识流的全周期。此外,英格沃森强调方程式中两个"+"具有不同的意义,前者是情报的机械性连接,后者是认知融合的有机过程。此外,英格沃森在贝尔金研究的基础上提出信息检索交互模型[30]。该模型对于认知情报学的研究意义有三点:①探讨用户搜索和利用情报时,与信息系统的交互认知过程;②在交互认知过程中,个体认知具有多元化和差异性;③提出情境是用户认知的主要影响因素,也是其信息行为的出发点和落脚点。"情境分析"观点认为,认知过程不只发生在大脑之中，还会与外部环境进行相互作用并构成一种耦合系统，其倡导的是一种交互认知观。这种观点反对传统认知研究中忽视情境因素或仅仅将其视为补充要素的立场，更关注用户所在情境以分析用户认知与需求。此后，情境认知又先后演化为嵌入式认知、延展认知和生成认知等[31]。

（6）赫约兰德的领域分析理论

领域分析概念源于计算机科学，强调从计算机学科领域的角度看待用户。丹麦学者赫约兰德将这一概念与方法引入情报学研究，他在《迈向情报科学的新地平线：领域分析》一文中阐述其思想[32]。他认为，情报是某一社会领域的整体知识结构，相关领域既可以是一个学科，也可以是基于职业、信仰等形成的话语社区[33]。也有学者进一步指出领域是指分享共同目标的人类群体，其形成核心是人们的社会活动[34]。2002年，赫约兰德明确将领域分析视作情报科学研究的社会认知方向[35]，主要体现在：用户在习得语言符号后，其个体认知的形成与发展主要依赖其接触的符号系统。而这些符号系统均是在某一社会文化及领域的大环境中形成的，具有社会文化和领域的特殊性。因此，研究个体对情报的认知，必须将其放在所处社会文化与环境中进行考量。代表性的情报模型包括信息检索领域模型、职业领域的相关模型以及日常生活领域模型等。

1.2.2.8 信息构建学说（20世纪70年代）

1975年，美国建筑师沃尔曼提出信息构建（information architecture，IA）一词，提议将建筑学的思想融入信息学中，通过信息构建来提高信息的有序性。他在《信息构建》《信息饥渴》中将信息构建定义为"通过组织、标识、导航和检索系统的设计，来帮助用户查找和管理信息"[36]。信息构建和一般意义上的信息管理、数据库管理不同，信息构建不是一种工具或方法，而是一种设计理念，是信息用户、信息内容与信息组织三者的交集。信息构建主要是通过对组织系统、标识系统、导航系统、搜索系统的设计，将艺术和技术统一，使其产生合力，达到使信息可理解、易表达的目的，帮助用户便捷地查找信息。其核心思想概括为"使信息可理解""化复杂为明晰"。20世纪90年代后，信息构建的相关研究得到迅速发展，它的应用领域涉及情报学、图书馆学、档案学、计算机科学等学科。

1.2.2.9 系统理论派（20世纪80—90年代）

系统理论派[5]采用系统科学方法，从系统角度研究情报现象和过程，将整个情报过程看作一个整体系统。其代表人物有兰洛依斯、列哥梅尼德斯、斯特朗和布莱克。①兰洛依斯从控制论系统角度出发，认为人是不同于其他机械论的一种情报处理系统。情报是由系统本身的结构决定的，研究情报过程必须先对情报系统的结构特性进行研究。②列哥梅尼德斯将人类的情报过程置于系统动力学的背景上，动态地反映情报这个无时不在、无时不有的现象，并在此基础上，从开放系统耗散结构的角度，探讨人脑的情报推理模型。③斯特朗从一般系统论观点出发，将人的情报处理机制看作一个适应性情报系统，探讨了适应系统的两种情报表述方式：操作表述和目标表述。④布莱克认为情报学的研究主体与生物科学中生态学的研究主体有诸多共同点，情报学研究的是"管理情报"及"对变化进行管理"。情报功能是管理和变化之间的桥梁，以情报功能和反馈使准备采取的管理方式得到改进。简言之，在概念上变化先于情报、情报先于管理，基本动力是变化。

1.2.2.10 知识学说

知识是情报学的重要概念之一，情报的知识属性具有广泛的认同，情报的传递性与相关性也与知识的吸收有关。知识学说主要集中在知识组织、知识服务等研究方面[37]。①知识组织是以知识交流为出发点，是知识交流的必要前提，而知识交流是知识组织的最终目的，是知识组织结果的表达方式，二者是相辅相成的[38]；②知识服务是基于知识的一种个性化服务方式，不同于传统的以"资源"为中心的文献服务，它所回答的问题不是"知识在哪里"，而是"知识是什么"的问题[38]。

1.2.3 中国的情报学理论研究

1957年，中国出现情报学学科[39]，但对于情报学理论体系的研究，直到20世纪80年代才开始出现[18]。我国对情报理论的研究多数是以借鉴国外情报理论体系为主，虽然有不少学者在从事这方面的研究，但有专业认可的、统一的情报理论体系尚未形成。

1.2.3.1 科技情报理论（20世纪50年代）

中国的情报研究始于科技情报，钱学森同志是中国科技情报理论研究的先驱和代表。卢胜军将钱学森科技情报理论体系划分为基础理论、方法理论、技术理论与应用理论4个部分。此4个部分既包含科技情报工作和理论的主要内容，又体现了钱学森有关科技情报的思想观点，图1-10展示了钱学森科技情报理论体系[40]。

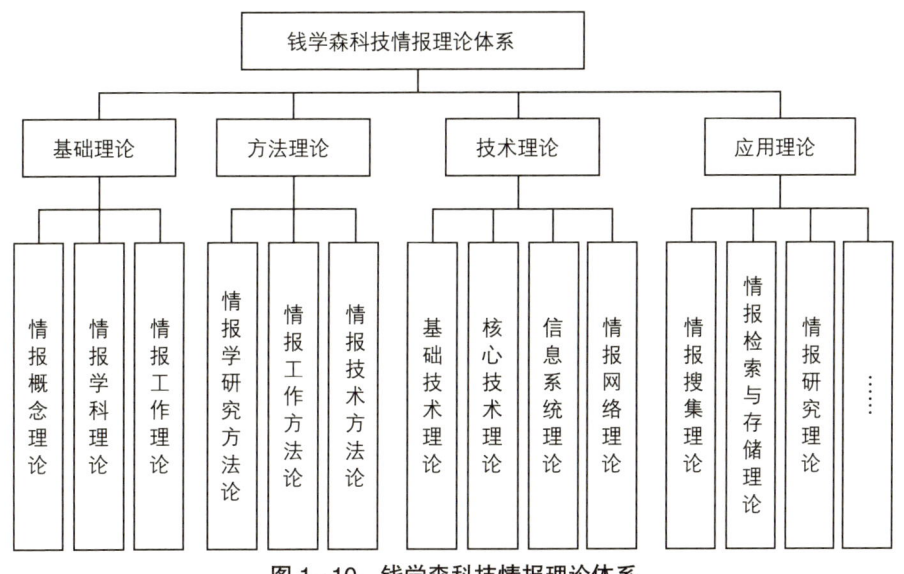

图1-10 钱学森科技情报理论体系

1.2.3.2 科学交流理论（20世纪80年代）

科学交流学说所探讨的情报是科学情报，主要是文献情报，认为情报学是研究情报的搜集、整理、存储、检索、报道服务和分析研究的原理原则与方式方法的科学。严怡民等参照美国赛瑞塞维克、苏联米哈伊洛夫及英国布鲁克斯的情报学说，并结合中国情报学研究，提出以科学交流为主要特征的情报学理论体系，将情报学理论研究的内容划分为4个层次[41]：①情报学的基本理论问题，包括情报概念、情报学研究对象和内容、情报工作和情报学的产生与发展等；②情报交流，包括正式过程和非正式过程，正式过程中文献情报流的规律及其利用文献情报的组织、加工整理和检索等；③情报用户及其情报需求，包括情报用户的类型及需求特点、用户需求评估及需求的研究方法等；④情报系统的设计、运行与评估、管理等。其理论核心是情报活动是科学交流不可分割的一部分，提高科学交流效率是科技情报工作的主要目标，也是情报学的研究重点，包括知识情报的交流过程、改进情报交流手段、消除交流障碍、提高交流传递质量，以及寻求科学交流的共同规律等。

1.2.3.3 根树框架体系（20世纪80年代）

结合系统论与钱学森科技情报理论观点，学者文岳雄将情报学的理论体系划分为3个层次，即情报学理论、情报技术科学、情报服务工程[42]，如图1-11所示。

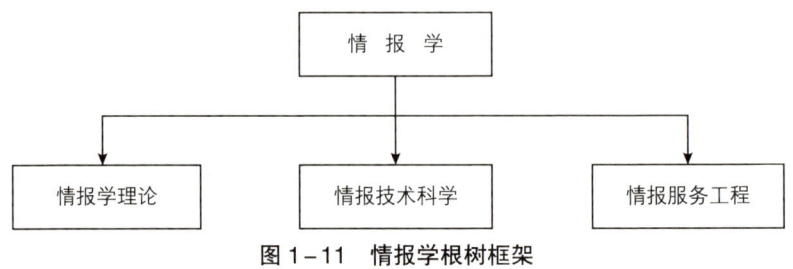

图1-11 情报学根树框架

其中，情报学理论所论述的对象是一些抽象的概念和具有高度概括性的情报特征，它不涉及具体的情报工作及其方法手段，如图1-12所示。

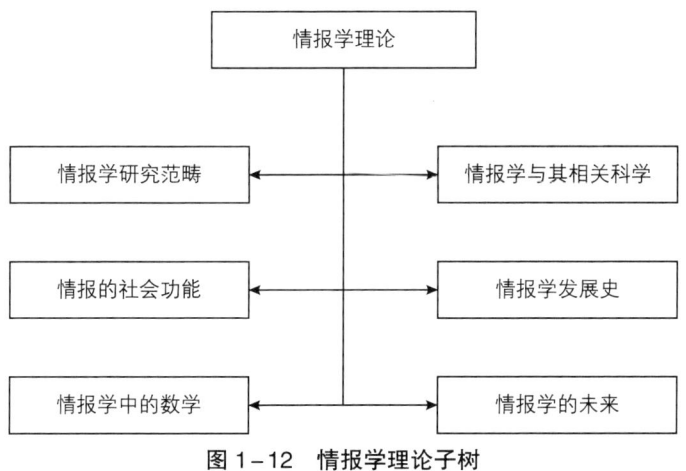

图 1-12 情报学理论子树

情报技术科学包括的范围如图 1-13 所示。

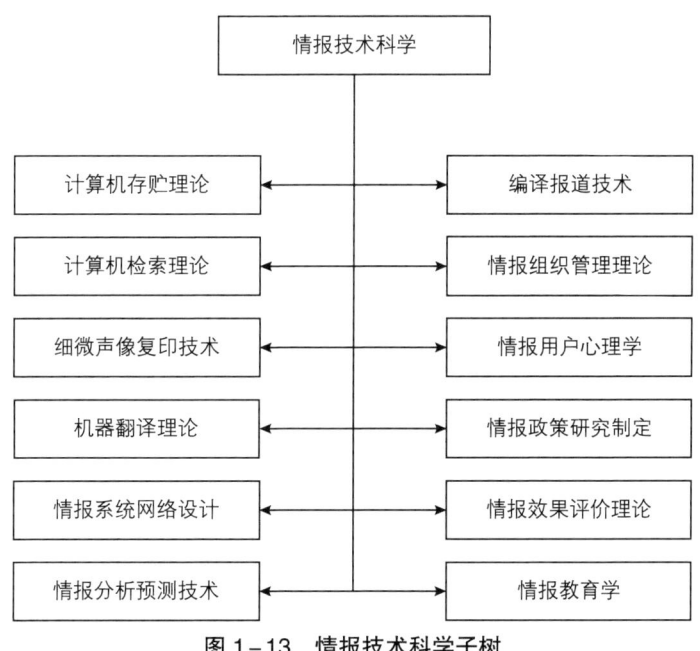

图 1-13 情报技术科学子树

情报服务工程指关于情报工作的一些基本学问,如图 1-14 所示。学者文岳雄分别对情报学的 3 个层次进行了较为详细的分析,并对其内容作了大概的说明,展示了一个完整的情报学树。

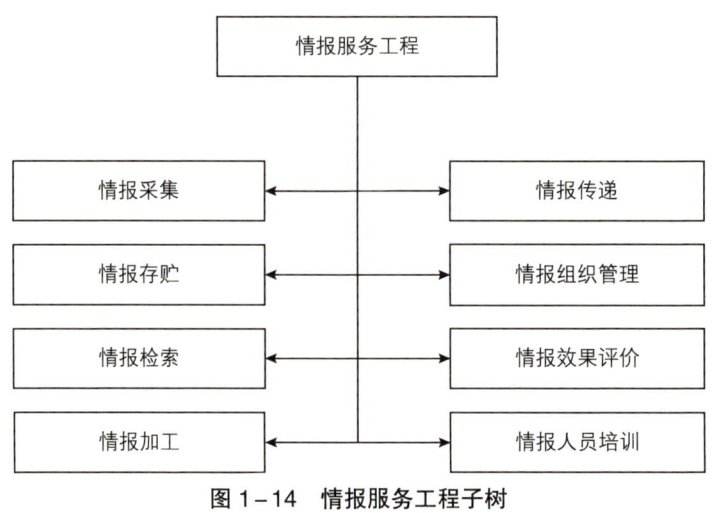

图 1-14　情报服务工程子树

1.2.3.4　STU 规范理论（20 世纪 80 年代）

1987 年，学者卢太宏在《情报学报》发表《情报科学的三个研究规范》一文，他认为面向情报源的 S 规范、面向传递过程的 T 规范和面向用户的 U 规范是情报学的主要研究内容。卢太宏认为 3 个问题域支配所有情报科学家的活动，或者说，情报科学家的探索被 3 个问题域所吸引、激励和推动。在不同的问题域中，情报科学家的工作遵从不同的轴向原则。其中，S 规范研究情报的产生，情报工作主要是文献研究，相关理论是文献计量学、分类学、目录学等；T 规范研究情报交流过程（称为 T1），相关理论是传播交流理论，T 规范研究自动化传播手段（称为 T2），相关理论是以计算机技术为主的应用理论，如检索理论、数据库理论、联机情报系统设计、机器翻译、光存储等；U 规范研究情报吸收利用的效果，相关理论是情报哲学、情报心理学、情报社会学、情报经济学等。规范论的优点是 S 规范论、T 规范论和 U 规范论都"内生"于情报学，突出了情报工作和情报学的研究重点，其缺点是没有建立量化系统[43]。

1.2.3.5 "理论—应用—技术"体系（20世纪80年代）

1987年，华勋基提出情报学"理论—应用—技术"体系[44]，认为情报科学的总体结构有4个要点：①情报科学分为基础理论、应用理论、实用技术3个层次；②各个层次分别由几个研究领域构成，各层次之间有的存在"理论—实践"的对应关系；③几乎在每一个层次中，都有一些相关学科，产生交叉效应；④以马克思主义哲学作为指导思想和认识方法，始终贯穿于整个体系之中。所以，情报科学总体结构如图1-15所示，包括情报基础理论、情报应用理论、情报实用技术。

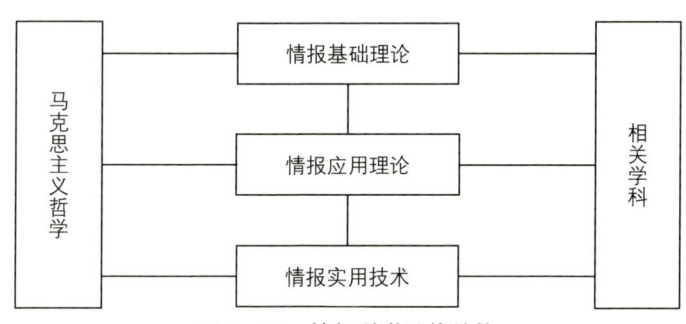

图1-15　情报科学总体结构

情报基础理论包括情报学原理、情报社会学、情报经济学、情报法规等研究领域。情报应用理论包括情报语言、情报计量、情报管理、情报心理、情报交流等理论问题，这一部分是基础理论到实用技术的桥梁，是情报科学体系的中心。一门学科是否成熟的标志，主要是看它能否在基本原理的基础上，提出解决实际问题的方法。情报实用技术包括情报搜集、情报加工、情报检索、情报报道、情报研究，以及用户服务等技术。实用技术也有各自的理论问题，但从总的方面来看，它侧重于方式方法、操作技巧方面。这3个层次的主要内容可用图1-16表示。

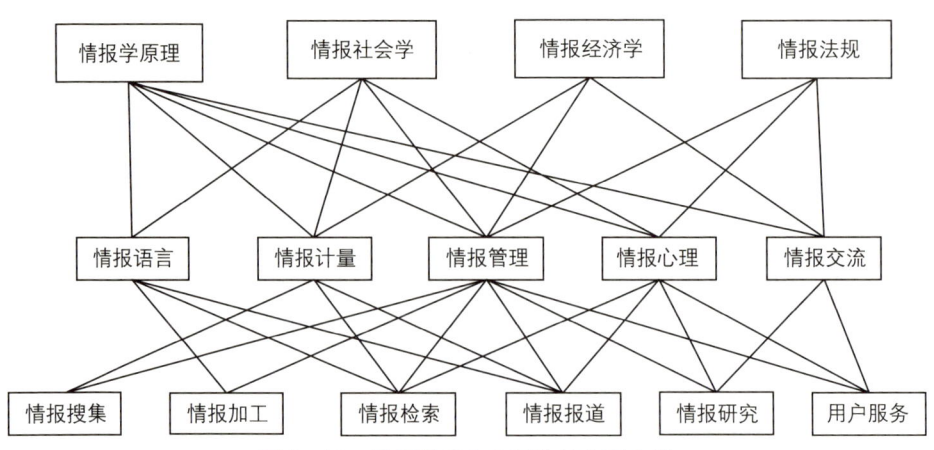

图 1-16 情报科学 3 个层次的主要内容

1.2.3.6 "宏观—中观—微观"体系（20 世纪 80 年代）

1987 年，学者刘植惠以知识有序化为基础，提出"宏观—中观—微观"情报学体系。其中，宏观情报学的研究对象指社会情报交流系统，作为社会大系统的子系统，情报交流系统具有相对的独立性，其作用范围是社会量级的。宏观情报学的任务是从整体上研究人类社会中产生、传递、利用情报的现象及其规律。微观情报学的研究对象指情报单元及人脑吸收情报单元的机制。中观情报学是从宏观上来看足够小，但从微观上来看足够大的中介单元，如文献。情报单元以文献形式进入社会情报交流系统，促进人类文明的发展。文献既具有物质形态，又含有精神内容，在人类主观与客观之间起着中介作用[45]。

1.2.3.7 立体空间结构体系（20 世纪 80 年代）

立体空间结构体系以分层理论为研究起点，按照基础科学、工程结构和研究规范 3 个维度研究情报科学内部结构，认为情报科学体系是具有层次结构与横向交叉渗透的硬科学和软科学系列所构成的多维空间，如图 1-17 所示。

第1章 绪 论

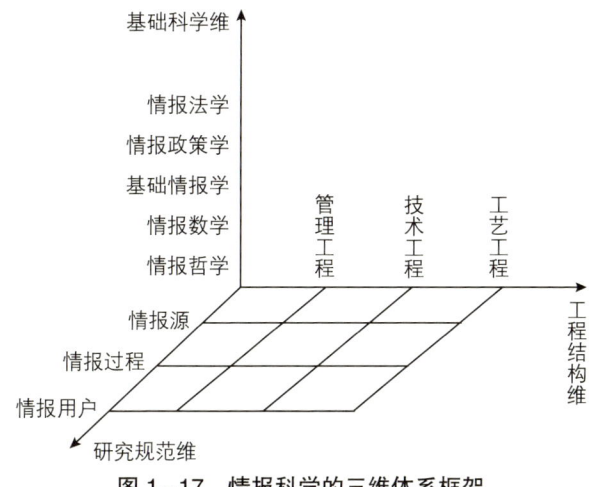

图 1-17 情报科学的三维体系框架

该框架的 3 个坐标既保持相对独立又互为关联，构成一个有机的整体。在此三维空间内，任意一个点的定义及其运动轨迹必须由 3 个不同坐标的含义来确定，这使得通过整体的综合平衡和多因素的相互作用来解决情报学学科体系中的复杂问题成为可能[46]。

1.2.3.8 信息栈假说（20世纪90年代）

1996 年，严怡民教授在《现代情报学理论》中提出信息栈理论[47]。信息栈（W）指信息从信息发送者（S）向信息接收者（R）流动过程中所经过的环节，即人或人工系统等，信息交流模式如图 1-18 所示。

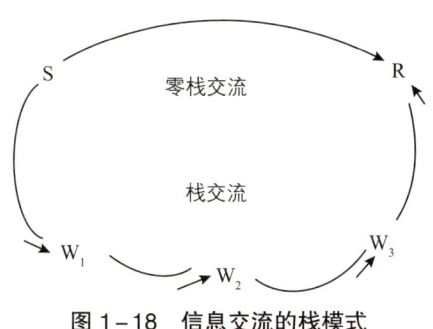

图 1-18 信息交流的栈模式

S 与 R 之间的交流称为零栈交流（即直接交流），有信息栈参与的其余交流形式统称为栈交流（即间接交流）。信息栈分为时间栈和空间栈，时间栈包括实现信息延时传递的图书馆、档案馆、博物馆、文献中心等；空间栈包括实现信息远距传递的新闻出版、广播电视、邮政系统等。无论时间栈还是空间栈，都是从 S 或前栈获取信息，加以转换、处理后向 R 或后栈传递信息。信息栈理论把通常用户认为的信息源逐级追溯到信息生产者，并将图书情报机构视为与新闻传媒机构等相互平等的信息流节点，突破学科界限开展研究。但是，信息栈理论是一种模式假说，缺乏量化支持。

1.2.3.9 "信息—知识—智慧"转化理论（21 世纪初）

学者柯平认为[48]，情报学理论体系的基点与核心既不是单纯的交流或知识，也不是信息资源与网络，而是"信息—知识—智慧"的相互关系与转化。原因：①情报的形成是信息—知识—情报的逻辑关系，从信息到情报必须经过知识的环节；②情报的本质是转化的中介，它与信息、知识、智慧形成一种新的逻辑结构，如图 1-19 所示。情报的作用有 3 种形式，即信息与知识的相互转化、智慧与信息的相互转化、知识与智慧的相互转化；③情报工作的基础是信息工作，但是信息工作并不能替代比它高一层次的情报工作，必须从"大情报观"（强调扩大到信息领域）转向"大知识观"（从简单的信息工作扩大到知识领域），并在此基础上做真正意义的情报工作，在信息服务业中发展情报产业；④21 世纪的情报学要从局限于科技情报到泛信息研究回到知识层面，不仅要研究网络环境下的情报交流，还要研究情报的转化过程与情报增值，研究情报与智能的结合，研究以知识为中心的情报活动等。

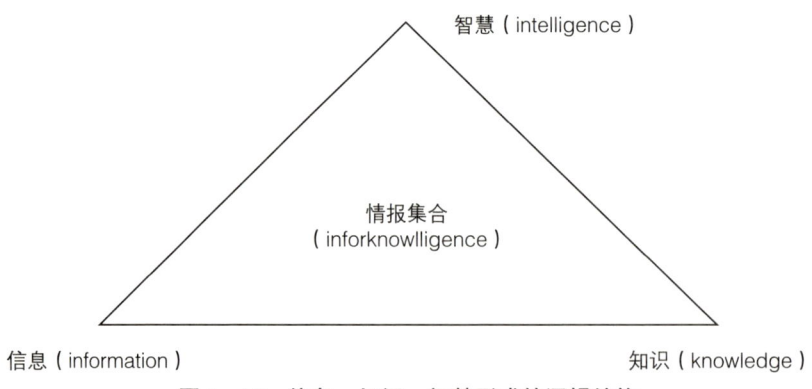

图 1-19 信息、知识、智慧形成的逻辑结构

1.3 中国科技情报事业发展历程

科技情报事业指的是以推动、促进科技情报传播和提高科技情报利用能力为宗旨，对科学技术领域的数据信息进行有计划、有组织和有目的的搜集、分析和传递，进而形成有价值判断的社会性活动[49]。中国科技情报事业始于1956年，迄今已走过60多年不平凡的发展历程，历经科技情报事业的开创期、低谷期、复苏期、整改期、深化期、跃升期等阶段，其间有过辉煌，也有过挫折和迷茫。本书回顾中国科技情报事业的发展历程，梳理发展中的重要时间节点事件，总结不同阶段的科技情报事业发展特点；探讨在中国共产党的领导下，我国科技情报事业的伟大成就、成功原因及经验，思考新形势下科技情报事业的发展方向和策略。

1.3.1 中国科技情报事业的开创期（1956—1966年）

1949年10月1日中华人民共和国成立时，全国科技人员不超过5万人，其中专门从事科研工作的人员仅600余人，专门科学研究机构仅30多个，科研设备严重缺乏，基础条件落后，现代科学技术几乎空白。在中国共产党的领导下，我国迅速建立科技体系，组建科技人才队伍，行业科技发展开始萌芽。第一个五年计划胜利完成之时，我国的国民经济发生深刻变化。发展和建设现代化工业需要了解、跟踪和掌握国内外科学技术领域的重要成果和发展动向，并及时向经济部门和科学技术部门提供必要的情报，成为当时迫切需要解决的重要问题。1955年，周恩来同志向中国科学院领导作出建立科技情报机构、开展情报服务的指示。1956年，郭沫若同志在全国先进生产者代表会议上强调指出，"特别要在一定时期内迅速赶上世界先进水平，这就要求我们必须把科学情报工作做好"[49]。

1956年，党中央发出"向科学进军"的伟大号召，确立"百花齐放、百家争鸣"方针，全国掀起学科学、用科学的热潮。中央政府编制第一个国家科学技术发展规划《1956—1967年科学技术发展远景规划纲要（修正草案）》（以下简称《规划》），提出重要科技任务。《规划》的第57项规定明确指出："我国科学技术情报工作的基础非常薄弱。情报工作的任务主要是迅速建立机构，培养情报工作的专家，全面地和及时地搜集、研究和报道国内外，特别是科学先进国家的科学技术发展情况和新的成就，使全国科学工作能及时地了解这些发展与成就。"[50]这标志着我国科技情报工作正式纳入国家科技战略服务中，开始起步发展。依据《规划》建立的两级情报机构使得中国的科技情报工作系统初步形成，科技情报事业由此开创了新的历史舞台。开创期与科技情报事业发展密切相关的主要历史信息如表1-1所示。

表1-1 开创期与科技情报事业发展密切相关的主要历史信息

时期	时间	机构	事件	主要内容和意义
开创期（1956—1966年）	1956年8月	中央政府	编制第一个国家科学技术发展规划《1956—1967年科学技术发展远景规划纲要（修正草案）》	我国科技情报工作正式纳入国家科技战略服务
	1956年10月	中国科学院	中国科学院科学情报研究所正式成立	我国科技情报事业开始起步
	1958年5月	国务院	批准《关于开展科学技术情报工作的方案》	中国第一个科技情报工作的法令性文件
	1958年5月	中国科学院	中国科学院科学情报研究所改称中国科学技术情报研究所	中国的科技情报工作系统初步确立
	1958年11月	国家科委	在北京召开第一次全国科技情报工作会议，《人民日报》发表社论《做好科学情报工作》	确定我国科技情报工作统一的基本方针、政策和工作目标、遵循的基本准则，指出情报工作是科学技术事业的一个重要组成部分
	1961年1月	国家科委	在北京召开第二次全国科技情报工作会议	中国情报工作历史上第一次专门制定情报工作规划（1961—1962年），对全国科技情报工作发展发挥指导作用

续表

时期	时间	机构	事件	主要内容和意义
开创期（1956—1966年）	1963年2月	国家科委	在北京召开第三次全国科技情报工作会议，讨论《全国科学技术情报工作十年发展规划（1963—1972年）》	明确各级情报机构性质和任务，制定加强农业科技情报工作措施
	1963年12月	国家科委	实施《1963—1972年科学技术发展规划纲要》，其中包括《全国科学技术情报工作十年发展规划（1963—1972年）》	1963—1972年科技情报事业的工作指南
	1964年7月	国家科委	成立情报专业组	组织和落实《全国科学技术情报工作十年发展规划（1963—1972年）》

中国科技情报事业开创期的科技情报研究和工作的特点：

① 科学技术文献是科技情报的重要资源。1956年，中国科学院科学情报研究所成立资料室，搜集、研究和报道国内外特别是科学技术先进国家的科学技术部门的发展情况和最新成就，资料室的成立是我国情报资源建设的开始。

② 文献调查和信息整序方法是科技情报研究的基本方法。开创期的情报研究方法以枚举法、综合归纳法等为主。情报技术采用机器翻译、机器检索、复印技术和科技声像，引进了《国际十进分类法》并编制标题表。

③ 构建搜集、加工和编译、报道的科技情报服务体系。科技情报工作以手工检索方式进行科技文献的搜集、整理、研究和报道为重点，并取得较好的效果。创办为中央领导、科技和经济界领导服务的《科技参考消息》《综合科技动态》等重要刊物和简报，加强定题服务和定点服务。

④ 重视科技管理方法。1965年，中国科学院科学情报研究所的文献服务室将著名数学家华罗庚的"统筹方法"引入科技情报管理中，较好地提高了情报资源的管理水平。

1.3.2　中国科技情报事业的低谷期（1967—1976年）

在"文化大革命"期间，我国的科技事业受到比较严重的干扰，如正常的科研秩序被打乱，科技管理机构受到冲击，部分科研机构遭到解散、撤销，国际科技交流几乎中断。1966—1969年，全国的科技情报机构约80%被解散或拆散，基层科技情报工作基本处于瘫痪状态。在"文化大革命"中后期，周恩来等国家领导人非常重视和关心科技情报事业，使得科技情报事业出现转机，并在低谷中运转和前行。低谷期与科技情报事业发展密切相关的主要历史信息如表1-2所示。

表1-2　低谷期与科技情报事业发展密切相关的主要历史信息

时期	时间	机构	事件	主要内容和意义
低谷期（1967—1976年）	1970年6月		周恩来总理听取中国科学院工作汇报，指出："情报所要组织得很好，搞一个好的班子，这是为大家服务的。"	科技情报工作开始恢复，科技情报事业出现第一次转机
	1975年7—11月		胡耀邦同志主持中国科学院工作，多次听取情报工作汇报，到中国科学技术情报研究所视察和指导工作	科技情报事业出现第二次转机
	1975年5月	中国科学院	在北京召开第四次全国科技情报工作会议，通过《关于健全和发展全国科学技术情报网的几点意见》《关于加强科学技术情报资料工作的几点意见》	中国科学技术情报研究所负责全国科技情报工作的规划拟定、组织协调、经验交流和业务指导工作；健全和发展全国科技情报网；加强科技情报调研工作

中国科技情报事业低谷期的科技情报研究和工作的特点：

① 情报分析研究和工作不稳定，情报工作多数按上级交办任务进行，情报分析研究和工作的目的性和针对性较强，如为科学技术（特别是产业技术）赶超世界水平提供国外背景资料的工作，组织撰写专题调研报告《自然科学发展动向》。

② 情报技术走向应用研究。研制科技文献分类法和科技情报检索系统。1974年，机器翻译、情报检索被纳入国家汉字信息处理系统工程（"748"系统工程）；1975年，中国第一部用于图书馆的中国图书分类表——《中国图书馆图书分类法》出版，同时出版适合科技情报部门分类检索刊物条目和馆藏资料所用的《中国图书资料分类法》；1976年启动汉语主题词表编制任务。

1.3.3 中国科技情报事业的复苏期（1977—1982年）

"文化大革命"结束后，党的十一届三中全会作出了把党和国家的工作重心转移到经济建设上来，实行改革开放的历史性决策。邓小平同志提出"科学技术是生产力""知识分子是工人阶级的一部分""四个现代化关键是科学技术的现代化"的重要论断。科技情报界适应社会主义经济建设需求，使得中国的科技情报事业快速复苏并不断发展，全国基本形成由综合性和专业性情报机构组成的多层次情报工作系统。此外，在科技情报检索语言研究、检索刊物体系、情报学术活动、国际情报合作与交流等方面取得可喜的成就。中国的科技情报事业在"科学的春天"里踏上复苏和发展的新征程。复苏期与科技情报事业发展密切相关的主要历史信息如表1-3所示。

表1-3 复苏期与科技情报事业发展密切相关的主要历史信息

时期	时间	机构	事件	主要内容和意义
复苏期（1977—1982年）	1978年1月	国家科委	制定《1978—1985年全国科学技术发展规划纲要（草案）》	"现代化情报中心和图书馆"被列为我国科学发展八年奋斗目标之一，激发了全国科技情报人员的工作热情
	1978年3月	中共中央、国务院	在北京召开全国科学大会，要求尽快实现科技情报工作现代化，用现代化手段装备情报工作	中国科技发展史上一次具有里程碑意义的盛会，促进了科技情报事业的发展
	1978年	武汉大学	创办科技情报专业并招收第一届科技情报专业本科生	标志着正规情报学教育恢复

续表

时期	时间	机构	事件	主要内容和意义
复苏期（1977—1982年）	1978年	中国科学技术情报研究所	成为首批招收科技情报专业硕士研究生的单位之一	标志着我国高等院校科技情报学研究生教育的兴起
	1980年7月	国家科委	召开第五次全国科技情报工作会议	强调科技情报工作必须紧密为经济建设服务的指导思想，成为全国科技情报工作的新起点
	1982年	全国人大常委会	召开第五届全国人大第五次会议	科技情报工作首次被列入国民经济和社会发展五年计划，被视为加速经济建设和科学技术发展的战略措施

中国科技情报事业复苏期的科技情报研究和工作的特点：

① 面向国家发展战略的情报研究成果突出。例如，中国科学技术情报研究所的《两种发展战略》启发中国对发展战略的大讨论，对中国自觉、明确地运用战略思想发展经济、科技，以及对各行各业均产生非常积极的影响。

② 科技情报研究方法出现多学科特征。例如，航天710研究所应用控制论、系统工程和计算机技术建立人口系统的控制模型，1979年首次预测中国未来100年的人口发展趋势，为计划生育部门制定政策提供科学依据；北京市科学技术情报研究所基于调查、总结历史，开展先导性的综合预测研究，从科技、城市建设、工业、农业、文化等多方面预测北京2000年的发展愿景，对如何建设现代化首都提出建议。

③ 科技文献资源建设得到重视。从新中国成立之初到"文化大革命"结束这段时期，我国的文献工作标准化几乎是空白。1978年9月，我国正式加入国际标准化组织——文献工作标准化技术委员会（ISO/TC46）。1979年11月，全国文献工作标准化技术委员会成立，中国的文献工作走向标准化、系统化和统一化。

④ 科技情报检索技术走向应用。1980年，《汉语主题词表》的出版为文献标引和检索奠定基础，为建立机读文献数据库提供了条件，使科技情

报检索技术的应用成为可能。联机检索数据库、情报检索软件的应用有力地提升了科技情报服务效率。

1.3.4 中国科技情报事业的整改期（1983—2003年）

1983年，国家"六五"计划规定1985年工农业总产值指标提前两年实现。国务院提出，要力争"翻两番"战略目标，首先在于力争科学技术取得巨大进步，力争在20世纪内使全国国民经济各部门都逐步转移到新技术的基础上来，尽快实现经济振兴、跻身于世界强国的战略目标。1986年4—9月，国务院制定《高技术研究发展计划纲要》。1989年，江泽民同志在国家科学技术奖励大会上指出，坚持把科技放在优先发展的战略地位，坚持依靠科技来提高经济效益和社会效益。1995年5月，中共中央、国务院印发《关于加速科学技术进步的决定》。1997年，党的十五大报告强调，"要充分估量未来科学技术特别是高技术发展对综合国力、社会经济结构和人民生活的巨大影响，把加速科技进步放在经济社会发展的关键地位，使经济建设真正转移到依靠科技进步和提高劳动者素质的轨道上来"，确立了科教兴国和可持续发展战略。国家技术创新工程、知识创新工程、高校创新体系、科学技术的普及进入"快车道"。科技情报工作根据面临的新形势、新要求，调整并坚持科技情报必须有效地为经济建设服务的方针，促进科技情报事业的发展。

进入20世纪90年代，我国的科技发展出现新的形势，1992年邓小平同志发表著名的"南方谈话"，党的十四大确立了社会主义市场经济体制改革目标，中国踏上改革开放之路。1993年，党的十四届三中全会对我国的改革开放事业做出全面部署，并对深化科技体制改革提出更高的要求。改革业务组织机构系统、发展各功能系统和健全情报职能管理系统是当时中国国家科技情报系统发展的方向，即改革科技情报机构的运行机制，发展科技情报工作的横向联合，在科技、经济和社会发展中发挥科技情报工作的耳目、尖兵和参谋作用。整改期与科技情报事业发展密切相关的主要历史信息如表1-4所示。

表1-4 整改期与科技情报事业发展密切相关的主要历史信息

时期	时间	机构	事件	主要内容和意义
整改期（1983—2003年）	1984年1月	国家科委	召开第六次全国科技情报工作会议，制定《全国科学技术情报工作条例》	明确实现科技情报工作手段现代化的原则和方法，提出注意开展情报理论与方法的研究
	1984年3月	国家科委	提出《关于加强全国科技情报工作的意见》	提高对科技情报工作重要性的认识，明确科技情报工作的近期方针任务，加强全国科技情报系统的建设
	1985年6月	国家科委	召开全国科技情报体制改革座谈会	贯彻执行《中共中央关于科学技术体制改革的决定》，我国的科技情报系统正式走上改革历程
	1986年10月	国家科委	召开第七次全国科技情报工作会议	落实党中央、国务院关于经济体制改革的精神。促进科技情报工作的范围和内容由单一的科学技术情报领域逐步转向科技、经济和社会领域，对促进科技情报事业的发展具有积极意义
	1988年4月	国家科委	召开全国科技情报所（局）长座谈会，印发《国家科委关于加快和深化科技情报体制改革的意见》	提出"一业为主、多种经营、以副养主"方针，是科技情报事业的一个里程碑。科技情报工作进入由纯科学技术服务向经济、社会、市场服务延伸的新阶段。科技情报机构从"围绕"到"投入"的转变，标志着科技情报工作的范围和内容得到逐步充实和拓宽
	1992年9月	国家科委	在北京召开第八次全国科技情报工作会议	"科技情报"改为"科技信息"，"中国科学技术情报研究所"改为"中国科学技术信息研究所"，有力推进全国科技情报体制改革，科技信息系统已初步具有产业化特征，服务形式日趋多样
	1993年	国家科委	发布实施《关于加快发展科技信息服务业的规划纲要和政策要点》	情报的"信息转向"正式开始
	1996年	国务院学位委员会	"图书馆学、情报学、档案学"被列为一级学科	标志着我国情报学的研究进入新的发展阶段

续表

时期	时间	机构	事件	主要内容和意义
整改期（1983—2003年）	1997年4月	国家科委	印发《国家科委关于加强信息资源建设的若干建议》	提出我国信息资源建设的十条建议
	2000年5月	国务院办公厅	转发《关于深化科研机构管理体制改革的实施意见》	明确社会公益类科研机构的改革思路，科研机构结构调整进入新阶段

中国科技情报事业整改期的科技情报研究和工作的特点：

① 加强科技文献资源及支持系统建设，扩大文献资料搜集范围（将单纯的文献资料转变为文献资料与各种多媒体资料相结合），合理安排文献资源布局，健全情报检索体系，提高文献资料供应能力，保证中国经济建设和科学技术重点发展的需要，如1995年建成中国科技信息网，2000年"国家科技图书文献中心"（NSTL）正式成立。

② 情报基础理论和方法研究取得进展。研究人员对情报研究、情报检索、信息系统理论、信息资源管理、竞争情报等领域进行了探索，开展情报研究方法的综合研究。科技情报的研究层次由只重微观的战术性情报研究转变为微观战术性和宏观战略性情报研究兼顾并重。科技情报研究方法转变为定性研究与定量研究相结合，但仍以定性研究为主。在科技情报技术手段上，采用了计算机处理技术、知识工程和专家系统等辅助科技情报研究。

③ 情报研究向多功能方向发展，科技情报服务方向多元化。科技情报研究内容由单纯科学技术领域扩展到经济、社会领域相交叉；科技情报服务由专为科研服务转变为"为科研决策服务"、为科技成果转化成现实生产力服务、为经济建设服务等多种功能，从被动的无偿服务转到主动的面向社会服务。例如，20世纪80年代，一批科技查新单位相继成立，科技情报工作为"星火计划"、"火炬计划"及"科技攻关"服务并作出贡献。

1.3.5　中国科技情报事业的深化期（2004—2013年）

2004年6月，胡锦涛同志在两院院士大会上指出："科学技术是经济社会发展的一个重要基础资源，是引领未来发展的主导力量。"2006年，在全国科学技术大会上，胡锦涛同志提出建设创新型国家的战略目标。2007年10月召开的中国共产党第十七次全国代表大会高度重视科技进步和自主创新。建设创新型国家重大战略的提出，标志着我国科技工作进入一个全新的发展阶段，也为科技情报事业的发展带来新契机。因为国家政府部门的决策需要科技情报，科技创新主体也需要科技情报，所以科技情报工作在实施自主创新战略中具有基础性的支撑作用，对创新型国家建设发挥着不可替代的作用。在这一时期，科技情报事业的发展主题是推进科技情报研究和服务的深化改革，发挥科技信息服务工作的重要作用，为建设创新型国家作出切实的贡献。深化期与科技情报事业发展密切相关的主要历史信息如表1-5所示。

表1-5　深化期与科技情报事业发展密切相关的主要历史信息

时期	时间	机构	事件	主要内容和意义
深化期（2004—2013年）	2004年7月	国务院	转发《2004—2010年国家科技基础条件平台建设纲要》	提出国家科技基础条件平台建设的指导思想、建设原则、建设目标、主要任务和建设重点等若干纲领性意见。推动科技文献信息资源与服务平台建设
	2005年12月	国务院	正式发布《国家中长期科学和技术发展规划纲要（2006—2020年）》	重点建设一批科学数据共享平台、科技文献共享平台、成果转化公共服务平台、网络科技环境平台等，全面加强对自主创新的支撑，加大对公益类科研机构的稳定支持力度
	2006年1月	中共中央、国务院	召开全国科学技术大会	中国科技发展史上的又一个里程碑，是落实科学发展观、部署实施《国家中长期科学和技术发展规划纲要（2006—2020年）》、加强自主创新、建设创新型国家的动员大会，为科技信息事业发展带来历史机遇

续表

时期	时间	机构	事件	主要内容和意义
深化期（2004—2013年）	2006年3月	国务院	公布《中华人民共和国国民经济和社会发展第十一个五年规划纲要》	坚持以信息化带动工业化、以工业化促进信息化，提高经济社会信息化水平
	2012年7月	中共中央、国务院	召开全国科技创新大会	是在深化改革开放、加快转变经济发展方式、全面建设小康社会的关键时期召开的一次重要会议，对于加快国家创新体系和创新型国家建设、推动科技事业发展具有重要意义

中国科技情报事业深化期的科技情报研究和工作的特点：

① 科技情报分析研究工作日趋成熟。科技情报机构主要从事科技发展动态、科技发展专题、科技发展战略3个层次的研究。情报界开始重视情报研究理论与方法，特别是信息时代的来临，情报研究方法得到进一步的扩展和丰富。

② 科技情报/信息咨询服务快速发展。公益性信息咨询服务范围从过去的科技和管理领域，扩大到工程建设、金融贸易，以至社会、政治、军事、经济、工程和教育等多个领域。信息资源开发和数字图书馆建设成为国家信息基础设施建设的重要组成部分。

③ 科技信息资源建设和研究与时俱进。充分发挥科技情报事业在国家创新体系建设中的重要作用，加强科技信息服务关键技术的研发，建立特色资源库，提供特色服务，推动科技信息合作共享。科技文献共享服务平台和国家标准文献共享服务平台等支撑创新体系建设的科技信息系统建设取得较大进展。

1.3.6 中国科技情报事业的跃升期（2014年至今）

2014年，习近平总书记"总体国家安全观"的提出、2017年《中华人民共和国国家情报法》的颁布激发情报学者反思在国家安全与发展新环境下情报学与情报工作的变革问题，情报服务于国家总体安全的全局性得到重视，国家安全情报观逐步树立。苏新宁[51]认为科技情报工作主战场不仅是科技与安全领域，而且已经拓展到方方面面，应当在社会经济、科技、国家安全中发挥"耳目、尖兵、参谋"的作用，逐步把各级（类）情报所建设成重要智库。《南京共识》[52]指出，将情报机构打造成为国家的重要智库，充分发挥情报在总体国家安全观体系中的重要作用。包昌火[50]指出，情报工作是国家安全和社会发展的一个基本工具，以情报引领并服务于国家安全治理和经济社会发展的重大决策，是时代赋予我国情报界的光荣使命和历史重任。这一时期，相关研究涉及情报学内核、情报学科重构、国家安全情报体系构建、国家安全情报体制构建、国家智库建设、应急情报、反恐情报等关键问题和前沿问题，这些研究推动了情报学学科在百家争鸣与融合中发展前行[53]。跃升期与科技情报事业发展密切相关的主要历史信息如表1-6所示。

表1-6 跃升期与科技情报事业发展密切相关的主要历史信息

时期	时间	机构	事件	主要内容和意义
跃升期（2014年至今）	2014年4月	中央国家安全委员会	召开中央国家安全委员会第一次会议	习近平总书记首次提出总体国家安全观，并首次系统提出"11种安全"
	2015年1月	中共中央办公厅、国务院办公厅	印发《关于加强中国特色新型智库建设的意见》	提出要围绕建设创新型国家和实施创新驱动发展战略，建设高水平科技创新智库和企业智库，促进科技创新与经济社会发展的深度融合
	2016年5月	中共中央、国务院	召开全国科技创新大会，发布《国家创新驱动发展战略纲要》	在深化改革开放、加快转变经济发展方式、全面建设小康社会的关键时期召开的重要会议，是一次深化科技体制改革的动员大会

续表

时期	时间	机构	事件	主要内容和意义
跃升期（2014年至今）	2017年2月	中央全面深化改革领导小组	第三十二次会议审议通过了《国家科技决策咨询制度建设方案》	决定建立国家科技决策咨询制度，健全国家科技预测机制，完善国家科技创新调查制度。标志着我国科技决策咨询体系渐趋制度化和体系化，使得我国科技决策在科学化和民主化的进程上迈出了重要的一步，我国科技决策咨询制度建设进入了新阶段
	2017年6月	第十二届全国人民代表大会常务委员会	通过《中华人民共和国国家情报法》	旨在加强和保障国家情报工作，维护国家安全和利益，贯彻总体国家安全观，推进全面依法治国的一部重要法律
	2017年10月	中国共产党第十九次全国代表大会	习近平总书记发表题为《决胜全面建成小康社会夺取新时代中国特色社会主义伟大胜利》的报告	报告提出加强中国特色新型智库建设。在全面建成小康社会决胜阶段、中国特色社会主义进入新时代的关键时期召开的一次十分重要的大会，对鼓舞和动员全党全国各族人民继续推进全面建成小康社会、坚持和发展中国特色社会主义具有重大意义
	2021年3月	十三届全国人大四次会议	通过《中华人民共和国国民经济和社会发展第十四个五年规划和2035年远景目标纲要》	指出科技情报工作新的任务和方向

中国科技情报事业跃升期的科技情报研究和工作的特点：

① 科技情报研究工作向支撑科技决策的科技智库方向发展。在情报研究与科技智库研究中，战略情报与之关系最为密切。跃升期的战略情报研究的重点与习近平总书记对科技智库建设的指导思想是一致的。战略情报研究是科技智库的基础性工作，而科技智库建设为战略情报研究提供新的实践平台。

② 科技情报研究方法和技术日益丰富。情报学界对知识共享、数据管理、数据开放，如开放政府数据、科研数据、开放政策、法律法规等研究均开始逐步涉及。大数据研究聚焦于面向行业和企业的竞争情报分析和服务，在大数据获取方法上更注重应用环境的分析和扫描，在数据内容上对于知识计算和情报工具的分析和研发更为重视。

③ 科技情报研究侧重应用，对理论体系研究的关注度不够。这一时期科技情报的应用研究大多集中在跨学科应用，应用其他学科方法和技术来开展科技情报领域的相关研究。例如，知识图谱、数据挖掘、大数据、社交网络等，情报研究针对不同研究对象，在个别分支特定领域形成了各自的理论体系，如知识理论模型、竞争情报学理论体系，但创新型的科技情报理论研究成果尚未形成。

1.4 本章小结

本章对中外情报历史、情报研究的基本原理、中国科技情报发展的重要时间节点事件进行梳理，回顾和总结不同阶段的情报史、情报研究的相关学说、科技情报事业的发展特点，可参见本章附图 1 和附图 2。可以发现：中国的情报学研究具有中国特色，源于科技情报。中国的科技情报事业从无到有、从小到大、从弱到强，为我国的社会主义建设和科学技术发展做出了重要贡献。其成功的主要原因有 4 个：第一，有中国共产党的正确领导，科技情报在不同历史时期的发展目标和服务对象明确；第二，建立了有效的情报组织体系和业务体系；第三，重视科技情报资源、情报方法、决策支持等研究和情报人才队伍建设；第四，是科技情报工作者无私奉献和不断创新的工匠精神。科技情报事业已进入 21 世纪的第三个 10 年，其所依托的科技情报信息环境发生了重要变化，以大数据、人工智能、物联网、移动互联网和云计算为代表的新一代信息技术已深刻地渗透和改变了科技情报的生产方法和过程。新时代对科技情报事业提出新的更高要求，新的历史方位赋予科技情报事业的使命担当，迫切需要科技情报事业从理论到实践进行新的探索，科技情报理论体系的重构迫在眉睫。

参考文献

［1］中国大百科全书（第三版）总编辑委员会.中国大百科全书·情报学［M］.3版.北京：中国大百科全书出版社，2022：1.

［2］拉·法拉戈.斗智［M］.北京：群众出版社，1962：5.

［3］钮先钟.中国古代战略思想新论［M］.合肥：安徽教育出版社，2005：29.

［4］高金虎.中西情报史［M］.南京：江苏人民出版社，2017：304-305，430.

［5］靖继鹏，马费成，张向先.情报科学理论［M］.北京：科学出版社，2009：32，36-43，56-59，63-71，107-108，116-117，120-123，132-133.

［6］马费成.论情报学的基本原理及理论体系构建［J］.情报学报，2007，26（1）：3-13.

［7］梁战平.我国科技情报研究的探索与发展［J］.情报探索，2007（7）：3-7.

［8］古典信息理论［EB/OL］.（2012-12-03）［2022-11-03］.https://www.docin.com/p-544494878.html.

［9］古典信息理论［EB/OL］.（2012-12-03）［2022-11-03］.https://max.book118.com/html/2018/0609/171681065.shtm.

［10］贺德方，武夷山，邹大挺.数字时代情报学理论与实践［M］.北京：科学技术文献出版社，2006：98-99.

［11］靳娟娟.情报学理论体系比较研究［J］.图书情报知识，1995（3）：17-23.

［12］张璐，王明晓.兰开斯特与图书情报学［J］.大学图书情报学刊，2014，32（6）：114-120.

［13］ESTABROOK L S, LANCASTER F W. Reflections：an interview with F.W. Lancaster［J］. Library trends，2008，56（4）：968-974.

［14］LANCASTER F W. MEDLARS：report on the evaluation of its operating efficiency［J］. American documentation，1969，20（2）：119-142.

［15］杰拉德·索尔顿［EB/OL］.［2022-06-16］.https://baike.baidu.com/item/%E6%9D%B0%E6%8B%89%E5%BE%B7%C2%B7%E7%B4%A2%E5%B0%94%E9%A1%BF/253855?fr=aladdin.

［16］向量空间模型［EB/OL］.［2022-06-16］.https://baike.baidu.com/item/%E5%90%91%E9%87%8F%E7%A9%BA%E9%97%B4%E6%A8%A1%E5%9E%8B/4436202?fr=aladdin.

［17］李向北.当代情报学科主要派与对我国情报界的影响及展望［J］.凉山科技，1990（2）：42-45.

［18］SARACEVIC T. Relevance： a review of the literature and a framework for thinking on the notion in information science［J］. Journal of the American Society for Information Science，1975，26（6）：321-343.

［19］SARACEVIC T. Information science［J］. Journal of the American society for information Science，1999，50（12）：1051-1063.

［20］叶鹰，武夷山.情报学基础教程［M］.北京：科学出版社，2006：16-22.

［21］邹永利.情报学认知学派评述［J］.图书馆论坛，2010，30（6）：96-100.

［22］杨韬，邹永利.情报学的认知学派及其研究进展［J］.情报杂志，2008（6）：114-116.

［23］TAYLOR R S. Question-negotiation and information seeking in libraries［J］. College and research libraries，1986（29）： 178-194.

［24］BROOKES B C. The foundations of information science：Part IV. Information science：the changing paradigm［J］. Journal of information science，1981，3（1）：3-12.

［25］师宏睿.布鲁克斯情报认知观研究［J］.图书馆理论与实践，2001（6）：51-53.

［26］BELKIN N. Information concept for information science［J］. Journal of documentations，1978，34（1）：55-85.

［27］BELKIN N. Anomalous states of knowledge as a basis for information retrieval［J］. The Canadian journal of information science，1980，5（1）：133-143.

［28］DERVIN B. Users as research inventions：how research categories perpetuate inequities［J］. Journal of communication，1989，39（3）：216-232.

［29］INGWERSEN P. Information retrieval interaction［M］. London：Taylor Graham， 1992.

［30］INGWERSEN P, JÄRVELIN K. On the integrated cognitive theory for information retrieval：drifting outside the cave of the laboratory framework［J］. Cuadernos de relaciones laborales，2008，18：381-402.

［31］刘伟超，周军.认知情报学研究进展［J］.情报资料工作，2020，41（6）：36-45.

［32］HJØRLAND B, ALBRECHTSEN H. Toward a new horizon in information science：domain-analysis［J］. Journal of the American Society for Information Science，1995，46（6）：400-425.

［33］HJØRLAND B. Domain analysis in information science: eleven approaches-traditional as well as innovative［J］. Journal of documentation, 2002, 58（4）: 422-462.

［34］MAI J. Analysis in indexing: document and domain centered approaches［J］. Information processing & management, 2005, 41（3）: 599-611.

［35］HJØRLAND B. Epistemology and the socio-cognitive perspective in information science［J］. Journal of the American society for information science and technology, 2002, 53（4）: 257-270.

［36］周晓英. 论信息构建对情报学的影响［J］. 情报理论与实践, 2003（6）: 481-486.

［37］彭亮. 图书情报学的中国知识学派［J/OL］. 图书馆杂志: 1-19［2022-05-18］. http://kns.cnki.net/kcms/detail/31.1108.G2.20220124.1507.002.html.

［38］翟秀云. 图书情报学中的"知识流派"观点述略［J］. 图书情报工作, 2002（12）: 54-60.

［39］陈珏静. 萨拉塞维奇情报社会传播理论观点归纳与评估［J］. 图书情报工作网刊, 2011（6）: 32-36.

［40］卢胜军, 赵需要, 栗琳. 钱学森科技情报理论体系及其意义［J］. 情报科学, 2012, 30（9）: 1418-1423, 1435.

［41］胡明. 国内外情报学理论体系的比较研究［J］. 情报杂志, 1995（5）: 26-28.

［42］文岳雄. 情报学理论体系结构初探［J］. 情报学报, 1985, 4（4）: 359-364.

［43］卢太宏. 情报科学的三个研究规范［J］. 情报学报, 1987, 6（1）: 19-22.

［44］华勋基. 试论情报科学体系［J］. 情报学报, 1987, 6（6）: 446-450.

［45］刘植惠. 关于情报学学科建设的思考［J］. 情报学报, 1987, 6（1）: 13-18.

［46］刘东维. 分层理论与现代情报科学体系［J］. 情报科学, 1988（4）: 5-11, 25, 96.

［47］严怡民, 等. 现代情报学理论［M］. 武汉: 武汉大学出版社, 1996: 125-128.

［48］柯平. 当代情报学理论体系的建构［J］. 情报学报, 2004, 23（3）: 377-384.

［49］戴显红. 新中国70年科技情报事业发展的经验和启示［J］. 图书馆研究与工作, 2021（1）: 5-10, 74.

［50］包昌火, 马德辉, 李艳. Intelligence视域下的中国情报学研究［J］. 情报杂志, 2015, 34（12）: 1-6, 47.

[51] 苏新宁 . 大数据时代情报学与情报工作的回归［J］. 情报学报，2017，36（4）：331-337.

[52] 邓三鸿，郭骅 . 情报学与情报工作发展论坛（2017）隆重举办凝聚形成《南京共识》［J］. 情报理论与实践，2017（11）：145.

[53] 孙敏 . 2017 年我国情报学研究进展［J］. 山东图书馆学刊，2018（6）：17.

附 图

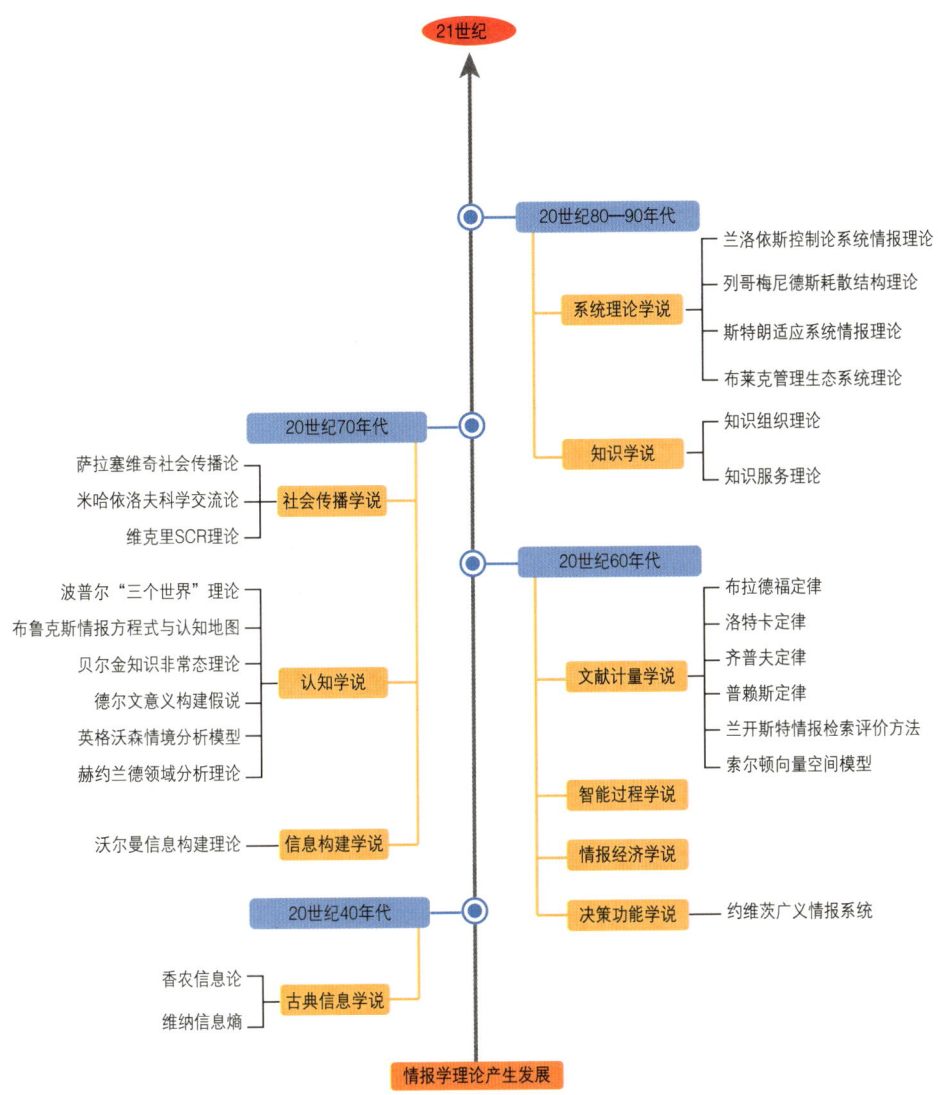

附图1 情报理论涉及的主要学说

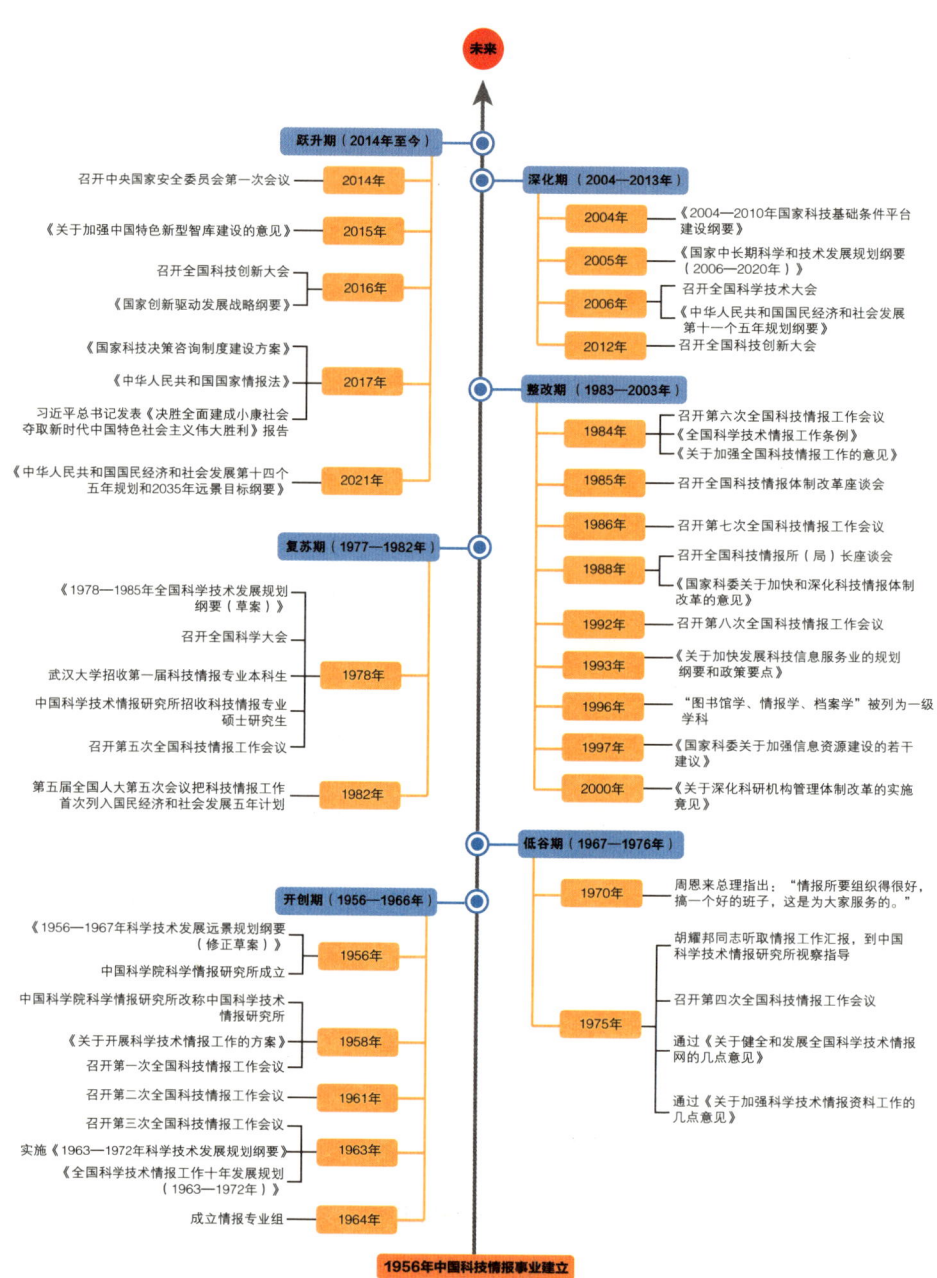

附图2　中国科技情报事业发展历程

科技情报卓智赋能之
情报认知篇

第 2 章　复杂信息环境下的科技情报理论体系构建问题

中国科技情报的产生源于国家科技事业发展需求。情报具有天然的"智能"属性和专业特色，科技情报工作离不开先进方法和技术的参与和辅助。当今，复杂信息环境下的科技情报需求、业务研究和工作模式正在发生变化，科技情报事业的发展面临新的机遇和挑战，国家的科技事业对科技情报的赋能作用提出更高的要求。本章从国家科技发展的时代需求出发，阐释复杂信息环境下科技情报理论的探索要求、科技情报理论体系的研究构成及特征关系、科技情报理论体系构建的质量标准，为复杂信息环境下科技情报业务的开展指出工作方向。

2.1　信息环境的复杂特征

复杂信息环境包括科技情报"外部"环境和"内部"环境两个方面。科技情报"外部"环境是指我国的外部环境日趋复杂，不稳定性、不确定性明显增加，此种国际环境给科技情报的信息源带来了复杂性；科技情报"内部"环境是指科技情报生产所处的复杂信息环境，该环境下的科技数据与传统的科技数据截然不同，它是一种"不稳定状态"的数据，即数据来源、类型、存储结构、规模、质量等均发生了空前的变化，这也导致数据内容更为复杂化。具体来说，复杂信息环境主要涉及国际环境的复杂性，数据、信息的复杂性，科技情报技术基础建设的复杂性3个方面。

(1) 国际环境的复杂性

国际环境的复杂性是指当前中国发展所面临的新的、复杂的国际环境。习近平总书记指出[1]，当今世界百年未有之大变局加速演进，国际环境错综复杂，世界经济陷入低迷期，全球产业链供应链面临重塑，不稳定性不确定性明显增加。在2021年，我国已全面建成小康社会，实现第一个百年奋斗目标，高质量发展取得新成效，实现了"十四五"良好开局。全球经济发展呈现显著的不平衡性，从空间维度看，不同国家和区域的经济复苏严重分化。许多掣肘全球经济强劲、可持续和平衡增长的中长期因素处于调整期，各方都在积极推进或调整对外战略以应对新的国际局势。当今世界，百年变局和世纪疫情交织叠加，国际力量对比持续演变。同时，全球主要大国或国家集团之间的竞合关系，大国关系的组合和调整正在推动和构筑分化世界的平行体系。国际安全形势日趋严峻，传统安全风险更加凸显，一些西方国家固守冷战思维，热衷于在国际社会制造矛盾和分歧，挑起军事对抗，传统安全压力和风险逐步上升。

(2) 数据、信息的复杂性

数据、信息的复杂性主要是由于其载体方式、存在环境及自身内容的复杂性造成的。互联网和信息技术的快速发展为人类获取丰富的数据和信息带来极大的便捷条件，数据和信息的渠道丰富、载体充盈；数据和信息的规模及人类对其依赖的程度与日俱增，格式多样的数据、信息的内容更具复杂性。以开源信息为例，各种类型的开源信息不仅包括开源数据，而且包括更多具有实质内容的资料，是范围最广的一类公开或商业可得信息，其具备了大数据的基本特征，即数据体量大、数据类型多、价值密度低、处理速度快。科技情报工作环境中信息的渠道丰富、载体充盈、格式多样，以及数据、信息内容的丰富性和时效性均会成为信息真实性和有效性的辨析难点，对信息内容和效用的解读需要注意把握特定的时空内涵。相比过去，后真相、假新闻、真相衰退等现实的科技信息迷雾扰动现象更为明显，需要重视由真伪信息交织而成的信息迷雾对分析决策的各种干扰。

(3) 科技情报技术基础建设的复杂性

科技情报技术基础涉及信息资源、研究方法和技术、工具、管理规制等诸多内容。国际形势、信息环境和情报用户需求的变化导致科技情报技术基础建设的复杂性不断增加。例如，开源信息的多来源、内容繁杂且丰富使得对既有数据/信息存储、分析方法、技术和工具进行调整的需求剧增。同时，当前科技情报的不确定性也在不断增加，新的情报应用场景及需求不断涌现，使得已有的科技情报技术基础的不适用性日益显现。科技情报技术基础在建设方式、建设内容、建设质量和管理评估等方面必须进行变革和创新，以便全方位和可持续地提升科技情报生产的效率和质量。因此，科技情报技术基础建设面临着前所未有的复杂性挑战。

2.2 科技情报理论的探索要求

中国科技情报事业自诞生之日起，就与国家建设发展的脉搏息息相关。相比传统的信息环境，复杂信息环境下的科技数据获取更为快捷、情报来源更为丰富，为科技情报研究及情报工作转型发展带来新契机。但是，如何解决复杂信息环境下的信息不完备问题，面对后真相、假新闻、真相衰退等现实的科技信息迷雾困扰问题，如果仍沿用传统的科技情报工作管理机制、科技情报研究方法/技术，将不能有效发挥情报的效能，更不能满足我国科技创新驱动发展战略对全方位、专业化科技情报的实际需求，迫切需要有一个健全的科技情报理论体系去支撑和指导实践，需要我们认真审视新环境下对科技情报理论探索的要求。

2.2.1 源于情报工作信息环境的探索要求

网络和信息技术的飞速发展、开源信息的兴起给科技情报工作环境带来前所未有的改变。开源信息由于可提供更完备的情报信息，给情报共同体和各领域带来更多有价值和新颖的数据源，因而其价值、地位和影响日益受到国内外情报研究机构，乃至国家的重视。但是，一方面更多的开源信息使得开源情报源除公开性、多源性外，情报内容上更具丰富性、时效性和复杂性，而且情报源的数据规模持续增长，开源数据的真实性和有效性需要考虑；另一方面大数据现象明显已经产生了前所未有的过剩情报，科技情报机构的采集能力远远超过了分析/感知能力。因为大数据技术的有效实施从根本上依赖于底层数据的质量，而数据质量的影响因素随着开源信息的日趋复杂使得诸如大数据技术等科技情报分析方法和技术，以及工具的实施效果受到制约。

复杂信息环境下，传统的以相对规范化的科技信息资源生产和服务为主流的科技情报工作环境在无形中已发生显著的变化，情报产品的不确定性在不断增加，这必然导致科技情报事业的研究着力点呈现新的变化。因而，针对传统的科技情报理论和方法需要开展新的探索，如对科技数据的采集、加工和处理的工作体系理论，情报组织、储存与检索方法和技术，机器翻译、检索系统性能评估，定题情报服务的方法或原理等均需要进行优化或重构，以更好地适应这种情报工作环境的变化要求。

2.2.2 源于情报工作任务背景的探索要求

当今世界正处于百年未有之大变局时代，中国置身于变幻多端的世界格局之中。国家安全是当前我国政府高度关注的核心问题之一，而科技情报工作是国家科技安全的第一道防线。2019 年 1 月 21 日，习近平总书记在省部级主要领导干部坚持底线思维着力防范化解重大风险专题研讨班开班式上的讲话已明确指出：科技领域安全是国家安全的重要组成部分。要强化事关国家安全和经济社会发展全局的重大科技任务的统筹组织，强化国家战略科技力量建设。要加快科技安全预警监测体系建设。复杂信息环境下，科技情报任务是多元化的，源于开源信息的科技情报服务产品可以是显性信息或者隐性信息的呈现。开源信息给情报共同体和各领域带来更多有价值和新颖数据源解决情报任务中信息不完备问题的同时，情报服务的风险问题无疑也会被涉及。但是，在已有关于科技情报服务风险问题的相关理论或方法研究中，主要以著作权风险问题研究为主，并且主要集中在图书馆的文献情报服务过程中[2]，特别是以数字资源著作权问题研究为主[3-4]。对于科技安全风险问题研究准备明显不充分，与科技安全决策的战略结合度明显不够。

复杂信息环境下的科技安全威胁因素呈现多元化，科技安全决策面临新问题，科技情报任务面临新挑战，这无疑均对科技情报理论的探索提出新的要求，如需要科技情报工作能够运用科技情报的综合研判能力支持对重大科技战略问题规划、预测世界科技领域的前沿研究和技术，以保障我国及时抢占世界科技制高点；需要科技情报工作能够运用科技情报体系的跟踪扫描能力，提前开展储备性的科技战略研究和分析，评估我国科技领域研发的风险点等，高质量地完成这些情报任务需要对已有的科技情报理论体系进行丰富和完善。

2.2.3 源于情报工作任务响应的探索要求

以国家科技情报任务要求牵引的情报响应一直是中国科技情报事业发展的特色之一。在中国共产党的领导下，科技情报机构在支持国家重大任务和项目研发的过程中，积极进行情报响应，发挥了"耳目、尖兵、参谋"的重要作用。但是，目前我国科技情报机构的业务工作存在业务内容重合但又分散割据、利益冲突且协同困难等制约科技情报服务能力发挥的问题比较突出。复杂信息环境下的科技情报任务已由传统的具有明确指向的定题服务转向为科技创新、科技安全提供多元化、具有更多"不确定性"的服务，要求对充满不确定性的情报任务对象做出及时有效的科技情报响应。特别是一些与国家科技战略规划密切相关的重要情报任务的开展和实施，如颠覆性技术的识别和预测，不能分割成一个个"研究孤岛"，而应是一个体系化、协同化的"多线程并行"的情报研究过程，才能更好地支撑和实现情报响应，这无疑需要相应的科技情报研究或工作体系去指导这一特殊要求。但是，国内涉及情报体系的研究探索仍处于自主无序的分散状态，相关研究涉及国家科技安全情报体系框架结构及相关模型研究[5-6]、用于探讨情报体系保障机制的公共卫生突发事件情报体系架构[7-8]、针对出口产品生态反倾销风险进行情报预警的智慧城市竞争情报体系及模型[9-12]、面向重点领域科技前沿识别情报体系构建框架[13]及针对国外情报体系的研究等。

复杂信息环境下，及时有效的情报响应主要体现在速度和质量两个方面。保障速度和质量需要更为健壮、具有高效协同能力的情报工作体系去支撑，如快速实现完备的全谱系情报扫描，通过感知和刻画有价值的情报

"线索"进行情报任务响应,这不仅需要发挥科技情报的专业特色,更需要探索新的科技情报理论去指导业务实践,丰富和发展科技情报工作体系去适应这一新的环境要求。

2.2.4 源于学科建设的探索要求

中国的科技情报诞生伊始,情报研究人员就一直坚持开展情报学的研究,并将研究成果应用于科研实践,为开展情报研究和情报事业提供理论和方法的保障,并通过情报学科教育培养大量的科技情报人才,保障科技情报事业的不断前行。中国科技情报界率先开展中国的情报理论研究,主要采用两种形式:一是引进和借鉴各专业学科知识。例如,从相关学科引进知识、概念、方法、技术,早期的科技情报理论研究引进了信息论和控制论的一些观点,20世纪80年代则引进了统计学、科学学、心理学、思维科学等多学科知识。二是借鉴国外情报学理论,美国情报学家萨拉塞维奇的《情报科学引论》、苏联情报学家米哈伊洛夫的《科学交流与情报学》[14]等均为我国科技情报学术探索提供了理论素材。1983年,钱学森同志在国防科技情报工作会议上做了题为《科技情报工作中的科学技术》的报告,提出"科技情报工作是一门科学技术"的论断[15],极大地促进了中国科技情报研究的进步。从科技情报方法论视角看,中国的科技情报研究方法始于观察实验、调查统计、分析与综合、数学方法和统计方法等。1983年,伴随着钱学森同志的"从定性到定量的综合集成方法"这一科技情报分析方法的提出,中国科技情报研究方法的综合研究模式从此形成[16-17]。1990年,包昌火主编《情报研究方法论》,提出中国情报研究的基本流程是课题选择、情报搜集、信息整序、科学抽象、成果表达和成果评估,情报研究的基本方法体系由思维方法、专家调查法、文献计量学法、内容分析法、趋势外推法、多元分析法、时间序列法、模型模拟法、最优化方法、层次分析法、技术经济分析法和投入产出法等构成[16]。2018年,随着开源情报的重要性日益凸显[18-19],王延飞等国内学者又提出情报感知学说[20],强调重视感知探索"未知""未预"问题,以应对不确定性的未来。

复杂信息环境下情报学已有的学科基础如社会需求、实践条件、资源基础已然发生变化；国家发展的新格局、情报事业发展的新格局对科技情报理论的探索均提出新的要求，情报学科建设任重而道远，情报学的理论、方法、原理、技术、工具等方面的研究需要进行充实和完善，学科建设需要坚持和突出情报学专业特性，需要重视实施情报的特色教育。

2.3 科技情报理论体系的研究构成

科技情报理论的探索涵盖科技情报工作流程中涉及的不同层次或不同方面的理论，复杂信息环境下的科技情报理论是一个体系化的理论。本章认为：按照国家科技情报事业规划"能力为本、需求导向、前瞻引领、共享协同"的指导原则，开展复杂信息环境下情报理论体系研究有助于创新科技情报理论与方法，增强科技情报基础理论和关键方法与技术供给，推动场景化智能情报分析技术落地，开辟情报学科建设和发展的新途径。

复杂信息环境下科技情报理论体系研究的主要目的：以科技情报"线索发现"和科技信息迷雾辨识为重点，构建适应复杂信息环境下国家科技战略发展要求，并与总体国家安全观相契合，支持创新驱动发展战略的科技情报理论体系。通过该理论体系指导和提升科技情报体系建设和能力、指导和改善科技情报业务工作和效率、拓展和创新科技情报研究方法体系、保障科技情报事业的持续发展。复杂信息环境下科技情报理论体系的研究构成主要包括开源条件下的科技数据资源建设研究、信息迷雾中的科技情报线索发现方法研究、支撑科技自立自强的科技情报预警工作研究、数智转型中的科技情报能力体系研究和科技情报的学术谱系分布研究、情报专业教育研究等问题。

2.3.1 开源条件下的科技数据资源建设研究

资源是开展科技情报研究和工作的数据基础，也是复杂信息环境下发现情报线索的数据基础。复杂信息环境下的开源科技数据除传统的印本和数字化文献资源外，各种影音、数值型资源或科学数据资源、新闻媒体机构发布的科技信息、其他各种机构生产的灰色文献、社交媒体资源等均是开源科技数据的重要内容。

复杂信息环境下的科技数据资源建设研究的内容重点涉及两个方向：一是针对传统的科技数据资源的搜集、加工、组织、整合和分析已有相对成熟的渠道、规范/标准和分析方法。但对于非传统的开源科技数据的搜集、加工、组织、整合和分析等生产环节需要进行既有资源体系的强化研究。例如，在搜集和加工环节，如何保证数据采集的准确性、加工的质量问题。在数据的组织和整合环节，如何建立多种来源和类型科技数据资源的分类、关联，建立数据资源的存储体系；二是面向国家科技创新、科技自立自强、科技安全的需求，进行特色科技数据和特种科技文献数据资源的体系建设研究，储备、保护、应对和防范各种科技数据资源断供和科技安全风险等问题。

2.3.2 信息迷雾中的科技情报线索发现方法研究

相比传统的科技信息环境，复杂信息环境下信息迷雾的成因更为复杂。科技战略博弈的主体热衷于制造和使用迷雾信息，这无疑给会情报的生产造成极大的干扰，情报的错误或误判会导致国家战略决策的失败，如对"星球大战计划"的情报失误和决策失败最终导致苏联的解体。在复杂信息环境下，已有的科技情报研究方法存在不适用性的问题，如开源科技数据的评估、开源数据/信息的融合、开源数据/信息的分析方法等均存在有待解决的研究空白。这些研究方法的欠缺极不利于信息迷雾的辨析，不利于发现真正的情报线索。

信息迷雾中的科技情报线索发现方法研究重点涉及3个方向：一是能够从开源科技数据/信息中揭示情报线索的科技情报分析方法和技术；二是能够准确地感知、刻画、表达情报线索的科技情报辨析方法和技术；三是加强人文社会科学视角下的科技情报方法的研究，吸取人文社会科学的先进方法，充实科技情报研究方法体系，防范科技战略决策的误判。

2.3.3 支撑科技自立自强的科技情报预警工作研究

自强作为国家发展的战略支撑，是强国的标志，是复杂信息环境下应对大变局的底气。只有加快实现科技自立自强、推动科技创新整体能力和水平实现质的跃升，才能在新一轮科技革命和产业变革中抢占制高点，有效解决事关国家全局的现实迫切需求和长远战略需求，引领和带动我国经济和社会的全面发展。科技情报作为科技领域的"耳目、尖兵、参谋"，应主动应对当今世界科技发展和国际竞争格局新变化、新挑战，准确把握和预测世界科技前沿动态。此外，我国已具备诸多并跑、领跑的科技领域，国外竞争对手对我国的科技发展动态同样极为重视，并采取各种方法进行监测，如美国联邦调查局（FBI）重金采购社交媒体开源情报、支持监控中文微博等。可见，针对中国的美国开源情报战略已经公开化，美国的这一举措无疑应给中国的科技情报工作带来警示。

支撑科技自立自强的科技情报预警工作研究重点涉及两个方向：一是构建"正向"的多维度立体化的科技情报预测平台，实现全谱系的科技情报扫描，汇聚各个维度的情报线索，推演形成"正向"预测情报，发挥主动"进攻"的预测功能；二是构建"反向"的多维度立体化的科技情报预警平台，实现将各个维度的情报线索作为先导，形成有效防范竞争对手科技"封锁"和"打压"的"反制"情报，发挥主动"防守"的警示功能。

2.3.4 数智转型中的科技情报能力体系研究

数字化和智能化（以下简称"数智化"）是《中华人民共和国国民经济和社会发展第十四个五年规划和 2035 年远景目标纲要》高度重视的问题，数智化正引领着我国各行各业的发展、变革和转型，科技信息、科技情报行业必将融入这一重要的转型进程中。由于科技情报体系能力重点涉及科技情报的资源保障、情报研究方法和技术、情报机构之间的统一和协作体制、情报人员队伍建设等方面，所以，科技情报能力体系研究在数智转型进程中是契合国家发展需求的，更是积极应对和解决复杂信息环境下各种不确定性科技战略问题的条件要求。

数智转型中的科技情报能力体系研究重点涉及 3 个方向：一是提升情报反应能力研究。应重点通过提高科技情报生产能力和组织能力解决复杂信息环境下科技情报业务的情报响应准确性和及时性问题。二是提升情报协作能力研究。调整已有科技情报事业的布局，重视协同，建立国家科技情报联合体，实现国家科技情报力量的凝聚，以应对不同的科技情报任务需求和场景。三是情报体系内部要素的优化整合研究。科技情报能力体系中的各种要素需要不断根据需求进行整合和优化，实现最优配置以提升科技情报体系在实践中的整体实力和质量。

2.3.5　科技情报的学术谱系分布研究

科技情报作为一门社会科学和自然科学全面交叉的学科，其现状在学界存在一些争议，但坚守和创新应是情报学科发展的核心理念。情报学在我国社会主义建设和发展进程中，科技情报一直坚持情报业务响应和情报学学术探索并举的发展模式，并在国家各个层次的发展和决策中发挥着有力的支持作用和影响。在复杂信息环境的新形势下，科技情报任务需求已然多元化，我们在重视科技情报服务能力的同时，思考满足国家发展要求、符合新形势要求的科技情报学术研究模式以及承担培养情报专业人才是当代中国科技情报工作者不能回避的责任和义务。

科技情报的学术谱系分布研究重点涉及 3 个方向：一是针对传统的科技情报理论侧重于科技文献的信息组织、知识组织、文献计量等的问题，需要开展复杂信息环境下科技情报新理论的探索和研究；二是针对传统的科技情报研究方法侧重于科技信息服务，如科技文献检索、科技论文评估、科技期刊评估、专利分析等的问题，需要融合基础科学、技术科学和工程科学等先进方法，需要开展复杂信息环境下科技情报新方法的探索和研究；三是在梳理分析既有情报学学术谱系分布研究的基础上，构建服务国家情报使命且具有特色的中国科技情报学学术谱系。

2.3.6 情报专业教育研究

我国的情报学教育是以科技情报为核心、专业教育与继续教育相互配合的教育体系。改革开放以来，情报学教育经历了快速发展期、繁荣期和波动期。快速发展期以 1978 年武汉大学创办科技情报本科专业为起点；繁荣期以中国科学技术情报研究所正式招收首批 42 名科技情报研究生、1990 年武汉大学设立第一个科技情报专业博士学位授权点为标志；波动期指 1992 年 9 月召开的全国科技情报工作会议上国家科委决定将"科技情报"改名为"科技信息"，中国科学技术情报研究所改名为中国科学技术信息研究所，武汉大学图书情报学院于 2001 年改名为信息管理学院之后，情报行业、情报学教育多个领域出现改名现象，情报学教育界围绕学科和专业名称引发争论，情报专业的教育由此进入迷茫期。复杂信息环境下情报专业教育如何坚守与发展创新，关系到情报学学科自身的生存发展问题，也将影响到我国情报事业的发展壮大。

情报专业教育研究重点坚持 3 个方向：一是坚持科技情报的专业特色。情报教育面向需求的同时，要抓住和突出情报自己的专业性。二是建立层次化、专业化情报教育体系。情报教育面向不同需求，需要建立培养如科技情报人才、经济情报人才、军事情报人才、情报管理专业人才的教育机制或体系。三是情报研究机构与情报教育机构需要联合，情报学的教育才会有发展的生机和活力。

2.4 科技情报理论体系的特征关系

科技情报理论体系是保障科技情报工作各种系统要素按照一定的秩序和内部联系组合而成的整体。复杂信息环境下科技情报理论体系是指在已有情报理论基础上，将有益于科技情报创新发展的各种核心要素有序地进行组织和分工，各种要素形成互相配合和补充，组织成为一个有机的整体，保障国家的科技创新发展。

2.4.1 科技情报理论体系的基本特征

考察复杂信息环境下的科技情报理论，需要重视理论体系的以下4个特征。

（1）复杂信息环境下科技情报理论体系的开放性

开放是指科技情报体系不是孤立的存在，它与外界的环境、物质、信息是流通的，如国际、国内的客观环境，国家和机构等对科技情报工作的资金、设备、手段等的投入和支持，影响科技情报活动的信息等，而科技情报体系给外界的输出是科技情报产品。因此，科技情报体系的正常运行建立在国家、机构等与科技情报体系之间有计划、有方向、有目标的环境和信息流通的基础上。

（2）复杂信息环境下科技情报理论体系的非平衡性

非平衡有两方面的含义：一是指科技情报的供求不平衡，即科技情报需求在质和量上远大于科技情报体系的供给；二是科技信息占有量的不平衡，即科技情报体系占有的信息在质和量上大于外界其他实体拥有的，但小于复杂信息环境下的信息总量。在复杂信息环境下，为达到这两种平衡，科技情报体系功能必须提升，特别是科技情报资源的收集、加工处理、存储工作必须做好。

（3）复杂信息环境下科技情报理论体系的自适应性

自适应是指在复杂信息环境下，科技情报体系的自我协同、调节能力。特别是当非常规或涉及国家重大科技发展问题的科技情报需求出现，外界环境发生突变和异常时，科技情报体系可以自适应地形成可行的、稳定有序的情报生产工作状态，自适应性也可称为自组织性。

（4）复杂信息环境下科技情报理论体系的多主体性

复杂信息环境下科技情报工作的执行主体是科技情报机构。宏观上的执行主体是指各个层级的科技情报机构，微观上的执行主体是指各个具体机构、部门、工作团队等。在共同的科技情报需求驱动下，宏观和微观层次的科技情报执行主体需要相互联系、相互合作、相互制约，其存在应该在科技情报理论体系中得到反映。

2.4.2 科技情报理论体系的要素关系

复杂信息环境下，更强调科技情报体系的整体效能，整体效能主要依赖于科技情报实施主体的体系能力。体系能力指相关主体应具备3个核心要素，即优质的科技情报资源、科技情报研究方法、科技情报分析技术，3种核心要素是科技情报主体不断实现对开源情报资源的有效储备、挖掘数据背后蕴藏的潜在情报价值的基础。此外，这种体系能力应具备3种核心能力，即反应能力、组织能力和服务能力，3种核心能力是科技情报主体获得解决情报需求的过程能力的保障。

为了更直观地阐释科技情报理论体系的核心要素及组织关系，本书引入了机械传动中的皮带传动作用机制模型图表达科技情报理论体系的环境—主体—研究三者之间独立发展又整体合力的关系，如图2-1所示。从整体看，模型展示了环境—主体—研究三者的互动体系，通过提升科技情报机构主体体系能力，带动赋能个体（情报研究人员）开展科技情报研究，完成情报任务。体系轮作为主动轮，发力带动科技情报主体体系能力提升。从动轮1代表赋能轮，在主动轮的作用力驱动下，提升研究人员情报研究素质和综合能力。从动轮2代表应用轮，面向科技情报需求，科技情报体系能力不断增强赋能科技情报研究，推动科技情报研究和服务向更高水平发展。传动原理反向作用力则是科技情报研究发展阶段中对科技情报人员的能力需求、研究人员能力在提升过程中对科技情报机构和环境的支撑需求，反向需求下的调整与正向赋能的促进将使整个体系良性化发展。

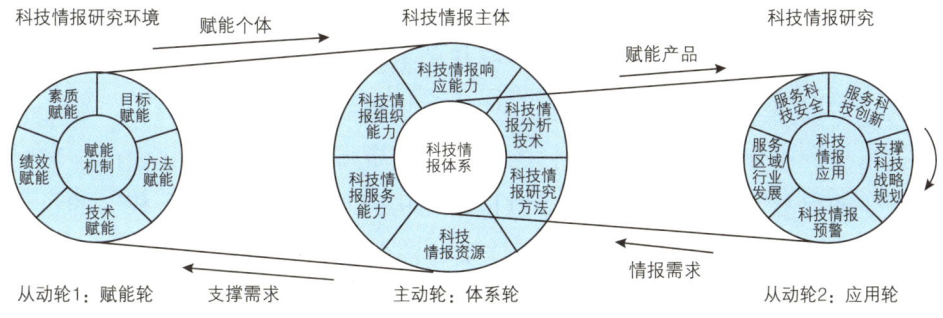

图2-1 科技情报理论体系、赋能机制及科技情报应用的互动体系模型

2.5 科技情报理论体系构建的质量标准

在我国的科技情报事业发展进程中，科技情报的研究和服务在面向国家需求的重点任务、重点项目时，科技情报机构发挥了科技情报保障的组织行动能力和任务响应的效能优势。但是，在当前复杂信息环境下，科技情报面临的是更为繁杂的科技信息、更为严峻的科技竞争或对抗的态势以及更高要求的情报需求。科技情报机构行动力上的优势并不能保证弥补情报感知盲点的缺陷，如美国对中国的"科技禁运"暴露了我国科技情报工作的不足。此外，当前的科技情报方法研究在信息科技革命浪潮中比较重视运用技术手段实现"追快求准"，但在能够支持"早醒远眺"的情报特色核心要求方面的理论分析工具的储备则存在不足。为此，在开展复杂信息环境下科技情报理论体系构建过程中应重点关注和解决以下质量标准问题。

（1）建立新的科技情报资源体系构建模式和标准

科技情报资源是开展科技情报业务工作的前提。在复杂信息环境下，科技情报的数据"源"发生了变化，科技情报业务需要处理的不仅是与问题相关的某一类数据，还需要处理与问题相关的多源科技数据资源，这些数据往往具有海量、异构、多模、多维的特点。所以，传统的科技情报资源体系构建模式和标准已难以适应新的信息环境需求，需要建立新的科技情报资源体系构建模式和标准。

在实践中需要重视的问题：一方面，从我国科技情报资源现状和特点出发，新的科技情报资源体系既要兼容已有科技数据资源，又需要在资源体系的各个层次构建面向新型科技数据资源的新模式和标准，以数据基础层为例，数据基础层需要构建新型科技数据资源的采集、加工、处理和存储模式，构建多源科技数据之间互操作的标准和规范；另一方面，在已有科技情报资源体系的基础上，新的科技情报资源体系需要强化面向国家科技安全的科技数据资源战略保障意识，在构建具有"数据拥有权"的科技数据信息资源的同时，需要在资源体系的各个层次构建核心/关键科技数据资源的使用安全标准/规范，以突破国外对文献资源的封锁，保障外文科技资源的持续可用性。

（2）强化科技情报分析中的感知能力和质量

科技情报分析中的感知能力包括线索发现能力和洞察洞见能力，感知能力的强弱又决定感知的质量，在复杂信息环境下强化科技情报感知能力有助于应对科技信息迷雾。西方的技术封锁、美国在科贸领域对中国的限制，使我们发现中国科技情报领域存在的问题，其主要原因之一是科技情报的感知能力不够、质量不佳。信息技术强调算力和速度，而科技情报则重视发现和洞见，这是科技情报研究的专业特色。

在实践中需要重视的问题：一方面，复杂信息环境下科技情报感知能力的运用需要坚持借助先进的信息技术处理和分析海量数据，但前提是需要建立符合科技情报业务要求的情报分析专属架构和相应的标准，以保证感知的质量；另一方面，由于科技情报的感知能力和质量表现为科技情报人员感知发现情报线索时意识敏锐、洞见深入、方法得当、刻画准确，所以在实践中应充分利用社会科学和自然科学的理念、方法和技术，构建体系化、协同化的科技情报感知分析平台来强化和提高对科技情报的感知能力和质量，开展系统化、谱系化的数据扫描和情报分析，以便发现和刻画各种科技情报"线索"。

（3）调整科技情报事业的管理评估模式和标准

科技情报事业管理是一项比较特殊的科技管理。科技情报作为一门专业性较强的科学技术，需要专业化的评估。科技管理涉及科技成果管理、科技建制管理等，科技管理的内核是求真精神、创造精神、奉献精神。科技情报事业的发展会促进科技情报的工作重心不断调整，同样，科技情报事业的管理评估模式和标准也会影响科技情报工作重心的偏离。

在实践中需要重视的问题：复杂信息环境下科技情报事业的工作重心已不再仅仅是科技文献的服务，科技情报事业的管理评估模式和标准也应随之进行调整。例如，基于文献计量的科学评估，已成为科技管理部门进行评估科研人员、科研机构水平的主要依据，在这种科技管理的导向影响下，目前各情报机构的工作重心更多地集中在科技文献检索、组织和计量等研究方面，造成科技情报工作重心的偏离。新环境下的科研机构评估应从高水平科技自立自强的视角对机构的分类、定位及发挥国家战略科技力量作用的表现等开展评估，细化和重构相关科技管理评估的模式和标准。

（4）建立符合系统工程质量标准的科技情报产出体系

科技情报的产出是一个系统化过程。大数据和人工智能技术的发展，使得科技情报工作必须采用数智赋能技术，必须融入体系意识，必须重视突破传统羁绊。复杂信息环境下科技情报生产需要解决的核心任务是实现对信息的全谱扫描和极致的情报感知，完成这样的任务需要情报生产各个环节的支持和协同。执行此种任务要求强化系统工程的理念，坚持用质量和标准去保证系统的良性运转。

在实践中需要重视的问题：一方面，在复杂信息环境下的科技情报产出过程中融入系统工程思维是数据处理和分析的技术需要。该体系应包括若干子系统，如情报反应子系统、情报组织子系统、情报资源子系统、情报生产子系统、情报服务子系统等。科技情报体系的各子系统之间是相互协调、相互增益的关系，当该体系整体达到最佳状态时，即能获得最佳输出。另一方面，科技情报产出体系应反映出科技情报生产的实施过程是一个有机的多维关系系统的运转。当系统得到科技情报用户提出的需求后，即通过科技情报生产系统的执行快速实现相关科技情报的生产并输出。

2.6　本章小结

当今世界正经历百年未有之大变局，新一轮科技革命和产业变革深入发展，国际力量对比深刻调整，国际环境日趋复杂，我国的发展环境面临着深刻复杂的变化，并处于重要的战略机遇期，科技情报的重要作用凸显。中国共产党第十九届中央委员会第五次全体会议公报中明确指出：当前和今后一个时期，我国发展仍然处于重要战略机遇期，但机遇和挑战都有新的发展变化。面对国际科技竞争环境的不稳定性和不确定性，促使我们对复杂信息环境下科技情报理论体系构建问题做深刻的思考。与过去相比，复杂信息环境下的科技情报所处信息环境已发生改变，导致科技情报研究和工作模式、科技情报的业务场景和情报需求、科技情报事业的研究重点均会发生新的变革，拓宽、融合和创新科技情报理论体系是大势所趋。近几年来，中国科学技术信息研究所在科技情报业务的具体工作中不断进行探索和实践，特别是聚焦国家科技战略发展对科技情报工作的需求，进行了一系列的科技情报业务体系改革、调整和优化。基于我们的实践，本章阐述了复杂信息环境下科技情报理论体系构建的相关要求、内容以及设想。

参考文献

［1］求是网.当代科技创新的大势规律［EB/OL］.（2022-05-06）［2022-08-06］.http://www.qstheory.cn/laigao/ycjx/2022-05/06/c_1128624328.htm.

［2］朱雪忠，代志在.我国图书馆著作权风险研究综述［J］.图书馆论坛，2021，41（3）：58-67.

［3］宛玲，张长安.我国高校数字资源长期保存权交易现状的调研［J］.图书馆杂志，2013（1）：51-55，105.

［4］李婵，徐龙顺，张文德.网络信息资源著作权风险［J］.情报科学，2018，36（1）：32-37.

［5］张家年，马费成.国家科技安全情报体系及建设［J］.情报学报，2016，35（5）：483-491.

［6］曾子明，黄城莺.面向疫情管控的公共卫生突发事件情报体系研究［J］.情报杂志，2017，36（10）：79-84.

［7］边文越，冷伏海.面向突发重大公共卫生事件应急决策的境外公共卫生战略情报体系研究：以应对新冠肺炎疫情为例［J］.图书与情报，2020（2）：13-18.

［8］刘文博.总体国家安全观视阈下文化安全情报体系建设的思考［J］.情报理论与实践，2021，44（6）：44-49.

［9］刘爱东，谭凯波.智慧城市竞争情报体系构建研究：以应对生态反倾销为例［J］.科技进步与对策，2018，35（24）：123-126.

［10］陈迎欣，李烨.智慧城市大数据背景下应急管理情报体系构建［J］.价值工程，2019，38（33）：290-291.

［11］王丰田.智慧城市应急决策情报体系构建研究［J］.黑龙江科学，2021，12（16）：156-157.

［12］刘琦岩，曾文，车尧.面向重点领域科技前沿识别的情报体系构建研究［J］.情报

学报，2020，39（4）：345-356.

［13］米哈依洛夫 А И.科学交流与情报学［M］.徐新民，等译.北京：科学技术文献出版社，1988：371-418.

［14］卢胜军，栗琳，王忠军.科技情报工作发展史观下的钱学森情报思想［J］.情报理论与实践，2015，38（3）：21-25.

［15］史秉能，袁有雄，卢胜军.钱学森科技情报工作及相关学术文选［M］.北京：国防工业出版社，2015：1-45.

［16］卢胜军，赵需要，栗琳.钱学森科技情报理论体系及其意义［J］.情报科学，2012，30（9）：1418-1423，1435.

［17］包昌火.情报研究方法论［M］.北京：科学技术文献出版社，1990：138-493.

［18］WILLIAMS H J，BLUM I.Defining second generation open source intelligence（OSINT）for the defense enterprise［M］.Santa Monica：RAND Corporation，2018.

［19］张策.迈向开源信息时代［J］.军事文摘，2018（17）：59-63.

［20］王延飞，赵柯然，陈美华，等.情报感知的研究解析［J］.情报理论与实践，2018，41（8）：1-4.

第 3 章 卓智赋能之意义辨析

科技情报具有天然的"智能"属性和专业特色,科技情报工作离不开先进方法和技术的参与和辅助。复杂信息环境下的科技情报需求、业务研究和工作模式在发生变化,科技情报事业的发展面临新的机遇和挑战,对科技情报的赋能作用提出更高的要求。本章从国家发展的时代要求出发,提出科技情报卓智赋能的新理念,阐述科技情报卓智赋能要求和要素条件、科技情报卓智赋能的实现路径,为复杂信息环境下科技情报机构的情报业务开展指出方向。

3.1 科技情报理论体系中的赋能关切解析

1984 年,伊利诺伊大学香槟分校社会心理学家 Rappaport 首先提出了赋能(empowerment)理念,并将其定义为个人、组织或团体获得能力并提升竞争优势的过程[1],通过赋能可以打破高价值资源无法平等共享的局面,使组织内每位成员进而充分享有对资源的利用和控制权限[2],通过协同参与提升能力[3],深化对所在环境的理解认识[4]。简而言之,赋能是一个与相关对象的能力提升、自我完善、环境感知、预警应变等行为发生关联的概念。赋能作为一种价值取向,关注于能力识别而不是罗列风险,强调专业与协同而不是盲从专家权威。以赋能为取向的介入方式倡导在解决问题的同时带来整个生态系统"健康度"的提高,并为参与者提供学习知识和提升技能的机会。在当前复杂信息环境下,赋能可被理解为使相关对象具有某种能力或获得某方面能力提升的过程——赋能过程,这种过程必然会带来相关对象能力上升性变化的结果——赋能结果。

3.1.1 科技情报理论体系中的情报赋能

情报赋能通常指通过情报带来用户决策能力上的提升，在科技情报理论体系中表现为通过对科技情报能力要素进行科学合理的配置而使得科技情报体系能力得到改善。本书从情报体系内外部赋能两个角度，梳理和分析情报体系赋能的整体逻辑链条，厘清情报赋能的关切及机制，以有利于从赋能关切视角探讨科技情报理论体系构建问题（图3-1）。

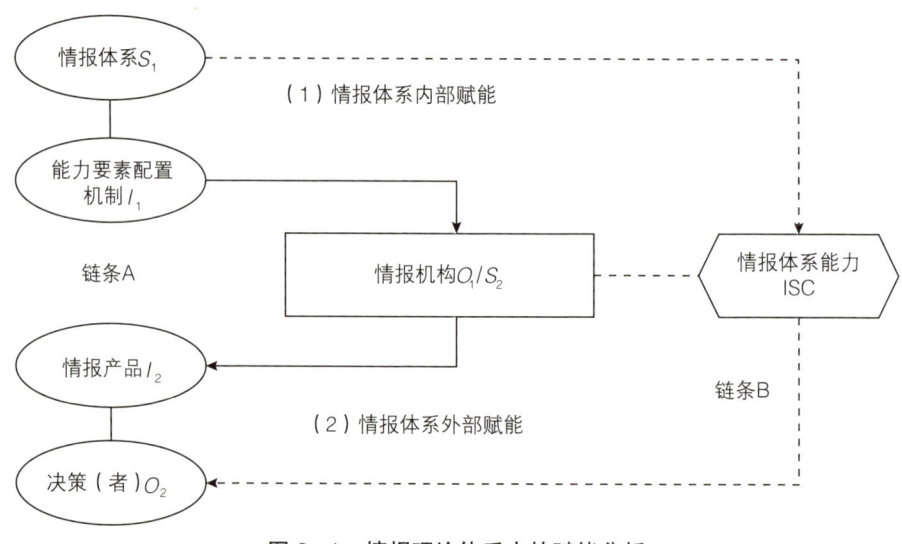

图3-1 情报理论体系中的赋能分析

（1）情报体系内部赋能

情报体系通过情报能力要素配置调整来为该体系内的情报机构赋能，其逻辑结构可简单表达为

$$S_1 \rightarrow I_1 \rightarrow O_1 。 \tag{3-1}$$

式中：S_1表示情报体系；I_1表示能力要素配置机制；O_1表示情报机构。

情报体系内部赋能主要关注"如何赋能情报"这一重要问题，即通过复杂信息环境下情报体系内部能力要素配置流动，借助技术赋能，实现科技情报能力的整体提升。复杂信息环境下科技情报工作的执行主体是科技情报机构，其同样也是情报能力的执行主体，其在科技情报理论体系中具有比较重要的地位。根据国外情报体系建设发展情况来看，情报体系被视为从事特定情报工作的实体或虚拟机构。例如，美国情报融合中心由单个情报机构组成，通过情报体系内的能力要素配置机制，单个的情报机构被赋予整个情报体系的能力，以弥补个体在资源和能力方面的缺失或不足。

（2）情报体系外部赋能

情报机构通过情报产品为决策（者）赋能，其逻辑结构可简单表达为
$$S_2 \rightarrow I_2 \rightarrow O_2 \text{。} \tag{3-2}$$

式中：S_2 表示情报机构；I_2 表示情报产品；O_2 表示决策（者）。

情报体系外部赋能主要关注"如何赋能决策"，即通过情报赋能决策，促进科技发展与保障科技安全等。决策支持是情报工作的基本职能，情报工作的价值最终要以情报产品为载体呈现给决策者，帮助决策者在信息不完备的情况下减少意外，提高决策能力，这是科技情报工作的使命。

（3）情报体系内外部赋能关系

对情报体系内外部赋能关系进行分析，即有助于揭示情报体系通过赋能情报进而实现赋能决策的抽象过程和内在原因，从更深层次明确情报理论体系的构建价值。

情报体系赋能决策的抽象过程。显性逻辑链条如图 3-1 中链条 A 所示，直接联通情报体系内外部赋能。以"情报体系 S_1"为起点，经由"情报机构 O_1/S_2"，以"决策（者）O_2"为终点。情报机构作为特殊的节点，既是前者逻辑结构中的客体，又是后者逻辑结构中的主体，将两个逻辑结构连接在一起，揭示出情报体系赋能决策的抽象过程。

情报体系内在赋能原因。隐性逻辑链条如图 3-1 中链条 B 所示，情报体系赋能决策的核心优势和内在原因是情报体系能力。情报体系能力是情报体系建设的产物，具有综合性和复杂性，涉及多个情报部门，情报体系能力远优于任何一个情报部门的单独能力，它需要各部门协作协调来实现体系性，形成整体的情报体系能力。

链条 A 着眼于赋能单个情报机构借助情报体系的能力支持来完成本机构的常规工作任务，链条 B 则解决了任何单一情报机构都没有能力应对的国家顶层战略情报支持问题。两条逻辑链的结合是对情报工作的全面覆盖，助力达成复杂信息环境下的科技情报赋能效果。情报机构通过整个科

技情报体系资源和能力的有序组配和调动，根据业务需求有针对性地为情报产品注入新的价值来为科技决策赋能。

3.1.2 科技情报的赋能使命和赋能形式

科技情报事业建设的目的：一是推动和促进科技情报传播，提高科技情报应用和服务能力；二是对科技数据/信息进行有效的搜集、组织、分析和传递，形成有价值的科技情报业务活动。中国科技情报事业始于1956年，迄今已走过60多年不平凡的发展历程，其间有过辉煌，也有过挫折和迷茫。回顾中国科技情报事业的发展演进历程，其最突出的特点是科技情报事业一直紧密地与国家发展需求相契合，在实践中善于学习和引进先进的多学科经验，形成科技情报业务独有的研究特点和工作方法。当前中国的发展处于机遇和挑战并存的国际严峻环境中，科技情报工作的重要性在科学研究和科技进步的过程中日益显著。因此，如何保障中国的科技发展在激烈的国际科技竞争中占据主动，如何有力地支持国家科技创新和科技自立自强是新时代给予科技情报工作的主要需求，更是复杂信息环境下中国科技情报事业建设关注的核心内容。

赋能也被称为增权、增权赋能、授权、授权赋能等。关于赋能的研究已分布在诸多领域，如技术赋能、人工智能赋能、法律赋能、数字化赋能、文化赋能等。由于研究领域、研究视角及研究目的的差异性，关于赋能的概念和内涵从不同的角度存在不同的解读。Kieffer认为赋能有3个构成要素，即公民的能力、社会政治修养、政治能力或参与能力[5]。Gibson认为赋能是一个社会性的过程，是识别、促进及提高人们应对需要及解决其本身问题的能力，并且动员所需要的资源，使人们自觉控制生活[6]。Perkins和Zimmerman认为，赋能是一个过程和结果的综合体[7]。国内学者将赋能中的能力归纳为3个方面：①获得所需要资源的能力；②影响他人思考、感受、行动或信念的能力；③影响资源在诸如家庭、组织、社区或社会等社会系统中分配的能力[8]。赋能可以被描述成一个过程、介入方式或一种目标。作为一个过程或介入方式，赋能是识别、促进、提高被赋能主体（国家、组织、机构、个人等）利用资源以及解决问题的实践活动；

作为一种目标，赋能是指被赋能主体所要获得的一种预期能力。本书基于对相关文献的调研和科技情报业务实践将科技情报的赋能形式理解为通过解决科技决策过程信息不完备的问题，帮助提升情报用户应对复杂信息环境下各种不确定性问题的能力。

3.1.3 科技情报的赋能目的

在不同的历史发展阶段，中国科技情报始终坚持赋能国家发展的需要。在中国科技情报事业的开创期（1956—1966年），科技情报工作的重点是开展科技情报的定题服务和定点服务，通过文献调查和信息整序的方法，搜集、加工和编译科学技术文献，报道先进国家的科技发展情况和最新成就。创办为中央领导、科技和经济界领导服务的《科技参考消息》《综合科技动态》等重要刊物和简报；为科学技术（特别是产业技术）赶超世界水平提供国外背景资料，如组织撰写专题调研报告《自然科学发展动向》。在中国科技情报事业的复苏期（1977—1982年），科技情报工作的重点是面向国家发展战略需要，中国科学技术情报研究所撰写《两种发展战略》引发中国对发展战略的讨论。在中国科技情报事业的深化期（2004—2013年），科技信息咨询服务得到飞速发展，公益性信息咨询服务领域不再局限于科技领域，服务的范围涉及社会、政治、军事、经济、工程和教育等多个方面和领域。科技情报工作的重点主要包括科技发展动态研究、科技发展专题研究、科技发展战略研究3个层次。在中国科技情报事业进入跃升期（2014年至今）后，科技情报重点面向国家科技战略决策需要，科技情报研究工作向支撑科技决策的科技智库方向发展，赋能国家科技战略发展决策的需要。

当今，全球新一轮科技革命和产业变革正在孕育兴起，全球的科技发展呈现出前所未有的突破性发展态势，进入到以创新为主题和主导的新时代，大国之间抢占科技和经济发展制高点的竞争日趋激烈。2016年，中共中央、国务院印发《国家创新驱动发展战略纲要》[9]，提出我国科技创新要面向世界科技前沿、面向国家重大需求、面向国民经济主战场，成为指导我国科技创新的基本原则之一。党的十九大确立了我国到2035年跻身创新型国家前列的战略目标，党的十九届五中全会提出了坚持创新在我国现代化建设全局中的核心地位，把科技自立自强作为国家发展的战略支撑。2016年，美国陆军发布《2016—2045年新兴科技趋势》报告[10]，从军事技术发展的角度提出物联网、机器人与自动化系统、智能手机与云端计算等20项最具期待的科技领域及其发展趋势。我们可以发现，未来中美两国在科技尖端领域的竞争将会更为激烈。目前，我国科技发展速度飞快，在很多科技领域掌握了世界一流的先进技术，已成功进入创新型国家行列。但是，我国的科技创新在某些方面仍存在不足，如原始创新能力、高端人才储备、核心技术等。美国近年来在芯片、光刻机等技术方面对我国进行封锁，这让我国更加认识到提高原始创新能力、攻破"卡脖子"技术的重要性。因此，在全球日趋激烈的科技竞争中，只有准确把握未来科技前沿、正确制定前瞻规划，才能在全球竞争中掌握主动权，抢占未来科技制高点。国家之间的科技竞争已成为大国博弈的焦点，抢占决定全局的科技竞争主导权是维护和保障国家安全与发展的重要内容，而科技竞争的主导权需要及时、准确地掌握全球的科技发展规律，掌握科技前沿、颠覆性技术的发展动态和趋势，预警和研判科技安全风险等，这是新时期国家科技发展的重大需求，实现这一需求需要科技情报的赋能。

3.2 科技情报卓智赋能要求和要素条件

3.2.1 科技情报赋能中的卓智要求

在科技情报事业的语境下，赋能是一种理念、一种价值取向，是一个与科技情报体系能力获得提升，实现自我完善、全面感知、及时预警应变等行为发生关联的概念。复杂信息环境下，科技情报工作要最大化地满足科技进步和创新发展的需要，为科技决策提供有价值的情报，其中满足宏观科技战略决策需求、对更多充满未知和不确定因素的科技态势进行研判和前瞻预警是科技情报工作的主要着力点。但是其面临两个主要现实问题：一方面，科技情报的生产环境已发生变化，随之而来的科技情报技术基础的适用性不足问题日益凸显，如信息碎片化"内卷"泛滥、分析工具箱更新迟滞；另一方面，新方法和新技术不断涌现，特别是人工智能给科技情报业务的研究方法和工作模式带来创新发展的新机遇，但如何更极致地运用还有待解决，这就要求赋予科技情报赋能新的要求——卓智。

"卓智"的"卓"字既有字面上"卓尔不群"的卓越之义，也有"情报专业擅长"之优越之义。"卓智"的"智"字则兼具"智慧"和"智能"之义。在科技情报赋能研究的语境下，"卓"是对展现科技情报专业能力的特别要求，"智"则要求科技情报工作的全过程都应反映情报人员和机构的专业智慧，要求重视在现代科技情报业务中的人工智能技术加持。简言之，科技情报的卓智赋能就是要在国家科技进步的发展进程中，充分利用科技情报机构和科技情报人员的专业能力与专业智慧，重视进行人工智能技术加持，助力国家科技创新的管理者和参与者解决决策信息不完备的问题，应对复杂信息环境下的发展与安全所面临的各种挑战。

3.2.2 科技情报卓智赋能的要素条件

科技情报卓智赋能的要素条件是指对情报业务、情报研究、情报事业发展起到支撑、稳固作用的要素集合，从系统角度来看，这些要素之间相互作用、相互联系。没有要素条件，科技情报的专长和功效以及科技情报的赋能将无从谈起。本书结合复杂信息环境下科技情报业务实践，将科技情报卓智赋能的要素条件归纳为科技信息资源、科技情报技术采纳、科技情报工具和手段、科技情报管理规制、科技情报人才5个方面。

（1）科技信息资源

科技信息资源贯穿科技创新发展的全过程，是科技情报赋能的基础要素条件。科技信息资源可分为科研数据、科技文献、学术交流信息、社会交流信息、科研条件信息等若干层次。科技信息资源是各国发展科技战略、情报战略的关注重点之一。美国在2019年发布的《2019国家情报战略》[11]一文中将信息共享和保护视为情报事业的目标之一，认为"任务的成功取决于合适的人员在合适的时间获得正确的信息"。在复杂信息环境下，科技信息资源面临如何利用和如何完善建设两个主要问题。大数据和开放获取运动的出现导致开源信息、开放资源改变了传统科技信息资源的类型、内容、组织和存储模式等各个方面。科技信息资源具有信息量大、涵盖内容范围广、传播速度快、更新速度快、形式多样且容易获取、链接性与交互性强等特点，但又面临内容杂乱无章、质量良莠不齐的问题。如何从浩瀚如烟的科技数据中挖掘有价值、有亮点的信息，是科技信息资源利用面临的主要难题之一。此外，当前我国科技信息资源的存储管理质量仍有待提高，科技信息"孤岛"问题尚未完全解决。同时，情报机构在科技信息资源数据库建设过程中，由于缺乏统一规划和设计，重复建设、使用效率低下等现象仍然存在，而且目前还面临部分国外科技文献资源采购困难的严峻情况，这些均是复杂信息环境下科技信息资源建设面临的主要现实问题，也是影响科技情报卓智赋能的主要障碍之一。

（2）科技情报技术采纳

此处技术采纳指科技情报技术的设计与选择，对于解决具体情报问题起着非常重要的作用。计算机技术、大数据技术的快速发展，人工智能技术的复苏为科技情报事业发展提供了新的赋能手段，科技情报工作在具体实施过程中的技术采纳内容愈加丰富，相比过去，在具体实践中，科技情报人员根据情报业务的目标和需求可以选择更多样化、更有效的情报研究方法和技术，从不同层次上提高数据处理和信息分析的效率。复杂信息环境下，科技情报的数据基础已发生变化，开源情报给情报共同体带来更多和更复杂的数据，从而使得科技情报工作的开展需要更加强调多种技术的采纳和融合，即不应单独应用一种技术或局限于应用某一种技术。但是，科技情报技术采纳不同于其他领域的技术采纳，需要重视从情报的思维和视角去考察技术采纳内容和实施策略。科技情报技术的设计和选择取决于情报任务需求、数据基础和分析主体的专业技能等多种影响因素。特别是在复杂信息环境下，如果技术的选择、构建和评估等偏离了情报任务要求和情报工作宗旨，则会无法完美地展示科技情报工作的特色和其中的情报价值。如何正确把握科技情报工作的核心关切，如何围绕情报任务选择采纳相关技术，如何评估技术实施的质量和效果等问题是复杂信息环境下科技情报技术采纳面临的主要现实问题,这也是影响科技情报卓智赋能的主要障碍之一。

(3)科技情报工具和手段

情报工具是处理科技信息资源的主要手段,科技情报研究采用的基本方法有定性研究方法、定量研究方法,以及定性和定量相结合的研究方法。在科技情报业内,开源信息的价值日趋受到重视,如美国兰德公司的报告指出,"开源数据在孤立情况下价值较低,但组合联系起来便有了情报价值"。复杂信息环境下开源信息的处理和分析难度日益增加,掌握对开源数据、开源信息进行处理和分析的情报工具成为实现科技情报赋能的必要条件。在已有的基础上情报工具需要进行革新以满足对科技信息有效处理和分析的需求,最大化地发现情报。自然语言处理、机器学习、文本挖掘、知识推理、大数据、人工智能等技术均可以极大地提升对开源科技数据/信息进行处理和分析的速度,提高定量分析的效率。但是情报分析有自己的学科专业特点,如何将先进方法技术与情报工作的特点、目标相结合,是复杂信息环境下先进方法技术在科技情报领域发挥作用的难点问题。此外,目前可用、能用、适用的科技情报工具比较匮乏,局部、零散的小工具居多,且工具集成化问题在科技情报业务实践中尚未得到很好的解决,因而在复杂的应用场景中难以发挥和体现科技情报的专长。复杂信息环境下,科技情报工具和手段面临如何发展创新方法技术、工具的现实问题,这也是影响科技情报卓智赋能的主要障碍之一。

(4)科技情报管理规制

科技情报工作是一项整体性和全局性的工作,健全和完善科技情报管理规制,不仅对于优化科技情报业务能力非常重要,也是保障科技情报赋能质量的关键因素。美国通过依宪治国确立了国家情报管理的根本原则,形成了较为完善的国家情报管理法规体系,包括决策、执行、咨询及监督等层面。复杂信息环境下,我国的科技情报机构面临如何规范科技情报工作的组织流程,如何有效管理改善科技情报机构的业务管理模式,以更有利于科技情报工作运作实施的问题。而且在复杂信息环境下,针对科技情报主体机构的人力资源短缺、自身知识储备不足的问题,需要加强国家科技情报工作在项目、团队、行业方面的协作力度，乃至强化科技情报共同体的联合作战能力，使决策更准确、管理更高效。此外，复杂信息环境下的科技情报管理体系能力评估除项目评估、人才评估、机构评估外，由于维护和保障国家科技安全的需求突出，科技安全评估也成为一项非常重要的管理评估工作。特别是在科技安全评估方面，要特别加强对科技前沿的战略性和前瞻性评估，从科技情报基础建设的角度出发，评估科技情报体系在监测、评估、预判等方面的能力，识别因技术问题对国家的社会、经济、政治等方面造成风险的可能性，以最终实现维护国家整体利益的目标。以上这些问题均有待于科技情报管理规制的有效解决，否则将会阻碍科技情报卓智赋能的正常实施。

（5）科技情报人才

专业化的科技情报人才是情报体系能力的重要体现，是展示和发挥科技情报业务能力的重要支撑条件，是实现科技情报卓智赋能的主体之一。我国的科技情报人才教育和培养伴随情报工作的不断发展而不断完善，并形成有中国特色的情报教育体系。复杂信息环境下，对科技情报人才的需求比以往更强烈，科技情报人才的培养尤为需要重视。科技情报工作对情报人才的质量要求是极高的，科技情报人才要具备情报认知能力和掌握必要的信息分析方法。因为情报人才的情报认知水平、知识结构、情报方法与技术素质等的差异会形成不同甚至是对立的情报结果。因此，在科技情报人才培养模式方面，需要引起充分的重视。在遵循情报教育发展规律的基础上，如何健全科技情报专业人才的素质教育体系，如何通过继续教育、能力培训等形式实现科技情报人才的能力培养和提升，如何开拓情报教育新模式、拓宽科技情报教育所涉及的知识领域，构建兼具情报意识、情报知识、情报能力等全方面发展人才的培养机制是复杂信息环境下科技情报人才培养需要深思熟虑的议题。作为科技情报卓智赋能的实施主体，科技情报人才的培养非常重要。

3.3 科技情报卓智赋能的实现路径

《中华人民共和国国民经济和社会发展第十四个五年规划和 2035 年远景目标纲要》为我国新时代的科技事业发展指明方向：坚持创新在我国现代化建设全局中的核心地位，把科技自立自强作为国家发展的战略支撑，面向世界科技前沿、面向经济主战场、面向国家重大需求、面向人民生命健康，深入实施科教兴国战略、人才强国战略、创新驱动发展战略，完善国家创新体系，加快建设科技强国[12]。面对这一新的科技事业发展方向，需要发挥科技情报工作的"耳目、尖兵、参谋"作用。科技情报的"线索发现"反映了情报专业亮点，是情报工作者的专长，在复杂信息环境下，通过情报研究找到先前未识的事物对象特征信息，是科技情报研究和工作的关键成功要素，可见这一专业亮点和专长的重要作用更为突出。所以，复杂信息环境下科技情报事业建设的主要内容是强化情报技术基础建设、磨砺情报线索发现能力，为新时代的科技创新发展管理提供决策支持保障。科技情报卓智赋能要素及实现路径如图 3-2 所示。

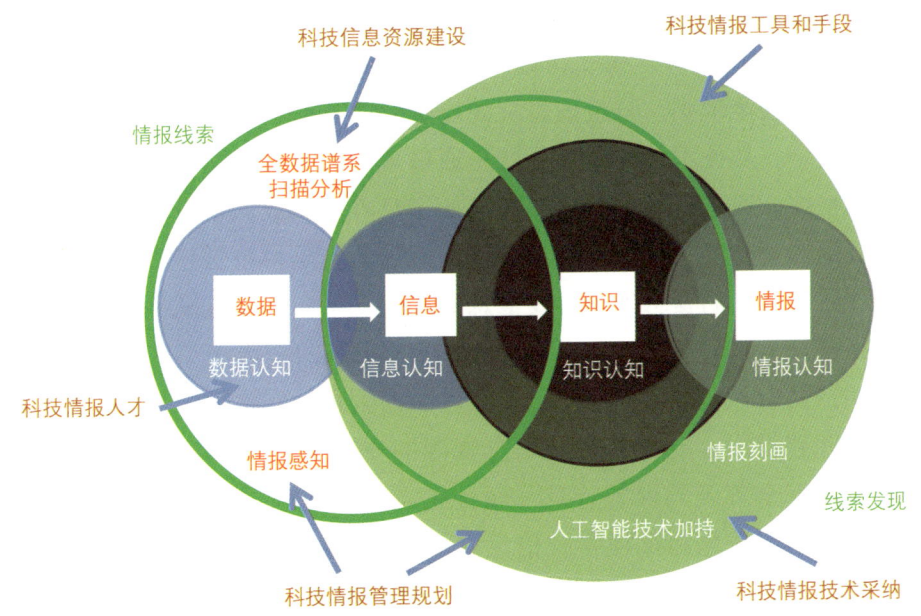

图 3-2　科技情报卓智赋能要素条件及实现路径

3.3.1 夯实科技信息资源建设

科技信息资源建设是复杂信息环境下实现科技情报"线索发现"的数据基础。以科技文献资源为例，它是国家重要的战略性信息资源。目前我国已建立和逐步完善了集中式的国家科技文献资源网络，并实施了科技文献信息的体系建设和标准化管理。同时，也实施开展了专业科技信息资源的集成服务。但是，非科技文献类型的资源建设仍亟须加强和完善，即现有科技信息资源尚未达到谱系资源相应的模式，情报"线索发现"的效果受到制约。所以，复杂信息环境下的科技信息资源之间的组织和管理，即谱系建设是重中之重。具体而言，复杂信息环境下的科技情报机构需在以下3个方面持续夯实科技信息资源建设：第一，强化和重视科技信息资源系统的标准化问题。针对多来源的开源科技信息资源，需要制定加工处理的标准去规范科技数据资源加工处理的方法和流程，如数据加工处理流程和标准、数据加工处理方法、数据规范测试标准等；需要通过描述的规则、方法、分类、标识等实现对科技信息资源的高效组织和管理；需要制定信息资源的互操作标准去规范不同类型信息资源互操作的方法和流程；需要制定科技信息资源存储标准去规范不同类型科技信息资源存储的方法和流程等。第二，强化和重视科技信息资源的安全问题，实施科技数据安全准则。科技信息资源安全有两方面的含义：一是科技数据自身的安全。从技术角度看，主要是通过采用密码算法，实现数据的保密性和完整性，通过采用信息存储技术如磁盘阵列、数据备份和异地容灾等保证数据的安全，对数据进行主动性的保护。二是科技信息资源的安全。除涉及数据自身的安全外，科技信息资源的安全还涉及其利益相关者的权益与利益安全，其受到社会环境、科技水平、信息资源类型和规模等因素的影响，具有敏感性、时效性、动态性和传播性的特点。所以，在科技信息资源建设中，要落实科技信息资源的安全标准，不仅要适用于科技数据自身安全等级的保护管理，而且还需适用于科技信息的安全标准和规则。第三，强化和重视科技信息资源保障系统建设，构建科技信息安全治理体系。目前，全球科学技术竞争日趋激烈，如已有多家具有全球影响力的学术出版机构停止向俄罗斯提供科学和知识产权信息服务，美国政府严格审查和限制与中国的科技交流，禁止被列入实体清单的中国机构使用其核心软件工具等事件，均警示我国要重视科技信息资源保障问题[13]。

3.3.2 落实全数据谱系扫描分析

全数据谱系扫描分析是复杂信息环境下实现科技情报全景化线索发现技术实施的基础。由于科技信息资源源多、媒众、形杂，复杂信息环境下的科技情报用户需求更多见于一种"先见情报"，其重在研判和预测未来的科技发展趋势，为确定国家科技发展战略、制定科技方针、进行重大技术改造和技术引进提供背景资料和决策咨询建议，这也决定了科技情报线索发现方法需要的是一种全数据的谱系扫描分析过程。现有的科技情报方法尚且不能充分实现全数据的扫描分析，导致科技情报线索难以完备。所以，复杂信息环境下的科技信息资源扫描分析需要综合运用多种情报方法。具体而言，复杂信息环境下需要综合运用以下情报方法：第一，重视自然科学方法与人文社会科学方法的交融。目前，除了情报学领域传统的文献计量等方法之外，很多情报工作的研究方法来源于人文社会科学，特别是来源于管理学、逻辑学的研究方法。自然科学方法在提高数据处理和分析效率方面具有优势，而人文社会科学方法在分析和辨识情报线索方面的作用不可忽视。第二，运用地平线谱系扫描思维，指导实现全景式情报线索发现。地平线谱系扫描根据情景任务目标，在信息不完备的情况下，依照扫描流程扫描信息并实施分析，形成情报产品响应用户决策需求。例如，通过地平线谱系扫描对未知技术进行持续、主动、全面的扫描，搜集科技情报的"弱信号"线索，以从中感知有价值的情报，以减少"先见"的不确定性；通过地平线谱系扫描聚焦关键核心领域技术，准确辨识，去伪存真。第三，开展科技情报方法和技术的融合及创新。依据科技情报实践经验，根据复杂信息环境下科技情报的特定背景和问题性质对已有科技情报方法和技术进行融合创新。针对特定科技情报任务的需求和情报技术基础条件，设计多样适用的方法融合和集成策略，最大限度地发挥方法的实施效果，在方法的基础上研发技术工具；通过建模和仿真，将定性与定量研究方法相结合，以现实存在为基础，最大限度地运用有关资料和统计数据，保证科技情报线索发现的科学性和合理性。

3.3.3 强化人工智能技术加持

人工智能技术对于提升复杂信息环境下科技情报"线索发现"能力具有不容忽视的影响和作用。人工智能不仅在理论上能给情报学科的建设和发展带来影响，在军事、科技、商业、政治等情报实践方面也将带来重大变革。2017年，美国哈佛大学发布《人工智能与国家安全》报告认为：未来的人工智能技术有可能与核武器、飞机、计算机和生物技术一样，成为给国家安全带来深刻变化的颠覆性技术。人工智能的每一种技术都为美国国家安全机构的战略、组织、优先事项和资源分配带来重大变革，其未来影响力至少可与核武器比肩[14]。美国国防部将人工智能作为一种关键的使能技术，将其定位在战略层面进行推进。科技情报工作需要人工智能技术加持的原因是，人类智能对世界复杂性的感知能力十分有限，仅靠大量人力分析师的做法已不能很好地履行情报工作的使命，而人工智能技术则提供了可用于弥补可用资源与紧迫情报需求压力之间差距的方法。复杂信息环境下的传统科技情报的研究对象及其特征已发生巨大变化，信息领域从科技文献信息向几乎所有领域拓展、信息环境从封闭环境向开放环境转变，人工智能的崛起为各个科技领域的发展都带来新的变革和发展机遇，同样人工智能对科技情报工作的影响和作用不容忽视。人工智能技术已用于信息组织、检索、获取与分析领域，形成了许多新兴的智能化科技情报技术的研究方向，如信息组织领域的语音识别、大规模文本处理，信息分析与处理领域的文本挖掘、信息抽取、数据挖掘，信息检索领域的基于本体的智能检索、基于机器学习的情报检索等。除了技术应用以外，还涉及人工智能应用中对人的认知及影响的考虑。目前，科技情报研究领域所面临的最突出问题就是如何实现人工智能技术与科技情报研究的有效融合，进而产生系统效益，推动变革发展。强化结合具体情报任务需求和情报实施条件的人工智能的加持作用，其具体指：第一，人工智能技术辅助数据采集和整理，发挥"增能"作用。利用人工智能的"认知"功能来提升对来源复杂、模态不一数据的定位采集和汇聚能力，提升对多模异构信息的组织、存储和资源整合质量。第二，人工智能技术辅助信息分析，发挥"释能"作用。利用人工智能的"认知"功能实现对海量信息的自学习、加工、识别与挖掘，能够提高信息分析活动的感知效能。第三，人工智能技术辅助情报刻画，发挥"用能"作用。利用人工智能的迭代学习能力实现内容理解基础上的信息表达，提供并优化多模态情报输出结果。

3.3.4 明晰情报专业能力要求

明晰科技情报的专业能力有赖于科技情报评估。情报评估本身就具有一定的特殊性，不同于常规意义上的科技评估。因为情报用户群体是决策者，情报载体可能是秘密文件，情报内容多数无法经过专家评议，情报线索的质量评估亦是如此。特别是在复杂信息环境下，对于"先见"科技情报这种"未然"的情报产品，其情报线索的价值评估难以通过成果和数量进行准确衡量，如何评估和保证情报线索的质量是新环境下必须解决的问题。科技情报的情报线索是科技情报独有的专长，充分体现了科技情报的专业能力，即情报感知和情报刻画的情报专业能力。情报感知和情报刻画能力的高低决定情报线索的质量，所以需要科学和专业的评估模式和标准去明晰科技情报的专业能力，目前我国科技情报机构亟待提升这一能力。重视科技情报专业能力的评估需要聚焦以下两个方面：第一，重视科技情报技术基础能力的评估。科技情报技术基础能力是开展科技情报工作的基础，它决定了科技情报生产能力，如果信息资源、平台、方法技术、工具和管理规制等能力不足，科技情报感知和刻画工作将难以开展，情报线索的质量也将无法保证。第二，构建面向科技情报技术基础能力的评估模型和方法，保障情报感知和刻画的质量。建议借鉴先进的评估思想和方法并结合情报特点构建面向科技情报技术基础能力的评估模型和方法，避免简单、机械的评估模式和方法，具体问题具体分析，将评估指标细化至情报技术基础的各个层次，并在科技情报机构的实践中进行模型和方法的验证和完善。

3.3.5 提升人才队伍的情报认知水平

情报力量是人和物的组合，科技情报人才是科技情报赋能的自然人主体，是科技情报业务能力的重要支撑条件。在复杂信息环境下，科技情报生产面临的数据、信息不确定性在增加，科技情报人员面临更为严峻的数据、信息、知识、情报生产的困境，在这样的条件下，科技情报人员对数据、信息、知识、情报的认知能力和水平对于科技情报线索发现尤为重要。认知存在于科技情报业务流程（生产过程）的各个阶段和不同层次，不同层次的认知水平和能力是有差异的，方法也有不同，需要不断完善和迭代。科技情报的认知过程伴随整个科技情报业务流程，认知能力和水平越高，相应的科技情报质量越优质。科技情报业务认知链主要涉及"数据认知→信息认知→知识认知→情报认知"，具体指：第一，复杂信息环境下的科技数据认知主要包括两个核心点，即对科技数据的敏感度和科技数据收集和处理方法。第二，复杂信息环境下的科技信息认知并不局限于信息检索层次上的信息认知。在科技情报业务中，科技信息认知不仅建立在数据认知的基础上，而且有科技情报自己的信息认知特点，这种特点主要指对科技数据如何进行信息分析的认知，而非局限于信息检索和信息行为。科技情报人员要将信息认知思维运用到解决科技情报问题上，要培养自己的信息认知思维，特别是要具备处理和认识信息的量与质关系的能力。第三，复杂信息环境下的科技知识认知不仅涵盖认知心理学意义上的知识认知，还包括在信息认知基础上的知识认知。现代技术环境为科技情报获取数据/信息创造了更为宽广的空间，信息分析和利用的本质就是一项认知活动。科技情报人员作为科技情报业务主体之一，他们的知识能力及知识认知结构非常重要。第四，复杂信息环境下的科技情报认知建立在科技数据、科技信息和科技知识认知的基础之上，这是保障当前复杂信息环境下科技情报产品质量的主要途径。科技情报人员作为情报生产者，其科技情报认知能力是整个科技情报生产过程中的最高层次。科技情报认知主要是指情报人员运用科技知识的能力，即利用科技知识的认知对信息进行再分析处理，使之成为服务于决策的一种新认知。此外，面对不同的科技情报需求，情报人员需要结合用户需求及所处的环境约束而形成解决用户需求的智能型策略或思想。

3.4 本章小结

美国参议院情报委员会认为：科技情报是对国外基础研究、应用研究和应用工程等方面和能力的系统性研究与分析。科技情报产品用于预警国外的技术发展和能力，并指导未来能力的发展，这些能力通常是通过研发实现的[15]。本章认为：科技情报工作需要解决的主要问题是科技决策信息不完备和减少意外。围绕科技情报事业和业务，中国的情报学界和科技情报工作者从情报历史、理论和方法等方面一直在做不懈的研究和探索，主要目的是提升科技情报业务的能力。相比过去，复杂信息环境下对科技情报业务能力的要求更高。本章的重点是提出复杂信息环境下的科技情报卓智赋能新理念，梳理出科技情报卓智赋能路径，即针对科技情报线索发现的特殊要求，夯实科技信息资源建设，落实全数据谱系扫描分析、强化人工智能技术加持、明晰情报专业能力要求、提升人才队伍的情报认知水平。希冀业界同仁能够在科技情报业务实践中落实科技情报卓智赋能理念，全、变、快、准地解决科技决策中的信息不完备问题，发挥科技情报的专业特色能力，为国家科技自立自强和创新发展提供高质量的科技情报保障。

参考文献

[1] RAPPAPORT J. Studies in empowerment: introduction to the issue [J]. Prevention in human services, 1984, 3(2-3): 1-7.

[2] Cornell Empowerment Group. Empowerment and family support [J]. Networking bulletin, 1989, 1(2): 1-23.

[3] RAPPAPORT J. Terms of empowerment/exemplars of prevention: toward a theory for community psychology [J]. American journal of community psychology, 1987, 15(2): 121-148.

[4] ZIMMERMAN M, ISRAEL B, SCHULZ A, et al. Further explorations in empowerment theory: an empirical analysis of psychological empowerment [J]. American journal of community

psychology, 1992, 20 (6): 707-727.

[5] KIEFFER C H. Citizen empowerment: a developmental perspective [J]. Prevention in human services, 1984 (3): 9-36.

[6] GIBSON C. A concept analysis of empowerment [J]. Journal of advanced nursing, 1991, 16 (3): 354-361.

[7] PERKINS D D, ZIMMERMAN M A. Empowerment theory, research, application [J]. Journal of the American Chemical Society, 1995, 23 (5): 569-579.

[8] 韦克难. 社会工作理论方法与实务 [M]. 成都: 四川人民出版社, 2008: 103-117.

[9] 中共中央 国务院印发《国家创新驱动发展战略纲要》[EB/OL]. (2016-05-20) [2022-01-22]. http://www.gov.cn/gongbao/content/2016/content_5076961.htm.

[10] 美国陆军. 2016—2045年新兴科技趋势 [EB/OL]. (2016-06-16) [2022-01-22]. https://max.book118.com/html/2019/0109/8117032117002000.shtm.

[11] 百度文库. National intelligence strategy of the United States of America 2019 [EB/OL]. (2019-01-22) [2022-01-22]. https://wenku.baidu.com/view/98694fa9dcccda38376baf1ffc4ffe473268fd45.html.

[12] 新华社. 中华人民共和国国民经济和社会发展第十四个五年规划和2035年远景目标纲要 (3) [EB/OL]. (2021-03-13) [2022-01-22]. https://baijiahao.baidu.com/s?id=1694047174212390469&wfr=spider&for=pc.

[13] 刘细文. 新时期需要强化我国科技信息资源建设 [J]. 数字图书馆论坛, 2022 (6): 10-13.

[14] 国防科技要闻. 哈佛大学发布《人工智能与国家安全》报告 [EB/OL]. (2017-08-08) [2022-01-22]. https://www.sohu.com/a/163213105_297710.

[15] 美国参议院情报委员会. Report of the National Commission for the review of the research and development programs of the United States Intelligence Community (Unclassified version) [EB/OL]. [2022-01-22]. https://www.intelligence.senate.gov/sites/default/files/commission_report.pdf.

第4章 卓智赋能之专业能力

复杂信息环境下科技情报的卓智赋能要通过情报工作实践和情报成果运用表现出来。从情报工作的角度看,卓智赋能必须运用情报专业能力。通常意义上的专业能力包括4个方面,分别为扎实的基本功、体系化的领域知识、问题解决能力以及持续的自我突破能力。除此之外,科技情报的专业能力还特别强调情报感知和情报刻画等具有极强的情报专业特色的特殊能力。情报感知及对感知结果的情报刻画是复杂信息环境下科技情报卓智赋能之专业能力的重要体现。本章以情报感知和情报刻画为重点,通过解读科技情报感知和科技情报刻画来阐释卓智赋能之专业能力要义。

4.1 科技情报感知

"感知"是一个心理学名词,即客观事物通过感觉器官在人脑中的直接反映;如果从字面上将"感"与"知"拆分,亦可简单理解为由感觉而知道。从认知的角度来看,感官敏感度和认知理解度的不同造成了感知能力的差异。包昌火指出,感知是情报工作的一部分,感知即"耳目、尖兵"[1]。华勋基在《情报科学导论》中认为,情报感知就是对情报的感觉和知觉的合称,是人认识和吸收情报过程的起点[2]。以科技文献信息为例,文献信息是生产情报的素材和原料,而情报感知又有别于传统的文献信息服务,是一个对信息进行分析并最终形成增值的、服务于决策的产品的过程。科技情报工作应重视如何将信息转化为情报的步骤,重视情报感知,并将其作为科技情报工作和情报研究的核心任务[3]。

情报感知是在情报工作中搜集、选择处理并解释信息以获得对利益相关者当前情况的了解并预测未来发展的过程。情报感知的发生并不是凭空捏造出来的，需要有一定的人文社科知识基础以及情报学学科本身的积淀[4]。在情报感知的过程中，尽管更多的信息和分析并不能确保形成更好或更成功的决策，但是逻辑和经验表明，基于对相关因素的深入理解和认真分析的决策比单纯基于信息评估更可能取得预期的结果。那些熟悉决策者需求的专业性较强的分析人员所进行的感知，能够增加对判断描述的正确性，强化对总体战略的认知和实施信心[4]。Heuer认为情报工作中存在的局限性之一就是认知对情报分析的准确性和及时性所产生的限制，这也反映出情报感知是情报工作的关键环节[5]。

科技情报工作的根本目的是解决科技决策过程中信息不完备的问题，科技情报机构和科技情报工作者根据掌握的科技信息资料状态，可将科技情报工作分为科技信息服务、科技信息共享、科技情报响应和科技情报感知4个类或4个阶段。从这一分类视角看，情报感知是情报工作任务的一个"高级"阶段，情报感知能力在一定程度上可以决定情报产品的质量。在情报学视角下，情报感知是一个主动的感知过程，强调在情报任务需求发布之前，提前对数据进行搜集和分析，预测情报。在科技情报感知的语境下，"感"不再是完全被动的反映，而是专业科技情报人员主动地综合利用多种方法和工具对数据信息进行处理；"知"不再局限于模糊的了解、知道，而是要清楚地理解、评析、展望[6]。因此，科技情报感知是科技情报专业人员在常规性科技信息采集、加工和分析处理过程中，综合运用各种方法和工具完成对科技情报用户需求、情报对象内容和情报任务组织的认知、解读和表达[7]，以帮助科技决策者在信息不完备的情况下做出科学的判断，用"减少意外"的形式提供科技决策支持[6]。

4.1.1　科技情报感知的对象

情报感知中的"感知"并不简单地指了解、知道，而是要实现理解、评析和展望。有学者指出：情报感知的研究应聚焦于3个对象，即感知认识、感知准备和感知实施[7]。

在复杂信息环境下,科技情报卓智赋能的发挥,更需要明确科技情报感知的本质,明确情报感知的对象。科技情报感知所针对的主要是已经了解或知道,不完全了解或知道,以及基本不知道的对象,其中感知基本不知道的对象并不等同于探索未知,它是在已经了解或知道的基础上进行判断和预测。

4.1.2 科技情报感知实施的基本要素及支撑条件

情报感知是情报工作的核心环节之一[4],同样也是科技情报工作的核心环节之一。在科技情报工作中,任务明确或下达之前,情报感知就已经开始实施,对潜在可能具有价值的情报对象需要进行全面监测和扫描,监测和扫描的结果经过处理加工形成可理解和利用的信息,以便可以进一步地分析感知对象的发展状态,研判情报感知结果的价值和适用领域。由此,我们可以总结科技情报感知实施的基本要素如下:

① 科技情报感知对象的解读。科技情报人员从感知对象的缘起、渊源和演进历程入手,运用情报感知的认知能力去解析和评述感知对象的情况。

② 科技情报感知的素材来源。科技情报人员根据任务要求和感知对象的专业领域,确定相应的科技信息资源基础条件,研究科技数据/信息分析的方法和路径。

③ 科技情报感知的核心方法。在落实全谱系扫描任务情境下,科技情报人员根据任务需求,设计和研发适用于开展情报感知的方法、技术及相应的组合和策略。

④ 科技情报感知的组织实施。科技情报主体基于情报感知研究的核心关切问题,研究科技情报工作实施的方式、方法和规制。

⑤ 科技情报感知的成果刻画。成果刻画的目的是提高科技情报报送和使用的效率,所以科技情报主体必须运用各种方法或手段实现情报产品的表述与推介。

由此可见,科技情报感知的支撑条件包括情报感知机构要件、方法/工具、科技情报人员。情报感知机构要件涉及科技情报业务的运行管理、科技信息资源基础和科技情报工作的愿景导向等，如图4-1所示。在支撑条件准备和实施过程中，需要注意认识和区分的是：①计算机和信息科学技术更注重"数据的运算与处理的速度与结果"，而科技情报专业更擅长的是"醒得早""看得远"。②科技情报感知的实施不能简单地看作组织情报工作的若干任务流程，而是要从系统观的研究视角去分析情报感知的任务对象，以及任务对象所处的任务环境、所掌握的任务方法/工具之间的关系等。

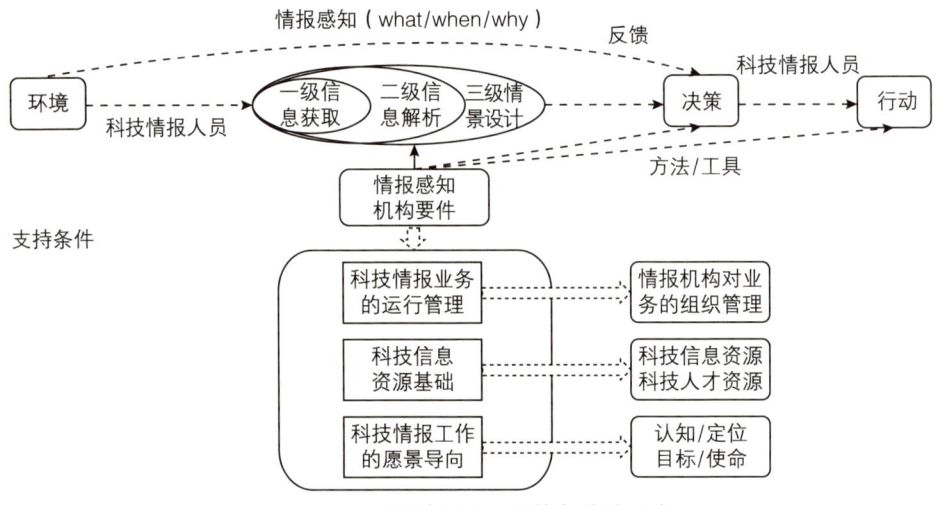

图4-1　科技情报感知支撑条件的组成

4.1.3　科技情报感知的主要环节

科技情报感知是科技情报主体在相关科技数据基础上，结合特定情报业务需求和情境对研究对象的发展态势做出的解读、预判和应对。科技情报感知与情报感知的内容基本一致，主要包括科技数据感知、科技情境感知和科技态势感知这3个部分[6]，如图4-2所示。

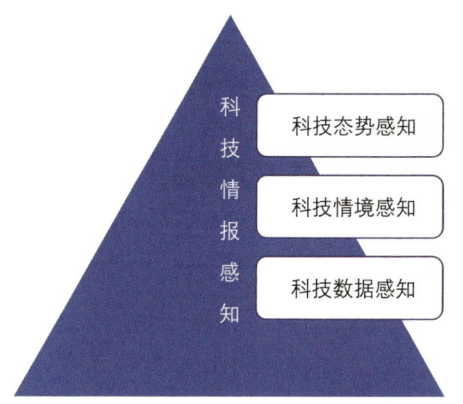

图 4-2 科技情报感知的基本内容

（1）科技数据感知

数据感知是科技情报感知的基础，也是科技情报感知过程的起始环节。在情报领域，数据感知尚无统一的定义，在情报的语境下，科技数据感知可以理解为对科技数据进行采集、处理、加工的过程。随着互联网技术、智能信息处理技术和物联网技术的发展，网络数据的规模日益扩大，传感器和设备可以连接到互联网，大数据和感知大数据[7]从而生成。它们不仅催生了数据基础、平台架构、分析方法和服务应用的研发需求，也给传统情报工作和研究带来了新的挑战。这些数据具有规模庞大、类型多样、内容各异、冗余显著、质量参差不齐、计算复杂等特点[8]。目前，对于针对大数据处理和分析的相关方法、算法、技术的研究较多。但是，如何对这些海量、复杂、多源异构、具有丰富的时空关联性的大数据进行采集、处理、加工，使其形成满足科技情报生产需求的、可利用的大数据资源是复杂信息环境下科技情报卓智赋能需要关切的重要问题之一。

（2）科技情境感知

情境感知（context-aware，又称上下文感知、情景感知）研究始于20世纪90年代的移动计算分布式处理。1994年，Schilit等在文献中初次使用"context-aware"[9]，指出情境包括3个主要内容，即用户的地理位置、用户的背景及周边资源。Abowd等[10]认为"情境"是对实体特征的描述，将情境感知定义为利用情境为用户提供相关信息和服务的过程。Chaari

等[11]认为情境感知是感知用户所处的情况、推测用户在此情况下最可能的行为或需求,然后提供相应的信息和服务。Giaffreda等[12]从情境感知系统的角度,将情境感知分为网络情境感知和应用情境感知两类,前者可细分为移动感知、拓扑感知和服务质量感知,后者可细分为应用感知、服务感知和策略感知。国内外学者根据情境感知的特点,从不同角度对情境感知进行分类,如顾君忠[13]认为情境感知可以分为直接的显示感知和内部的蕴含感知两类,前者如位置、时间、设备环境信息等,后者如用户特点、习惯、知识层次、喜好等。目前,国内外对于"情境感知"的研究多是基于情境感知的应用性研究,且研究领域比较单一,如国内学者将情境因素引入个性化推荐系统中,考虑用户—资源—情境之间的三元关系,为处于不同情境、不同兴趣的移动用户推荐满足其需求的合适信息服务[14-15]。国外学者对于"情境感知"的研究主要是对于情境感知方法或服务的研究,应用性研究的范围涉及推荐系统、普适计算、电子商务、电子病历等领域。

通过情境感知,科技情报主体可以更加明确情报感知的运行环境及环境条件,它是情报感知过程的主要步骤。通过情境感知,科技情报工作者能够向情报用户准确、及时地提供不同模式的个性化情报服务,以满足情报用户在不同业务情境下的决策需求。在一定程度上,情境感知与决策安全存在密切的联系,如Gartner对情境感知安全[16](context-aware security)的定义,指出情报感知安全是利用补充信息改进安全策略,从而提升精准安全决策的能力,以应对不断变化的信息技术环境,满足动态发展的业务需求。复杂信息环境下的威胁情报(threat intelligence)已成为当前科技安全研究的新热点[17],在情境感知中综合运用大数据处理和人工智能等技术,将有利于实时的、动态的感知威胁情报,实时预测威胁情报,制定相应的科技安全防护措施以甄别潜在可能的攻击或威胁,建设科技安全主动防御体系[18]。

(3)科技态势感知

科技情报工作的作用是"耳目、尖兵、参谋",从军事斗争的角度看,"尖兵"始终都走在队伍的最前方,永远必须对现场情势做出立即而正确的判断,发挥着对某种态势感知的作用。从情报工作的角度看,"尖兵"作用同样意味着在情报工作过程中具有的态势感知作用，科技情报的专业性在态势感知中体现得最为强烈。

态势感知（situation awareness）一词出现在20世纪80年代美国空军为提升空战能力而进行的研究探索，随着网络的兴起，又升级为"网络空间态势感知（cyberspace situation awareness，CSA）"，在军事领域，态势感知是指通过对战场复杂形势的分析评估与预测做出适当的反应[19]。1988年，Endsley将态势感知定义为"识别理解时间和空间环境中的各种要素，并对其未来状态进行预测的过程[20]"，认为态势感知包括感知、理解和预测3个层次[21]的信息处理，其中感知层（perception）主要识别环境中的诸要素，主要依赖于感觉器官；理解层（comprehension）建立在感知层之上，综合权衡各要素的组成对目标实现的重要性；预测层（projection）是态势感知的最高层次，它是在感知层和理解层的基础上预测环境中各因素未来发展状态和采取的行动。目前，态势感知的概念和技术已不局限于军事领域[22]，更多地应用于军事、交通、自动化、医学等领域。

态势感知是情报感知的重要阶段，有利于发挥情报感知在科技情报工作中的先导性作用。在复杂信息环境下，态势感知在信息不完备的情况下发挥作用，准确感知和预测事物发展态势的前提是必须充分利用各种来源和类型的科技数据/信息，数据的采集和处理、信息的加工和分析、态势的评估和预测均需有效地把控，如对结构化、半结构化数据的处理，对不同来源数据/信息的融合，对不确定性结果的判断和描述均是值得科技情报工作者关注的问题。

4.2 科技情报刻画

科技情报刻画是指识别科技信息（素材）的情报价值并采用某种表达方式来揭示情报价值，情报刻画的输出是指某种科技情报产品或服务。换言之，科技情报刻画是指在情报业务场景下，科技情报人员把各人感知的情报通过某种恰当的、有效的方式表达出来，输出情报产品或服务的操作过程，使情报用户更迅速地感知到情报产品的工作过程。其工作核心既是对情报产品的加工呈现,也是对情报内容的解析赋意。事实上,情报刻画的能力建立在大量的情报感知和情报响应实践基础之上,它是一种动态的学习建构过程和能力,需要不断的评估和反馈。情报刻画的内容涉及不同类型情报用户需求的理解和描绘、情报任务特点的解读,通过刻画使科技情报服务的对象和决策支持的范围更加明确和聚焦。

在科技情报刻画的操作层面上,情报刻画可理解为对信息特征的专业表达。信息特征的提取是情报刻画的基础,如图书馆工作人员每天面临的工作对象主要是各种文献,他们认为文献具有外部特征和内容特征,而科技情报工作者日常要研究的对象,不仅包括科技文献,还包括科技文献内容所涉主题,以及要回答的来自情报用户、个人所思所想的各种问题等。

4.2.1 科技情报刻画的需求

在复杂信息环境下,现有的科技情报服务内容与方式已无法满足用户对情报服务的更高要求。国内很多学者和业内人士进行了相关探索,从而更精准化地实现科技情报需求的刻画和服务工作,实现科技情报产品与用户的对接[23]。例如,提出可以运用情感分析、舆情分析、大数据分析方法和技术对科技情报服务用户的需求进行深层次挖掘和分析,实现基于用户行为细粒度化、个性化的推送服务[24];科技情报服务用户动态画像研究模型通过对用户行为进行大数据采集、分析与处理,并构建用户行为标签库,进而通过用户行为标签库对用户进行个体与群体的画像,最后预测用户情报需求并进行个性化推送,通过收集后期用户评估反馈信息,对推送列表中的情报产品是否满足用户需求进行统计分析,从而根据反馈数据重新画像并推送新的服务列表,循环反复直至满足用户的实际需求[25],对用户需求进行更精准的画像。

目前,科技情报刻画研究所使用的方法/技术多数是基于信息的分析方法/技术,如数据挖掘与分析、大数据、人工智能等技术;所使用的科技情报用户行为数据源于科技情报机构数据库、科技情报机构门户、新媒体平台或者其他情报信息系统;所服务的对象可以是具有一定数量的一般用户,如个人、企业和行业,也可以是科研机构、科技管理部门等国家层次的决策者。服务对象不同，科技情报刻画的方法和技术也有一定的差异。例如，从"用户画像"的视角看，主要有三点不同：①数据量的不同。与一般用户相比，国家层次的科技情报用户数量相对较小，难以形成大规模用户行为数据。②数据价值不同。与一般用户相比，国家层次的科技情报用户的价值和用户数据价值都比较高。③安全系数不同。与一般用户相比，国家层次的科技情报用户的数据相对机密，难以获得。从方法/技术的视角看，不同的科技情报用户在方法/技术的选择上应根据具体情况选择适当的方法/技术，同时要注意数据/信息技术和情报服务在理念和关注点上是有区别的，如大数据技术在数据处理理念上更强调数据/信息的关联关系而非因果关系，更强调数据/信息运算的效率而非数据/信息分析的精确性[26]，而国家科技情报工作需要面向国家安全与发展服务，所以必须兼顾数据/信息运算的效率和分析的精确性，这是不容忽视的问题。

4.2.2　科技情报任务的刻画

科技情报任务的刻画主要是在科技情报感知和响应的基础上，情报工作者对已发生的情报问题和解决方案进行匹配的情况总结。科技情报任务由情报用户，如决策者决定，因此科技情报任务的刻画在一定意义上是对决策者的刻画。科技情报任务的刻画要关注 5 个方面，即决策者决策的主要动力和决策的成功因素，以及情报产品的障碍、决策者的背景和决策者对情报产品的评价标准。

（1）决策的主要动力

决策的主要动力指决策者进行决策的最具推动力的主要原因。

（2）决策的成功因素

决策的成功因素指决策者期望从科技情报产品中获得的内容或方案。

（3）情报产品的障碍

情报产品的障碍指决策者不认同或拒绝科技情报产品的原因，如决策者群体内部有人持反对意见，决策者由于对相似的解决方案有过不愉快的体验而产生负面认识。

（4）决策者的背景

决策者的背景指决策者，特别是关键决策者的个性、知识、经历、需求心理等。

（5）决策者对情报产品的评价标准

决策者对情报产品的评价标准，如决策者信任的资源等，情报工作者通过对情报产品的评价标准认知可以调整科技情报产品的重点和特色，以合适的方式呈现情报产品。

4.2.3　科技情报刻画实施的基本要求

（1）遵循情报刻画的原则

第一，尊重情报事实。情报刻画要区分推论和事实，事实胜于推论；不能将推论混入事实，不能用推论干扰事实。

第二，情报刻画要以事实为准，不能有偏见。情报工作者不能想当然地增加原始资料里没有的东西，不能为迎合情报用户的本位偏见而舍弃事实真相。可以舍弃无关的内容，但不能故意舍弃真相。

第三，保持情报工作的激情。情报在一定程度上是情报工作者激情的产物，若没有追求"做一个好情报"的意志和激情，就不可能生产出好的"情报"。激情可以引起受众的共鸣，而共鸣是"情报"生命力之源。

第四，情报数量和品质的控制。情报产品的规模、频率、内容、风格、品质需要稳定的运行，令情报用户对情报产品有稳定的适应和预期，能有效提高用户对情报产品的接受程度。

（2）提升情报刻画的品质

在实际的科技情报工作中，多数情报用户并不明晰他们期待的情报是什么？不同的人有不同的情报体验，所以情报的"好"与"不好"是相对的，只有既了解情报用户又了解情报源的情报人员才能做出"好"情报。提升情报刻画的品质，从描述情报事实的"绝对信息"开始。所谓绝对信息是用最直接、最节约用户心智的方式供应的信息，是不需要任何其他语言环境的辅助就能清晰传达完整语义的单元，如一句话、一段话、一个参考文献条目等。反之，则为"相对信息"。信息接收者若要理解相对信息，则需要花费更多的努力去分析。一旦丧失了那些支撑性的语言环境，则"相对信息"将失去意义。一篇情报报告，如果其内容充满了需要继续考证的句段，将给情报用户的思维带来沉重负担，令用户不满意或拒绝这样的情报产品。

4.3 基于情报感知和刻画的科技情报工作模式

复杂信息环境下的科技情报感知和刻画并不是对科技情报工作流程的简单化再组织，它与传统的以任务响应或目标实现为中心的情报工作流程并不矛盾，而是对科技情报工作理念的调整。它是将整个科技情报工作放在一个更为复杂的系统中进行再梳理，是对醒得早、看得远情报专业特色使命的实践。基于情报感知和刻画的科技情报工作模式可以解读为"3个环节，2个机制"，如图4-3所示。

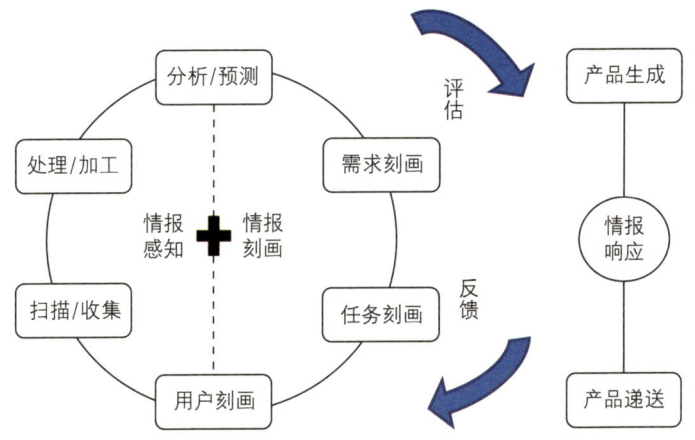

图4-3 基于情报感知和刻画的科技情报工作模式

（1）3个环节

情报感知环节：在决策者明确下达情报任务目标之前，情报工作者对可能具有情报价值的感知对象进行长期、全面的监控和扫描，将获得的原始结果进行预处理，加工至可理解和可利用的状态，并在此基础上初步分析感知对象的发展态势，预判感知结果的适用领域及在该领域的价值。

情报刻画环节：情报工作者理解和描绘不同类型的科技情报用户的需求、情报任务的特点和类型，聚焦科技情报服务的对象和决策支持的范围。

情报响应环节：将情报感知和情报刻画的匹配结果与一定的情报场景条件进行结合并分析，先行送达决策者参考，发挥情报工作的主动性，或者根据具体的任务需求进行情报的补充调整，在最短时间内做出响应，缩短情报用户的等待时长，提高科技情报工作和决策的效率。

（2）两个机制

情报感知与刻画匹配机制：情报工作者将科技情报感知的结果和情报刻画的结果进行匹配，进一步明确不同来源、不同类型情报的价值及在不同范畴的支持作用；同时情报工作者在长期工作实践中总结积累匹配机制，充分表现出科技情报工作的核心特色。

评估/反馈机制：对科技情报产品的质量需要进行评估，决策者对科技情报产品会提出更进一步的具体要求，这种要求可以反馈到情报感知和刻画环节，经过再次匹配，生成新的科技情报产品；决策者对科技情报产品的评估或采纳情况，可能会引发新的科技情报感知关注点，这更有利于科技情报刻画得更加精细和准确。

4.4　科技情报感知和刻画的技术实施

科技情报研究的过程对象主要涉及情报感知、情报刻画和情报响应。情报感知包含感知认识、感知准备和感知实施。情报感知和刻画的方法及技术主要涉及对数据的处理、对数据内容的分析和对成果的表达。情报感知和刻画是现代情报工作的核心问题之一，在这一过程中，情报人员综合利用各种情报分析方法和工具对数据信息进行处理，以实现对数据信息内容进行清楚的梳理、理解、评估和展望，为科技情报分析和决策提供支撑。本书以科技文献数据的情报分析为例，解析情报感知和刻画的过程，阐述情报感知和刻画的技术实现基本过程。科技文献数据的情报感知和刻画基本过程如图4-4所示。科技文献数据的情报感知和刻画过程，指通过数据的采集和处理、分析与揭示实现情报感知和刻画的情报工作模式，即情报感知和情报刻画。

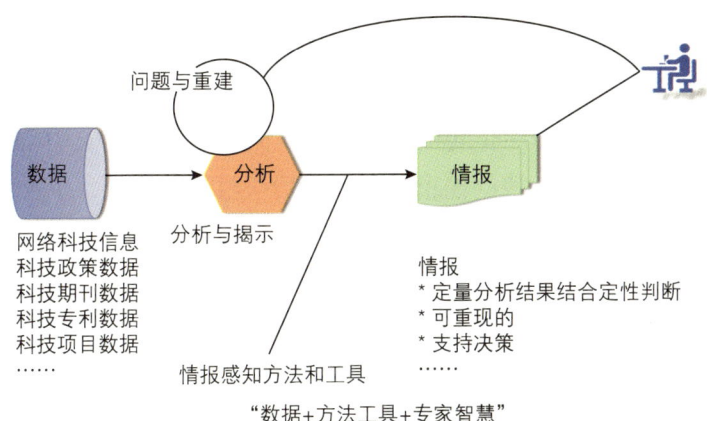

图4-4 科技文献数据的情报感知和刻画基本过程

（1）情报感知

对科技文献数据进行情报分析时，情报感知的对象相对明确，即网络科技信息以及科技政策、科技期刊、科技专利和科技项目等数据。通过监测和扫描这些数据，并将原始数据进行预处理和加工、结合定量和定性的情报分析方法对科技文献数据进行分析，感知科技文献数据对象内容蕴含的科技数据关联、科技态势发展等情报信息。

（2）情报刻画

情报刻画是一个不断理解和反馈的过程，不同类型情报用户的需求、情报任务的特点是不同的，情报刻画本质上是对需求的感知、分析、理解和描绘，它与情报感知联系紧密且相互作用和影响。

通过技术手段的参与，科技文献数据的情报感知和刻画过程在一定程度上可以实现自动化，特别是在情报感知环节，当科技文献数据对象确定后，辅助以情报分析工具，可以实现更有效的情报感知过程。基于此，相关技术平台构建实施的基本原则主要包括：

① 保证可移植性、可修改性。任何一个项目或系统都是有待完善的，科技情报感知和刻画技术平台更是一个需要不断进行技术改进、更新和完善的情报分析平台。为保证系统研发的可持续性，系统平台应采用可移植

性和可修改性良好的计算机编程开发语言进行开发和设计。以实现可以在任何需要的时候对该技术平台进行修改和维护工作。

② 建立技术平台的整体化结构。整个技术平台由不同的功能模块组成，对可以实现的功能模块均进行了设计和实现。考虑到各处理模块之间的相互作用，以及避免中间环节操作或转换发生错误而使得最终的结果受到影响，系统的设计既符合一体化的设计思想，同时各个功能模块又具有一定的独立操作性，即前一模块的输出可以作为后一模块的输入，也可以独立作为一个模块实现独立的功能。

③ 保证鲁棒性。为保证技术平台具备一定的稳定性和容错性，在平台设计过程中，对于出现的不符合要求的输入，平台将提示用户采取合理的方式处理，而不影响平台的下一步运行，同时也提供相应的人工校验和修改环节，这对于数据处理的准确性是很有必要的，在一定程度上，这样的设计方法不仅使操作更加高效，而且保障了数据的正确性。

④ 明确技术平台的定位。技术平台的研发是一个持续的过程，并不能完全提供或实现自动化的、精度很高的科技情报感知和刻画过程或结果，但是通过平台提供的技术可以实现一定的情报感知和刻画方法，并提供一个可操作的实际使用工具平台。

4.5 本章小结

情报感知和情报刻画是复杂信息环境下科技情报工作的重要专业能力表现。情报感知和情报刻画并非是完全独立的两个阶段，而是紧密联系的两个环节。在情报感知环节，若科技情报工作者没有对情报用户、需求、任务等进行初步的认识和理解，则无法对情报感知对象的价值做出有效的预判和评估；在情报刻画环节，若科技情报工作者没有相应的情报感知能力的积累，同样也无法对情报用户、需求、任务做出准确的理解和描绘。情报感知和情报刻画能力是科技情报卓智赋能过程中不可忽视的重要建设内容，也是科技情报机构体系能力评估中需要关注的关键问题。本章主要对情报感知和情报刻画进行了介绍，从情报学术研究的系统性和完备性要求出发，对情报感知和情报刻画的研究和实施进行了阐释，同时对科技情报感知和刻画的技术实施进行了相关说明。

参考文献

［1］包昌火，刘彦君，张婧，等.中国情报学论纲［J］.情报杂志，2018，37（1）：1-8.

［2］华勋基.情报科学导论［M］.广州：中山大学出版社，1990.

［3］包昌火，包琰.中国情报工作和情报学研究［M］.北京：科学出版社，2014.

［4］陈美华，王延飞.情报感知的条件辨析［EB/OL］.（2018-05-19）［2018-06-01］.http://kns.cnki.net/kcms/detail/11.1762.G3.20180517.0931.006.html.

［5］HEUER R J. Limits of intelligence analysis［J］. Orbis，2005，49（1）：75-94.

［6］赵柯然，王延飞.情报感知的方法探析［EB/OL］.（2018-05-24）［2018-06-01］.http://kns.cnki.net/kcms/detail/11.1762.G3.20180522.1635.008.html.

［7］王延飞，赵柯然，陈美华，等.情报感知的研究解析［EB/OL］.（2018-05-19）［2018-06-01］.http://kns.cnki.net/kcms/detail/11.1762.G3.20180517.0921.002.html.

［8］GAO J，LEI L，YU S. Big data sensing and service：a tutorial［C］//2015 IEEE First International Conference on Big Data Computing Service and Applications（Big Data Service）. Redwood City，CA，2015：79-88.

［9］程思瑶，蔡志鹏，李建中.感知大数据获取与计算的研究进展［EB/OL］.（2017-05-05）［2018-03-04］.http://www2.paper.edu.cn/releasepaper/content/201705-445.

［10］ABOWD G D，DEY A K，BROWN P J，et al. Towards a better understanding of context and context-awareness［C］//International Symposium on Handheld and Ubiquitous Computing. Berlin：Springer，1999：304-307.

［11］CHAARI T，LAFOREST F，CELENTANO A. Design of context-aware applications based on web services［Z］. IUniversità Ca'Foscari di Venezia reference，2004：1-50.

［12］GIAFFREDA R，KARMOUCH A，JONSSON A，et al. Context-aware communication in ambient networks［C］//Wireless World Research Forum. Berlin：Springer，2005：2-5.

［13］顾君忠.情景感知计算［J］.华东师范大学学报（自然科学版），2009（5）：1-20，

145.

［14］杨维永，郭靓，廖鹏，等.基于情景感知的信息安全主动防御体系建设［J］.电力信息与通信技术，2016，14（1）：28-32.

［15］Gartner. Context-aware security［EB/OL］.［2018-03-03］.https://www.gartner.com/it-glossary/context-aware-security.

［16］范佳佳.论大数据时代的威胁情报［J］.图书情报工作，2016，60（6）：15-20.

［17］田雪筠.基于情境感知的移动电子资源推荐技术研究［J］.情报理论与实践，2015，38（5）：86-89，104.

［18］胡冠宇，张邦成，周志杰，等.基于置信规则库的网络安全态势感知［M］.北京：科学出版社，2017：1-2.

［19］ENDSLEY M R. Design and evaluation for situation awareness enhancement［C］//Proceedings of the Human Factors Society Annual Meeting. Los Angeles：SAGE Publications，1988，32（2）：97-101.

［20］ENDSLEY M R. Toward a theory of situation awareness in dynamic systems［J］. Human factors，1995，37（1）：32-64.

［21］龚俭，臧小东，苏琪，等.网络安全态势感知综述［J］.软件学报，2017，28（4）：1010-1026.

［22］吴琼，吴晨生，刘如，等. 情报3.0思路下的情报工作体系建设研究［J］.情报理论与实践，2018，41（11）：34-37.

［23］李阳，孙建军，裴雷.科学大数据与社会计算：情报服务的现代转型与创新发展［J］.图书与情报，2017（5）：27-32.

［24］王益成，王萍.基于用户动态画像的科技情报服务推荐模型构建研究［EB/OL］.（2018-12-20）［2019-03-17］.http://kns.cnki.net/kcms/detail/11.1762.G3.20181219.1124.004.html.

［25］李广建，化柏林.大数据分析与情报分析关系辨析［J］.中国图书馆学报，2014，40（5）：14-22.

［26］王延飞，杜元清.情报感知论［M］.北京：科学技术文献出版社，2021.

第 5 章　卓智赋能之体系能力保障

科技情报的卓智赋能离不开国家科技情报体系能力的保障。国家科技情报体系由诸多要素构成，这些要素相互关联、相互作用，汇聚形成科技情报的体系能力，最终通过情报任务的执行效果表现出来。当前，大国竞争中的科技博弈首先落子于科技情报较量，对我国科技情报的能力建设提出了新的要求。全社会-全要素对抗、多领域-高科技遏制、多手段混合威慑等大国竞争特有的形式与体系对抗特征，迫使我们认真思考如何进行"体系应对"，而"体系应对"的关键在于"体系能力"的保障。2018 年，美国明确将中国作为新时期的战略竞争对手，瞄准关键核心技术对中国进行系统打压。持续高涨的科技情报需求，更加明确了国家科技情报的体系能力保障是复杂信息环境下科技情报理论研究不可或缺的重要内容。

5.1　情报体系能力研究的历史

"体系能力"一词常见于军事国防领域，情报学视角下的体系能力研究处于起步阶段，系统性的研究成果鲜见。但是，国内外围绕"情报能力"的探索研究却比较丰富。关于情报能力的研究主要包括两个方面，即认知取向和过程取向，前者侧重描述、表征、评估情报能力；后者侧重分析情报能力的构建。认知取向具体包括两类：①描述情报能力（intelligence capability）。美国国防部将情报能力定义为在特定标准和条件下，情报机构通过组合的手段方式执行任务以实现期望效果的本领。《中国大百科全书（情报学）》将情报能力定义为一个组织（系统）依托其情报系统和情报工作，适应环境变化而获得竞争优势的决策能力[1]。②评估情报能力。国内外对情报能力的主要评估视角涉及环境视角、流程视角、要素视角、技术视角、成熟度视角等，如美国国土安全部及其合作伙伴采用包括基本阶段、新兴阶段、增强阶段、成熟阶段的四阶段能力成熟度模型。过程取向主要包括四类：①从整体上构建涵盖不同环节、不同要素的情报能力体系；②从情报功能或情报效用视角审视情报能力，如情报感知、情报分析、情报预警等方面的能力研究，在各版《美国国家情报战略》《美国情报界指令》中亦属常见；③研究特定领域情报能力，如应急情报能力、科技安全情报能力、科技情报服务能力、竞争情报能力等的能力问题与对策建议；④研究特定区域、特定主体情报能力，如美国情报能力、科技情报人员能力等。

目前，值得关注的涉及情报体系能力的研究成果或动态是：①国家情报体系能力对于大国科技竞争的重要性日渐获得重视。2020年科技部启动"十四五"科技情报专项规划研究，在其研究成果中对国家科技情报能力进行专章的阐释，可见科技情报工作的战略价值和能力建设已受到国家的高度重视。②国家情报能力建设引起国内情报学者的重视和热议。2021年第七届华山情报论坛将全面提升国家情报能力建设作为主要议题，王延飞教授提出"国家科技情报体系能力"这一概念，指出大国博弈考校的是科技情报体系能力，情报体系能力是解决国家与民族发展所面临的困难与挑战的关键。情报体系能力需要情报体系整体协调和综合能力同步提升。尽管国外与我国存在制度不同，没有雷同的表述，但是国外有所涉及合作、共享、协调的论述实际上均与此有关，美国中央情报局的建立和国家情报制度的演进历史反映均比较明显，由此折射出国外对情报体系能力重要性的认识。③美国提出强化反情报体系能力。美国《2020—2022年国家反情报战略》，将大国竞争作为反情报攻防的第一要务，提出强化"全社会"路径的反情报体系能力水平。④国内科技情报机构明确倡议提升情报体系支撑能力。中国科学技术信息研究所的赵志耘研究员指出面向"十四五"和科技自立自强的关键时期，科技情报工作应以能力为本，提升支撑科技创新的文献资源保障能力、情报智库能力、情报预警能力、产业情报服务能力、科技计划管理全流程情报支撑能力。

5.2 对科技情报体系能力组成的既有认知

已有研究分别基于科技情报工作的不同方面对科技情报能力进行研究和分析，本书将其主要概括为科技情报的业务能力、科技情报的服务能力、科技情报人员的专业能力和科技情报的安全保障能力。

5.2.1 科技情报的业务能力

科技情报的业务也称科技情报的工作。科技情报的业务实施目的是克服信息障碍，为用户提供有针对性的情报服务。美国参谋长联席会议（Joint Chiefs of Staff）情报部直接依据情报业务流程将"情报"描述为包括"收集、处理、利用、分析和递送信息或已完成的情报所涉及的组织、能力和过程"，这体现出情报能力和情报业务流程不可割裂的关系[2]。国内学者认为：①科技情报的业务能力是基于情报业务流程对科技情报能力进行感知，体现在情报信息收集、处理、分析、利用等各个环节[3]；②情报从产出到利用可归纳为3种能力，即信息获取能力、情报分析能力和情报服务能力，并在此基础上结合基层科技情报单位的特点，指出情报能力对于基层科技情报单位生存价值具有决定性作用[4]；③结合情报业务流程，研究情报收集、情报组织、情报分析、情报服务各个环节的情报感知能力构成，以实现为情报体系赋能的最终目的[5]；④基于科技情报机构向新型智库转型的背景，提出智库能力建设的重要内容是情报需求的感知能力、动态情报收集能力、情报分析能力、情报平台的知识服务能力[6]；⑤大数据环境下科技智库的情报收集和获取能力、情报分析和融合能力、智库情报产品传播能力和智库产品监督能力非常重要[7]。

5.2.2 科技情报的服务能力

科技情报服务领域主要是自然科学研究、技术应用和竞争领域，服务对象主要是该领域的科研人员、技术人员、企业和政府管理人员等。国内学者认为：①科技情报的服务能力是从科技情报机构与其服务对象的交互出发对科技情报能力进行感知[3];②从科技信息服务能力出发将情报信息服务体系的能力需求概括为信息服务管理能力、信息服务应用能力、信息服务支持能力、信息服务交互能力和信息服务传输能力5个方面[8]。科技情报机构的实践者认为:①结合知识集成智能服务目标和科技情报服务流程,从工程技术视角看,科技情报的服务能力包括情报资源保障能力、情报交互能力、情报分析判断能力、情报协同服务能力,并构建科技情报服务能力体系四层 RIAC 模型[9](resource–interact–analysis–coordination)和科技情报服务能力评估指标体系[10]。②科技情报的服务能力与决策者的关系是需要研究的重要内容[10-11]。从决策者的视角看,面对复杂信息环境,他们的需求也在不断发生变化,而且多数情况下难以明确地表达需求[12];决策者经常面临着信息过载、信息障碍、信息迷雾等现象,影响着决策者的判断,使情报用户难以对信息做出及时有效的回应[13]等,如何帮助决策者和情报用户做出满意的判断也是对科技情报服务能力的考验。

5.2.3 科技情报人员的专业能力

科技情报人员是科技情报机构不可或缺的支撑力量,科技情报人员的专业能力构成和培养是提升科技情报机构整体情报能力的关键。尽管对从事不同层次工作科技情报人员的具体要求会有所不同,但基本的专业能力,如综合性的知识结构,观察敏锐、反应机敏的个性,强烈的情报意识及富有创造性的思维能力,是科技情报人员基本的专业能力。2003 年,Moore 曾指出美国情报界对情报分析师的忽视问题,他将情报分析师的能力归纳为特质能力(价值观、标准和信念的描述能力)、基本能力(沟通、团队合作和思考能力)、技能(专业知识或熟练程度)和知识(通过经验或学习获得的熟悉程度、意识或理解能力)[14]。2013 年,Moore[15] 重新审视大数据时代的情报能力新要求,将情报分析能力归纳为情报专家最基础的能力,认为情报专家除了分析能力之外还应具备灵活的计划能力、线索发现能力、证据关联能力、理解分享能力等。国内科技情报机构的实践者,基于情报工作实践,将情报专业人才能力素质分为情报知识结构、情报专业技能、情报基础能力和情报职业素质4个维度[16]。国内有学者认为科技情报人员综合能力指数主要由理论水平、情报捕捉能力、研究能力和身心素质等要素构成[17]，将科技情报人员的能力培养视为科技情报研究工作的重中之重，认为科技情报人员必须具备"博而精"的知识结构且多专多能[18]。

5.2.4 科技情报的安全保障能力

科技情报的安全保障能力是科技情报机构在情报业务活动中应对外部和内部环境带来的威胁与风险的能力。国外情报业务工作的开展多数是围绕国家安全而进行的，即情报对国家安全的保障能力是对情报体系能力的基本要求[19-20]。在我国，随着习近平总书记总体国家安全观的提出，引发了国内情报学者在国家安全背景下对科技情报体系能力问题的深入思考和认识。国内学者张家年等[21]在 Francois Brouard 安全/监测双功能循环模型的基础上，分析国家科技安全情报过程，构建国家科技安全情报能力运作模型，认为我国科技安全情报能力主要包括情报机构的规划能力、技术预见能力、情报处理能力、情报分析能力、情报决策支持能力等。在当前复杂信息环境下，国家科技安全在国家发展战略中具有重要意义，科技情报机构必须重视科技情报的安全保障能力。

5.3 达成卓智赋能目标对体系能力保障所提的要求

科技情报卓智赋能的实施离不开情报体系能力的支撑。其中科技情报的业务能力是科技情报机构内在业务运作能力的体现，科技情报的服务能力是科技情报机构对外服务能力的体现，科技情报人员的专业能力是科技情报机构实施情报业务的支撑力量，科技情报的安全保障能力是科技情报机构应对内外部环境带来的威胁与风险的关键能力，这些不仅是科技情报机构的基本能力要求，也是其最大化发挥科技情报卓智赋能的基础。习近平总书记在 2018 年两院院士大会上指出[22]，"科学技术从来没有像今天这样深刻影响着国家前途命运"，当前"形势逼人，挑战逼人，使命逼人"，明确要求广大科技工作者"把握大势、抢占先机"。在科技情报事业的语境下，"把握大势"可以理解为全谱扫描、敏锐研判，"抢占先机"可以理解为前瞻预警、早醒远眺，全谱扫描、敏锐研判、前瞻预警、早醒远眺既是对习近平总书记指示的贯彻响应，也是复杂信息环境下对科技情报体系的能力要求，具体可解读为科技情报体系感知能力、科技情报体系响应能力、科技情报体系刻画能力和科技情报体系预警能力，这也是科技情报卓智赋能对科技情报体系能力的基本要求。

5.3.1 科技情报体系感知能力

科技情报体系感知能力是体系内的每个情报实体通过对科技情报环境、技术前沿、关键技术、人才成果等进行全面扫描和监测，以实现更早预警、更快研判的能力，是对常规情报感知能力进行动态重构的能力。对于科技情报工作者而言，科技情报感知是情报专业人员在常规性信息采集、加工和分析处理过程中，综合运用各种知识工具完成对情报用户需求、情报对象内容和情报任务组织的认知、解读和表达[23]。对于科技情报机构而言，科技情报体系感知能力涉及该机构的感知生态建设、感知工具设计、感知对象的谱系扫描和感知管理等方面。科技情报体系感知能力的培养是提升科技情报机构前瞻、预警、战略规划等高质量、可持续发展的情报研究业务能力的必要条件，对科技情报机构在复杂信息环境下找准情报服务定位、完善发展规划、实现自身价值具有重要意义[24]。

5.3.2 科技情报体系响应能力

科技情报体系响应能力是指面对复杂综合性的科技决策问题，科技情报主体以任务的目标为中心进行任务分配，基于情报工作流程对体系内各实体的情报力量进行组织协调的动态整合能力。科技情报体系响应能力是科技情报工作的重要环节。在传统的科技情报评估中，科技情报机构在响应环节的表现是衡量该机构能力的直接依据，主要体现在两个方面：第一，科技情报响应的产品质量，即该情报产品在形式和内容方面是否能够符合情报任务的需求；第二，科技情报的响应时间，即科技情报产品是否及时送达给决策者。在总体国家安全观背景下，科技情报工作必须更多地兼顾发展与安全战略，科技情报体系响应能力可以表现为通过提升情报产品层级以满足情报任务需求的能力，通过提高情报的生产效率以缩短情报响应时间的能力，复杂信息环境下大国之间的科技竞争和博弈现状已给科技情报机构以警示，科技威胁和风险无处不在，必须重视科技情报体系响应能力。

5.3.3 科技情报体系刻画能力

科技情报体系刻画能力是指科技情报主体在整个情报体系拥有的大量情报感知和情报响应实践的评估和反馈基础之上，形成的一种动态的学习建构能力。科技情报体系刻画能力是对情报需求的刻画，基于"情报需求=情报任务+决策者"的认知，所以情报需求的刻画主要通过对情报任务的刻画和对决策者的刻画来实现。情报任务可理解为一种客观的情报需求，尽管由于情报的内容必须是真实准确的，所以情报不像普通商品服务一样可以完全根据用户的喜好进行调整。但是，情报主体在感知决策者情报需求的时候，为提高决策者对情报产品的接受度，必须把决策者的特质因素也考虑在内，这样才能真正发挥情报产品的价值。此外，情报主体要发挥情报工作的主动性，将情报刻画与一定的情报业务场景结合起来并送达至决策者参考，或者根据具体的情报任务需求补充调整感知与刻画的匹配结果，及时有效地做出适当的情报响应。决策者通过评估和反馈机制，可以对情报产品提出新要求并反馈，情报主体通过改进情报感知的关注点和完善刻画环节的精准度，生成新的情报产品。

5.3.4 科技情报体系预警能力

科技情报体系预警能力是保障科技发展和科技安全的能力，是科技情报工作价值的重要体现。科技情报体系预警能力是在信息不完备的情况下预见新问题、洞察新现象，支撑决策者尽早做出科技战略性的准备和部署。新一轮科技革命和产业变革加速演进，全球科技发展态势呈现高度不确定性并将持续增强；国际力量的对比正在深刻调整，柔性对抗和硬性对抗交织上升。习近平总书记在党的二十大报告中强调，推进国家安全体系和能力现代化，坚决维护国家安全和社会稳定。科技是影响大变局的最高意义上的革命力量，高质量科技发展与高水平科技安全密不可分。所以，复杂信息环境下的科技情报体系预警能力主要体现在科技发展和科技安全两个方面。第一，科技发展。科技情报要提前布局关键技术领域，研判国际前沿技术趋势及其影响，支撑科技决策机构和决策者及时制定和实施相关领域的科技研发战略。第二，科技安全。科技情报要加强科技安全风险预判和防范工作，保障国家正常科技发展的同时，又要预防国外竞争对手以科技优势或技术手段对我国国家安全带来的威胁和破坏。

5.4 数智转型对科技情报体系能力要素的影响

随着数智技术的不断变革发展和广泛应用，大数据、人工智能、云计算、虚拟现实、物联网、元宇宙等虚拟世界中的数智新概念、新思维、新元素、新技术和新手段正在不断重新定义和变革着现实世界，人类社会已迈入数智时代[25]。在数智时代，数字化和智能化深度融合发展，其中，"数"是"智"的原料，而"智"又推动"数"的应用，即数智化兼具数字化和智能化的双重特征[26-27]。国内学者将"数智化"的本质解读为人工智能（AI）、区块链（block chain）、云计算（cloud computing）和大数据（big data）等新一代信息化技术及其应用[28]。当前，各个领域均面临着数智化的重新改造和升级，复杂信息环境下的科技情报领域也同样面临着数智转型问题的约束。

在不同的情报业务场景和研究视角下，对科技情报体系能力会有不同的侧重理解和表达，而想要达到某种能力要求或实现某一目标，便离不开对科技情报基础支撑能力要素的配置和调用。本书结合科技情报已有研究和实践，将科技情报体系能力要素归纳为科技信息资源、科技情报技术手段、科技情报专业人才和科技情报工作规范4个方面，聚焦复杂信息环境下社会发展中的两大特征——"数"和"智",分析数智转型对科技情报体系能力要素的影响。

5.4.1 "数据+"科技信息资源

在数智转型的时代背景下,数据作为科技情报领域最重要生产资料的地位更加不容忽视。通过运用大数据、云存储、数据挖掘、机器学习、可视化等多种现代信息技术,从大规模的海量数据中提炼、发掘、获取情报,可以为决策者在其决策时提供更加有效的智能支持,减少或者消除不确定性。2019年,美国前国家情报总监丹·考茨提出"情报界的首要任务是缩小数据和决策之间的鸿沟"。美国国防创新委员会断言"无论是谁收集和组织了最多关于我们自己和对手的数据,他都将保持技术优势。如果不能将数据视为战略资产,将把宝贵的时间和空间拱手让给竞争对手"。随后,欧美纷纷推进数字战略体系化升级,先后发布新一轮的国家或地区数据战略规划,如美国的《联邦数据战略及2020年行动计划》(2019年)、欧盟的《欧洲数据战略》(2020年)、英国的《国家数据战略》(2020年),以及德国与法国联合启动的GAIA-X数据空间计划(2020年)等,目的就是要加快提升国家或地区数据的优势地位,积极抢占国际数据竞争制高点[29]。

数智转型下的"数据+"科技信息资源基础能力建设对情报体系的感知能力、响应能力、刻画能力和预警能力将产生较为直接的影响,主要有两个关注点需要重视:第一,数据质量和获取效率。科技信息资源基础能力建设要满足科技情报业务工作对海量数据管理和应用的需求,确保情报分析人员能够更加快速、高效、精准和安全地获取数据。第二,多源异构数据之间的有效组织。科技信息资源基础能力建设要重视多源异构数据的互操作问题,确保情报体系能力要素之间的有效配置和调用。

5.4.2 "智能+"科技情报技术手段

数智转型给科技情报业务研究和实践带来了新的历史机遇。国内学者认为,未来科技情报工作需要适应变革,坚持"情报智能化、智能工具化、工具业务化、业务自动化"的理念[30]。国内学者提出,计算机视觉、人机交互、机器学习等人工智能技术是军事情报工作智能化的重要技术基础,前沿科技创新是军事情报工作迈向智能化的重要驱动力[31]。总而言之,科技情报工作需要抓住智能化技术发展带来的机遇,变革已有的情报研究和业务工作模式成为基本共识。但是,如何实现人工智能技术加持并与科技情报研究进行有效的融合和产生系统效益[32],以推动科技情报工作的变革发展是当下面临的主要问题之一。

数智转型下的科技情报研究向智能化转型的基本条件已基本具备,主要体现在两个方面:第一,支撑科技情报的数据规模呈爆炸性增长,支撑情报研究智能化的大数据基础已经形成。2021年3月,美国人工智能国家安全委员会的战略研究报告深刻指出:"情报界充分利用和集成人工智能技术,并将其纳入未来愿景之中";第二,大数据和人工智能技术的迅速发展,支撑情报研究智能化的技术条件已具备。伴随着计算机视觉、语音识别、人机交互、机器学习、大数据、云计算等技术的快速发展,支持知识图谱、目标画像、情报感知等情报分析的智能辅助技术也相继出现,夯实了科技情报研究智能化的技术基础[33-34]。

5.4.3 数智转型中的科技情报专业人才队伍

专业的情报人才队伍是情报体系能力得到发挥的重要保障。科技情报专业人才队伍应是多类型和多层次的综合体。情报人员专业背景的多样性是适应情报任务跨领域和跨学科特色要求的反映。如作为情报核心业务之一的情报感知实现就是建立在情报感知者既有的经验和知识结构基础上的,所以情报工作对于专业人才的质量要求非常高。情报人员的核心业务能力和最重要的素质特征是情报工作过程中表现出的分析判断能力。但是情报人员的情报敏感度、知识结构、知识状态等个体差异会导致各自生产的情报结果相异,甚至对立。

在数智转型环境下,人工智能的计算能力强大,可以快速分析海量数据,可提供用于决策的判断素材。但是,情报工作是一种持续且复杂的脑力劳动,虽然情报的分析过程要求基于事实数据的客观依据,但准确的研判结论通常是专业情报人员对当前态势的感知和逻辑推理共同作用的结果，这种主观性的判断是模式化、工程化的人工智能技术所难以达到的。因此，现阶段在数智转型条件下，科技情报专业人才的队伍建设和业务素质培养需要注意两个方面的问题：第一，以科技情报为核心的专业教育。培养方式可以多元化，但是在情报人员的核心业务素质组成中，要坚持情报意识、工作作风和方法技术的培养。意识养成、作风塑造和方法习得既是情报专业教育传授的内容，也是情报专业教育研究的对象。第二，以"数智"为重心的人才培养。数智转型环境下的情报专业人才队伍会越来越多地使用数据，需要他们越来越有能力做出基于事实数据的决策保障，制定基于证据的政策参考。因此，"数智"技能和"数智"意识的培养是科技情报专业人才队伍建设需要关切的问题。

5.4.4 数智转型中的科技情报工作规范

科技情报服务国家科技与社会经济建设，它是一项整体性、全局性工作，围绕情报工作建立完善的政策法规体系和情报工作规范至关重要[35]。政策法规明确国家情报工作的主要管理依据，如美国通过依宪治国确立了国家情报管理的根本原则，形成了一套规模庞大、层次分明的国家情报管理法规体系，通过分权制衡确立了国家情报管理的根本方式，设立了国家情报总监，奉行多元化分权领导下的中央集权[36]。科技情报工作规范明确了情报组织机构的设置原则和人事管理的规则，是科技情报体系能力形成的重要依据。科技情报工作规范明确了情报工作的优先顺序及情报活动的组织流程，有利于科技情报工作运作实施。例如，美国多届国会围绕不同时期科技情报重点问题举行听证会进行讨论，问题包括联邦政府科技情报政策与组织机制、技术转移、公共访问与学术研究、科学诚信与透明度等，探讨联邦政府可利用的科技情报的产生、收集、传播等问题[37-40]。

在数智转型环境下，需要将数智融入科技情报工作的基本流程和规范之中，主要工作包括两个方面：第一，制定和融入有效管理数据所需要的原则、政策、流程、框架、工具和监督机制；第二，根据数智环境下科技情报工作的转型目标，调整和制定情报工作的具体规范，如人工智能技术尽管可代替情报人员承担大量的计算性工作，但由于其缺乏抽象思维能力而无法完全取代情报工作者，分析和判断的工作交给人工智能算法仍存在较大风险，来自机器决策的附加责任无疑需要通过工作规范来尽力避免。

5.5 数智转型中的科技情报体系能力要素配置

数智转型下科技情报体系能力面临着很大的挑战。现有的科技情报体系在一定程度上阻碍了智能技术在情报业务中的应用。随着智能技术的飞速进步，人工智能技术与情报业务的结合不可避免，如为改善情报业务工作如何搜集、处理和从数据中获取有价值的信息，为决策者提供可行决策建议创造了前所未有的机会。但现有科技情报体系的情报业务系统架构的安全性和技术现状，可能会阻碍情报机构充分利用智能技术的能力；科技情报体系中的情报主体之间信息共享共建的不足导致智能技术工具的应用面临困难。长期以来，情报机构通常围绕特定的"情报源"和具体情报需求或工作任务而设计，很多数据存在于不同的情报机构中，形成"信息孤岛"而无法共享于统一的数据存储架构中，这意味着人工智能技术实施的前提是开展烦琐的数据加工和处理。因此，即使有大量的数据存在，如果情报分析人员无法实现共享或访问，就无法转化为具有洞见性的科技情报产品。此外，智能技术的快速发展对科技情报体系的管理体制也带来挑战。由于智能技术更新周期非常快，科技情报管理工作因为要考虑风险和安全性的要求，难免会对其快速获取、集成和应用人工智能技术的能力造成一定程度的阻碍，科技情报机构需要时间适应和验证新的技术和方案的可行性[41]，这增加了智能技术适应不断变化的情报需求和情报任务环境的难度。

数智环境为科技情报体系能力的改进提供了巨大的支持。这种支持主要表现在两个方面：一方面是通过数字化和智能化对科技情报体系能力要素产生影响并提升作用；另一方面体现在数智思维本身对整个科技情报复杂系统的适用性和贯穿性。例如，在应对国家科技情报面临的机遇和挑战时，要充分考虑数智时代背景的影响；在探讨具体科技情报任务时，要充分考虑使用大数据和人工智能等数智新资源、手段和工具进行赋能升级；

在探讨情报体系和能力建设时,要考虑数智时代带来的协同化、智能化、精准化与动态化等现实需求和条件保障。

5.5.1 数智转型下的科技情报体系能力要素配置关切

传统的科技情报研究工作大多遵循"以任务为中心""以目标为中心"的基本思路,先对需要分析的情报任务目标进行界定,再对问题进行准确、详细的定义和分解,进而不断地收集、分析、处理新的情报信息,以对可能发生的情况进行预测思考,最终按照要求报送适宜形式的情报产品。在数智转型环境下,科技情报体系能力要素配置需要放置在整个情报体系环境下来进行探讨。科技情报体系能力要素需要依据一定的配置机制才能形成一个整体来发挥作用,否则将会陷入混乱。

(1)情报观念:关注情报线索发现和价值萃取

数智环境下,随着大数据和人工智能技术的发展,网络环境日益复杂,一方面,科技情报任务和需求的复杂性高且充满不确定性,加重了科技情报工作者的负担,很多情境下的情报任务目标难以进行简单明确的界定和分解,必须时刻保持敏锐性和灵活性;另一方面,情报用户对响应等待的容忍度愈发降低,对科技情报工作提出了更高的要求。如果科技情报工作者仅仅止步于对特定任务命题的被动回应,或局限于对部分个人或集体倾向的主动关注,往往会滞后于决策的需要,使科技情报的有效性和可用性降低。所以,科技情报必须走在特定情报任务之前,凸显情报线索发现的重要价值。尽早发现苗头、征兆、可能,及时充分发挥研判、预警、情报先行的作用。数智环境为科技情报工作提供了更丰富的情报来源和更先进的技术手段,但数据的价值密度和数据的规模呈反相关状态,加之复杂信息环境下信息迷雾等问题的影响,反而更需要把情报工作的视线回归到对情报本身价值的萃取上。

(2)管理理念:系统化的科技情报体系能力建设

数智环境下,管理理念由任务型向能力型转变。传统情报研究以任务为中心,重任务轻总结,重实践轻理论,重个人经验轻规范流程,尚未形成一套标准化的管理流程体系,如每个课题或项目研究成果的风格、水平与质量主要依靠课题成员的经验和师承效应的效果[42]。改变以任务为中心的管理理念，以提升全方位核心能力为中心，全面提升数据驱动的信息采集能力、智能分析能力、专业研判能力，构筑专业化的管理体系是重点。新形势下我国科技情报工作在满足前瞻预警的战略决策要求方面仍亟待加强，既有的情报理论方法工具对科技情报实践问题的解析力以及对情报分析任务响应的契合性和及时性仍存在不足，这种情报理论研究对科技情报工作实践的滞后在很大程度上源于对科技情报能力认识和培养的不充分。国家战略决策和国家科技安全发展需要建立适用的国家科技情报体系，发挥和运用国家科技情报体系能力去解决诸多复杂的情报问题。强化情报体系整体协调能力，实现各类情报力量联合，聚合各类情报能力要素是提升科技情报体系建设能力的必由之路。

（3）研究范式：数据密集型的科技情报研究范式

数智环境下，科学研究领域迎来了以数据为核心的新范式，即数据密集型研究范式。大数据技术带来的海量数据采集能力以及云计算所带来的强大集群计算和资源存储能力构成了数据密集型研究范式的基础，更多复杂无序的相关关系的发现以及学科间更为密切的交流合作形成科学研究的新方法[11]。在科技情报领域，数据密集型科技情报研究范式是以事实数据为基础，利用数智技术对情报进行研究。科技情报工作者需要一系列硬件设备和软件工具来支持数智环境下的科学数据采集、加工、计算、分析、存储和可视化。用于科技情报研究的密集型数据包括事实型的科技数据，如科技论文、专利、研究报告、规划、年鉴等，以及涵盖相关机构、人员、项目、技术等各类情报对象的特色科技数据。科技情报研究需要开发先进可用的技术和模型，解决信息源、知识组织、信息揭示等问题[43-44]。

（4）工作流程：嵌入智能技术的科技情报工作流程

数智环境下的科技情报体系建设需要适应变革，国内有学者提出坚持"情报智能化、智能工具化、工具业务化、业务自动化"的理念[44]；认为在新范式的影响下，情报研究正朝着自动化、知识化、计算化和可视化的智能方向发展[45]。当前，科技情报工作面临的最突出问题就是如何实现人工智能技术与科技情报研究的有效融合，进而产生系统效益，推动变革发展[46]。智能技术在信息采集阶段、信息组织和存储阶段、信息分析阶段和决策支持阶段对情报工作流程均有影响[47-48]。已有学者提出"需求分析—数据挖掘—综合研判—服务反馈"的国防科技情报研究流程[49]，指出智能技术在国防科技情报研究不同阶段的作用方式[50]。可见，如何有效地在科技情报工作流程中嵌入智能技术对于提升科技情报体系能力极为重要。

5.5.2 数智转型条件约束的科技情报体系能力要素配置实施方案

（1）科技情报体系能力要素配置准备

可重用的科技情报研究业务模式刻画是将科技情报体系能力要素配置问题放置在整个情报体系中来进行探讨的必要准备。一方面，科技情报研究是高智力的活动，其流程方法通常是根据不断变化的需求进行灵活的选择，想要对过程和成果进行精准把控是相对困难的；另一方面，科技情报研究任务相对比较紧迫，在工作中难免会存在重任务轻总结、重实践轻理论、重个人经验轻规范流程的情况。在此种情况下，如果科技情报研究的过程全部依赖于情报研究人员个人的经验智慧，那么科技情报工作的效率将会大打折扣，整个体系内的情报能力要素将无法共享协同，数据密集型的情报研究范式就也无从谈起，数智环境带来的便利更无法在科技情报工作中得到充分发挥。因此，探索和归纳可重用的科技情报研究业务模式，针对不同类型的情报研究任务，设计任务解读、信息搜集、分析研判、情报产出的规范化流程变得非常重要。例如，国内有学者将情报分析定义为态势感知、信息报道、信息构建、决策支持、决策代理5个级别，并精细描述了不同级别的任务特点[51]。规范化流程有益于帮助科技情报机构提高后台内控水平，提高情报工作机构、情报工作体系和工作模式的成熟度；有益于科技情报机构的管理人员和情报工作人员较为方便地知道如何把握突然出现的挑战和机会，并将其纳入预先有意识、计划好了的情报工作体系中，从而更好地配置和调用科技情报能力要素，融入数智环境下的技术方法优势，更好更快地满足用户的各种科技情报需求。此外，数智环境下的科技情报业务模式刻画，不仅仅是应用大数据、人工智能等技术来实现已有流程中的信息化、自动化，还有可能重塑现有的科技情报研究业务模式。这就需要科技情报研究人员与技术人员合作，针对具体情报任务大胆探索，并进行抽象泛化，同时不断地在实践探索中进行总结提炼，最终形成较好的科技情报刻画效果。

（2）全局科技情报能力要素感知定位

全局科技情报能力要素感知定位是通过将数智转型的条件约束融入科技情报体系中，进而对整个科技情报体系中的能力要素进行梳理和布局。从情报工作规范要素发展来看，就是改变以个体为主、分块分散的研究，推行跨部门、跨单位、跨学科的协同研究，建立各专业一体化融合与协同工作模式，促进整体科技情报研究效益的提升。从科技数据资源要素布局视角看，可针对数据知识的汇聚、更新、共享和应用问题，开展体系化的方法积累与技术研究，形成领域知识库和知识图谱；从技术方法要素视角看，由传统的单一研究方法向现代方法体系进行转变，改变传统科技情报以搜集、定性分析为主的方法方式，创新情报研究理论、方法和工具体系，构建适应自身特点的科技信息分析模型与工具平台；从情报人员的视角看，厘清情报专业人才能力特征，建立特色专家库。在科技情报任务的解读中，情报感知可以被看作实现由"不知—未知"到"知—未知"的跨越过程，是进行情报响应的先决条件。换言之，情报感知是复杂信息环境下科技情报工作全局的指导理念，情报响应是传统环境下科技情报工作的主要内容，两者均是情报工作的重要环节。全局科技情报能力要素感知定位就是打破原先"不知—未知"局面（即不知道需要什么样的情报能力要素，也不知道体系内存在什么样的情报能力要素），以实现全局可能科技情报能力要素配置的精准感知定位。

（3）内部科技情报能力要素整合调用

内部科技情报能力要素整合调用主要指科技情报机构对自身能力要素优势的利用和提升。本书借助哈佛大学政府管理学院Moore[51]所提出的"战略三角形"模型（moore's strategic triangle）从内外环境、运转能力和战略价值3个方面来分析科技情报机构内部科技情报能力要素的整合调用模式。第一，从授权环境来看，科技情报能力要素整合调用主要是处理内部环境和外部环境需求之间的平衡关系。从内部科技情报需求来看，科技情报机构有其特色的能力要素建设积累方向，也有其常规的特定服务对象和目标。从外部科技情报需求来看,科技情报机构需要符合国家科技情报大环境下的战略需要。科技情报资源和能力要素是有限的,所以在面对冲突时,科技情报能力要素的调配和平衡成为必须要考虑的问题。第二,从运转能力来看,科技情报机构的运转能力是其发展和维持自身地位的重要依托,也是科技情报能力要素的来源,包括科技情报机构的技术能力,如大数据技术、人工智能技术、感知技术、自然语言处理技术等;科技情报机构所掌握的情报分析方法,如文献计量、专家调查、内容分析等方法;科技情报机构所拥有的资源储备能力,如领域知识、行业数据、专利成果、科技文献等;科技情报机构的服务能力,如对科技前沿的预测,对关键技术的研判,对科技人才成果的监测,对科技决策的支持等。第三,从战略价值来看,科技情报机构的战略价值是环境需求和运转能力进行匹配的结果。科技情报机构的内部科技情报能力要素配置和调用,就是要认清自身在内外环境下的能力优势和劣势,以明确自己的定位和发展方向。此处的优势和劣势不是绝对的,而是相对于所在环境需求而言的,既要有满足内部环境中当前科技情报机构服务对象需求的全面能力配置,又要在面对整个国家科技情报体系能力战略需求的时候能够发挥自己的核心特色价值。

(4)外部科技情报能力要素协同获取

外部科技情报能力要素协同获取主要有两种情境:第一,由总到分的科技情报响应模式。在科技情报响应的语境下,外部科技情报能力要素协同获取可以理解为在共同目标支持下进行协调的集体行动,从而保证整个科技情报体系在科技情报任务分配和响应时的高效运行,实现统一归口、层级联动。这是由科技情报的总机构到各层级、各部门的情报能力要素进行引导和协调的,而不是对情报机构实体的重新组织管理。总机构根据特定的科技情报任务,统一进行规划,按照情报任务的内容模块或者科技情报工作流程进行协调分配,充分利用机构外部的科技情报能力要素有效聚集情报力量,满足科技情报任务需求。该模式有利于对复杂任务的分解简化,集中协同情报能力要素实现相对明确的大型科技情报任务目标。第二,由分到总的科技情报感知模式。在科技情报感知的语境下,面对"不知—未知"的情报问题,难以采用由总到分的模式进行任务分配和协调。而分散在各个地区、各个部门的科技情报机构相当于各个感官("耳目"),

各个情报机构通过发挥自己的特色感知能力开展对科技环境进行监测、对科技前沿进行预测、对关键技术进行预警、对科技人才进行监控等任务,并通过数智环境带来的便利进行情报线索发现,在某种机制下汇总到特定情报机构进行整体性、综合性研判,以评估科技情报价值。

5.6 本章小结

科技情报体系的情报感知能力、情报响应能力、情报刻画能力和情报预警能力不是独立存在的,而是存在着非常密切的联系。对于体系的情报感知能力来说,如果没有对情报用户、需求、任务等初步的认识和理解,就无法对感知对象的价值做出有效的预判和评估;对于体系的情报响应能力来说,如果没有对感知对象的认知,就无法组织体系能力要素做出有效的响应;对于体系的情报刻画能力来说,如果没有相应的感知能力积累,同样无法对用户、需求、任务做出精准的理解和描绘;对于体系的情报预警能力来说,它要建立在体系的情报感知能力、情报响应能力、情报刻画能力基础上,才能完成情报预警任务。数智环境对科技情报体系能力的完善提供了极大的支持,它有利于优化科技情报能力要素在情报体系中的配置和调用,有利于发挥科技情报卓智赋能的能力。本章认为:面对新环境和新形势下的科技情报感知能力、科技情报响应能力、科技情报刻画能力和科技情报预警能力要求,需要重视"数据+"科技信息资源、"智能+"科技情报技术手段、"数智"科技情报专业人才队伍、"数智"科技情报工作规范等能力要素的改造升级。在情报观念方面,将情报工作的视线回归到对情报线索发现和情报本身价值萃取上;在管理理念方面,探索系统化能力型的管理方式;在研究范式方面,关注数据密集型科技情报研究范式的转型要求;在工作流程方面,推动人工智能技术与科技情报研究的有效融合。

参考文献

［1］马费成，贺德方，赖茂生，等.中国大百科全书（情报学）［M］.北京：中国大百科全书出版社，2022：228.

［2］Joint Publication 2.0［EB/OL］.（2013-10-22）［2022-08-01］.https://www.jcs.mil/Portals/36/Documents/Doctrine/pubs/jp2_0.pdf.

［3］赵柯然，王延飞.科技情报机构的能力感知研究［J］.情报理论与实践，2019，42（12）：36-42.

［4］车玉梅.对提升基层科技情报单位情报能力的思索［J］.现代情报，2009，29（3）：162-164.

［5］唐超，王延飞.融入情报流程的情报感知能力研究［J］.情报理论与实践，2019，42（5）：14-18，22.

［6］陈成鑫，曾庆华.情报研究视角下智库情报能力建设路径［J］.图书情报工作，2018，62（21）：105-111.

［7］杨云.大数据环境下科技智库战略情报研究［J］.数字图书馆论坛，2018（4）：35-39.

［8］彭辉，刘剑锋，王树根，等.情报信息服务发展现状及体系能力需求［C］//中国指挥与控制学会2014第二届中国指挥控制大会论文集（上）.北京：国防工业出版社，2014：4.

［9］李辉，张惠娜，侯元元，等.情报3.0时代科技情报服务能力研究：基于工程技术视角的服务能力四层结构模型［J］.情报理论与实践，2017，40（3）：1-4.

［10］李辉，侯元元，张惠娜，等.情报3.0背景下科技情报服务能力评估指标体系构建［J］.情报理论与实践，2017，40（6）：67-71.

［11］MCNIE E. Reconciling the supply of scientific information with user demands: an analysis of the problem and review of the literature［J］. Environmental science & policy, 2007, 10（1）：1.

［12］WYK E, ROUX D, DRACKNER M, et al. The impact of scientific information on ecosystem management: making sense of the contextual gap between information providers and decision makers［J］. Environmental management, 2008, 41（5）：779-791.

［13］SABATIER P. The acquisition and utilization of technical information by administrative agencies[J].Administrative science quarterly,1978:396-417.

[14] RUSSELL G,Swenson M M.Core competencies for intelligence analysis at the National Security Agency[D].Washington:Joint Military Intelligence College,2003.

[15] MOORE D.Sensemaking:a structure for an intelligence revolution[M].Washington:Government Printing Office,2013.

[16] 梁春华,刘红霞.∏型情报专业人才能力素质的再探讨[J].情报理论与实践,2019,42(3):12-16.

[17] 李晓松,吕彬.科技情报人员成长过程模型研究[J].情报理论与实践,2015,38(1):23-26,34.

[18] 王琳.网络技术背景下科技情报人员的专业能力培养研究[J].江苏科技信息,2019,36(3):19-21.

[19] LOWENTHAL M.A disputation on intelligence reform and analysis:my 18 theses[J].International journal of intelligence and counter intelligence,2013,26(1):31-37.

[20] WALSH P.Intelligence and intelligence analysis[M].London:Routledge,2011.

[21] 张家年,马费成.国家科技安全情报体系及建设[J].情报学报,2016,35(5):483-491.

[22] 习近平谈科技创新[EB/OL].(2018-05-26)[2022-08-10].http://www.wenming.cn/djw/djw2016sy/djw2016syyw/201806/t20180611_4717453.shtml.

[23] 王延飞,赵柯然,陈美华,等.情报感知的研究解析[J].情报理论与实践,2018,41(8):1-4.

[24] 赵柯然,王延飞.情报感知的方法探析[J].情报理论与实践,2018,41(8):11-16.

[25] 王秉.数智赋能推进国家安全体系和能力现代化:一个研究框架[EB/OL].(2022-08-22)[2022-08-23].http://kns.cnki.net/kcms/detail/11.1762.g3.20220729.1407.006.html.

[26] 马闯.城市治理的"数智化"路径探索[J].人民论坛·学术前沿,2020(20):116-119.

[27] 孙建军,李阳,裴雷."数智"赋能时代图情档变革之思考[J].图书情报知识,2020(3):22-27.

[28] 柯平,张颖,张瑜祯.公共图书馆高质量发展的十个新主题[J].图书与情报,

2021（1）：1-10.

[29] 王耀，李振伟，程佳，等.2020年《美国国防部数据战略》浅析[J].军民两用技术与产品，2022（3）：9-14.

[30] 戴国强.推进竞跑阶段的创新情报研究[J].情报学报，2019，38（8）：771-777.

[31] 王天尧，吴素彬.迈向智能化的美国军事情报工作发展研究[J].情报杂志，2020，39（3）：1-7，80.

[32] 耿国桐，雷帅，孙颖，等.关于科技情报研究智能化的认识与实践[J].情报理论与实践，2022，45（5）：1-6.

[33] 杨宁，文奕，张鑫，等.面向情报分析的普适知识计算平台研究与实现[J].情报理论与实践，2019，42（4）：41-44，30.

[34] 化柏林，李广建.智能情报分析系统的架构设计与关键技术研究[J].图书与情报，2017（6）：74-83.

[35] 刘记，陈美华，王延飞.国家科技情报治理的途径探索研究：以美国科技情报治理历史与现状为例[J].情报学报，2018，37（8）：760-767.

[36] 胡荟.美国国家情报法制管理研究[M].北京：时事出版社，2017：34-39.

[37] From the lab bench to the marketplace：improving technology transfer[EB/OL].（2010-06-10）[2022-08-20]. https://www.gpo.gov/fdsys/pkg/CHRG-111hhrg57177/pdf/CHRG-111hhrg57177.pdf.

[38] Federally funded research：examining public access and scholarly publication interests[EB/OL].（2012-03-29）[2022-08-21]. https://science.house.gov/sites/republicans.science.h.

[39] The impact of international technology transfer on american research and development[EB/OL].（2012-12-05）[2022-08-21]. https://science.house.gov/sites/republicans.science.hous.

[40] Scientific integrity and transparency[EB/OL].（2013-03-05）[2022-08-20]. https://science.house.gov/sites/republicans.science.house.gov/files/documents/HHRG-113-SY14-20130305-SD.

[41] 栗琳，孙敏.数据智能技术驱动的情报全流程变革及发展[J].情报理论与实践，2020，43（10）：7-12.

[42] 张代平，赵相安，李洁，等.新时代国防科技情报研究创新发展思考[EB/OL].

(2022-08-31)[2022-09-07]. http://kns.cnki.net/kcms/detail/11.1762.G3.20220830.1446.002.html.

[43] 黄鑫,邓仲华.数据密集型科学研究的需求分析与保障[J].情报理论与实践,2017,40(2):66-70,79.

[44] 罗威.构建数据密集型科技情报范式[J].信息资源管理学报,2021,11(2):12-15.

[45] 徐敏,李广建.第四范式视角下情报研究的展望[J].情报理论与实践,2017,40(2):7-11.

[46] 冯秋燕,朱学芳.人工智能在情报工作中的应用研究[J].情报理论与实践,2019,42(11):27-33.

[47] 谢琪彬,石宇.人工智能融入美国情报体系的现状及发展困境分析[J].情报杂志,2021,40(4):5-12.

[48] 雷帅,李晓松,陈敬一.基于WSR-RDJF国防科技战略情报研究的方法框架[J].情报理论与实践,2020,43(10):25-30.

[49] 李晓松,王鑫运,彭欣然,等.智能技术在国防科技情报研究流程的应用分析[J].中国电子科学研究院学报,2022,17(5):434-438,483.

[50] 杜元清.情报分析的5个级别及其应用意义[J].情报理论与实践,2014,37(12):20-22.

[51] MOORE M. Creating public value:strategic management in government[M].Cambridge:Harvard university press,1995.

第 6 章 卓智赋能之管理评估

科技情报业务的管理涉及业务工作流程的各个环节,管理评估既要考评业务行为,更要考量业务成果。就情报工作而言,情报用户是决策者,情报投送渠道不公开,情报产品的完备性或"减少意外"功用难以得到及时衡量,情报业务链上的这 3 个特点决定了对情报业务的评估不同于对一般社会科学知识的评估[1],情报机构经常在出现重大情报失察或失误的时候,才会被迫对特定情报产品的质量进行评估和反思,这也决定了科技情报业务管理评估是一项复杂的系统性工作。复杂信息环境下,有效进行科技情报业务管理评估是落实卓智赋能的重要前提,也是国家科技创新发展的重要保障条件。因而,着眼于卓智赋能的情报专业目标分析和构建科学合理的科技情报业务管理评估制度是科技情报理论体系中的重要内容。

6.1 情报业务管理评估

情报业务管理评估是减少情报失误的重要手段之一。珍珠港事件引起了情报学者对情报失误研究的重视,情报学者希望能找到一把衡量情报失误的标尺。在过去的数十年里,美国学者借助于情报周期和情报流程来阐释各种情报现象并据此评估情报活动的成功与否[2]。Wirtz 指出,情报周期这一概念的本义在于解释美国情报部门为何在越南战争中屡屡出错[3]。从情报流程角度看,情报失误是由情报流程各个环节的缺陷造成的。Lowenthal 认为,情报失误是由于对国家利益具有重大影响的事件或者问题在一个或多个情报流程中（收集、评估、分析、生产、分发）没有做出及时、准确的情报[4]。Turner指出，减少情报失误，必须从最基本的环节入手[5]。实际上，情报失误的原因在情报流程各个环节中均有可能出现，Berkowita在《服务于美国国家安全的战略情报》一书中指出，情报失误并不仅仅在评估内容出错时才会发生，成功的情报需要情报周期的各个部分都能顺利完成，任何一部分的缺失或问题都意味着整个情报生产的失败[6]。最初，情报学者和情报人员将情报失误原因的分析焦点放在情报搜集环节，他们认为情报失误是由信息不充分造成的。例如，美国军事情报史学家、历史学家罗伯塔·沃尔斯泰认为，情报失误主要有3个方面原因，即信噪比、分析人员的预期、未能识别并正确分析信号的有利和不利因素。由此，提出了"三重噪音理论"，将情报失误由情报搜集转向情报分析。此后，休尔提出了"直觉错误"理论，同样认为情报分析不足导致情报失误。贝茨认为，情报失误主要出现在情报使用阶段，将情报失误的原因进一步延展至情报与决策的关系上。所以，如果从情报业务流程视角出发，情报失误的主要原因可以归纳为两点：一是情报活动本身的失误；二是情报产品向决策者传递及决策者使用过程中的失误。

为解决情报失误问题，情报学界开展了情报业务管理评估研究。学者按照评估处于决策的具体阶段，将其分为总结性评估和形成性评估。总结性评估是在决策执行结束后，由决策者评估决策达到预期目标的程度。这种评估方式的缺点是当决策者发现情报有问题时，可能已经造成难以改变的损失。即使决策者在发现问题的第一时间返回至初始环节重新决策，但在有限的时间里，决策者仍难以辨析出前一方案的问题并快速形成新的替代方案[1]。传统情报业务流程中大多缺失情报评估这一环节，即使有，也多数是总结性评估。20世纪90年代，有学者提出形成性评估[7]，它是指在决策执行之前，决策者在方案讨论阶段开展的评估。评估人员对决策方案提出建议，帮助决策者确定方案的组成要素和执行细则，但是对于周期性和线性等传统的科技情报工作流程很难将形成性评估贯彻执行。

6.2 科技情报业务管理评估的模型和方法

情报业务的管理评估是一个复杂的问题，尽管情报领域尚无统一和明确的关于情报业务的管理评估体系和标准，但是其他学科领域的评估模型和方法是可以映射至科技情报业务流程并加以借鉴和学习的，如信息管理评估模型、知识管理评估模型、项目管理评估模型、层次分析法、模糊综合评估法等。

6.2.1 管理评估模型

（1）信息管理评估模型

现有信息管理评估模型主要包括数据信息收集模块、数据信息融合模块。以网络安全信息管理评估模型[8]为例，数据信息收集模块是利用网络安全漏洞数据库的漏洞信息和信息匹配技术，完成安全漏洞数据的收集；数据信息融合模块是利用数据融合模型，对网络安全情况进行探测和综合分析。网络安全信息评估数据被分成3个层次进行融合，分别是初级滤波层、数据预处理层及决策融合层。①初级滤波层。将各个监测软件、探测工具的表达方式统一，网络安全系统中的漏洞数据库存储了网络安全节点的全部信息，包括网络信息系统端口的开发信息、网络安全应用程序的运行信息等。该数据库将其获得的全部数据传送到数据预处理层，通过数据信息融合模块对网络安全漏洞进行分析。②数据预处理层。将上一层过滤后的数据进行预处理，然后对网络信息状态进行安全分析。该层是通过网络安全漏洞的关联信息对网络系统进行二次深入挖掘，得到非漏洞与漏洞之间的关系，并将关联分析的结果以数字形式输出，统计成表格存储在数据库中。③决策融合层。数据信息融合模块中最后一个数据融合层，通过接收数据预处理层传来的安全漏洞报告，结合网络安全系统知识库中的相关数据信息，对网络系统进行合理可靠的联动，即当接收到的报告显示网络系统存在安全隐患时，该层会自动对安全隐患进行处理。

(2)知识管理评估模型

知识管理是企业管理的一项重要内容,指某组织的管理者通过对组织内外部知识的获取、存储、传递和应用活动进行管理和运用,以达到提高组织能力的过程。有学者提出了知识管理综合评估的数学模型和指标体系[9-11],从外部结构(如顾客、供应商)、内部结构(如组织结构)和人员竞争力(如教育、经历)3个角度对企业知识管理进行评估,每个角度又可以细化成分级指标。此外,有学者对图书馆、医院的知识管理进行评估。例如,图书馆知识管理评估体系指标包括资源结构(经费投入、成本核算、标准化、整合能力、加工能力、再组织能力、易用性、可获得性和可持续发展能力等)、组织结构(知识管理战略的制定、图书馆内部结构的投资、内部信息处理系统的投资、支持人员的比例等)、图书馆文化(图书馆的外部网、与读者沟通和协调能力、个性化服务、读者类型多样性等)、知识管理系统(数据管理能力、数据更新能力、通信协作能力、智能代理能力、可维护性、安全性等)、馆员竞争力(知识馆员工龄、知识馆员比例等)[12]。

(3)项目管理评估模型

项目管理评估是指项目管理的价值主体以其自身价值准则对项目管理过程和结果的有效性进行判断的过程[13-14],项目管理评估人员依据相关的准则,运用科学原理和方法,通过对评估对象的项目管理过程和结果进行测量、评定,进而对项目管理做出综合判断,确定项目管理能力和水平。项目管理评估的体系和层次如图6-1所示。

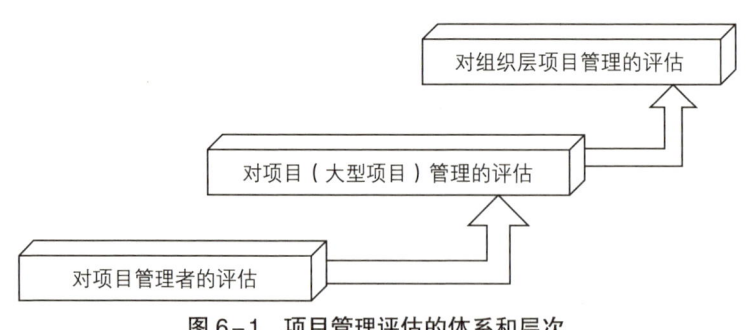

图6-1 项目管理评估的体系和层次

国内有学者将项目管理评估模型分为9个模块[15]：①集成管理模块。集成管理是指在项目全生命周期内，保证各子项目管理工作能够有机地协调和配合，完成项目综合性和全局性的管理活动。②范围管理模块。范围管理是指确定并管理完成各项项目目标所必需的全部工作，包括这些工作的具体过程。③进度管理模块。进度管理主要是指对项目各个子任务的时间进行估算及合理控制，使任务在计划的时间范围内完成。④经费管理模块。经费管理是指为保证项目顺利进行，组织制定项目全生命周期经费策划与执行、合同签订与经费拨付方案的管理活动。⑤人力资源管理模块。人力资源管理主要是针对项目人力资源所开展的有效策划、积极开发、合理配置、适当激励等管理工作。⑥产品保证模块。产品保证是指为保证项目满足要求，对项目的设计、生产、试验、发射、交付使用等全过程进行的一系列有组织、有计划的技术和管理活动。⑦风险管理模块。风险管理是指规范项目风险策划、识别、分析评估、决策与应对、监控及总结评估等。⑧采购管理模块。采购管理是指对从项目组织外部获取的产品、物资等资源进行管理。⑨沟通管理模块。沟通管理是指为保证项目有关信息能够适时合理地产生、收集、处理、储存和交流，对项目过程中各种不同方式和不同内容的沟通进行的管理活动。

国际项目管理协会（International Project Management Association，IPMA）是世界上成立最早的国际项目管理专业组织，也是全球唯一一个由代表各国项目管理水平的协会组成的项目管理专业组织。国际卓越项目管理评估模型是由德国项目管理协会向IPMA介绍推荐的，并于2001年正式完成国际化转化。该模型借鉴现代项目管理的最新理念和国际项目管理的最佳实践，集成评估理论、评估方法、评估模型的研究成果。国际卓越项目管理评估模型的核心价值观主要体现在：①结果导向，关注过程；②以客户为中心，为利益相关方创造价值；③建立并发展合作伙伴关系；④领导者的关键作用；⑤人文的管理，员工的参与授权；⑥注重环境，节约资源；⑦基于事实的管理；⑧系统的观点；⑨不断学习，创新改进。该模型也被称为组织进行项目管理评估的度量器和追求卓越的导航仪。国际卓越项目管理评估模型从项目管理和项目结果两个方面对项目进行评估。在项目管理部分，包括项目目标、领导力、人员、资源、过程5个准则；在项目结果部分,包括客户结果、人员结果、其他相关方结果、主要成就和项目结果4个准则[16](表6-1)。

表6-1 国际卓越项目管理评估模型

方面	准则	说明
项目管理	准则1 项目目标	项目目标说明如何给予充足的项目利益相关方需求信息来设定、开发、跟踪检查并实现项目目标,展示项目如何识别并确定项目利益相关方的期望值和需求,如何综合、权衡、优化项目目标,展示项目团队如何对项目目标达成共识,如何实施、检验、调整并实现项目目标
	准则2 领导力	领导力体现领导者如何激励、支持和促进"卓越项目"。显示领导者追求卓越,积极有效推进项目,关心客户、供应商和其他利益相关方的情况
	准则3 人员	人员主要是评估项目团队成员如何参与到项目中,他们的潜力是如何被识别、开发、维护和发展,并为项目目标的实现而发挥作用的,以及项目团队成员是如何被授权并独立开展工作的
	准则4 资源	资源是评估如何充分、高效率、高效力利用现有资源。需说明项目是如何计划并使用财政资源、信息资源、供应商及他们所提供的服务,以及其他必要资源(包括能源和环境资源)的
	准则5 过程	过程是评估如何确定、审核,并在必要时变更项目过程。说明项目成功所需的过程是如何被系统化地确定、管理、审核、调整和优化的;项目管理的方法和体系是如何被选择、被有效地采用并加以改进的;如何将过去和当前的经验教训提取、积累并文档化,从而使自身及其他项目受益
项目结果	准则6 客户结果	客户结果是指项目实现客户的期望值和满意度的情况,即客户是如何评估项目所取得的绩效和成果的,包括可直接评估的绩效和成果,以及可进一步间接评估的绩效和成果
	准则7 人员结果	人员结果是项目团队成员对项目的满意度和期望值的实现情况。需说明员工和项目经理是如何评估该项目,如何评估项目过程中的团队合作与主要成就、项目结果的。人员结果包括可直接评估的人员结果和可进一步间接评估的人员结果
	准则8 其他相关方结果	其他相关方结果是指项目在实现其他相关方的期望值和满意度方面的情况。需说明该项目对其他利益相关方所产生的影响,包括可直接评估的利益相关方的结果和可进一步间接评估的利益相关方的结果
	准则9 主要成就和项目结果	主要成就和项目结果是指项目成果的实现情况,包括预期成果、额外成果、设定目标的实现,以及可度量的其他绩效情况

(4)科技成果的技术评估模型

科技成果是指通过科学研究与技术开发所产生的具有实用价值的成果（专利、版权、集成电路布图设计等）。科技成果评估是指评估主体按相关标准、规定、方法和专家咨询意见对科技成果的价值做出定性、定量综合评估的过程。2016年8月，科技部废止《科学技术成果鉴定办法》，传统的科技成果鉴定正式退出历史舞台。科技成果的评估内容包括：①成果技术水平评估；②成果价值评估；③成果应用推广性评估。评估指标主要包括以下6个：①技术创新度；②技术成熟度；③技术先进度；④转化风险；⑤技术难度和复杂程度；⑥经济与社会效益。其中，主要针对科技成果技术本身的评估指标是技术成熟度。

20世纪70年代，美国国家航空航天局（NASA）提出技术成熟度（technology readiness level，TRL）的概念，它是指技术相对于某个具体系统或项目而言所处的发展状态，反映了技术对于项目预期目标的满足程度[17]。1995年，NASA发布了《技术成熟度白皮书》，并将其纳入《国家航空航天局管理指南（NMI7100）》[28]，这是世界上首份技术成熟度的标准性文件。《技术成熟度白皮书》将技术成熟度分为9个等级[18]，主要用于评估航空航天领域飞行技术的发展问题（表6-2）。

表6-2 NASA技术成熟度等级划分标准

等级	描述
TRL1	技术成熟度的最低等级。科学研究向应用研究发展，但仅仅局限于书面研究
TRL2	创新活动开始。通过基本原理，提出实际应用设想，但没有证据或者详细的分析来支持该设想。仍局限于书面研究
TRL3	通过分析和实验研究，对应用设想进行物理验证
TRL4	进行了基本部件集成，但与最终产品系统相比，并非真正的集成
TRL5	分系统的可用性显著提高。部件集成已考虑到现实因素，在模拟环境中得到验证
TRL6	比TRL5更加完善的典型系统或原型，已通过模拟环境测试
TRL7	完成在高逼真运行环境下的系统原型演示验证
TRL8	通过运行环境下实验测试和演示验证，完成真实系统，执行任务合格
TRL9	经过成功执行任务，真实系统得到检验，运行顺利

9级技术成熟度评估在NASA的推广下逐渐被全球多个国家采纳使用，主要应用于航空航天技术、核技术、武器装备等领域。目前，各国也纷纷推出适合自身的技术成熟度评估标准规范，如国际标准化组织（ISO）制定的TRL标准、美国政府问责署（GAO）制定的TRA手册、欧洲航天局（ESA）制定的TRL手册等。我国20世纪90年代末开始逐渐重视技术成熟度研究工作，开展了很多关于技术成熟度评估方法的软课题研究，并借鉴美国技术成熟度评估标准，先后制定了国家军用标准《装备技术成熟度评价程序》、民用标准《新材料技术成熟度等级划分及定义》等技术成熟度相关标准规范。这些标准都成为降低各国政府部门重大研制项目风险的有力工具，在控制研发风险和促进研发进展方面发挥了重要的作用。

（5）能力成熟度模型

美国国防部为评估软件供应商的能力，委托卡耐基梅隆大学软件工程研究所（Software Engineering Institute，SEI）研发能力成熟度模型（capacity maturity model，CMM），并于1991年正式推出[19]。该模型将能力成熟度划分为初始的（initial）、可重复的（repeatable）、可定义的（defined）、可管理的（managed）和可优化的（optimizing）5个层级。后续SEI对CMM不断进行修订和完善，并融入系统工程的思想。2000年，SEI正式将CMM更名为能力成熟度模型集成CMMI（capacity maturity model integration）。2018年，该模型更新至版本CMMI 2.0。能力成熟度系列模型在软件组织的评估中取得成功之后，学者将其逐步引入管理学、信息科学等领域，借鉴CMM基本思想，根据各领域实际应用需求，陆续研发出各种类型的成熟度模型，如知识管理能力成熟度模型[20]、数据管理能力成熟度模型[21]、创新管理成熟度模型等[22]。

6.2.2 管理评估方法

（1）层次分析法

层次分析法是一种定性与定量相结合的系统化、层次化的分析方法，主要用于处理决策、评估、分析和预测等问题。对于一些复杂问题，如经济、社会和人文等，处理起来很难量化，但对于人的主观选择起主要作用的指标问题，层次分析法有较强的实用性和有效性。层次分析法的基本步骤包括：①建立层次结构模型；②构造成对比较阵；③确定各层指标权重；④层次单排序一致性检验；⑤确定绝对权重值；⑥层次总排序一致性检验。

（2）熵权法

熵权法是物理学名词，按照信息论基本原理的解释，信息是系统有序程度的一个度量，熵是系统无序程度的一个度量；根据信息熵的定义，对于某项指标，可以用熵值来判断某个指标的离散程度，其信息熵值越小，指标的离散程度越大，该指标对综合评价的影响（即权重）就越大，如果某项指标的值全部相等，则该指标在综合评价中不起作用。因此，可利用信息熵这个工具，计算出各个指标的权重，为多指标综合评价提供依据[23]。熵权法是根据各个指标信息来判断各个指标之间离散的程度，再根据离散程度来确定各个指标权重。由于该方法完全由数据决定。因此，其有利于各个指标信息在权重确定过程中的表达，能够更加客观，免受主观影响。

（3）模糊综合评估法

模糊综合评估法是一种基于模糊数学的综合评价方法，利用模糊变换原理以最大从属度为准则，用模糊数学对受到多种因素制约的事物或对象做出一个总体评价。它的优点是结果清晰，系统性强，数学模型的构建相对来说比较简单，而且容易掌握及运用，在处理多个影响因素、多层次的复杂问题时能得到较好的评估效果，它适合解决各种非确定性的、模糊的、难以量化的问题。模糊综合评估法的基本步骤包括：①模糊综合评价指标的构建；②构建好权重向量；③构建隶属矩阵；④隶属矩阵和权重的合成。

（4）TOPSIS法

TOPSIS法（technique for order preference by similarity to an ideal solution）是根据有限个评估对象与理想化目标的接近程度进行排序的方法，是在现有的对象中进行相对优劣的评估。TOPSIS法是一种常用的组内综合评价方法，能充分利用原始数据的信息，其结果能精确地反映各个评价方案之间的差距，该方法只要求各效用函数具有单调递增（或递减）性。

其基本原理是通过检测评估对象与最优解、最劣解的距离来进行排序。若评估对象最靠近最优解同时又最远离最劣解，则为最好；否则不为最好。其中，最优解的各指标值都达到各评估指标的最优值，最劣解的各指标值都达到各评估指标的最差值。

（5）灰色关联分析法

灰色关联分析法是根据序列曲线几何形状的相似程度来判断不同序列之间的联系是否紧密。其基本思路是通过线性插值的方法将系统因素的离散行为观测值转化为分段连续的折线，进而根据折线的几何特征构造测度关联程度的模型。折线几何形状越接近，相应序列之间的关联度就越大，反之就越小。灰色关联分析法的精准度与关联度密切相关，即灰色关联度越大，表明两系统指标变化的态势越一致，评估对象指标越好。灰色关联分析法的基本步骤包括[22]：①建立原始序列矩阵；②确定参考数列，参考数列由各个指标的最优值组成；③原始序列无量纲处理；④计算差序列和最值差序列；⑤计算关联系数；⑥计算关联度；⑦评估分析。根据计算出的关联度大小，对各评估对象进行排序，计算出的关联度越大，评估结果越准确。

（6）模糊灰色评估方法

将灰色关联分析法引入模糊综合评估法，将评估对象的最优指标集作为参考序列，将各评估对象作为比较序列，计算评估对象与评估标准的关联度。关联度越大，表明相应的评估对象与评估标准的关联越紧密。指标的关联度经过相应的处理，就能够变成模糊综合评估中的权重值，从而构建出模糊灰色评估方法，集成后的方法计算更加简便，定量化程度更高，可更好地克服人为主观因素对评估结果的影响。模糊灰色评估方法的基本步骤包括：①参考序列与比较序列的选定；②数据量纲归一化处理；③计算关联系数；④计算关联度；⑤由关联度向权重的转换；⑥模糊综合评估。

6.3　卓智赋能关切下的业务管理评估实施

科技情报业务管理评估对于增强科技情报体系能力及发挥赋能作用具有重要意义。以科技信息资源管理为例，目前主要沿用已有的管理模式和评估方式，由于管理绩效机制考核的僵化，仍然存在各部门、各机构、各地区条块分割、各自为政的情况，尚未在全国范围内建立起完善的能够适应科研和技术开发规律的资源采集、利用、评价和监管的管理体制，因而对科技信息资源、组织动员和协调能力的调控仍有不足，导致出现面对决策者需求无法充分发挥科技情报体系能力的现象。一个好的科技情报业务管理评估规制能够确保科技情报体系能力，如情报感知能力、情报响应能力、情报刻画能力、情报安全保障能力的实施和运用。

相比已有的业务管理评估模式和方法，复杂信息环境下的科技情报业务管理评估要素涉及内容更为复杂。因为复杂信息环境下的科技情报业务面临的需求环境、技术环境和社会环境发生了广泛而深刻的变化，已经赋予科技情报服务能力新的要求。因此，科技情报卓智赋能有诸多能力问题需要重视。例如，情报响应能力就是针对国家科技安全与发展的需求，从情报技术基础建设的角度出发，响应情报体系在监测、评估、预判等方面的能力，识别技术问题对国家的社会、经济、政治等方面造成风险的可能性，从而最终实现维护国家整体利益的目标。情报技术基础的响应工作首先要满足情报体系支撑国家科技情报管理与评估的基本能力；其次，面对国家科技发展，情报技术基础条件建设要响应情报体系针对前沿技术、关键核心技术等具备较强的科技预测、预警能力，以支撑国家科技发展决策，同时避免或减少我国科技安全与发展、国家整体利益受到侵害。上述能力问题的解决离不开科技情报业务管理评估制度的保障。

科技情报卓智赋能的管理评估旨在反映科技情报机构的综合实力，是科技情报机构核心竞争力的重要体现。通过评估可以衡量科技情报业务工作和活动的效果，有利于服务机构了解自身所处的服务状态及认清所存在的差距，将促进服务机构以目标为导向、过程优化为着眼点，构建或完善科技情报服务能力体系，提升服务机构的整体绩效。此外，对科技情报管理工作的评估可以最大限度地避免情报失误。

6.3.1 科技情报业务流程

卓智赋能中的科技情报业务管理评估应更注重结合科技情报业务流程去实施，从而提升情报生产能力。针对情报业务流程的描述，目前有两种情报业务循环流程占据主流位置，一种是美国情报界至今仍采用的五步骤经典情报业务循环（intelligence cycle）；另一种是美国参谋长联席会议情报部自2004年起使用的以行动为中心的一般情报过程（intelligence process）[24]，后者包括6个部分：

① 计划指导（planning and direction）；
② 收集（collection）；
③ 处理加工（processing and exploitation）；
④ 分析生产（analysis and production）；
⑤ 分发整合（dissemination and integration）；
⑥ 评估反馈（evaluation and feedback）。

美国情报融合中心提出一个适用于多个情报机构业务融合的、连续闭合的情报融合过程（fusion process）循环，其融合过程循环共有6个重要部分[25-26]：

① 计划和需求开发（planning and requirements development）；
② 信息聚集/采集和迹象预警识别（information gathering/collection and recognition of indicators and warnings）；
③ 信息处理和整理（processing and collation of information）；
④ 情报分析和生产（intelligence analysis and production）；
⑤ 情报信息分发（intelligence information dissemination）；
⑥ 重新评估（reevaluation）。

对比可见，情报融合过程循环和一般情报过程在步骤上是基本相似的，但是，两者之间仍存在细微的差异，这种差异体现出新形势下情报赋能的新特征。

特征1：情报融合过程循环强调信息的聚集和整合能力。一般情报过程关注传统的情报响应能力，根据每次任务目标进行有针对性的信息收集和处理。情报融合过程循环以情报体系内的信息资源储备为依托，节省收集信息的成本，更多地考量对多源信息资源的调用、聚集和整合能力。

特征2：情报融合过程循环强调情报的感知和洞见能力。情报融合过程循环在信息聚集和采集这一常规步骤中，加入了对迹象和预警的识别，凸显了复杂信息环境下的情报感知要求。该步骤正是在对情报对象长期监控和全面扫描的基础上对情报任务主体感知能力和洞见能力的考量，这是以单次任务行动为中心的一般情报过程所不具备的能力。

特征3：情报融合过程循环强调由信息到情报的转化能力。与一般情报过程相比，情报融合过程循环在用语上对信息和情报做了明确的区分，即在对信息进行聚集整合处理之后，明确情报的分析和生产，在分发环节提供信息和情报两种类型的资源供其他情报机构调取和利用。这种区分实质上是对情报转化能力的强调，情报融合过程循环以生成对决策和行动有价值的情报为最终目标。

复杂信息环境下的科技情报业务流程作为一种循环过程，在流程中的各个环节必然存在着不同情报业务的"交汇"或"融合"。因此，情报融合过程循环的3个特征同样反映了复杂信息环境下科技情报业务流程的新特征，这也是卓智赋能下科技管理评估需要关注的新问题和新要素。

6.3.2 科技发展生命周期

科技发展生命周期是科研生命周期和技术生命周期的统称，它涉及研发到应用的全过程。借鉴技术生命周期理论的萌芽期、成长期、成熟期和衰退期4个阶段的划分方式，这里分析科技发展生命周期的各个阶段特征及科技情报在科技发展过程中的赋能机制[27]，解析在科技发展生命周期中，科技情报的卓智赋能在科技管理评估中需要关注的新问题和新要素（表6-3）。

表 6-3 卓智赋能下科技发展生命周期的阶段特征

科技发展生命周期阶段	阶段特征	卓智赋能（促进发展）
萌芽期	科技研发内容不明确； 现有成果较少； 经济/市场价值存在不确定性； 技术不成熟并存在未知风险	赋能科技创新： 科技信息资源保障服务； 科技发展战略研判
成长期	科学技术不断发展； 研发成果逐步增多； 经济/市场价值开始显现； 推广及应用范围不断扩大	赋能科技创新： 科技决策与咨询； 科技发展的动态监测； 科技发展能力的评估
成熟期	科技成果转化为现实生产力； 具有显著经济效益； 科技发展趋于稳定	赋能科技管理： 本土化科技信息资源库建设
衰退期	科技发展水平满足不了市场和用户需求； 市场占有不断下降； 专利日渐陈旧	赋能科技创新和科技管理： 科技情报线索发现； 科技前瞻和预见

阶段 1：科技发展萌芽期的科技情报卓智赋能评估。在这一阶段，科技情报的卓智赋能主要面向科技创新主体提供情报服务，科技情报工作中的信息资源保障与科技发展战略研判能力可以指导科技发展萌芽期的发展，所以该能力无疑是管理评估中的主要内容。此外，在中美科技竞争日趋激烈的背景下，除了通过传统科技情报服务，如科技查新、国内外领域发展分析等，确立科技研发内容及研发方向以外，科技情报工作还需突破传统的科技信息跟踪模式和服务机制，建立科技情报感知理念，将对科技情报进行全域感知、刻画与响应作为主要工作内容，以形成对科技发展的科学认知和正确研判。因此，对科技情报，如关键核心技术、重大基础研究及产业发展，起到战略预判及快速反应的效果进行评估也是管理评估中的新内容之一。

阶段 2：科技发展成长期的科技情报卓智赋能评估。在这一阶段，科技情报的卓智赋能主要面向科技创新主体提供科技决策与咨询的情报服务。科技动态监测和评估是科技发展成长期进行科技态势分析的基础，也是面向科技决策与咨询服务的重要科技情报工作手段。这种监测和评估主要是指对国家竞争对手的科技发展能力的评估、对竞争对手的关键核心技术研发能力的分析评估，以及对反映国家科技发展水平的国际竞争力与影响力的评估等。所以，对全球科技发展动态监测能力的评估是管理评估中的主要内容之一。

阶段3：科技发展成熟期的科技情报卓智赋能评估。在这一阶段，科技情报的卓智赋能主要面向科技管理主体提供情报服务，强化科技情报技术基础建设，如本土化的科技信息资源数据库的建设。在科技发展的成熟期，要注意全面采集和存储数字化的科技文献、科技成果、科技项目、科技人才等数据，并通过一定的组织方式积累，保存历史性、动向性的碎片化科技发展信息，从而为保障科技战略发展的长期需要提供全面和系统化的科技信息资源支撑。所以，对科技信息资源支撑能力的评估是管理评估中的主要内容之一。

阶段4：科技发展衰退期的科技情报卓智赋能评估。在这一阶段，科技情报的卓智赋能主要面向科技创新和科技管理主体提供科技前沿的线索发现服务，通过紧密跟踪和分析关键核心领域的科技发展过程，帮助科技创新和科技管理主体实现对科技发展客观现实的深切理解和主动适应。依托全方位的多源科技信息全域扫描，从中感知有价值的情报，以帮助科技创新和科技管理主体辨析科技创新和发展的新方向，并减少科技创新与管理活动中的不确定性，更好地解决实际问题。所以，对科技发展方向的前瞻和研判能力的评估是管理评估中的新内容之一。

6.3.3 科技安全的危机生命周期

在总体国家安全观背景下，科技情报作为复杂信息环境下保障国家科技安全的第一道屏障，也是科技情报卓智赋能下情报管理评估的新问题和新要素。管理学的危机生命周期理论认为：危机生命周期总体呈现出阶段性、持续性、不确定性等特征。本书认为：科技安全的危机存在于科技发展的整个阶段，并且不同的危机会此起彼伏。科技安全的危机生命周期虽不像科技发展的生命周期一样具有明显的阶段性，但是对于危机的阶段性界定是科技安全风险预警和风险管理实践活动中的理论依据，它更便于科技安全管理者采取相应的措施。

在科技安全的危机生命周期中,科技竞争导致的科技安全危机是其核心内容。科技情报作为科技的"千里眼"和"顺风耳",赋能国家科技竞争战略的支持作用与危机管理的每个阶段紧密相连。本书借鉴危机三段论[33-34],阐释国家科技竞争在不同危机阶段的科技情报卓智赋能评估新问题和新要素(表6-4)。

表6-4 卓智赋能下科技安全的危机生命周期的阶段特征

科技安全的危机生命周期阶段	阶段特征	卓智赋能(保障安全)
危机前	征兆表现不明显,危害小,容易被忽视,危机处理最容易	预警和预控(信息环境扫描、情报感知、情报刻画)
危机中	危机发生,危害大	管理与决策(情报刻画、情报响应)
危机后	危机信息杂乱、无序	科技情报安全治理(情报反馈、情报评估、情报共享)

阶段1:危机前的科技情报卓智赋能评估。实现危机前预警的前提条件是情报感知,这一阶段的情报感知是指科技情报主体对危机的先兆数据/信息进行获取、分析、识别和判断的过程。在这个过程中科技情报主体需要具备较强的情报意识及情报知识与能力,才能对科技环境开展有效的扫描、信息处理和分析,进而帮助决策者制定出有效应对危机的预案,即继危机预警之后的危机预控。在危机预控工作中,科技情报所发挥的重要赋能作用是根据科技信息环境扫描、情报感知的结果进行情报事实的刻画,向科技管理部门提供具有可操作性的科技安全预控方案和建议,以最大限度地降低潜在科技安全风险所带来的危害。所以,对科技安全危机中的科技情报预警和预控能力的评估是管理评估中的新内容之一。

阶段2:危机中的科技情报卓智赋能评估。危机一旦发生,需要采取有效的措施,隔离危机,不让事态继续蔓延,以最快的速度启动危机应变计划,迅速找出危机发生的原因,进行化解处理。在这一阶段,对科技情报工作的要求就是及时反应,提供准确有效的情报。情报刻画和情报响应能力在科技安全危机爆发中起到关键的支撑作用，该能力能够帮助科技安全管理机构增强对科技安全相关风险事实的了解和掌控，为决策者提供迅速决策和采取有效应变措施的重要依据。所以，对科技安全危机中的科技情报刻画和情报响应能力的评估是管理评估中的新内容之一。

阶段 3：危机后的科技情报卓智赋能评估。危机解除后，相关科技管理机构和决策者要发现科技安全治理中存在的问题并总结经验。在这一阶段，科技情报的赋能作用主要体现在不断巩固科技安全危机的管理成果，不断进行科技情报反馈。此外，科技情报主体需要进行情报评估，即对与科技安全危机相关的情报和情报生产能力在整个危机生命周期过程中发挥的作用进行综合性的评估。科技情报主体要对危机的治理模式进行情报研究共享，以增强国家科技安全情报的生产能力和危机管理能力，应对未来国家科技发展中所面临的更多不确定性的科技安全风险。所以，对科技安全危机中的科技情报安全治理能力的评估是管理评估中的新内容之一。

6.3.4 科技情报成果的保障效果

科技情报的卓智赋能能力最终要通过科技情报成果的实际运用效果进行评估并表现出来。在复杂信息环境下，这种效果体现在国家科技发展战略的制定、科技管理和科技创新研发过程的各个环节，特别是追赶答疑、跨越选评、覆盖前瞻和引领预警 4 个方面的能力，更能表现出科技情报成果对国家科技决策的保障作用。所以，这 4 个方面的能力也是科技情报卓智赋能的重要表现，更是科技情报管理评估中的主要内容。

（1）追赶答疑能力

"追赶"体现了当前科技水平与最先进水平之间的差距，"答疑"反映出对这种差距的认识，用科技情报成果来进行解释就是指明确相关对象的科技水平与最先进水平之间的差距，分析造成这种差距的原因，了解关键问题所在，从而发现可以弥补这种差距的着力点或制定可行的追赶方案。追赶答疑能力不仅需要科技情报主体对科技发展态势进行全面系统的了解，还需要对不同科技水平的发展所需的生态环境有清楚的认识。因为科技攻坚和科技追赶不是盲目进行的，需要具备适宜的条件和时机。所以，科技情报成果应该具备追赶答疑能力。

（2）跨越选评能力

"跨越"是指越过某个界限或障碍，包含了从某点到某点跨过中间存在的步骤的深层次含义。"跨越式"发展是一种快速的发展，是在遵循发展规律的前提下，用尽可能短的时间达到目标，它可以理解为在一定历史条件下，落后者通过采取正确的发展战略，短期内缩小与先行者的差距，甚至产生超越常规的赶超行为。科技水平的跨越式发展不是仅通过单纯加快科技发展速度就可以实现的，而是需要清晰地评估科技发展水平的现实情况，对拟定发展的科技项目和发展目标进行慎重选择和评估，兼顾经济和社会效益，兼顾当前和长远发展。这种评估的认识是需要用科技情报成果来进行解释和刻画的。所以，科技情报成果应该具备跨越选评能力。

（3）覆盖前瞻能力

"覆盖"的意思是指遮盖、笼罩。在科技情报的语境下，体现出科技情报产品的全面性，此种全面性是在科技情报主体对相关对象的全域扫描基础上形成的。"前瞻"的意思是指向前看，在科技情报的语境下，体现出科技情报产品的预见性，此种预见性是在科技情报主体对全球科技发展水平全面了解的基础上产生的，它体现了对世界科技前沿领域发展状况的掌握。为使科技情报产品真正达成减少"意外"（surprising）的目的，科技情报机构需要对分布范围广泛的特定对象进行长期系统的监控跟踪，实施情报态势感知、评估、预测等情报工作。因此，科技情报成果应该具备覆盖前瞻能力。

（4）引领预警能力

"引领"的意思是指带动事物跟随他或他们向某一方向运动、发展。"预警"的意思是指在危险发生之前，根据以往总结的规律或观测得到的可能性前兆，向相关部门发出紧急信号，报告危险情况，以避免危害在不知情或准备不足的情况下发生，从而最大限度地减轻危害所造成的损失。在科技情报的语境下，覆盖前瞻能力和引领预警能力是不可分割的两项能力，引领预警能力是科技情报主体在实现覆盖前瞻能力基础上，尽早发现科技发展在未来的机遇与挑战，挖掘分析看似不相关事物之间的深层次微妙关系，并通过科技情报产品向决策者示警，从而占据科技发展先机，引领科技发展方向，它是一种面对不确定性、复杂未来的应对能力。因此，科技情报成果应该具备引领预警能力。

6.3.5 科技情报体系能力

随着国家科技情报事业的发展，国家科技情报体系能力必将经历从无到有，从弱到强且逐渐走向成熟的进化与发展过程。本书认为：对于科技情报体系能力的评估，可借鉴能力成熟度模型的理念，将国家科技情报体系能力依成熟度的不同划分为萌芽阶段、发展阶段和成熟阶段来分别进行评估。

（1）萌芽阶段

在这一阶段，科技情报主体初步意识到科技情报体系能力建设的重要性，因为单一分散的情报能力将不足以应对新形势下诸如前瞻预警的复杂决策新需求。所以，科技情报主体将采取一些措施有目的、有针对性地培养科技情报能力，重点关注科技情报体系能力的静态构成要素，而在科技信息资源、情报技术手段、专业情报人员、情报工作规范等方面建设上还有待完善。因此，在这一阶段，尚未形成对科技情报体系能力建设较好的支撑。部分情报主体之间会针对特定任务或领域开展合作和共享，但合作规模相对较小且较为零散，尚未形成科技情报体系能力，对大型复杂综合性决策的支撑作用表现并不明显。

（2）发展阶段

在这一阶段，科技情报主体强烈意识到科技情报体系能力建设的重要性，开始采取一些具体措施开展科技情报体系能力的建设工作，如建立相对稳定的科技情报机构之间的合作或战略联盟、搭建科技信息资源共建共享平台等，并取得了一定的成效。在此阶段，科技情报体系能力的静态构成要素方面已相对建设完善，科技情报主体投入更多的精力在科技情报体系能力的动力基础方面，初步建立了科技情报体系能力运作实现机制，尽管稳定性仍有待加强，但在一定程度上可以满足前瞻预警等复杂科技决策的情报需求。

（3）成熟阶段

这一阶段是科技情报体系能力建设的最高级阶段，科技情报体系能力的支撑要素已经积累完毕，形成了坚实的科技信息资源基础、丰富的情报技术基础手段，打造出了科技情报人员专业队伍，制定了较为完善的科技情报工作规制，即科技情报体系能力的动力基础已经形成，并建立了较为稳定的科技情报体系能力运作实现机制，具备了满足大型复杂综合性决策需求的能力，在科技情报业务和情报成果两个方面均有较好的表现。

6.4 科技情报体系能力的赋能评估

科技情报语境下的赋能评估是指在特定价值取向下，由科技情报活动所引起的相关对象能力变化的评估。科技情报体系能力是将科技情报体系感知能力、科技情报体系响应能力、科技情报体系刻画能力和科技情报体系预警能力运用在科技情报工作中，它们之间是紧密交融、相互促进的关系。科技情报体系能力在发挥卓智赋能的同时，也必然会激发科技情报体系能力相关对象能力的提升。本书认为：复杂信息环境下科技情报卓智赋能的管理评估，不仅应重视科技情报业务流程、科技发展生命周期、科技安全的危机生命周期和科技情报成果的保障效果的评估，还需重视科技情报体系能力的赋能评估。

6.4.1 赋能评估的对象

"赋能"是在特定的价值取向下追求特殊能力的结果，其必然会带来相关对象能力的变化。科技情报赋能会引起相关对象能力的变化，这些能力主要包括情报能力、竞争能力、决策能力和创新能力，它们通过影响力的变化表现出来。

（1）情报能力

关于情报能力的研究主要包括两个方面：①狭义的情报能力主要指情报人员、组织或机构在情报过程中实施行动的能力；②广义的情报能力主要指相关情报对象围绕情报进行活动的能力，这里的情报对象不仅包含情报供应者，也包含情报服务对象，围绕情报进行的活动不仅包含情报处理,也包含了对情报的利用。情报机构在施展情报能力、提供情报服务的过程中也会提升自身的情报能力。在赋能评估中,情报能力的评估主要通过情报响应能力、情报刻画能力、情报利用能力、情报实施能力等指标进行。

（2）竞争能力

竞争是个体或群体间力图胜过或压倒对方的心理需要和行为活动,也是情报的内在属性之一,竞争能力的提升是情报赋能最直接的结果。为获得和保持竞争优势,通过开展情报工作对有关竞争环境、竞争对手等的情报信息进行处理、分析和评估,从而为决策者制定竞争策略和战略决策提供依据,此种竞争能力是竞争情报产品所带来的竞争优势,也必然带来其竞争能力的提升。在赋能评估中,竞争能力的评估主要通过情报成果的服务效果进行。

（3）决策能力

决策能力是决策者所具有的参与决策活动、进行方案选择的技能和本领。国家的科技决策机构和决策者需要通过科技情报工作来解决与科技决策相关的信息不完备问题。科技情报主体通过对科技情报需求、科技情报对象和科技情报任务进行感知、刻画和响应来为科技决策机构和决策者的决策提供支持和依据,从而也为其带来决策能力的提升。在赋能评估中,决策能力的评估主要通过决策者实施决策的效果进行。

（4）创新能力

创新能力是技术和各种实践活动领域中不断提供具有经济价值、社会价值、生态价值的新思想、新理论、新方法和新发明的能力。创新能力主要体现在创新意识、创新环境、创新体制、创新成果等方面。在国家创新驱动发展战略的大背景下,科技情报需要发挥其应有作用,有效地对国家、区域、企业等各项科技创新活动提供支撑和保障。科技创新的新颖性和独特性决定创新主体需要对科技发展的现状和未来趋势进行较好的把握,这样才能实现科技前沿预判,把握创新先机。科技情报赋能科技创新,科技创新同样会促使科技情报前沿预判能力的提升。在赋能评估中,创新能力的评估主要通过创新主体的创新效果进行。

6.4.2 赋能评估的方法

近年来，赋能的理念被评估领域的研究学者所关注，相关的赋能评估方法也逐渐在情报机构和科技评估机构的工作中得到验证。例如，美国兰德公司战略评估中心的核心产品——兰德战略评估系统[28]（RAND strategy assessment system）就是一套通过分析和推演评估敌我双方能力变化来预测战略目标态势的赋能分析工具。美国净评估办公室（Office of Net Assessment）以净评估分析作为工作方法，根据评估可以发现关键能力和技能提升的领域和途径，进而把困难问题拆解转化成能力问题，通过能力和技能的提升再解决困难问题[29]。

赋能评估的基本步骤如图6-2所示，具体包括：
① 根据评估对象，组建评估团队；
② 明确评估任务，制定评估方案；
③ 评估情报带来的能力变化；
④ 探讨未来的战略规划。

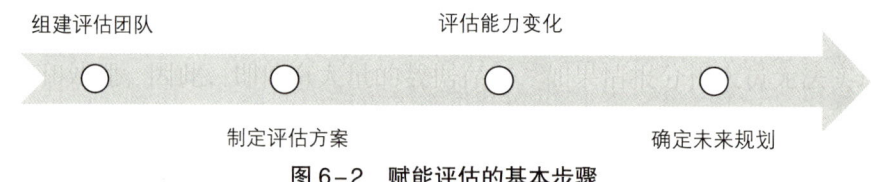

图6-2 赋能评估的基本步骤

与传统的评估相比，赋能评估在具体操作上存在两个方面的不同：①评估团队的组建。赋能评估强调多方协同参与，评估人员可以是来自不同层面的人员，如情报活动的参与者、合作伙伴、利益相关者等，评估人员为共同的任务工作。这种组建方式不仅可以充分利用人类追求进步的能动性，而且也能够让评估人员在评估活动中互相学习，提高能力。②赋能评估强调能力的评估。赋能评估不仅需要评估人员关注与科技本身相关的重大进展，而且要关注科技战略前瞻和科技安全保障，同时不能忽视围绕科技发展产生的社会问题。

6.4.3　美国的情报赋能评估

2010年，美国国家融合中心网络（US National Network of Fusion Centers，NNFC）与美国国土安全部（DHS）联合开展基准能力评估工作（baseline capabilities assessment）[30]，制定了可重复的年度评估流程，以监控NNFC的情报能力成熟度。2015年，NNFC年度评估显示，其情报能力已达到成熟水平，标志着能力建设阶段的完成，评估的工作重心也从能力建设效果转向绩效（performance）发展，关注NNFC的影响与价值，即转向赋能评估，美国国家融合中心网络的先"能力"后"绩效"的评估理念引人深思，该评估工作对我国科技情报体系能力建设有积极的借鉴意义。

（1）COCs-ECs能力评估体系

为引导美国国家融合中心网络进行能力建设，美国联邦政府和美国国家融合中心网络共同确定了包含两大能力、8项指标的COCs-ECs能力评估体系，体系框架如表6-5所示。COCs主要是对情报工作流程中的关键业务操作能力进行评估，ECs可称为赋能能力，主要是关注情报能力的长远发展建设。该评估体系的指标设计综合考虑了短期业务能力和长期发展潜能的培养。

关键操作能力（critical operational capabilities，COCs）的指标分别是：①接收能力，接收涉密和非密信息的能力；②分析能力，使用正式风险评估程序评估威胁信息对本地影响的能力；③报送能力，向其他机构报送（威胁）信息的能力；④聚集能力，收集本地生成的信息，并汇总、分析、共享给其他合作伙伴的能力，它有助于支持情报生产、信息收集管理、信息传播/分发/报送计划和识别信息缺口。

基础能力（enabling capabilities，ECs）的指标分别是：①隐私/公民权利和自由保护能力；②可持续发展战略能力；③沟通和宣传能力；④安全保护能力，确保物理融合中心设施、信息、系统和人员安全的能力。

表 6-5 COCs-ECs 能力评估体系框架

一级指标	序号	二级指标
关键操作能力（COCs）	COC1	接收能力（receive）
	COC2	分析能力（analyze）
	COC3	报送能力（disseminate）
	COC4	聚集能力（gather）
基础能力（ECs）	EC1	隐私/公民权利和自由保护能力［privacy, civil rights, and civil liberties（P/CRCL）protections］
	EC2	可持续发展战略能力（sustainment strategy）
	EC3	沟通和宣传能力（communications and outreach）
	EC4	安全保护能力（security）

（2）NNFC 的情报能力成熟度评估

美国国土安全部及其合作伙伴采用四阶段的能力成熟度模型来描述和评估 NNFC 距离统一情报体系的差距，以及成功实现体系化还需要哪些能力和资源[31]。①基础阶段（fundamental stage）：批准制定相关能力指标的方案、政策或标准化操作程序。②新兴阶段（emerging stage）：实施上述方案、政策或标准化操作程序。③增强阶段（enhanced stage）：明确业务重点，具有生产情报产品、提供情报服务的能力。④成熟阶段（mature stage）：可利用和调配各个融合中心的资源，并能够适应不断变化的威胁环境和需求。当 75% 的融合中心成功实现了与该阶段相关联的属性，即认为当前 NNFC 的情报能力成熟度达到了该阶段的水平。2011—2015 年 NNFC 情报能力成熟度评估结果如表 6-6 所示[31]。

表 6-6 2011—2015 年 NNFC 情报能力成熟度评估结果

年份	评估周期	评估时长	成熟度	融合中心数/个
2011	2010.10—2011.8	11 个月	基础阶段	76
2012	2011.8—2012.7	12 个月	新兴阶段	77

续表

年份	评估周期	评估时长	成熟度	融合中心数/个
2013	2012.8–2013.7	12个月	增强阶段	78
2014	2013.8–2014.7	12个月	增强阶段	78
2015	2014.8–2015.9	14个月	成熟阶段	78

（3）COCs-ECs赋能能力评估流程

美国国家融合中心网络的赋能评估目的是衡量情报融合中心的情报能力，而非其在融合过程中的表现。分析美国《国家融合中心网络报告》[32]可以发现，情报融合赋能的评估周期为11～14个月，并分为两个阶段。

阶段1：自我评估阶段。该阶段包含3个要素：①抓取COC、EC等相关指标数据的在线自我评估工具；②获取融合中心相关人员和产品数据的表格；③抓取融合中心运营成本数据，进行成本评估。

阶段2：验证阶段。由美国国土安全部和合作伙伴组建专家小组对所提交的数据进行详细审查，并通过对融合中心总监和员工进行访谈的方式进行信息补充。在赋能评估中，对每个COC、EC指标设计了多个属性进行打分，首年评估累计使用50个评估属性，单项指标有3～11个属性。积分采用百分制，4项COC指标各占20分（共80分），4项EC指标各占5分（共20分）。该评估流程通过自评与验证相结合的方式，实现了从员工到总监、从领导到专家的全面参与，参与人员的多样性是评估公正客观性的重要保障。

6.5 本章小结

完善科技情报业务管理评估机制是衡量科技情报业务、成果及体系能力发展成熟度的重要手段，也是衡量科技情报技术基础建设发展水平的重要依据。尽管科技情报业务管理有其特殊性，但是与其他领域的管理评估也有共通性。基于目前科技情报业务管理评估研究的匮乏，本章对管理评估模型和方法进行归纳和总结。围绕复杂信息环境下科技情报卓智赋能的管理评估关切的问题，阐述科技情报业务管理评估的主要内容，并对科技情报体系能力及赋能评估研究进行理论探讨。目前，我国的科技情报体系建设仍处于不断完善的过程，科技情报体系能力的建设尚未成熟，建设何种科技情报体系结构、发展何种科技情报体系能力、如何实现科技情报赋能效果，均需要根据我国实际科技情报需求和情报事业发展需要开展更深入的研究工作。

参考文献

［1］HUDSON J，LOWE S. Understanding the policy process：analysing welfare policy and practice［M］. Bristol：Policy Press，2004：98-102.

［2］张晓军.美国军事情报理论研究［M］.北京：军事科学出版社，2007：149.

［3］JAMES J W. The tet offensive：intelligence in war［M］. Ithaca：Cornell University Press，1991：4.

［4］LOWENTHAL M M.Intelligence：from secrets to policy［M］. Washington，D. C.：CQ Press，2000：49.

［5］罗卫萍.二战期间日本情报失误研究及思考［M］.北京：时事出版社，2014：12.

［6］张晓军.美国军事情报理论著作评估（第二辑）［M］.北京：时事出版社，2010：266.

［7］PARSONS D W. Public policy：an introduction to the theory and practice of policy analysis［M］. Aldershot：EdwardElgar Publishing，1995：320-321.

［8］邹雀平，李瑶.基于交换机技术增强网络安全信息管理评估模型［J］.信息通信，2019（5）：145-147.

［9］蒋云尔.企业知识管理的评估［J］.江苏教育学院学报（社会科学版），2003（6）：74-77.

［10］黄立军.企业知识管理综合评估的数学模型［J］.运筹与管理，2001（4）：143-150.

［11］方永美，孙凌洁.我国企业知识管理评估的AHP模糊综合评估［J］.华南农业大

学学报（社会科学版），2005（3）：77-81.

[12] 邓湘琳，陈芝.图书馆知识管理的评估体系研究[J].湘潭师范学院学报（自然科学版），2005（4）：143-146.

[13] 黄小娟.ODM 企业项目管理评估模型的研究[D].上海：上海交通大学，2011.

[14] 马旭晨.现代项目管理评估[M].北京：北京机械工业出版社，2008.

[15] 赵小津，王卫东.项目级管理评估模型过程部分要素设置[J].科技创新导报，2014，11（22）：18-19.

[16] 崔智华，姚顺波，蔡哲.组织层项目管理评估研究[J].中国管理信息化，2009（9）：98-101.

[17] 周涛，于兰萍，张勇.技术成熟度评价方法应用现状及发展[J].计算机测量与控制，2015，23（5）：1609-1612.

[18] MANKINS J C.Technology readiness levels: a white paper[R].Washington, D.C.: Office of Space Access and Technology, NASA, 1995.

[19] Software Engineering Institute. Key practices of the capability maturity model [EB/OL].（1993-02-01）[2018-11-20].https://resources.sei.cmu.edu/asset_files/TechnicalReport/1993_005_001_16214.pdf.

[20] 董秋云.基于CMM 模型的图书馆知识管理能力探讨[J].四川图书馆学报，2009（3）：6-9.

[21] 叶兰.研究数据管理能力成熟度模型评析[J].图书情报知识，2015（2）：115-123.

[22] 赵林捷，汤书昆.一种新的技术创新管理工具：创新管理成熟度模型研究（IMMM）[J].科学学与科学技术管理，2007（10）：81-87.

[23] 潘申，余本功，彭道月，等.基于AHP 的公路路政管理评估模型的研究与实现[J].计算机工程与应用，2006（31）：209-212.

[24] JP 2-01: joint and national intelligence support to military operations[EB/OL].（2017-07-05）[2022-08-02].https://www.docin.com/p-653586111.html.

[25] National network of fusion centers[EB/OL].[2022-08-20].https://www.dni.gov/index.php/who-we-are/organizations/ise/ise-archive/ise-additional-resources/2119-national-network-of-fusion-centers.

[26] 赵柯然，王延飞.情报融合的赋能分析研究[J].情报理论与实践，2021，38（11）：

8-14.

[27] 陈美华,王延飞.面向国家科技竞争战略的情报赋能研究:以应对美国涉华科技竞争战略为例[J].图书情报知识,2022,39(2):73-82.

[28] DAVIS P K, WINNEFELD J A. The rand strategy assessment center: an overview and interim conclusions about utility and development options[EB/OL].[2022-08-21].http://www.dtic.mil/dtic/tr/fulltext/u2/a127601.pdf.

[29] BRACKEN P. Net assessment: a practical guide[J]. Parameters, 2006, 36(1): 90-100.

[30] 2011 national network of fusion centers final report[EB/OL].(2012-05-01)[2022-07-25]. https://www.dhs.gov/publication/2011-fusion-center-assessment.

[31] 2014 national network of fusion centers final report[EB/OL].(2015-01-01)[2022-07-25]. https://www.dhs.gov/publication/2014-fusion-center-assessment.

[32] 2012 national network of fusion centers final report[EB/OL].(2013-05-01)[2022-07-25]. https://www.dhs.gov/publication/2012-fusion-center-assessment.

科技情报卓智赋能之
技术基础篇

第 7 章 科技情报资源建设

复杂信息环境下，日益多样化的科技数据资源的可获得性不断提高，为科技情报的研究和生产环境提供了大量丰富的数据/信息资源基础。但是情报用户的需求也日益多元化和复杂化。例如，科技情报工作面对的不仅是与问题相关的某一类数据/信息，还需要处理与问题相关的多种来源的数据/信息，这些数据往往是海量、异构、多模、多维的，且具有显著的大数据特点，但面对不同来源的数据所采用的处理方式和工具并不雷同。此外，新环境、新形势下，政府、科研机构、企业等对科技情报服务提出了更高的需求，如更注重迅速发现和精准预测。所以，科技情报技术基础研究工作若仅限于科技数据/信息的检索、传递、计量分析等粗粒度服务是无法满足所有行业情报用户的复杂需求的，这些变化和需求无疑需要通过科技情报技术基础的情报资源建设能力去解决。

7.1 科技情报资源

科技信息资源是科技情报的重要资源，是科技情报能力的基础支撑条件，没有充足的科技信息资源，科技情报能力则无从谈起。科技信息资源是各国发展实践和学术研究关注的重要问题，科技信息资源作为记录科技活动和科学知识的载体，是支撑科技创新和科技进步的重要基础，也是科技情报能力的重要支撑。大数据时代，数据的影响渗透到社会发展的方方面面，特别是科学数据，它是国家科技创新和经济社会发展的重要基础性战略资源。随着开放获取运动（open access，OA）的出现，开放数据、开放资源、开源数据等改变着传统科技情报信息资源组织积累的模式。美国《2019国家情报战略》[1]中将信息共享和保护视为情报事业目标之一，认为"任务成功取决于合适的人员在合适的时间获得正确的信息""通过适宜的数据格式和元数据来组织标识信息以提高信息的质量和可用性，有助于向以信息为中心的情报流程（information-centered intelligence processes）转变"。

7.1.1 科技情报资源含义

在非情报视角下科技情报资源更多地指向科技信息资源。科技信息资源是国家之间开展科技竞争的核心要素之一，是重要的战略资源。科学技术是第一生产力，科技信息资源更是生产力的重要催化器。在数字化、智能化时代，科技信息资源覆盖科技发展全过程，贯穿科技创新全流程。

科技信息资源是在科研活动过程和科技信息交流中信息和数据积累到一定程度后形成的多种形态的信息资源，通常科技信息资源分为科技文献、科学数据、科技交流信息、科研环境与科研设备信息等。传统的科技信息资源主要是文献资源，通常包括学术论文、科技专利、研究报告、学位论文等。但在复杂信息环境下，科技数据资源成为科技信息资源的重要内容，它通常包括科研观测数据、科研规范、加工后的科技数据、科技产业数据、科技舆情监测数据、科研机构人员和设备数据等。各类科技数据/信息共同构成一个完整的科研信息生态，形成科技信息资源体系[2]。

科技信息资源是重要的科技情报技术基础资源，在国家科技创新活动中起着非常重要的作用。除具有资源的一般特征外，还具有以下特殊性。

① 传递性。科技信息通过存储、扩散实现时间上和空间上的传递，随着信息技术的快速发展，科技信息资源的传递变得更加便捷。

② 海量性。早在20世纪中叶，信息爆炸的概念就被提出，在大数据时代，科技信息资源的体量更加巨大，使得有价值和有针对性的信息资源辨别变得更加困难。

③ 共享性。科技信息资源在一定程度上可以被任何人或者任何机构反复利用，这也是信息资源的本质属性，因此科技信息资源的开放共享成为重要发展趋势。

④ 时效性。科技信息资源的价值对时间的灵敏度很高，通常信息的使用价值与它的传递速度成正比，与积压时间成反比。所以，科技信息的收集和加工要及时、迅速，而且利用科技信息也需要及时、迅速，这样才会产生科技信息的最佳价值[3]。

7.1.2 科技情报资源种类

科技情报资源涉及多种类型的数据资源，如高质量科技论文与专利数据、科技规划与基金项目数据、科技管理与科研投入产出数据、科学领域前沿趋势数据、重要人才数据、科研装备设施数据、领域关键技术数据、科技舆情监测数据、重要的社会经济发展数据等[4]。本书认为：科技情报资源主要分为传统的科技文献数据资源、开源科技数据资源，以及科研活动中的科技数据资源。传统的科技文献数据资源主要是论文数据、专利数据、电子图书数据、人才数据、档案数据、古籍数据等；开源科技数据资源主要包括某一科技领域的关键技术数据、科技舆情数据、社会经济发展数据、科技前沿数据等；科研活动中的科技数据资源主要包括科技规划数据、科研基金项目数据、科研设备数据、科研奖励/奖项数据、科技报告数据等。

（1）传统的科技文献数据资源

论文数据。论文数据是最传统和最基础的科技数据资源，也是国家科技创新的重要保障。目前国内外的期刊论文数据资源库主要包括 Web of Science、arXiv、bioRxiv、SSRN、ChemRxiv、J-STAGE、CSCI、中国知网、万方、维普等，会议论文数据资源库主要包括 IEEE、ISI Proceedings 会议文献数据库、ACM 等，其中有论文数据库、引文数据库、知名预印本平台、标准数据库、成果共享库等，它们主要都是商业性的信息资源。

专利数据。专利数据在了解技术发展现状、预测发展趋势、确定研发方向、跟踪竞争对手研发方向等方面扮演重要的角色。目前国内外的专利数据资源库主要包括德温特、IncoPat、EP、WO、国家知识产权专利库等，有商业资源和政府资源。

电子图书数据。电子图书是利用计算机高容量的存储介质来存储图书信息的一种新型图书记载形式，它提高了图书资源的利用率。电子图书数据库主要包括 EBSCO eBook、超星数字图书馆、开放获取图书目录（Directory of Open Access Books，DOAB）等。

人才数据。人才数据对人才流动预警与监测、人才发现与推荐、国际科研合作等方面都具有重要价值。主要包括：全球重大科技奖项（如诺贝尔奖、美国国家科学奖、MIT 全球创新者榜单、菲尔兹奖、图灵奖、中国国家科学技术奖等）获奖人员、国际重要学术会议（如 SPIE、IEEE）会士信息、两院院士名录、其他主要国家院士名单、国家级科研机构统计名单、重要学术机构在职人员清单、重要科技企业榜单（如福布斯 2020 全球企业 2000 强榜单、全球创新企业 100 强名单、德科集团《全球人才竞争力指数》）等。在数据获取的基础上，还应面向具体需求构建人才信息专题库。方法包括遴选分析来自重要机构、国内外重要学术会议的人才信息，如姓名、性别、年龄、教育背景、现任职机构、学科领域等，构建人才基础数据库，为科技情报决策提供更好支撑。

档案数据。档案数据是关于科技档案的原始数据资源，档案数据资源系统可管理、查询、读取和共享档案数据，提供有关档案的描述性信息，并构成管理、访问和使用档案的基础[5]。档案数据库包括 Australian Data Archive、Ecological Archives、美国解密档案在线平台（US Declassified Documents Online，USDDO）、美国国家航空航天局外行星档案（NASA Exoplanet Archive，ExoArchive）、全国档案查询利用服务平台和档案科技管理系统等。

古籍数据。古籍数据是中华民族宝贵的历史文化遗产，是人类文明的瑰宝，记录了古代科技的发展。古籍数据资源建设是科技信息资源建设的重要组成部分，是数字人文方向研究的基础。目前的古籍数据资源库包括中国基本古籍库、中华经典古籍库、秘籍琳琅——北京大学数字图书馆古文献资源库、学苑汲古——高校古文献资源库、国家哲学社会科学文献中心——古籍库、书同文古籍数据库、文渊阁四库全书等。

(2) 开源科技数据资源

某一科技领域的关键技术数据。科技情报需要领域关键技术数据的支持，但领域关键技术数据具有综合性强、类型分散等特点，获取难度较大。需要根据科技情报需求，对开放资源进行采集与整合，并结合商业订购资源进行领域关键技术分析，从而支撑科技情报决策的需求。

科技舆情数据。随着社交媒体的发展，科技舆情数据体量大幅增长，更迭速度加快。科技舆情数据是应急决策的关键，需要迅速准确地对科技舆情数据进行有效的采集和分析。当前重要的科技舆情数据主要来自一些权威的监测源，包括传统媒体，如《纽约时报》《华尔街日报》《华盛顿邮报》《人民日报》《朝日新闻》等，还包括一些新媒体，如人民网、央视网栏目新闻频道、喜马拉雅音频新闻、爱奇艺新闻视频、新浪科技新闻、新浪微博等。

社会经济发展数据。开展科技情报活动的过程中需要社会经济发展数据作为信息支撑，以明确科技发展方向。从目前科技情报服务的发展需求看，重要的商业经济、法律经济类数据库也是需求的重点。具体内容涉及全球主要经济发展指标、经济发展规划、碳排放指标、金融市场动态、科技企业发展指标等。这些数据来源主要包括OECD经合组织数据库，以及国内的中国经济与社会发展统计数据库、《国民经济和社会发展统计公报》、《政府工作报告》、全球证券市场金融指数等。

科技前沿数据。科技前沿数据是科学领域前沿趋势数据，是直接揭示和评估最新科技成果的重要数据资源，主要包括各类科技情报产品快报、简报、研究报告、清单、知名智库报告、科技趋势预测、科研成果和机构排名榜单等，如 Nature Index（自然指数）年度榜单、Gartner 重要战略技术趋势、世界知识产权组织发布的全球创新指数、《麻省理工科技评论》(*MIT Technology Review*)、IEEE 年度技术预测等。

(3) 科研活动中的科技数据资源

科技规划数据。科技规划数据包含较多科技发展方向信息，是重要的科技数据资源。主要包括欧美发达国家科技规划，如美国海军的《海军科技战略》《科技战略规划纲要》、欧盟的《战略能源技术规划》、德国的《高科技战略2025》等。另外，美国商务部的出口管制实体清单、《欧盟两用品出口管制条例》等皆是需要关注的重点。

科研基金项目数据。科研基金项目数据是具体科技领域研究与国家战略需要联系程度的体现，与国家科技战略布局息息相关，直接反映了国家的科研经费投入倾向，是科研活动中的重要数据资源。国外的典型基金资助机构有美国国家科学基金会（National Science Foundation，NSF）、美国国立卫生研究院（National Institution of Health，NIH）、美国国防高级研究计划局（Defense Advanced Research Projects Agency，DARPA）、欧洲科学基金会（European Science Foundation，ESF）、欧洲研究理事会（European Research Council，ERC）等，国内典型的基金资助项目有国家自然科学基金、国家社会科学基金、国家重点研发计划、教育部新世纪优秀人才支持计划等。除此之外，还有针对不同领域的基金项目。这些科研基金项目数据是重要的科技数据资源，需要充分地开发利用。

科研设备数据。科研设备数据是推动科技创新所需要的数据资源，特别是在开放科学的环境下，仪器设备成为开放科学基础设施中的重要组成部分。相关数据源包括：美国劳伦斯伯克利国家实验室、麻省理工学院林肯实验室、科技资源共享服务平台、中国科技资源共享网（escience.org.cn）、国家科技图书文献中心（NSTL）、中国科学院科技大数据知识发现平台等。

科研奖励／奖项数据。科研奖励／奖项数据是科技评估的重要数据资源，对科研人才的遴选和科研机构的评估具有重要作用。国外顶级的科研奖项包括诺贝尔奖、爱因斯坦世界科学奖、图灵奖、阿贝尔奖、菲尔兹奖、帕内蒂奖、齐格勒奖等。国内的重要奖项或称谓有中国科学院院士、中国工程院院士、国家最高科学技术奖、国家自然科学奖、国家技术发明奖、国家科学技术进步奖、中华人民共和国国际科学技术合作奖等。

科技报告数据。科技报告数据是一种很重要的科技信息资源，发表科技报告是科技人员交流其研究内容及成果的重要手段。它对项目研究工作的全程进行详细记录和有效整理，对项目研发成功的经验和失败的教训提出项目承担者的研究理解，以积累、传播和交流为目的，为后续的科研工作提供理论依据、可重复的研究过程，以及研究结果、结论[6]。因此，科技报告数据资源建设对科研工作和科技情报工作具有重要意义。重要的科技报告数据源包括 GrayLIT NetWork、STINET、FedWorld、Scientific and Technical Report Collection、国家科技报告服务系统等。

7.2 科技情报资源建设

7.2.1 我国科技情报资源建设进展

"十三五"时期科技信息资源建设进展主要有信息资源建设制度不断完善、国家级科学数据信息资源共享平台建设快速发展、全国文化信息资源共享基础设施布局趋于完善、国家级数字文化资源共享工程建设成绩显著、信息资源共建共享项目稳步发展、数字人文助力于图书馆特色资源建设成果初显[7]。目前全国文献信息服务网络传递已成为现实，开放存取和网络直购创新了文献资源采集模式，国内科技文献资源事业达到历史最好水平[8]。20世纪以来，国家对科技情报资源建设的投入不断增加，不局限于传统科技文献资源，更加重视开源情报资源建设。在百年未有之大变局及中美科技竞争日趋激烈的环境下，国外对我国的科技资源收集进行了全面的封锁，但我国科技情报资源建设并没有因此止步，而是在困难中不断前行，取得了阶段性的进展。

（1）在科技信息资源采购与收集方面，我国始终坚持保障国内外传统科技文献资源的采购

科技部基于科研项目数据，建设了国家科技管理信息系统公共服务平台。中国科学技术信息研究所基于传统科技文献的资源，建设了中国科技论文与引文数据库、中国国际科技论文数据库、科技档案资源数据库、开放期刊资源库、专利分析数据库、中国高层次科技人才数据库等。NSTL建设了外文回溯数据库、外文科技图书馆资源库等。中科院文献情报中心建设了CSCD引文数据库、院士文库、中科院机构知识库和中科院学位论文库等。同时，对开源科技情报资源及灰色资源的收集方面更加重视。在当前复杂信息环境下，科技情报资源不再局限于传统的科技文献资源，科技情报工作实践需要更多的开源情报资源支持，尤其是国内外重要的开源数据库和网站资源。我国在科技资源建设方面一直在加大投入力度，建设了一批综合性、专业性的科技信息资源平台，为我国科技情报事业发展提供了保障。

（2）在科技信息资源开发利用方面，我国借用预印本平台及可视化技术，提升科技信息资源利用效率和服务水平

受到疫情影响，科技文献资源的实体出版工作受到冲击，预印本资源为科研人员和科技工作及时地提供最新研究成果发挥重要作用。科技情报资源的开发利用也不局限于传统的资源提供与参考咨询，而是更进一步地提供个性化、定制化科技资源服务。我国在预印本资源建设方面早有实践。例如，2003年教育部建设了中国科技论文在线预印本平台；2004年中信所与NSTL建设了中国预印本服务系统；2016年中科院文献情报中心建立了中国科学院科技论文预发布平台ChinaXiv。同时重视借助可视化工具构建领域知识图谱对科技信息资源进行分析呈现，中国科学院利用知识抽取与知识计算，从基础数据库、领域知识库与知识图谱三大层次创建了支撑科技创新的科技大数据知识资源中心，为精准服务、知识图谱、智能计算、智能情报提供不同阶段及不同层次的数据支撑。中科院基于自身的机构特色，研发面向领域知识图谱智能构建的方法体系与工具。我国在科技资源的开发利用上逐步深入，从纸质资源到数据资源，从采购文献到开源数据收集，从期刊出版到预印本平台，从信息服务到知识服务，无不体现出我国科技情报资源开发利用方面的与时俱进。

（3）在科技情报资源共享平台建设方面，科技部推动建设国家科技资源共享服务平台

国家科技资源共享服务平台是面向科技创新、经济社会发展、社会治理创新、平安中国建设等国家发展需求，加强优质科技资源有机集成，提升科技资源使用效率，为科学研究、技术进步和社会发展提供网络化、社会化科技资源共享服务的国家科技创新基地[9]。科技部、财政部共同推动建设的中国科技资源共享网，是国家科技基础条件平台门户网站，整合了大型科学仪器与设备、自然科技资源、研究实验基地、科学数据、科技文献及科普资源等，实现了我国跨部门、跨地域、跨领域的重要科技资源汇集。

（4）在科技资源标准建设方面，制定相关国家标准

我国建设全国标准信息公共服务平台，先后制定了《科技资源共享　科技资源信息集成规范》《科技计划形成的科技资源汇交　技术与管理规范》《科普资源分类与代码》《科技平台标准化工作指南》等一系列国家标准，针对科技平台标准化，制定了《科技平台　科技资源标识》《科技平台　资源核心元数据》《科技平台　服务核心元数据》《科技平台　用户元数据》《科技平台　统一身份认证》等一系列科技平台建设相关国家标准。我国在科技资源建设标准化方面的工作已卓有成效，尤其在科技资源平台化建设和资源共享方面，发挥了标准的作用与意义，对国家整体的科技资源建设进行了良好的规范。

（5）在特色科技资源建设方面，重点建设地方科技资源特色，促进地区协同共享发展

据调查，"十三五"期间，我国34个省（自治区、直辖市）的省级公共图书馆建成和完善特色资源数据库533个。湖南省科学技术信息研究所建设了具有地方特色的科技档案数据库，囊括了湖南省高新技术企业数据库、产品数据库、基金项目库、科技计划项目库、科技成果数据库等[10]。甘肃省科学技术情报研究所建成甘肃科技文献共享平台，统筹协调，通过自建、联建特色文献信息资源数据库，整合国内外文献信息数据库，集成链接相关网络信息资源与数据库[11]。在市级层面，福建省泉州市科学技术信息研究所参加由福建省科技信息研究所组织实施的"福建省网络环境下科技信息资源系统共建共享"建设系统，系统资源丰富、种类多样、内容实用，涵盖科技期刊、科技成果、学位及会议论文、引文、报刊摘要、专利、标准文摘、企业与产品、经济与金融等，信息量高达800 GB（以每年100 GB的速度递增）[12]。可见，我国在特色科技资源建设方面，形成了以地方科技资源特色为核心的分级分类科技情报资源建设体系。

7.2.2　我国科技情报资源建设面临的问题

21世纪以来，我国科技情报事业不断发展，科技情报资源建设取得了一定的进展。随着全球科技的发展和科技竞争的加剧，科技情报资源为科技发展提供保障与支撑作用的战略价值日益凸显[13]，科技情报资源建设面临着国内外复杂信息环境与科技日新月异快速发展的双重挑战。信息环境变化影响科技竞争，科技情报工作必须适应信息环境变化，这同时也对国家科技情报资源建设提出挑战。因此，应进一步分析当前科技情报资源建设面临的

问题,从而为复杂信息环境下科技情报资源建设指明方向。主要问题有以下几个。

(1) 科技情报资源建设的理论研究与实践需要强化

目前信息资源建设理论更多是借鉴其他学科的理论,如信息学理论、系统理论、经济学理论等,或集中于文献定律的研究,没有与时俱进地适应情报学学科的建设与发展,而专门的科技信息资源建设理论则更加缺乏,面对复杂的信息环境和科技情报现实问题,理论研究与科技情报工作实践存在一定的差距。

(2) 科技信息资源共享、开放、利用程度需要加强

当前,我国科技信息基础设施建设保持快速发展的良好势头,规模不断扩大,科技信息资源建设的实力在逐步增强。但是,科技信息资源开发和共享相对滞后,还没有形成体系化、综合化的科技信息资源共享开放机制,具体表现在:①科技信息资源分布在科技领域政府部门、科研院所及高校,且大多集中在图书馆。但是由于管理体制、技术水平、资源标准及科技政策等多种因素,我国科技信息资源的存储和管理非常分散,形成了各自不同的科技信息资源"孤岛"。各个机构的图书馆在建设科技信息资源数据平台中,缺乏统一标准,存在资源重复、使用效率低的问题。②许多科研活动中产生的科技信息,如学术会议报告、专家咨询经验及同行评审等活动产生的信息,仅被少数人占有,且基本无法全方位高效地进行收集。因此,科技信息资源的分散,使得科技信息资源的集成与共享变得更加困难。③源于网络的科技信息资源质量参差不齐,数据结构多样,为科技人员在海量网络数据中挖掘有价值的科技信息增加了困难。如何收集、加工、分析和挖掘科技网络信息资源也是科技信息资源建设需要解决的重要问题。④已有科技信息共享平台内容集成不够,我国各地科技资源共享与服务平台建设进度具有不均衡性,存在比较明显的地区差距[14],随之而来会导致科技成果推广不足、科研基础设备利用率较低,共享程度有待提升。

(3) 科技信息资源建设仍有待更加深入开展

我国非常重视科技信息资源的建设,信息资源的规模持续增长,质量不断提升。然而,随着国际科技竞争形势的日益严峻,复杂信息环境

下的科技信息资源建设仍有不足之处，具体表现在：①科技文献资源的建设具有专业性，不少图书情报机构采用购买或自建特色资源数据库的方式，其出发点固然考虑到了专业特色文献资源的需求，但在覆盖率、回溯性、时效性、稳定性等方面仍有待提升。②当前特色科技数据资源内容不够丰富，更新频率较低，易用性不够。地方自建的特色数据库水平参差不齐，不能突出地方特色，存在重复建设现象，数据质量难以保障。同时开源科技数据分散，且对科技领域专业知识水平要求较高，目前的开源数据资源建设多针对某领域或某科技前沿，且数据类型多种多样，没有形成各领域、各机构采集的开源数据集成平台，导致开源科技数据资源建设缺乏统一协调与统筹规划设计。③各国对本国的科技信息资源保护日趋重视，国外对重要领域关键技术的相关科技信息资源的管理和保密工作更为严格，甚至对中国科技情报机构的科技文献资源采购进行限制。例如，美国的四大报告向中国大陆断供，不允许中国大陆机构采购。所以获取外部有价值的科技信息资源变得更加困难，同时，科技情报机构对国外科技文献资源订购缺乏统一规划，对于开放的、容易购买获取的国外科技文献资源，国内机构存在重复订购现象，且由于版权限制，难以对资源进行充分利用。

7.2.3 我国科技情报机构的资源建设方向

（1）科技情报机构在科技信息资源建设中的地位及作用

科技情报机构开展科技信息资源建设具有重要意义[15]。首先，科技信息资源建设是信息时代发展的产物，是资源建设与时俱进的体现，是信息化建设的基础。其次，科技情报机构拥有丰富的科技信息资源，这些资源具有重要的开发利用价值，可以为国家的科技进步和发展提供有效的服务。再次，科技情报机构是国家科技竞争博弈的重要力量，具有的丰富科技信息资源是国家科技战略资源储备的重要组成部分，是维护国家科技安全的重要支撑。最后，科技情报机构是科技信息资源采集、加工、组织、服务的载体，发挥着重要的科技智库职能，在支持国家科技战略决策方面具有重要意义。

科技情报机构自身具备科技信息资源数量和质量上的优势，决定了其在科技信息资源建设中具有重要地位。科技情报机构作为长期从事科技信息研究与服务的综合信息机构，在科技信息资源建设中有着其他机构所无法比拟的优势，在人才、方法及数据库建设方面所积累的经验，决定了其在科技信息资源建设方面将发挥极大的作用。尽管近年来，随着科学技术（特别是网络技术）的飞速发展，传统的科技信息服务业受到了前所未有的冲击与挑战，但是经过几年的探索与实践，科技情报机构已逐步明确科技信息资源的开发建设及利用是科技情报机构的主业和优势发展领域。在今后的科技信息资源建设过程中，科技情报机构要注重加大宣传力度，增强全民科技信息资源建设的意识，使大家充分认识到科技信息资源建设既是一项繁重而复杂的工程，又是一项造福于人类的伟大事业。

（2）科技情报机构的资源建设方向

国家科技情报机构是科技信息资源建设的主体。传统科技情报机构的科技信息资源建设的主要内容包括：信息资源采集，信息资源库建设，专业化、高素质的信息工作队伍组建，信息资源开发与利用，信息规范化、标准化，信息安全保障，以及信息共享政策体系建设等[15]。复杂信息环境下科技情报机构的资源建设方向根据国家科技发展需求和国际环境变化会有所调整，面对新的复杂信息环境和国际形势，科技情报机构必须对自身进行重新定位，调整建设方向，梳理科技信息资源建设重要内容，以适应自身所处的内外环境变化，快速响应用户的情报信息需求，为决策者提供有力支撑。

1）面向国家科技发展战略需求

我国的科技信息资源建设要面向国家科技发展战略需求。《中华人民共和国国民经济和社会发展第十四个五年规划和2035年远景目标纲要》明确提出，要强化国家战略科技力量，并强调要整合优化科技资源配置。在当前海量科技信息资源（尤其是数字资源）的环境下，科技信息资源建设的难点已经不是采集、加工、处理，而是对科技信息资源的针对性与有效性进行评估。我国的科技情报工作自1956年开始，是基于国家战略需求而生的，在复杂的信息环境下，科技情报机构的科技信息资源建设作为支撑科技情报工作的基础和保障，必然要以国家战略需求为导向，这样才能建设符合国家发展目标的科技情报资源体系。

2）更加重视开源科技信息资源建设

科技情报机构担负着对科技信息资源进行采集、组织、加工、处理、保存、利用的职责。我国科技信息资源建设的对象除了传统的科技文献资源外，要更加重视开源科技信息资源的采集、处理、加工、集成及利用。现在的科技情报工作不仅仅是传统的外文翻译分析或者科技文献统计，很多有价值的信息和情报往往来源于开源的科技数据。情报与反情报系列丛书中《情报搜集的五大科目》这本书，将开源情报作为五大科目的首要内容进行介绍，并称开源情报在情报圈里常被称为"首选来源"，因为它无处不在，也因为它可以广泛共享[16]。开源科技信息与传统的科技文献信息不同，在来源上、形式上、内容上都更加多样化，难以形成统一的处理流程规范。而开源科技信息是科技情报工作的重要基础与支撑，科技情报机构必然要对开源科技信息资源进行建设与整合。

3）加强国家层面的科技信息资源共建共享及完善管理机制

我国科技信息资源建设要针对国家层面增强科技信息资源的共建共享。科技信息资源建设的本质目标是实现资源的有效利用，我国每年采购和采集大量的科技信息资源，为了进一步避免资源冗余重复、利用率低等问题，并缩短用户与其需要的资源之间的距离，必然要完善国家层面的科技信息资源共建共享平台建设。《中华人民共和国国民经济和社会发展第十四个五年规划和2035年远景目标纲要》明确提出，构建国家科研论文和科技信息高端交流平台，这为我国科技信息资源共建共享建设指明了发展方向。科技情报机构要在资源采集、加工、处理、保存的基础上，更加重视资源的利用与共享。各科技情报机构之间要加强合作，充分利用本机构的特色科技资源，减少科技资源的冗余浪费，形成行业联盟，建立全国范围内的科技信息资源共建共享体系。科技信息资源共建共享的真正实现需要管理、标准、服务、法规政策体系的保障。因此，需要促进机构间的科技信息资源整合，优化国家层面科技情报管理部门的职能，形成有效的统筹协调管理机制。

4）健全科技信息资源的规范化建设内容，保障科技安全

科技信息资源建设不在于物理上占有了多少信息资源，而在于逻辑上整合了多少信息资源[15]。当前科技信息资源来源多样、形态复杂，科技情

报机构在资源建设方面要更加重视开放存取，在资源加工与组织方面要更加重视深度揭示与个性化组织，在信息服务方面要聚焦知识化服务，传统的文献资源规范标准已难以适用于当前的科技信息资源现状，需要进行调整和完善。此外，当前科技信息资源安全问题已上升至科技战略高度，科技信息资源保障工作必须落实到具体实处。科技情报机构本身承担着信息标准制定的职能，所以需要重视和健全科技信息资源的规范化建设内容，如多源科技信息融合标准规范，以强化科技信息采购、组织、存储和使用的规范意识和安全意识。

5）培养具备情报专业特色的科技信息资源管理人才

科技信息资源建设离不开专业的科技信息资源管理人才，党的二十大报告已明确提出，坚持教育优先发展、科技自立自强、人才引领驱动，加快建设教育强国、科技强国、人才强国。随着信息技术在科技信息资源建设中不断得到应用，信息资源建设逐渐走向数字化、自动化和智能化，对科技信息资源管理人才的素养要求也越来越高，即不仅要具有较高的业务素养、数据素养，了解科技领域的前沿动态，还需要熟练掌握各种管理软件，这样才能更好地发挥科技信息资源价值。高校信息资源管理学科培养了大量具有理论基础和技术技能的优秀人才，但是这些人才缺少科技情报具体的工作经验，而科技情报机构却可以提供大量的科技情报工作实践，尤其是科技信息资源建设的具体实践，所以应将科技信息资源管理的理论与实践良好地结合起来，为人才的专业化培养提供沃土。

7.3 科技情报资源谱系建设

7.3.1 科技情报资源谱系建设的意义

科技情报资源谱系建设的目的是积极应对复杂信息环境给科技情报工作带来的影响，更全面地深化开展我国的科技情报资源建设，有利于我国科技情报资源的丰富和发展，对于充分发挥科技情报的卓智赋能具有重要意义。主要体现为以下几点。

（1）体现我国科技信息资源保障的基础性作用与战略性地位

科技信息资源作为国家的重要资源和财富，是我国在国际科技竞争背景下重要的情报来源。复杂信息环境下科技信息资源保障是实施科教兴国、科技创新战略的需要，具有现实和长远的战略意义，符合我国国家利益。科技情报资源谱系建设把科技信息资源保障作为基础，体现了我国科技信息资源保障的基础性作用与战略性地位。

（2）加快我国科技数据资源标准化、规范化建设进程

科技数据标准的建立与完善有助于科技信息资源的组织、管理、保护与长期保存。复杂信息环境下科技数据资源标准规范建设是多源科技信息资源得以充分开发利用的基础，是科技信息资源共建共享的保障条件。科技情报资源谱系建设把科技数据资源标准化、规范化建设作为重要内容，将加快我国科技数据资源标准化、规范化建设进程。

（3）提高我国科技信息资源开发、共享、利用效率与服务水平

科技信息资源开发、共享、利用与服务既体现了科技信息资源的价值，也是实现国家科技创新的路径。复杂信息环境下，科技信息资源开发、共享、利用水平和效率受到数据、技术、人才、管理等因素的影响。科技情报资源谱系建设把科技信息资源开发、共享、利用、服务作为目标，充分关联、融合各种因素，将会提高我国科技信息资源开发、共享、利用效率与服务水平。

（4）有利于科技情报资源建设研究的创新发展

科技情报机构是科技信息资源建设的重要主体，承担着科技信息资源保存、开发、利用、共享、服务、保障等多种职责。复杂信息环境下我国科技情报机构的科技情报资源建设研究对科技情报工作的开展有重要作用。科技情报资源谱系建设对科技情报资源建设提出了新要求，指明了新的研究方向，将会更好地促进科技情报资源建设理论和方法的研究，推动科技情报研究的发展。

7.3.2 科技情报资源谱系建设的要点

（1）建设谱系化的科技情报资源保障体系

当今时代，科技发展突飞猛进，现代信息技术的变革，使科技信息在经济发展、社会进步和科学研究中的作用日益突出，已经成为影响一个国家发展的重要因素。科技信息资源是科技情报资源的重要来源，是提升国家竞争实力的关键要素和战略资源，科技信息资源保障受到各国普遍关注。特别是在当前复杂信息环境下，对科技信息资源/情报保障能力的要求也不断提高，需要科技情报机构在国家总体安全战略层面审视科技信息资源的保障问题。

近年来，以美国为首的发达国家对我国科技领域的封锁日益加强，被列入实体清单的包括华为等高科技企业，也包括哈尔滨工业大学、哈尔滨工程大学等高校。在封锁内容方面，我国连续订购的美国政府四大报告自2017年年底已被禁止通过商业渠道购买。美国政府严格审查和限制与中国的科技交流，禁止列入实体清单的机构使用MATLAB软件。该现象的浅层次原因是我国原来的科技创新发展处于跟跑阶段，但现在我国科技发展迅速，将步入并跑甚至领跑阶段，国外对我国发展正在进行制约。深层次原因是我国缺乏谱系化的情报资源支撑，从而无法及时实施有效的科技情报预警，并采取有针对性的防范和反制措施。因此，建设谱系化的科技情报资源保障体系尤为重要。

（2）构建谱系化的科技情报资源融合标准

科技情报资源的开发利用水平是国家科技情报体系能力的重要标志。而科技情报/信息资源的内容纷繁多样，来源不一，对其集成整合的难度极高。特别是在复杂信息环境下，科技情报资源融合的核心是科技数据/信息资源的融合，而实现集成整合的条件就是建设相应的资源融合标准，主要涉及数据/信息资源规划标准、数据/信息资源融合标准、数据/信息资源融合的管理标准、数据/信息资源融合平台建设标准、数据/信息资源融合技术标准规范、数据/信息资源融合的流程与安全标准等。

在新一轮科技竞争的主战场，各种类型的科技标准是抢占未来科技领域话语权的关键。我国持续深化标准化工作改革，加强标准化领域顶层规划，《中华人民共和国国民经济和社会发展第十四个五年规划和2035年远景目标纲要》在35个方面布局标准化任务。标准之争正成为全球博弈的主战场，深深地影响着世界各国经济、科技的走向。在当前百年未有之大变局中，科技情报的作用日趋重要。科技情报/信息资源的多样性和复杂性，使得科技情报机构必须重视科技情报/信息资源融合标准或规范。科技情报/信息资源融合的目的是实现科技情报/信息的高度共享，这无疑需要从国家战略高度整合集成科技情报/信息资源，但是当前缺乏统一的科技情报/信息融合框架和标准，面向科技情报/信息资源的共享基础尚不完善，所以构建谱系化的科技情报资源融合标准尤为重要。

（3）建设谱系属性的特色科技情报资源库

特色科技情报资源库是当前科技情报资源建设的薄弱环节之一，是促进科技信息资源合理配置的重要方式。特色科技情报资源建设主要包括专业科技情报资源建设和地区特色情报资源建设。特色科技情报资源是经过长期积累，在某一方面形成一定规模，结构比较完整的科技情报资源。特色科技情报资源建设的未来发展方向是专深，即不仅要对具有地方领域科技特色或专业领域特色的科技情报资源进行深入的采集、加工、处理，而且要重视情报资源的深度服务。

当今时代，科技发展突飞猛进，现代信息技术的变革，使科技信息在经济发展、社会进步和科学研究中的作用日益突出，各种特色科技情报资源已经成为影响一个国家科技发展的重要因素。建设特色科技情报资源库，要重视其谱系属性。具有专业特色的科技情报资源既要着重结合各学科特点，立足于学科需求，突出专业特色来确定数据搜集的重点，又要关注专业领域的国内外科研成果和最新动态，关注世界范围内专业领域的前沿科技情报/信息。而具有地方特色的科技情报资源要尤其关注与地方经济科技发展水平挂钩的科研/科技成果信息。此外，要特别关注开源的、灰色的特种科技情报资源的建设，增加特种文献的资源建设采集，多渠道构建特种资源文献数据。特种文献已经成为国家重要领域科研机构的一项宝贵信息资源。特别是对于特定的学科，"卡脖子"科技文献资源的重要程度更加显而易见，非常有必要建立国际前沿重点科技领域动态跟踪机制和应急文献采集规则，增加科技情报资源的谱系广度，以快速响应复杂信息环境下科技情报对特种科技文献资源的需求。

（4）增强谱系化的科技情报资源开发和服务能力

科技情报资源开发和服务的主体是科技情报机构，科技情报资源开发和服务能力将直接对科技情报工作产生影响。当前科技情报资源剧增，尤其是开源科技信息迅速扩张，对于科技情报资源组织的要求越来越高，科技情报资源组织已向智能化方向发展。科技情报资源开发和服务的重点是面向国家科技决策需求，明确科技情报资源开发利用范围和核心，对数据/信息进行充分挖掘和分析，为科技情报线索发现任务提供方法和手段。

近年来，我国科技情报资源总量不断增加，质量也在逐步提高，但对科技情报资源开发利用的程度和水平还需进一步提升。在信息技术日新月异的今天，在创新驱动、情报先行的国家科技战略下，科技管理部门要更加重视科技情报资源的开发和服务。要搞好科技情报资源的开发和服务，需要改进科技情报研究方法和服务模式，即开辟多渠道、多路径的研究方法，优化服务手段，提高服务效率，提升服务能力。特别是在复杂信息环境下，科技情报资源的开发和服务能力是完成科技情报线索发现任务重要支持，因为仅获得谱系化科技情报资源是不够的，还需要对科技情报资源进行再次谱系化的开发与分析，最终实现科技情报资源的有效共享和服务。因此，增强谱系化的科技情报资源开发和服务能力，对于发挥科技情报工作的"耳目、尖兵、参谋"作用是非常必要的。

7.4 本章小结

我国的科技情报资源建设必须面向国家科技战略需求，符合我国国情，立足实践。科技情报资源贯穿科技创新发展的全过程，是科技情报卓智赋能的基础要素和条件。其中，科技信息资源是各国发展科技战略、情报战略的关注重点内容之一。在复杂信息环境下，科技信息资源日益多样化，其可获得性不断提高，为科技情报的研究提供了大量丰富的数据/信息资源基础，但是如何充分构建和利用科技信息资源一直是科技情报事业中的重要议题。

本章对科技情报资源建设及相关问题进行了梳理，指出科技情报机构的资源建设方向，提出科技情报资源谱系建设的要点。

参考文献

［1］美国《2019 国家情报战略》提出四大重点应对挑战［EB/OL］.（2019-01-22）［2019-01-25］. https://mil.ifeng.com/c/7jl5BjwiXro.

［2］刘细文.新时期需要强化我国科技信息资源建设［J］.数字图书馆论坛，2022（6）：10-13.

［3］田冠荣，张建萍.科技信息资源建设亟待加强［J］.海河水利，1998（6）：44-45.

［4］刘静羽，黄金霞，王昉.支撑科技战略情报的资源保障体系建设研究［J］.数字图书馆论坛，2021（9）：27-33.

［5］田雯.互联网背景下科技档案信息资源开发管理研究［J］.办公室业务，2020（19）：53-55.

［6］刘富军.我国科技报告建设现状及其改进措施研究［J］.图书情报导刊，2019，4（11）：76-79.

［7］肖希明，石庆功，刘奕.信息资源建设："十三五"回望与"十四五"前瞻［J］.图书情报工作，2021，65（1）：55-63.

［8］张魁清，魏清华，王波.国内外科技信息资源建设与服务研究［J］.情报学进展，2012（9）：157-186.

［9］中国科学院.国家科技资源共享服务平台［EB/OL］.［2022-09-22］. https://www.cas.cn/kxyj/cx/202005/t20200512_4745808.shtml.

［10］刘瑛.省级科技文献信息资源建设与服务［J］.企业技术开发，2010，29（9）：33-35.

［11］苏冬梅.论科技信息资源建设与服务［J］.甘肃科技，2007（11）：163-164.

［12］何平平.泉州市数字科技文献资源建设及服务成效［J］.情报探索，2009（9）：62-63.

［13］刘琦岩，陈峰，郑彦宁.科技情报和信息服务为战略决策提供支撑［J］.中国国

情国力,2019(10):33-37.

[14] 李凤芝,索烨,朱云,等.贯彻"十三五"国家科技创新规划精神强化科技资源开放共享与服务平台建设[J].科学管理研究,2017,35(5):22-25.

[15] 沈桂珍.情报信息机构信息资源建设[J].安徽科技,2013(11):34-35.

[16] 吴力虹,曲萍.浅谈科技情报部门在科技信息资源建设中的地位及作用[EB/OL].[2022-01-25].http://cpfd.cnki.com.cn/Article/CPFDTOTAL-SDKX200300005009.htm.

第 8 章 科技情报线索发现方法

赢得事关长远和全局的国家科技竞争的主动权是保障国家安全与发展的重要条件,而基于情报线索发现,掌握科技创新技术,占领全球科技研究的制高点,是提升国家科技竞争力的关键所在,是科技情报卓智赋能的主要特色和工作重点。科技竞争是一个持久、动态变化的过程,需要科技情报领域的机构和人员不断提升对科技创新情报线索的发现能力,通过更好地把握科技发展规律,掌握科技前沿和颠覆性技术的发展动态和趋势,来提高对科技安全风险的感知预判能力。在复杂信息环境下,数智加持的信息处理技术快速发展,为科技创新情报线索发现工作提供了丰富的分析素材。与此同时,后真相、假新闻、真相衰退等问题信息也越来越多,破除信息迷雾困扰成为科技创新情报线索发现中需要关注和解决的重要问题。

8.1 科技情报线索发现的情报工作要义

科技情报卓智赋能的主要任务之一是解决信息不完备的问题。复杂信息环境下科技情报的分析要求不再局限于科技文献数据的处理和分析。例如,科技前沿线索的识别,就更需要及时、系统地跟踪和感知多源异构数据[1]。情报线索发现的价值主要体现在通过信息服务、信息共享和情报感知,减少意外和应对不确定性问题,其采用的核心方法是全谱扫描、极致洞察、关联感知、刻画表达,而对其业务评估的标准则是资源谱系的广度、扫描监测的频度、洞悉感知的力度和刻画响应的适度。换言之，在情报线索发现工作中，通过基于全谱系扫描任务的情景设定，对可能有情报价值的感知对象进行长期监控和全方位扫描，更能深度挖掘开源信息对象之间的内在关联，实现对情报对象、任务、需求的感知和刻画。

8.1.1　科技情报线索发现——突破迷雾、面向未来

科技情报线索发现往往与未来有关，生成关于科技未来发展的合理陈述，以及应对未来风险与挑战所涉及的集体学习过程。科技情报线索发现是一个过程，通过这个过程，人们可以更全面地了解塑造科技未来的要素，且这些要素对科技政策、科技规划和决策等具有重要影响。而具有价值的科技信息往往隐藏在科技信息迷雾之中。因此，科技情报线索发现是一个系统的、参与性的科技情报收集和进行中长期愿景构建的过程，该过程旨在突破科技信息迷雾，促进当前科技战略决策及科技创新与发展。科技情报线索发现也可以这样直观地表述，在一个以信息为主导的时代，围绕科技情报工作的新需求，它更注重前瞻性预测或评估。其感知未来、刻画未来和响应未来的三角形工作模式如图8-1所示。这种工作模式令我们将科技发展视为可以创造或塑造的事物，而不是既定的事物。

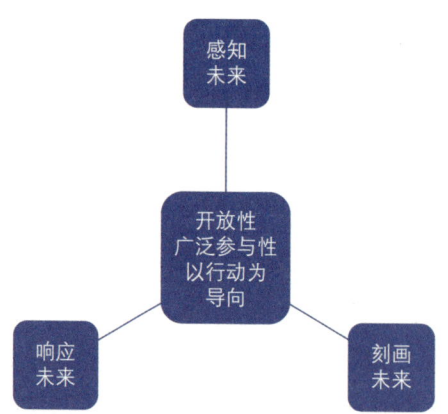

图8-1　科技情报线索发现的工作模式

8.1.2 科技情报线索发现——态势评估、安全预警

复杂信息环境下，科技情报工作需要应对各种可能产生的风险和更多的不确定性问题，真假混杂的科技信息迷雾往往会使国家或政府机构在科技发展战略决策方面存在很多未知点。科技情报线索发现的主要任务就是解决科技决策过程中信息不完备的问题，以支撑战略决策，保障国家科技创新发展，具体表现为以下两个方面。

（1）扩展已知环境，辨析或然问题，准确分析科技创新发展趋势

科技情报线索发现充分放眼已知环境下科技发展的各种新动态。通过持续扫描科技领域的已知环境，发现和解决已知的科技或然问题、辨析关键核心领域中新萌芽技术的应用前景，发现支持科技创新发展的潜在技术机会，将获得的科技情报线索产品应用至技术预见、颠覆性技术发现和关键核心技术研发等项目的立项决策活动中，以实现支持科技创新发展的目的。

（2）确定未知问题，评估预警应对不确定性

早醒远眺是情报的特色使命，对未知问题的感知探索、对不确定性未来的揭示预警、减少意外才是科技情报真正的价值所在[2]。科技安全是复杂信息环境下，科技情报工作的重要内容之一。因此，科技情报线索发现任务之一就是科技安全预警。科技情报线索发现对全球科技发展的前沿活动进行谱系扫描，对重大技术突破、未知研究成果发现、科学或技术领域的意外快速发展或进步、现有技术的非预期新兴使用方式进行感知，及时对国内外可能出现的科技威胁、技术突袭、技术封锁等不确定性问题做出响应，并预测其对政治、军事、经济、文化、社会等方面可能产生的相关影响，以保障预防和抵消措施的预测性手段实施，确保我国科技发展战略实施的主动地位。

8.1.3 科技情报线索发现——尖端技术领域的情报感知

尖端技术领域具有人才密集、知识密集、技术密集、资金密集、风险密集、信息密集、产业密集、竞争性和渗透性强的特征，对人类社会的发

展和进步具有重大影响[3]。尖端技术领域一直是美国对华科技竞争的战略重点,从科技情报工作的视角思考,运用科技情报线索发现为对抗大国科技竞争而有所作为,是中国科技情报事业与时俱进的必然需要。

当前科技创新竞争日益激烈,科技发展水平快速迭代,科技的生命周期也日渐缩短,这给支撑科技创新的科技情报工作带来极大的压力和挑战。科技情报工作必须快速感知需求端的这种变化,跟进科技的变化,为国家科技发展战略、产业技术发展等提供有力支持[4]。科技情报线索发现通过将重点聚焦于尖端技术领域,对尖端技术领域的科技发展态势进行持续扫描、追踪、监测、及时评估,并预警未来科技的发展方向,为科技决策提供支持帮助,以支撑超前布局科技经济制高点领域[5]。

8.2 科技情报线索发现的作业实施

科技情报线索发现是科技情报独有的工作属性,是情报工作的特色之处。复杂信息环境下的科技情报线索发现更多是关注一种先见情报,重点面向已然、或然和未然的科技情报业务场景,在科技信息的汪洋大海中开展科技情报线索发现工作,这种科技情报工作的实施方式相比已有的情报工作更具挑战性,同时成为复杂信息环境下,发挥科技情报卓智赋能的重要方向之一。科技情报线索发现需要依据不同的科技情报业务场景,设计不同的分析框架,并建设相应的情报技术基础作为支撑。这里结合美国兰德公司为澳大利亚政府实施的关键技术分析的实例,论述科技情报线索发现的作业实施过程,介绍相关分析框架的设计和技术基础建设的内容。

8.2.1 情报线索分析框架的设计

澳大利亚政府围绕对国家利益至关重要的技术,启动了制定和协调国家政策的计划,其核心是平衡国家安全、经济繁荣和社会凝聚力之间的关系。美国兰德公司接受澳大利亚国防科学与技术部门的委托,制定了一个用于识别与国家利益紧密相关的关键技术的情报线索分析框架,其目的是为澳大利亚发现潜在的科技发展提供评估和预见。

2022年4月12日,兰德公司发布了《优先考虑确保澳大利亚国家利益的关键技术分析方法》,介绍这种基于平衡国家安全、经济繁荣和社会凝聚力要求,用于识别和优先考虑可影响澳大利亚国家利益的关键技术(CTNI)的线索发现分析方法[6]。该方法是一种两步分析法:①确定 CTNI 长清单,即确定作为关键核心技术的候选技术清单;②基于国家政策视角,从CTNI 长清单中生成优先考虑的 CTNI 列表。尽管 CTNI 可能是政策的重点,但是基础设施、劳动力和供应链等因素也会考虑在内,具体分析框架如图 8-2 所示。

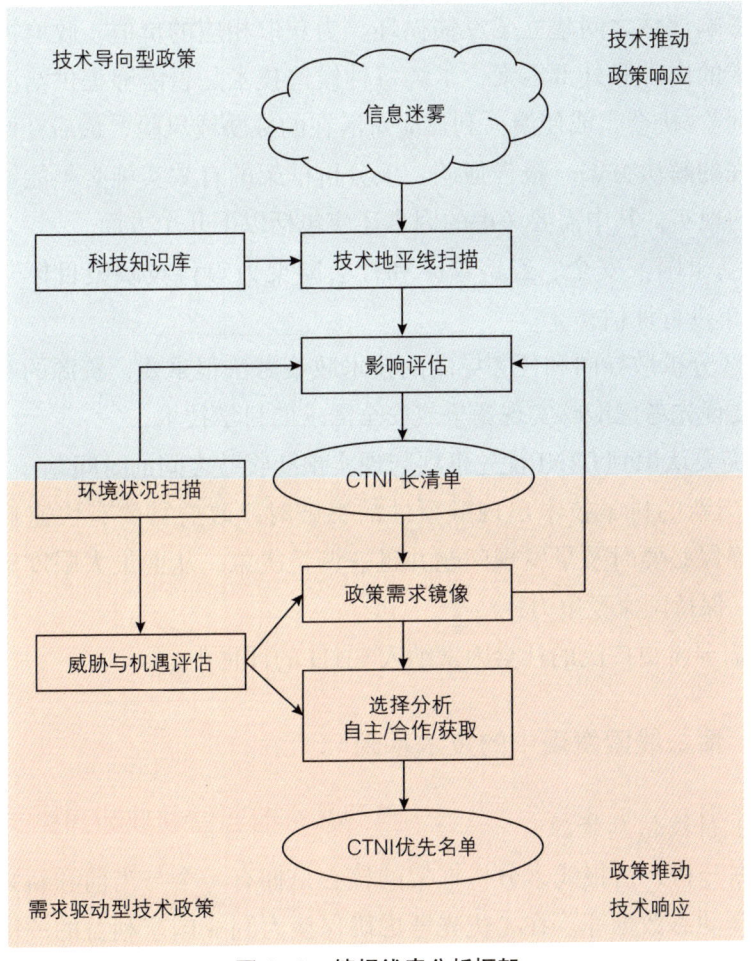

图 8-2　情报线索分析框架

根据图 8-2 上半部分（蓝色部分）制定 CTNI 长清单部分，而下半部分（红色部分）则是在长清单的基础上根据一些政策驱动因素制定的优先列表名单。从本质上讲，该分析框架结合了技术地平线扫描和环境状况扫描两种方法来进行技术影响的评估。该评估根据更广泛的技术分析、国家政策背景下的 3 个国家利益支柱（国家安全、经济繁荣、社会凝聚力）的分析，来综合评估候选技术。分析框架充分利用扩散导向和任务导向政策方法的效用，上半部分为扩散导向型政策方法，下半部分则为任务导向型政策方法。虽然该图的表象是线性的，但实际上整个框架的各个阶段在运转过程中都会有反馈。同时，考虑到重大政策发生变化的可能性，在政策需求和影响评估之间建立了反馈循环。为获取相应的价值，政府需要根据发展需求的内部和外部因素，了解每种候选技术是否能够提供给澳大利亚真实的利益/机会，或使澳大利亚应对潜在的威胁或风险，最后在此基础上分析潜在的解决方案。报告强调，该分析框架的有效实施必须能够反映决策环境的现实，其中需要考虑的因素还应包括以下几个方面。

① 基于国家安全、经济繁荣和社会凝聚力等科技政策目标，需要对 CTNI 清单进行评估；

② 区分扩散导向和任务导向的技术政策方法很重要，资源的有限性意味着需要优先考虑能够实现竞争或安全需求的科学技术；

③ 需要认识到 CTNI 优先事项与现实预期收益之间的时间差；

④ 当新的科学技术出现颠覆性的突破时，政府需要有快速响应的能力，以确保必要时及早发现问题并迅速调整决策，从而最大限度地减少战略意外，保持国家竞争力；

⑤ 需要将更广泛的社会因素纳入 CNTI 的评估中。

8.2.2 情报线索发现中的技术基础

（1）科技信息资源

根据分析，情报线索分析框架的核心是拥有一个与当前和新兴技术相关的综合动态数据库。在《优先考虑确保澳大利亚国家利益的关键技术分析方法》中，该数据库是澳大利亚国防科学与技术部门组织开发的，它支持技术水平扫描方法的实施,并可以提供给其他国防和国家安全组织,及澳大利亚的国际合作伙伴。该数据库旨在提供一个系统级的科技信息审查以识别潜在科技威胁、风险及新出现的问题和机遇,为情报线索分析框架提供情报的信息资源基础,从而将全谱系筛选变为更易于管理的科技信息集合。

(2)技术评估方法

科技发展并不是孤立于政策环境的,现有科技生态系统的惯性和进行调整所需的时间意味着,如果出于国家利益需要进行技术的重大调整,则需要考虑在现有技术基础上进行这些调整。一方面,技术发展的快速性可能会使情况变得复杂;另一方面,需要思考如何能够将其体现为功能性产品。因此,需要一种系统的评估方法来实现对科技情报线索的评估。该方法以技术水平扫描过程中所发现的关键因素为基础,同时还需掌握了解技术发展成熟期所需的(政策)环境。为使政策变化和投资实现拥有稳定性的收益,此种方法必须是可重复的,最大限度地减少"偏见",并具备管理大数据的能力。

在进行技术评估时,需要谨慎考虑可能会高估技术的能力和低估其影响的时间。围绕新兴技术的炒作可能会因扭曲决策、资金分配、采购周期和政策实施而导致决策的失效。因此,对关键技术进行优先排序的分析需要了解技术所存在的风险。一种常见的方法是技术成熟度(technology readiness level,TRL),该方法侧重于技术本身的特性。但是,兰德公司重新开发了一种名为STREAM(systematic technology reconnaissance, evaluation and adoption method)的技术评估方法,在评估过程中额外考虑一些必要的组织环境因素,如在监管、资金、培训、标准方面的障碍/促成因素,该方法是对TRL方法的一个超越。STREAM方法的评估过程如表8-1[7]所示。

表 8-1　STREAM 方法的评估过程

阶段	主要问题
框架	技术将影响什么职能？ 执行该职能的机构服务方向是什么？ 该方向的目标和指标是什么？
确认	有哪些技术可以影响机构执行特定职能的能力？ 这些技术的成熟度如何？它们可能何时可用？
表征	对于每项技术，它是如何影响机构实现与职能相关的目标的能力？ 采用技术的成本、驱动因素和障碍是什么？
比较	现在或将来采用技术或技术群之间的权衡是什么？ 对目标职能及其他机构职能而言，直接和间接的可能结果是什么？
决定	一个机构应该对这些技术采取什么行动（监控、塑造、采用……）？

（3）明晰关键技术的特点

① 影响力：技术预期产生影响的方式。关涉国家利益的候选关键技术必须至少具有以下一项特点（可以多于一项）。

- 颠覆性：改变游戏规则的技术。改变游戏规则通常是指在创新或能力方面向前迈出的重要一步，这需要我们彻底重新思考我们如何处理这种改变，此改变可能是由于技术意外、失败或无法及时适应而出现的。

- 融合性：提供创新或能力，当不同的技术相结合时创造新的效率和机会。这些技术可以是现有的或新兴的科技。

- 新兴性：新的或以前尚未开发的技术，在早期开发期间关注度高，投资资金持续增长。此类技术可能会提供扩展当前技术功能性的创新，可能会为国家一系列关键的部门带来切实的好处。

- 持久的主权能力：维护国家现有的关键技术。

② 实施时间——关涉国家利益的候选关键技术的时间框架还必须至少涉及以下一项。

- 立即：能够应对正在进行的重大变化，该变化需要政府迅速做出反应，并且特定技术已被确定为应对变化的核心。

- 新兴：已确定潜在的威胁或机遇，为政府在投资创新或调整政策杠杆方面优化结果提供选择的技术。
- 长期：能够对预测的未来关键风险或前景做出反应，如果不加以解决，将削弱国家的全球影响力或本国生产力。

（4）确定关键技术发展周期

在因迫切需求需要采取任务导向决策的情况下，时间和时机是决定在一项关键技术上投入资源的关键因素，这也是政府围绕优先级做出决策的关键决定因素。关键技术的确定需要对技术的威胁或机会进行评估，决策、行动、交付和利用的能力将决定技术解决方案在及时性、适用性和成本方面是否可行。此外，关键技术的确定还需要考虑到实现技术价值所需要的时间周期，即确定哪些技术是关键技术还需要具有前瞻性。

图8-3是关键技术交付周期，该周期包括4个决策点，通过预定阈值的形式逐步在每个决策点开展活动。如前所述，当识别出当前的威胁或机遇时（决策点1），该过程开始。如果确定该问题具有足够的优先级，保证在技术可以发挥关键作用的情况下能够做出响应，那么就会出现关于现有国家技术能力是否存在（或至少是可获得的）的问题（决策点2）。如果国家具备该技术能力，那么政府将投资选定的关键技术，并开始执行此操作流程，如资源选择、商业案例开发、治理安排、政府批准、支持操作能力的开发（如劳动力、基础设施），此过程可能需要一些时间。因此，在进行成本效益分析的情况下，需要将规划中所投入的资源和时间考虑在内。一旦克服了这些障碍，就可以开始开发关键技术的活动。尤为重要的是，由于需要通过风险评估确定所需的能力水平及确保资源的高效和有效使用。因此，业务案例中的评估指标必须是明确且面向解决方案的。一旦达到这一水平，对关键技术开发的投资就可以开始转变为将该技术转化为功能性解决方案（决策点3）。否则，该技术就有可能无法发挥其潜力。这种技术转让，连同研究人员的技能提升、与产业界的接触、必要基础设施的发展，以及通过这一周期吸取的经验教训，代表了一种知识转让活动。最终到达决策点4，即政府是否需要发挥进一步的作用，提供解决方案，帮助研发人员研发创新并开发利用该技术。政府提供的解决方案多数是通过监管等机制给予帮助支持，如果有技术安全要求，那么政府会投资支持关键技术的创新。

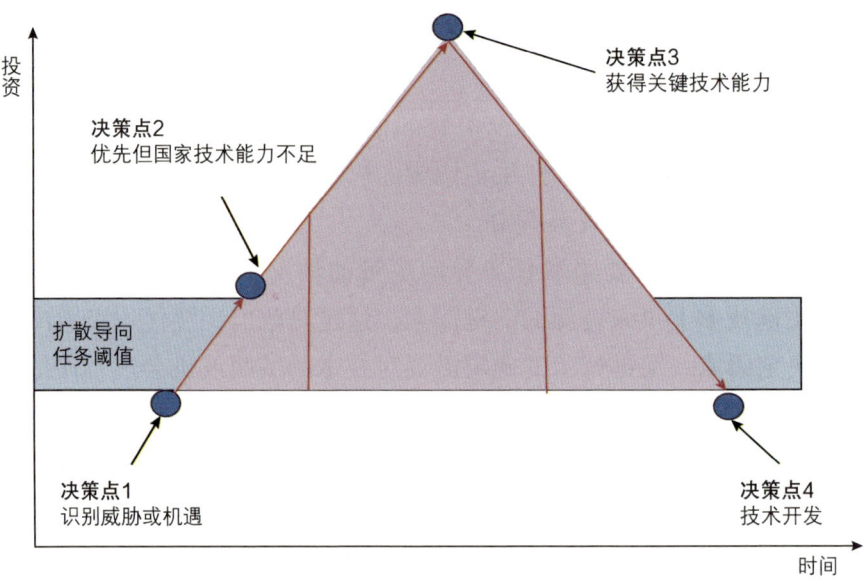

图 8-3 关键技术交付周期[8]

8.3 科技情报线索发现的主要方法

通过科技情报线索发现，可以早期评估科技发展的影响和潜力，以及可能的发展趋势，有助于更好地了解世界不同地区的创新，监测其他国家（竞争对手或盟国）的能力发展，帮助政府或其他机构做出有效战略性决策。科技情报线索发现的主要方法是地平线谱系扫描。地平线谱系扫描作为一种系统而全面的扫描过程，既是地平线扫描的一种，又是对地平线扫描的延伸，它不同于搜索，在一定意义上它是一种探索和发现未知的思维模式，它应用到科技情报线索发现中的具体作用有以下几个。

（1）深切理解和主动适应科技发展客观现实

地平线谱系扫描是一种从概念实施到产品形成的过程，它能快捷感知并帮助预判科学技术的进步方向。同时，地平线谱系扫描也是动员全体利益相关者、传播动态心智、形成共识的过程，这一工作过程的成果，往往可以导致新知识的产生，从而既支撑各层次政策的制定，又能够确定优先事项以引导各实体和个体的科技发展方向或投资。

(2)依托多源信息不断感知科技情报线索的弱信号

以科技前沿探测为例,探寻前沿线索最为常用的一种方式是通过文献计量方法对近一两年的研究前沿文献进行统计分析。但值得注意的是,还有一些前沿探测对象是在文献计量的对象之外,此类科技前沿技术往往在初期发展并不具有明显的线索,但未来可能极具颠覆性效果。在充满科技信息迷雾的复杂信息环境下,弱信号往往出现在意想不到之处,存在于地平线上多数人都不经意的地方。地平线谱系扫描就是要持续地、主动地、全面地扫描那些关乎未来发展与安全的科技前沿弱信号,以从中感知有价值的情报来减少科技创新活动中的不确定性,并供科技决策者参考。

(3)持续监测已知或已存在的具有潜在前景的技术发展

地平线谱系扫描对已知技术进行持续跟踪监测的工作主要集中于有限的关键核心领域、专深技术,它讲究聚焦,讲究精到,讲究准确,去伪存真,可以起到科技信息服务和信息共享的作用,帮助决策者或相关科技工作者更好地理解他们对未来科技创新方向的立场,更好地解决实际问题。

(4)支持科技预见与科技评估分析

地平线谱系扫描可以针对未知或知之不详的对象进行扫描。一方面,它可根据科技情报业务的任务目标,在信息不完备的情况下,依照扫描流程,扫描信息实施分析,形成最终的相关情报产品并送达给特定情报用户以响应决策需求。另一方面,地平线谱系扫描可对未知或知之不详的对象进行扫描探测与感知,对极具不确定性的科技未来进行揭示和预警,为理解、评估和展望科技创新发展提供了认知框架和操作工具。

8.3.1 地平线谱系扫描的特点

(1)地平线扫描的一种延伸

地平线扫描在概念上囊括扫描的各种各样模式[9],更多是一种探索未来和即将到来的技术趋势的方法,并评估这些趋势可能带来的机遇和威胁。作为复杂信息环境下科技情报线索发现的主要方法和手段,与追踪特定技术及发展的技术观察活动有所不同。地平线谱系扫描观察所有新技术和新知识的发展，在开源情报环境中更能发挥对先见情报线索扫描的效果，适用性更强。

（2）全谱性思维原则

从扫描内容范围看，地平线的确定，即扫描类别的选择和数量规模，将会影响所收集信息的种类和深度。地平线扫描的重点通常是在相关组织的预见范围内生成可操作的情报和预见力，PEST（政治、经济、社会和技术因素）通常是地平线扫描的流行框架。而全谱性思维是地平线谱系扫描范围确定的首要原则，基于该原则，地平线谱系扫描更加注重情报资源谱系的广度，能够兼收并蓄地汲取各种来源的信息，在先见情报线索发现中充分放眼已知事物和未知事物的各种可能新动态，这将有助于整个科技谱系的突破和创新。

（3）强调长期性、连续性

关于地平线扫描的定义通常仅强调扫描范围的全面系统，而对扫描时间维度上的持续性缺乏关注。地平线谱系扫描不仅强调对扫描内容的全方位、全谱系，在扫描频度上也强调长期性、连续性。基于当前复杂的信息环境，科技情报的确定性和可预测性不断下降，亟须利用多种来源和学科知识的地平线谱系扫描持续地关注有助于科技创新发展的科技情报线索，以不断增强洞悉情报的感知力度和刻画响应的适度。

8.3.2 地平线谱系扫描的适用性

目前有些学者结合地平线扫描案例，对地平线扫描流程进行了总结[10-14]。地平线谱系扫描是对全谱系资源进行动态获取的感知、刻画和响应的过程。科技情报线索发现的工作中，情报能力的发挥与运用不外乎是通过情报感知、情报刻画和情报响应的手段，发现科技发展的前沿和核心线索，实现科技安全治理的预警和预控，增强制定科技安全治理相关政策的科学性，最终在科技创新发展中取得竞争优势。地平线谱系扫描在科技情报工作各环节中具有较强的适用性，具体如下。

（1）地平线谱系扫描是情报感知的有力工具

Richards Heuer 认为情报工作中存在的局限性之一就是认知对情报分析的准确性和及时性所产生的限制[15]，这也反映出情报感知在情报工作中的关键地位。学者包昌火曾指出，感知是情报工作的一部分，感知即"耳目、尖兵"[16]。情报感知是在情报工作中搜集、选择处理及解释信息以获得对利益相关者当前情况的了解并预测未来发展的过程。在这一过程中，尽管更多的信息和分析手段并不能保证形成更好或更成功的决策。但是，基于对相关因素的深入理解和认真分析所做的决策比单纯基于信息的评估更有可能获得预期的决策结果。

情报感知本身就是在明确的任务目标下达之前或之后，对可能有情报价值的感知对象进行长期监控和全面扫描，将扫描的原始结果预处理加工至可理解可利用的状态，在此基础上初步分析感知对象的发展态势，预判感知结果的适用领域及在该领域的价值[17]。而地平线谱系扫描以全谱思维为主导，不聚焦、不设限，对选定的地平线进行持续的扫描以获得地平线全貌。这些特点能够更好地满足情报感知对感知对象、感知方式、感知手段的要求。

（2）地平线谱系扫描使情报刻画更加聚焦

在科技情报工作中，情报刻画是对情报进行分类、总结、提炼，使科技创新发展与安全相关的情报服务对象和决策支持的范围更加明晰。这个过程既需要借助成熟的科技情报分析手段和方法实现对科技情报的加工整合，又需要具有较强的情报判读能力和转化能力。

基于信息技术、人工智能的时代特色及科技快速发展的时代背景，传统的情报分析与生产方法已经不能充分满足科技创新发展与安全对情报分析与生产的需求。如何运用新的信息技术和人工智能技术分析和生产科技情报是复杂信息环境下情报刻画的重要体现。需要注意的是，复杂信息环境下的科技情报需求在很多情况下，并没有因为大数据技术和工具的快速发展而得到满足，相反却出现了信息过载、泛滥而情报匮乏的现象。地平线谱系扫描可以支持对海量信息背后更深层次、更本质的规律进行聚焦性的解析、研判和刻画。

（3）地平线谱系扫描使情报响应更具时效性

情报响应是传统环境下情报工作的主要内容，衡量情报响应水平主要通过情报响应产品和情报响应时间两种形式：情报响应产品，即情报产品在内容和形式方面是否契合情报任务需求；情报响应时间，即情报产品是否及时递送给决策者。当前大国之间的科技竞争博弈再次为科技情报工作敲响了警钟，科技创新发展过程中所面临的科技风险和威胁无处不在，科技情报工作的应急响应能力不容忽视。

地平线谱系扫描在情报感知环节的谱系性扫描、在情报刻画环节的聚焦性分析，为情报响应环节提供了有力的支撑。在情报响应环节，地平线谱系扫描将情报感知和情报刻画的匹配结果与一定的情境条件结合起来进行完善，及时送达决策者参考，发挥情报工作的主动性。并根据具体的任务需求补充调整，亦可实现在最短时间内做出响应，缩短用户的等待时长，提高情报工作和决策的效率。

8.3.3　地平线谱系扫描的方法

不同国家、地区或机构组织在地平线谱系扫描方面具有许多优秀案例和丰富的实践经验，并且随着人工智能技术的发展，将会出现很多新的扫描方法、技术。由于没有一种地平线谱系扫描方法、流程和模型是具有普适性的，所以最佳的方法选择在很大程度上是取决于扫描目标及扫描需求方的真正需求，即开展地平线谱系扫描的原因和目标决定了地平线谱系扫描的最佳方法和预期结果。一般来说，地平线谱系扫描的目的主要涉及提供决策支持、颠覆性技术预测、预警、趋势分析等。在传统地平线扫描过程中对于方法的选择和使用并无限制。从国外机构的实践和相关研究来看，所采用的方法并不完全一致。因此，基于科技情报卓智赋能需要，本书分别从情报感知、情报刻画、情报响应3个环节展开，对所涉及的地平线谱系扫描方法进行列举描述。

（1）情报感知中的地平线谱系扫描方法

情报感知环节中的地平线谱系扫描方法主要包括地平线确立方法和信息获取方法两种。谢尔曼·肯特提出了情报问题的3种来源：一是专门从事预测问题的人员思考的结果；二是监测人员意识到出现了不同寻常的情况，情报问题也随之产生；三是来自用户的直接要求[18]。无论是何种来源的情报问题，在问题产生之后，确立问题扫描的地平线是情报感知环节的首要任务。同时，在感知科技情报线索发现的信息获取工作中，面对复杂多变的国际竞争环境，那些有价值的情报或敏感性情报也需要依赖于特定的情报捕捉和获取方法才能获得，即对环境的持续扫描和追踪，以及对全源科技信息的深度挖掘（表8-2）。

表8-2 情报感知中的地平线谱系扫描方法

扫描阶段	方法	方法描述	优点	不足
计划与指导（确立地平线）	访谈	一对一提问（专家或利益相关者），以识别问题、探讨重要驱动力量及不确定性领域；可能是高度结构化的、无争议的，也可能是开放的、牵涉对话过程的	访谈是一种很好理解、广为接受的技巧；易于得到关键人物关于创新前沿线索发现的前瞻意见	共同利益主体间缺乏互动性
	问题树/逻辑图	将关键问题分解成彼此互斥、穷尽所有的一套子问题	识别出针对关键问题能提供一个完整答案的所需信息	不太适合于一般性问题或不能精确定义范围的问题
信息获取	文献研究	采用文献计量、内容分析等方式对已有文献进行定量、定性分析	获取科技领域的相关研究动态、研究前沿及发展趋势的信息	大部分是对已有结果的分析总结，具有一定的时间限制
	数据库检索	专业数据库数据	数据精准、可靠	专业性较强，需要学科专业知识
	权威网站	政府网站、科研机构网站的相关信息发布	信息权威、可靠	具有时滞性、模糊性
	网络爬虫	按照一定规则，自动转去网站信息的程序或脚本	能够及时、全面地获得相关信息	存在窃取数据和信息的风险
	开放论坛	在线论坛，任何人都可以参与	更广泛地获取众人智慧	内容质量缺乏保障
	德尔菲问卷调查	通过问卷获取专家咨询建议	容易获得对某个学科领域当前状况的概述	非互动式的
	……	……	……	……

（2）情报刻画中的地平线谱系扫描方法

情报刻画环节中的地平线谱系扫描方法主要包括情报处理与加工方法、情报判读与转化方法。以科技创新的情报线索发现为例，在情报刻画这一工作环节中，不仅需要依靠情报处理与加工手段和工具，更需要依靠情报工作者、相关专家的知识、经验和智慧，解读和洞察科技信息或现象背后更深层次的本质规律、变化及影响，以实现对科技创新线索发现的研判和辨析，本书列举的情报刻画中的地平线谱系扫描方法如表8-3所示。

表8-3 情报刻画中的地平线谱系扫描方法

扫描阶段	方法	方法描述	优点	不足
处理与加工、分析与生产（情报判读与转化）	时间序列分析	一种动态数据处理的统计方法，一般用于系统描述、系统分析、预测未来等	可以从时间序列中找出变量变化的特征、趋势及发展规律，从而对变量的未来变化进行有效的预测	在应用时间序列分析法进行市场预测时，应注意市场现象未来发展变化规律和发展水平，不一定与其历史和现在的发展变化规律完全一致
	PEST	对政治、经济、社会和技术四大类宏观环境的分析	可以从宏观角度全面地分析外部环境	变化因素大
	SWOT	将与研究对象密切相关的各种优势（strengths, S）、劣势（weaknesses, W）、机会（opportunities, O）、威胁（threats, T）因素，通过全面扫描列举出来，并依照矩阵形式排列，之后用系统分析的思想，把各种因素相互匹配起来分析，从而得出一系列相应的结论，而结论通常带有一定的决策性	可以对研究对象所处的情景进行全面、系统、准确的研究，从而根据研究结果制定相应的发展战略及对策等	缺乏对要素重要性的度量；优劣势评估的相对参照不明确

续表

扫描阶段	方法	方法描述	优点	不足
处理与加工、分析与生产（情报判读与转化）	定标比超	与从事该项活动最佳者进行比较，从而提出行动方法，以弥补自身的不足	针对性强；可操作性强；创新性强	有效性持续时间短；缺乏预测能力
	层次分析	将与决策总是有关的元素分解成目标、准则、方案等层次，在此基础之上进行定性和定量分析的决策方法	系统性的分析方法；所需定量数据信息较少	指标过多，数据统计量大，且权重难以确定
	趋势预测	自变量为时间，因变量为时间的函数模式	考虑时间序列发展趋势，使预测结果更好地符合实际	突出时间序列，暂不考虑外界因素影响，因而存在预测误差的缺陷
	案例分析	对有代表性的事物（现象）深入地进行周密而仔细的研究，从而获得总体认识的一种科学分析方法	易于理解；有助于把握事件的本质；增加实证的有效性	严格性容易受到质疑
	外推法	利用过去和现在已知其构成规律的动态统计数列向未来延伸的方法	可以揭示技术发展的未来趋势，并能够定量地估计某些功能特性	形势发生突变时会失败
	情景分析法	假定某种现象或某种趋势将持续到未来，对预测对象可能出现的情况或引起的后果做出预测的方法	提高组织的战略适应能力；实现资源优化配置	有些情景可能不够现实；所用场景可能缺乏充分的基础；数据可能具有随机性
	……	……	……	……

（3）情报响应中的地平线谱系扫描方法

情报响应环节中的地平线谱系扫描方法主要包括扫描结果的分发与整合方法，以及对扫描结果的评估与反馈方法。科技情报线索发现的情报响应结果分发与整合将根据不同的情报业务情景呈现不同的形式，对扫描结果的评估与反馈是衡量地平线谱系扫描效果，以及对后续扫描活动进行调整的重要参照，本书列举的情报响应中的地平线谱系扫描方法如表8-4所示。

表 8-4 情报响应中的地平线谱系扫描方法

扫描阶段	方法	方法描述
分发与整合	定期结果	短期连续扫描结果——通信、简报等；年度扫描结果——年度报告
	临时报告	临时指派任务扫描的结果
	会议汇报与讨论	撰写报告、组织各种会议进行汇报、研讨
评估与反馈	访谈法	获取可能存在问题的反馈
	问卷调查法	定向获取特定问题的反馈
	指标评估	建立评估指标体系，评估扫描结果的有效性

8.4 科技情报线索发现方法及应用

作为科技情报线索发现的主要方法，地平线谱系扫描方法在相关国家、地区的机构或组织中得到了良好的应用，为实现科技前瞻、科技管理决策等提供了有价值的科技情报线索。但是，地平线谱系扫描方法并非一个固定的方法体系，在科技情报线索发现工作中需要根据具体情况选择适当的方法并进行科学的方法组合，或选择必要的技术工具加以支持，才能充分发挥地平线谱系扫描方法的预测、评估作用。本书以美国兰德公司、澳大利亚学术学院理事会及欧盟的前瞻能力中心在科技前瞻工作中的方法选择和运用为例进行相关方法的应用介绍，以期给我国的科技情报线索发现方法及应用带来启示。

（1）基于专家经验的方法和技术组合

美国兰德公司的未来与前瞻研究中心（CFFS）成立于 2018 年，旨在通过应用多种未来方法及跨战略、政策和决策制定范围提供定制化的情报服务，主要包括思想领袖、战略和政策制定、能力发展及市场感知 4 个应用领域，这些领域提供关于科技发展及科技相关领域的情报线索发现研究服务[19]。

虽然科技情报线索发现的工作并不能确定未来会发生什么，但是相关部门和组织可以从探索不确定性和预测未来发展的影响分析和预测中受益。在制定战略、制订计划和评估潜在行动方案的工作中,展望未来并能够对未来做出明智预测的能力是非常重要的。为此,该中心的研究团队设计了一个适用于未来预测的、基于专家经验的方法和技术组合,以满足客户的特定要求。从广义上讲,其将具体方法分为3个不同的类别(表8-5)。

表8-5 CFFS地平线谱系扫描方法的分类[20]

方法类别	方法描述	示例
预见类	此类别包括用于识别和评估新兴技术及社会、经济和政治趋势的所有方法	地平线扫描、技术观察服务、大数据分析、技术路线图等
情景分析类	在进行敏感性分析、制定政策选项和设计决策树方面比较有用	三视野框架、基于假设的规划
游戏类	游戏是一种既定的研究方法,它将人们聚集在一起,考虑根植于现实世界的假设情况可以采取的步骤。通过与来自不同领域的人互动,参与者可以获得更广阔的视野并探索他们的决策可能产生的后果	严肃游戏、桌面练习

在一定程度上,基于专家经验的方法和技术组合最大限度地发挥与运用了专家的知识、经验和判断能力以对科技情报线索的发现工作做出研判,强调了各领域专家参与的广泛性与互动性,同时也注重运用大数据分析技术、桌面练习等方法,这在一定程度上避免了受权威因素的影响,从而保证了情报线索发现结果的科学性和有效性。

(2)基于情报工作过程的方法组合

欧盟前瞻能力中心(Competence Centre on Foresight,CCF)对欧盟政策制定的支撑作用主要包括:提供战略性和面向未来的投入;在欧盟内部发展一种预期文化;不断实验和开发不同的方法和工具,使科技预见对决策过程切实有用。例如,ForLearn工具提供了科技前瞻在线指南,它提供一种科技情报线索发现的重要路径。CCF认为,科技前瞻工作是一系列复杂且高度互动的过程,不能通过单一的方式来组织进行,而且所有的科技前瞻工作都应该从深入了解背景和明确的目标开始,并据此在不断迭代科技前瞻方法过程中充分选择合适的方法。为此，ForeLearn 将科技前瞻工作分为 7 个不同的阶段，包括：可行性评估、确定参数、界定范围、规划组织、方法选择、制定管理规则和评估效果。同时强调，这些阶段不是按时间顺序排列的，而是依照逻辑顺序进行，所以这些阶段都存在反馈循环。ForeLearn 对特定的前瞻方法进行的分类如表 8-6[21]所示。

表 8-6　ForeLearn 对特定的前瞻方法进行的分类

方法类别	方法描述	示例
分析类方法	此类方法主要涉及某种问题结构化过程或复杂性降低技术	专利分析、文献计量、交叉影响分析、环境扫描、地平线扫描、态势分析（和相关树）、多标准分析、交叉影响矩阵、SWOT 分析、趋势外推等
创造性方法	旨在让参与者或专家轻松进入想象中的未来和跳出固定思维模式，此类方法为不确定性及复杂问题的创造性思维提供了空间	愿景构建、因果分层分析（CLA）、集体笔记本（CNB）、类比、头脑风暴、游戏、思维导图、图形引导
专家小组	通常由 12~20 人组成，他们有 3~18 个月的时间来审议特定主题领域的未来，如技术、应用领域或经济部门	关键技术研究
模拟和模型	目前此类方法主要借助现代计算机应用技术和工具进行	建模和仿真、系统动力学方法

CCF 提出的工具组合为科技情报线索发现工作提供了重要的借鉴。可以发现：分析类方法、创造性方法与专家小组沿用了传统的科技情报工作方法，这些方法不仅有助于将高度相互依赖的系统进行分解与分析，还为专家们针对不确定性及复杂问题的创造性思维提供了空间。此外，模拟和模型借助现代计算机应用技术和工具进行建模和仿真，通过定性与定量方法的结合，以现实存在为基础，最大限度地运用有关信息资料和统计数据，保证了科技前瞻模型的科学性和合理性。其中，系统动力学方法是基

于时间变量做动态的思考，从而保证科技情报线索发现工作的周期性和长期性。

（3）基于目标任务的地平线扫描方法组合

自1971年开始，每5年日本开展一次地平线扫描活动，以对科学技术进行预见，目前已经形成了制度化的工作，由日本科技政策研究所承担相关工作。2019年11月1日，其发布了《第11次科技预测调查综合报告》[22]，绘制了科学技术发展下社会的未来图景，即针对7个领域的科学技术发展方向进行了预测（表8-7），以为日本未来的科技发展提供新方向的参考。

表8-7 日本第8至第11次预测结果

次数（年份）	目的	方法	领域选择	预测结果
第8次（2005年）	确定快速发展的研究子领域	① 需求调查；② 德尔菲法；③ 文献计量法；④ 情景分析法；⑤ 领域调查（重点领域、快速发展领域）	① 纳米技术和纳米材料；② 信息和通信；③ 电子学；④ 生命科学；⑤ 能源和资源；⑥ 环境；⑦ 农林水产和食品；⑧ 工业基础；⑨ 制造；⑩ 保健；⑪ 医疗和福利；⑫ 社会基础；⑬ 社会技术	① 德尔菲预测，延续了之前7次调查的方法；② 情景分析——科学技术领域之发展趋势调查，选出50个技术进行情景分析；③ 持续快速发展中的研究领域调查——基于论文的分析；④ 社会、经济需求调查；⑤ 急速发展中的研究领域调查，归纳出最具发展潜力的51个研究领域。半数的课题是与地震有关的，从地震探测到对减轻人类损害的模拟措施

续表

次数（年份）	目的	方法	领域选择	预测结果
第9次（2010年）	以解决经济社会面临的重大问题和挑战为主要目的	①需求调查；②德尔菲法；③方案法	①电子、通信和纳米；②信息技术；③生物和纳米技术；④为健康生活和信息技术利用的医疗技术；⑤太空、地球、生命探知，拓展人类活动区域的科技；⑥多能源技术创新；⑦必须资源，包括水、食物、矿产；⑧保护环境和建设可持续社会的技术；⑨基础技术，包括元素、物质、纳米系统、过程和评估；⑩支持产业、社会和科技发展的制造技术；⑪通过科技进步加强管理；⑫支撑日常生活和产业的基础设施技术	①能源、资源、环境相关的领域，包括18项科技主题；②与健康和医疗有关的领域，包括5项科技主题；③电子通信技术、基础技术及管理等领域，包括13项科技主题。其中，有50%的科技主题是能源、资源和环境领域，获得专家支持率最高的科技主题是信息化社会、能源相关方向、太空和海洋管理技术、能源资源和环境
第10次（2015年）	研究科学技术给社会发展带来的影响，分析现有技术未解决的问题和经济发展的技术需求，构建未来技术的趋势	①德尔菲法；②未来愿景	①信息与通信技（ICT）、解析学；②健康、医疗、生命科学；③农林水产、食品、生物工程学；④宇宙、海洋、地球、科学基础；⑤环境、资源、能源；⑥材料、设备、程序学；⑦社会基础和服务型社会	①ICT与自然科学基础可能是日本未来30年科学技术发展的重点领域；②日本具有国际竞争力的科学技术方向是自然科学基础领域；③材料学、ICT、健康医疗等领域科学技术的实现存在较高的不确定性；④22个主题被认为技术实现可能性低于50%

续表

次数（年份）	目的	方法	领域选择	预测结果
第 11 次（2019 年）	目标是为制定科技创新相关的国家战略和下一期科学技术基本计划做出贡献	① 各种地平线扫描方法；② 未来愿景；③ 德尔菲法	① 健康、医疗、生命科学；② 农林水产、食品、生物技术；③ 环境、资源、能源；④ ICT、分析、服务；⑤ 材料、设备、工艺；⑥ 城市、建筑、土木、交通；⑦ 宇宙、海洋、地球、基础科学	① 重要性较高的五大领域：健康医疗和生命科学、ICT 分析和服务、材料器件和生产工序、城市土木建筑和交通、宇宙地球海洋等基础科学；② 日本在健康医疗和生命科学领域缺乏国际竞争力，而在宇宙地球海洋等基础科学领域具有较高的国际竞争力；③ 到 2035 年，约有 90% 的科学技术主题将实际应用于社会。为实现科学技术的实际应用，亟须整合当前政策法规的是 ICT 分析和服务领域，亟须应对伦理、法律和社会问题的是健康医疗和生命科学领域；④ 在技术方面最合适的措施是人力资源战略，其次是资源分配政策和研究基础设施建设等

日本进行地平线谱系扫描主要采用德尔菲法，共进行两轮问卷调查，第一轮有 6697 名专家参与，第二轮有 5352 名专家参与，主要包括了 4 个步骤（图 8-4）。

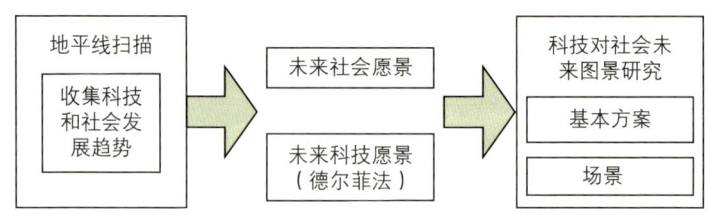

图 8-4　日本地平线谱系扫描的主要步骤

第一，对科学技术的发展趋势进行扫描。通过文献调研、数据库检索、专家调研等方法为后期工作提供材料支撑。同时，由日本科技政策研究所开发的系统（Knowledge Integration through Detecting Signals by Assessing/Scanning the Horizon for Innovation，KIDSASHI）每天采集全球范围内大学和机构发布的报告，并应用机器学习等方法进行分析。

第二，描绘未来社会愿景。通过邀请利益相关方和专家，以讨论的形式勾画了 2040 年社会愿景，总结了 50 个对未来社会的构想，以及未来社会蓝图的补充、方案、相关科学技术和系统，并预见了科学技术的方向。同时，收集了全球和亚洲的趋势预测数据，以及某些地区的发展趋势数据，以为日本的趋势预测提供数据参考。

第三，基于德尔菲法的科技愿景分析。根据研究领域数目共设置了 7 个小组委员会，每个委员会都对领域下设了 7～17 个细分领域，每个细分领域又包含了 10～20 个主题，总共形成了 702 个专题。一方面，通过德尔菲法进行专家判断；另一方面，通过机器学习等方法对 702 个专题进行聚类而形成了 32 个科技专题群，然后对专题群进行了定量和定性分析。将专家判断结果与机器学习结果相结合，最终提取了 8 个跨学科的、强交叉性的特定领域和技术。最后，通过问卷形式征集领域专家对每个主题在实现时间重要性、国际竞争力和相关政策支持方面的意见，进而归纳专家对科学技术的愿景。

第四，未来愿景场景构建。根据前面 3 个步骤的成果构建科技发展和社会未来图景的基本场景，把社会未来愿景和科技未来愿景结合起来，希望通过科技发展来推动实现日本社会未来图景。

8.5 本章小结

复杂信息环境下进行科技情报线索发现的重要方法是地平线谱系扫描。地平线谱系扫描既是一种思维方式，更是信息获取、分析和处理过程中一系列方法工具的综合运用。尽管通过这些方法或工具并不能完全精确地预测未来，但通过系统、严密的地平线谱系扫描方法调查分析未来趋势，挖掘潜在的机遇和风险，对于支撑科技情报感知、情报刻画和情报响应的工作环节是不可或缺、至关重要的。在科技情报线索发现过程中，对于地平线谱系扫描方法的运用和掌握需注意以下3点：①地平线谱系扫描与科技情报工作流程的良性融合。对于地平线谱系扫描工作而言，需要把握扫什么、怎么扫、扫描成果怎么分发3个基本要素[12]。科技情报线索发现不是情报工作的最终结论，因此地平线谱系扫描既贯穿于情报工作的整个过程，又是科技情报工作进行感悟、究理、赋能的重要依据。把握地平线谱系扫描与情报工作的良性融合，可以将扫描方法更好地应用到情报工作环节中，以实现科技情报卓智赋能的最优效果。②地平线谱系扫描方法的选择与组合的适用性。通过本章介绍的应用案例可以发现，在科技情报实践中，不同组织机构的研究问题各具特色，所使用的扫描方法和工具也有所不同。并非所有的地平线谱系扫描方法和工具都适用于任何一种扫描场景，也并非仅仅依靠一系列的地平线谱系扫描方法和工具就能完成对既定地平线的谱系扫描工作。应根据具体的科技情报业务场景有针对性地选择合适的方法，必要时还须与其他方法结合起来才能保证科技情报线索发现的科学性和可靠性。③地平线谱系扫描方法需要专业学科知识和技术的支撑。无论运用何种方法，地平线谱系扫描工作的顺利进行还需要不同领域专家或利益相关者的广泛参与与合作，同时对于科技信息识别、获取、处理等扫描活动还需要借助强有力的技术。用于科技情报线索发现的地平线谱系扫描过程往往会涉及复杂的学科领域知识、政策等诸多问题，一般组织或机构难以实施全面扫描，因此需要有外部专家的积极参与。此外，地平线谱系扫描所获得数据、信息的广泛性及数据处理的复杂性也需要领域技术的支撑。

参考文献

[1] 曾文,李辉,樊彦芳,等.开源情报环境下的科技前沿识别体系研究[J].情报理论与实践,2019,42(7):30-34.

[2] 于伟.新时期情报学发展守正与拓新:2020年"情报学进展"学术论坛暨《情报学进展》第13卷发布会[J].情报理论与实践,2020,43(10):183-184,186.

[3] 陈峰,胡颖垄.基于情报学的美国中国经济与安全评估委员会2017—2019年报中高技术问题研究[J/OL].情报杂志:1-7[2022-03-08].http://kns.cnki.net/kcms/detail/61.1167.G3.20210908.0906.004.html.

[4] 戴国强.推进竞跑阶段的创新情报研究[J].情报学报,2019,38(8):771-777.

[5] 陈美华,陈峰.维护科技安全的情报感知路径探析[J].情报科学,2019,37(5):137-141.

[6] DORTMANS P, JOANNE N, et al. Prioritising critical technologies of national interest in Australia: developing an analytical approach[EB/OL].[2022-08-22].https://www.rand.org/pubs/research_reports/RRA1534-1.html.

[7] STEPHEN W P, NIDHI K, RICHARD S, et al.Strategic issues facing transportation, volume 3: expediting future technologies for enhancing transportation system performance, national academies of sciences, engineering, and medicine[M].Washington, D.C.: National Academies Press, 2013.

[8] PETER L. Being prepared for unprecedented times: national mobilisation conceptualisations and their implications[D].Brisbane: Griffith University, 2021.

[9] HABEGGER B.Horizon scanning in government: concept, country experiences, and models for Switzerland[EB/OL].[2022-08-22].htp://www.cs.ethz.ch/content/dam/ethz/special-interest/ges/cis/center-for-securities-studies/pdfs/Horizon-Scanning-in-Government.pdf.

[10] 张守明,张斌,武宇,等.地平线扫描方法应用研究进展[J].军事运筹与系统工程,2020,34(3):74-80.

[11] 白晨,朱礼军,张英杰.地平线扫描的流程研究[J].中国科技资源导刊,2020,52(6):10-19.

[12] 杜元清.地平线扫描的概念及案例研究[J].情报学进展,2018,12(0):154-191.

[13] 司谨源.基于地平线扫描的公安情报预警模式构建[J].情报杂志,2020,39(1):56-62.

[14] 袁伟,曹燕,毛一雷,等.突发事件下的新型情报服务模式研究[J].情报工程,6(6):11.

[15] HEUER Jr. R J. Limits of intelligence analysis[J]. Orbis, 2005, 49(1): 75-94.

[16] 包昌火,刘彦君,张婧,等.中国情报学论纲[J].情报杂志,2018,37(1):1-8.

[17] 赵柯然,王延飞.情报感知的方法探析[J].情报理论与实践,2018,41(8):11-16.

[18] 谢尔曼.肯特.战略情报:为美国世界政策服务[M].北京:金城出版社,2012:130-135.

[19] RAND Europe. Center for futures and foresight studies[EB/OL].[2021-08-20]. https://www.rand.org/randeurope/methods/futures-and-foresight-studies.html.

[20] RAND Europe. Explore CFFS: Methodologies[EB/OL].[2021-08-20]. https://www.rand.org/randeurope/methods/futures-and-foresight-studies/methodologies.html.

[21] European Commission. Foresight/ForLearn: Online foresight guide[EB/OL].[2021-08-23]. https://knowledge4policy.ec.europa.eu/foresight/topic/forlearn-online-foresight-guide_en.

[22] 第11回科学技術予測調査 S&T Foresight 2019 総合報告書[EB/OL].[2020-03-14]. http://www.nistep.go.jp/archives/42863.

第 9 章　科技情报业务管理规制

科技情报是一项整体性和全局性的工作，健全和完善的科技情报管理规制不仅对于优化科技情报业务能力非常重要，也是保障科技情报卓智赋能质量的关键因素，情报业务管理的有关人员必须认真思考我国科技情报机构在复杂信息环境下应该如何规范科技情报业务的组织流程、应该如何构建什么样的业务管理模式。此外，在复杂信息环境下，科技情报机构常常遇到人力资源短缺和知识储备不足的情况，需要加强项目、团队和行业的协作，需要通过科技情报共同体的联合行动，来解决各种决策信息不完备的问题。凡此种种均需要情报业务管理规制的有效支持，分析和构建有效的情报业务管理规制需要了解科技情报业务管理的规制内容、借鉴他人相关研究及实施模式的经验。

9.1　科技情报业务管理的规制内容

科技情报业务是以知识、技能和智力劳动为基础的创造性劳动，是融合科研专业、情报专业、信息专业、语言（汉语与外语）专业、管理专业、哲学专业等多专业的系统工程。一项系统工程的顺利实施和圆满完成，不能脱离管理，管理的作用非常明显且地位特别重要。

中国科研院所的情报机构，多年来按照明目标、打基础、出产品、出成果、谋未来的朴素思想开展科技情报业务工作，在管理决策、技术预研、型号研制和条件建设等方面发挥了重要作用，展示了较高的情报价值。为了更好地发挥"耳目、参谋、尖兵"等科技情报业务工作的固有作用，中国情报研究界从 20 世纪 80 年代开始探讨和研究情报业务和管理问题。例如，20 世纪 80 年代，王鹤祥等学者将系统工程思想引入科技情报业务工作中，从不同角度对系统工程在情报和科技情报业务中的应用进行了探索与研究。20 世纪 90 年代，钱学森同志在谈科技情报工作中指出，科技情报工作要用系统与系统工程的方法，为我们指明了科技情报研究的科学方法。21 世纪初，宫宏光等对情报工程和情报系统工程进行探讨与研究，从科技情报工作管理系统方面探索建立引入系统工程思想的更高效的情报业务管理体系，以优质高效开展科技情报工作，履行科技情报业务工作固有的使命。

9.1.1　科技情报业务管理的基本原则

管理是科技情报理论研究的重要内容，对国家、地区或部门、行业的科技情报系统，以及单个的科技情报中心实现科学管理、合理组织并有效调动各种科技情报力量，是加速科技情报事业发展不可或缺的一个方面。科技情报业务管理是一项系统性的管理工作，为实现科技情报工作目标，基于先进管理思想和工具，把科技情报工作目标、情报需求、情报研究活动、人才团队、情报产品、保障环境建设等若干不同的管理子系统按作用和层次合理且有效地整合在一个架构下运行。其基本原则主要包括以下几个方面。

（1）效益性原则

科技情报业务管理必须坚持效益性原则，即通过合理地利用、分配资源，提高科技情报业务实施的效益。对科技情报业务进行管理的目的，就是通过对业务实施过程中的人员、经费、物资及时间等内容的管理，产出更加符合科技情报业务发展与未来需要的情报成果。从本质上讲，效益性原则也是符合市场经济发展基本要求的，所以在进行科技情报业务管理中也要一以贯之。基于此，管理工作中必须制定措施，构建起适合情报业务管理工作的机制体制，以此督促相关管理人员将效益性原则转化为行动自觉。通过对科技情报业务进行科学合理的管理，避免发生人员、物资、费用等资源浪费的现象。做到事事精打细算，科学统筹，厉行节约，切实把资源费用用在最需要的情报业务环节。此外，还要合理利用时间，科学统筹各方力量，做到物尽其用、人尽其能。要做到上述内容，开展业务管理工作之前必须进行充分的调研，掌握实际情况，以便做好各项保障工作，同时，还要坚持科技情报业务全流程的质量管理，在完成情报业务目标的前提下，尽可能节省人员、物资、费用等各项资源。

（2）规范性原则

科技情报业务管理必须坚持规范性原则，即实施业务管理工作必须有据可依，坚持以各项规章制度和条令法规为准绳，按规办事，避免管理工作中的随意性。坚持科技情报业务管理的规范性原则不仅是现代化管理的体现，更是提高管理水平的有效途径。在进行科技情报业务管理过程中，只有规章制度健全、法规明确及标准可循，才能确保管理工作有据可依，克服在管理过程中出现的盲目性和随意性。坚持规范性原则能够提高管理工作的效率，确保各项业务工作顺利实施。此外，不同业务环节管理具有不同的特点，应根据科技情报业务流程管理的特点，制定与之相适应的制度标准，以便更好地贯彻落实。在管理过程要严格按照树立的规范标准进行管理，树立起从严管理的理念。在明确了相应的规章制度后还要进行严格的检查，对检查情况进行奖惩，提升各层级人员按章办事的意识。规章制度的执行必须贯穿于情报业务流程的全过程，坚持不懈，将贯彻的行为转换为行动自觉。负责执行管理的领导要做好表率，以自身行动践行各项规章制度和方针政策，推动科技情报业务管理工作走向规范。

（3）整体性原则

科技情报业务管理必须坚持整体性原则，即按照科技情报业务发展的总体规划，合理安排其他各项工作，统筹各方面的资源，使其形成合力，实现科学规范的管理目的。科技情报业务管理的整体性原则就是要从整体出发，做好科技情报业务工作的整体计划，理顺各职能部门和各项任务间的关系，从全局角度进行合理安排。同时，各个业务部门或项目组也要把自身放到科技情报业务发展的全局中去，坚决做到个体服从整体，为整个情报任务的完成做好应尽义务，确保科技情报工作如期顺利完成。科技情报业务管理是以情报需求或任务为中心开展的各项工作，但是它不仅仅是唯一的工作，如果没有其他各项工作的支持，如情报基础研究、环境条件建设、后勤保障等，则无法顺利实施。所以，在完成核心业务的同时，对于其他工作也要科学合理安排，做到核心业务工作和其他各项工作互不影响，相得益彰，使得科技情报业务管理工作形成有机的整体，互相配合，取得良好的效果。

9.1.2 科技情报业务管理的基本内容

（1）组织计划的管理

组织计划是科技情报业务管理的框架和大纲，对其进行管理时要遵循以下内容：①规章制度的制定。科技情报业务管理过程中必须严格遵守各项规章制度，它是管理工作正规化的重要保障。业务管理层必须根据科技情报业务发展趋势和变化规律，制定与之相适应的各项规章制度。②管理任务的受领。为了确保科技情报业务的发展方向正确，管理层在接受管理任务时必须充分领会上级组织和领导的具体要求和战略意图。③管理计划的编制。科技情报业务管理计划为开展各项业务或各个业务环节的工作提供了根本遵循，计划的制订下达一般以年为实施单位，计划中的项目一般由项目名称、内容、进度、经费及人员等内容组成。④管理的监督协调。在执行任务的过程中，管理者要密切关注业务工作的进展情况，沟通协调好各项事务，发现问题及时进行解决，确保业务的实施按计划进行。⑤业务节点质效的审核。科技情报业务管理应该定时对业务的关键节点工作进行审核，检验工作的科学合理性，判断工作的质量是否满足规定。

（2）经费的管理

经费是开展科技情报业务的最基本保障，决定了业务工作能否继续实施下去，应该按照勤俭节约的原则和相关规定要求，科学合理组织科技情报业务经费的分配及使用，突出经费贡献率这一关键指标，真正做到财尽其用，真正管理好、使用好业务经费，推动科技情报业务的顺利开展。

（3）人员的管理

人员是开展科技情报业务的行为主体，是决定业务成败的关键与核心，因此，对人员进行管理必须慎之又慎，主要是要对其进行科学合理的组织管理和评价。例如，情报人员的业务行为规范管理问题，就需要制定情报人员在具体的任务场景下应该完成的具体工作任务。此外，采取相应的教育培训手段，通过积极引导和合理的培训使用，调动科技情报人员的积极性，以便更好地发挥论证人员的才能。对人员进行科学合理的管理，真正做到人尽其才，培养人员的勇于创新精神，为取得高水平的科技情报成果奠定人才基础。

（4）信息的管理

信息是实现科技情报业务目标的重要资源，对科技信息的管理主要体现在对情报业务开展过程中的数据、资料及通信信息等内容的管理。根据情报业务工作的需要及进展情况，存在时时进行科技信息的获取、处理、传递及存储等工作。因此，科技情报业务管理要制定相关规范和制度，建立对科技信息资源建设的评价机制，确保科技信息传递的渠道畅通、信息准确，为科技情报业务工作的开展提供保障。

（5）质量的管理

质量是开展科技情报业务的核心评价指标，取得高质量的科技情报成果才是整个情报业务工作的目的。想要取得高质量的科技情报成果，就必须控制好情报业务各个阶段的质量。对科技情报业务质量进行管理，主要体现在各阶段的质量目标、质量控制、质量保证、阶段性业务成果输出规范、阶段性成果评价等一系列内容。

（6）风险的管理

风险是指实施科技情报业务过程中存在的各种不确定性因素，风险管理包含很多内容，如数据安全风险、某项分析技术的要求等。所以，风险管理的主要内容和方式/方法根据具体科技情报业务的性质、规模及复杂程度等不同而不同。此外，在科技情报业务实施的各个阶段，都不同程度地存在各种风险因素，管理者必须高度重视，强化风险管理的理念。

总之，组织计划的管理、经费的管理、人员的管理、信息的管理、质量的管理及风险的管理都是相互关联的，彼此之间相互影响，所以，为了更好地做好科技情报业务管理工作，必须协调好它们之间的关系，科学管理，相互促进，这样才能推动科技情报业务工作出成果、出成效。

9.2 科技情报业务管理体系

科技情报业务管理规制的对象是科技情报业务管理体系。科技情报业务的管理是在不同层次进行的，不同的管理层次有不同的管理内容和特点。科技情报业务的开展主体是科技情报机构。宏观层次上的执行主体是指各个层级的科技情报机构，微观层次上的执行主体是指各个具体机构、部门、工作团队等。宏观管理侧重解决机构间的宏观调控问题，微观管理的主要目的是激发情报人员的积极性，增强情报机构的活力。在共同的科技情报需求驱动下，宏观和微观层次的科技情报执行主体需要相互联系、相互合作、相互制约，这就需要构建一个科技情报业务管理体系。科技情报业务管理体系是对科技情报体系内相关的组织、人员、信息资源等各类情报能力要素进行调配的措施和制度的总称，是实现国家科技情报体系能力的主要途径和推动力量。科技情报体系能力的各个要素需要依据一定的结构和机制才能形成一个整体，否则将会陷入混乱，这种结构和机制就是通过科技情报业务管理体系来实现的，通过体系管理可以集成体系中的各个组成部分，平衡各组成要素之间的行动，实现共同的科技情报使命和发展战略。

9.2.1 科技情报业务管理体系的基本要素

（1）科技情报业务管理体系中的行为者

国家科技情报业务管理体系的行为者包括科技情报体系能力的提供者——科技情报机构、科技情报体系管理的引导者——情报协调机构、科技情报体系管理的中介者——情报科学共同体。需要指出的是，由于分散的科技情报能力要素和机构难以自发形成科技情报体系能力，所以需要引导者和中介者发挥作用。

（2）科技情报业务管理体系中的能力提供者

国家科技情报业务管理体系中能力要素的提供者主要包括市场层面的情报组织机构、政府层面的情报组织机构、智库及公共情报机构等。这种分类方式明确了情报组织机构的归属，有助于厘清个体情报组织机构的具体部门职能，可适用于国家情报业务管理体系的构建，对分散的个体情报力量进行整合协调。按照情报组织机构的归属可以将提供者分为3种类型。

第一，市场层面的情报组织机构。主要指独立的情报组织机构，如商业化的咨询公司等，以情报机构的赢利为目的，为决策者提供科技情报保障服务，这类机构按照市场化运作，具有较强的独立性。

第二，政府层面的情报组织机构。主要指政府组织或单位中的情报机构，如国家情报机关、政府情报部门、企业情报部门等。这一类情报组织机构位于相应的行政管理体制中，为领导者或相关决策部门提供情报服务，以满足决策者的情报需求为目的，独立性相对较弱。虽然政府和企业这两类单位的性质差距较大，但是在科技情报的业务表现上，这两类单位所辖的情报组织机构具有较为相似的特征。

第三，智库及公共情报机构。这一类情报组织机构比较特殊，根据其具体的机构归属、资金来源和赢利方式，可能会兼具上述两种类型的某些特征。以智库为例，智库被定义为以公共政策为研究对象，以影响政府决策为研究目标，以公共利益为研究导向，以社会责任为研究准则的专业研究机构[1]。从组织形式和机构属性上看，智库既可以是具有政府背景的公共研究机构（官方智库），也可以是不具有政府背景的私营研究机构（民间智库）；既可以是营利性研究机构，也可以是非营利性研究机构。随着智库在各国经济社会发展和国际事务处理中的作用越发重要，智库的发展程度正成为一个国家或地区治理能力的重要体现，有学者认为，智库是新形势下情报组织机构的转型方向。

（3）科技情报业务管理体系中的引导者

科技情报业务管理会涉及多元主体和大型的综合性情报任务，因此需要科技情报业务管理的引导者来负责组织各级情报力量按照各自的职能分工，相互配合，协调各级情报部门与国家需求之间的关系。引导者主要可分为两种：①国家级科技情报治理机构或常设机构。负责协调和监督，整合情报力量，响应和理解国家科技情报需求，引导科技情报活动的整体发展方向。以美国为例，美国情报界（intelligence community，IC）2005年设国家情报总监办公室（Office of the Director of National Intelligence，ODNI），负责引领美国情报界进行情报整合，使整个团体17个机构同步运作，这种整合是确保国家政策制定者可以从IC获得及时准确的情报以做出明智决策的关键[2]。②国家级科技情报任务负责机构或负责人。该机构隶属于①中的机构,应对具体的大型综合性情报任务时,如国家科技战略决策问题,根据科技领域,视具体科技情报任务情况设立。以美国为例,2006年,ODNI按照国家情报业务的环节设立负责国家情报收集的副总监(Deputy Director of National Intelligence for Collection,DDNI/C)、负责国家情报分析的副总监(Deputy Director of National Intelligence for Analysis,DDNI/A)分析、负责国家情报用户的副总监(Deputy Director of National Intelligence for Customer Outcomes,DDNI/CO)和负责国家情报管理的副总监(Deputy Director of National Intelligence for Management,DDNI/M)[3]。

(4)科技情报业务管理体系中的中介者

情报科学共同体,如情报职业协会、科学学会、机构联盟、行业联盟等是情报业务管理中的中介者。共同体(community)是社会学中一个重要的概念,可被理解为社群、社区,德国社会学家滕尼斯[4]提出它是人类群体生活中的某种结合类型,之后产生了科学共同体概念[5-7],既可指有形的共同体,也可指无形的共同体。从广义上看,情报共同体指的是由全体从事情报研究或情报工作的人员组成的群体,该定义是从共同职业意义出发,将情报同其他领域区分开来,反映了整个情报科学与社会文化环境的相互关系,体现了情报科学的外在社会服务功能。从狭义上看,情报共同体又可根据存在方式、组织形式、研究方向等不同角度进行具体分类。例如,按照共同体的存在方式可以分为实体型情报共同体和非实体型情报共同体,结合一般科学共同体的组织形式,实体型情报共同体包括情报机构、科研院所、情报学会3种类型,非实体型情报共同体主要是指各类情报学派。科技情报从业者协会、科学技术情报学会、科技情报机构联盟等均可以成为科技情报管理的中介协调者。在科技情报管理中,情报共同体以某种纽带聚集了科技情报人才和机构团体,依照共同体的章程促进共同体内的交流、联合与协作,推动科技信息资源的共建共享,组织协调共同体成员围绕科技政策、科技发展规划、重大科技决策开展研究,也可以为发展科技情报事业建言献策。

(5）科技情报业务管理体系中的管理结构

从结构上看，科技情报业务管理体系是由行为者构成的网络结构，是对国家科技情报业务管理的一种结构性形态的描述，描述内容包括：①相互依赖但在行动或意见、观点等方面又完全自主的行为者；②行为者之间通过协商进行互动；③在调节性、规范意义、认知结构相同且前景想象共享的框架下，行为者进行互动；④在外部机构设定的限度内，行为者间进行自我调节；⑤行为者互动意在实现共同的目的。这种网络结构，具有以下特征：①网络中的行为者在其结构中的位置始终保持不变；②在情报问题的触发下，行为者通过协商进行互动从而建立关系；③在多个行为者中，存在关键行为者，处于情报体系结构中的重要位置，发挥着重要的作用，影响着整个情报体系的行动规则；④国家决策是该网络结构的驱动性力量；⑤网络结构相对稳定，但不是一成不变的，会根据外部环境和决策需求的变化实现适应性的变化。

需要指出的是，在科技情报业务管理体系中，行为者（科技情报机构）的类型具有多样性，行为者之间的关系是独立的，也是多样化的，面对具体的情报任务情境可以充分利用不同科技情报组织机构的各自能力优势、意愿、利益倾向等进行不同的分类组配，依靠协商或其他科学手段、机制实现互动，规则和规范维持在最小必要水平，以实现最优协调，提升整个科技情报体系面对不确定性问题时的情报能力，以支持国家科技决策为最终目的。

9.2.2　科技情报业务体系的管理过程

国家科技情报业务体系的管理是一个宏观和微观互动的过程。①从宏观角度看，科技情报业务管理过程是一个对国家情报业务管理体系内的行为者进行宏观协调的过程。由于情报问题具有社会科学属性和自然科学属性，所以情报业务体系不可能像自然科学中的系统一样完全实现自我生产和自我生长，也不可能完全像生物学系统一样将系统内各要素相互关系的运作当成最重要的生命动力。情报体系是为其外部决策者服务的，外部环境和政策因素必将会对其造成非常大的影响。根据卢曼的社会系统理论，情报体系的存在本就与其决策支持功能有脱不开的联系,这种体系与功能之间的关系决定了情报业务体系管理问题相对于一般社会科学中公共治理问题的特殊性。因此,国家科技情报业务管理过程必须包含参与活动的各情报组织的上一级领导,甚至是更高位领导参与组织协调,这种协调对于情报机构或组织来说很可能是一种被动的协同活动。如果没有管理者的宏观协调,那么网络化的协同行动可能就无法形成。在科技情报业务管理体系中,这种能够进行宏观协调的管理者如果未能完成任务,或者缺少行使该职权的管理者,便会导致多情报组织间的协调活动呈现出一种短暂的、突击的形式,而不是稳定的、常态化的形式。因此,国家科技情报业务管理是管理者的一种相对稳定、经常性的、自觉性的宏观协调过程,这对于提高整个科技情报业务管理体系的效率和能力均具有重要的意义。②从微观角度看,科技情报业务管理过程是一个国家情报业务体系内多个行为者互动的过程。任何一个组织或系统,都是稳定性与变迁性、持续性与创新性、衰退与生成、共性与个性相互动态作用的系统。从多个体互动途径或视角来看,科技情报业务体系管理相关制度或机制上的安排不仅是社会互动过程的结果,也成为行为者解释和采取不同行为从而影响、塑造社会现实、问题与制度安排的媒介。探索国家科技情报业务体系中的多个体互动过程,就是将科技情报业务管理面临的问题来源、性质和特征,与特定情报业务管理结构、机制、过程等的主张完全对应起来,以微观个体间的互动为基础,而不是仅仅从宏观到宏观地讨论国家情报业务管理体系与管理能力问题。多个体互动这一途径能够有效捕捉国家情报管理问题的动态复杂性及内在生成机制,能够发现多个体互动的不同机制如何生成复杂网络,能够透视个体遵循不同行为规范的内化机制,能够理解不同科技情报业务管理机制的适应情境,能够为发现有效推进国家科技情报体系管理的切实可行措施提供指导。

9.3 美国情报业务管理体系及实施

国家科技情报业务管理体系建设要受到国家经济、科技发展水平和情报供求关系的制约,各国的情况可能是千差万别的。为建立适合本国国情的科技情报业务管理体系，最大限度地调动各种科技情报资源的力量，必须在科学的规范中深入细致地研究情报业务管理体系问题，研究情报业务管理体系最常见的方法是比较和借鉴研究。在世界主要大国中，美国的情报工作历史最短，但经过200年尤其是近70年的努力，美国已经成为世界首屈一指的情报强国，其国家情报业务管理体系、国家情报实践为许多国家所模仿。研究美国情报业务管理体系及实施工作，对改进我国的情报业务管理体系，帮助我国建成科技情报强国，具有重大的借鉴意义。

美国情报业务管理体系包括联邦直属的独立情报机构、国防部下属的军事情报组织和其他联邦行政部门内的情报组织。美国情报体系由国家情报总监（Director of National Intelligence，DNI）统筹协调，并由其向美国总统汇报。在国家情报总监领导下，国家情报总监办公室对美国情报体系实行统一的预算、战略、标准、产品及合作等方面的管理活动。

9.3.1 美国情报业务管理体系的组织结构

美国情报业务管理体系总体上是一个松散的体系，各成员单位相对独立运行，但国家情报总监办公室有业务统筹和协调的职权。

（1）美国情报业务管理体系的成员构成

2021年1月，美国太空军加入美国情报界，成为该体系第18名成员。国防部下属的情报单位由原来的8家增为9家。太空军新设情报监视与侦察机构，重点关注技术情报以保护美太空系统免遭敌对国家反卫星武器的攻击。太空军成立国家太空情报监视侦察中心（NSISR）作为太空军在情报体系的分支机构，由太空军太空分析中队和太空对抗分析中队组成。美国情报体系可以共享太空信息与情报，进行情报活动的整合、协调和同步。

美国情报业务管理体系包括18家成员单位：国家情报总监办公室、中央情报局（CIA）是联邦直属的2家独立情报机构；国防情报局、国家安全局（NSA）、国家地理空间情报局（NGA）、国家侦察局（NRO）、陆军情报与安全司令部（INSCOM）、空军第16航空远征特遣队（16AF）、海军情报局（ONI）、海军陆战队情报办公室（MCIA）、国家太空情报监视侦察中心

（NSISR）是国防部下属的9家情报机构，这9家机构接受主管情报的副部长的指导和监管；能源部下属的情报与反情报办公室（OICI）、国土安全部下属的情报与分析办公室（I&A）、海岸警卫队情报与反情报处（CGI）、司法部下属的联邦调查局（FBI）、缉毒局国家安全情报办公室（DEA ONSI）、国务院下属的情报与研究局（INR）和财政部下属的情报与分析办公室（OIA）是国防部之外的联邦部门下属的7家情报机构（图9-1）。

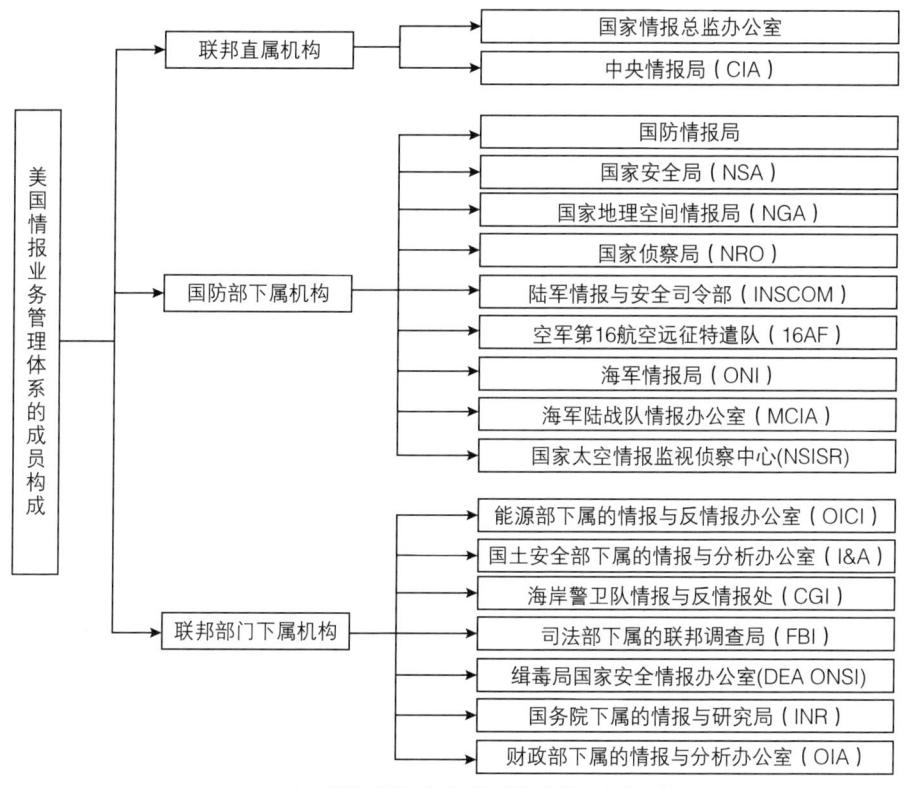

图9-1 美国情报业务管理体系的成员构成

（2）国家情报总监办公室的组织

2021年1月20日拜登入主白宫后，艾薇儿·海恩斯担任第7任美国国家情报总监。国家情报总监统领美国情报体系，为美国总统提供事关国家安全的情报咨询，统筹指导国家情报项目。国家情报总监直接向美国总统汇报。

国家情报总监的职权主要包括3个方面：一是掌管每年大约600亿美元的国家情报项目财政预算。二是制定情报体系的方针、优先级和指引。例如，每4年发布一次《国家情报战略》，指导下4个年度国家情报活动。三是统筹国家情报的搜集、分析、提供和分发。例如，向总统提交每日简报。然而，国家情报总监无权统筹美国情报界各成员单位的人事管理。成员单位的主管均只向各自的上司负责（图9-2）。

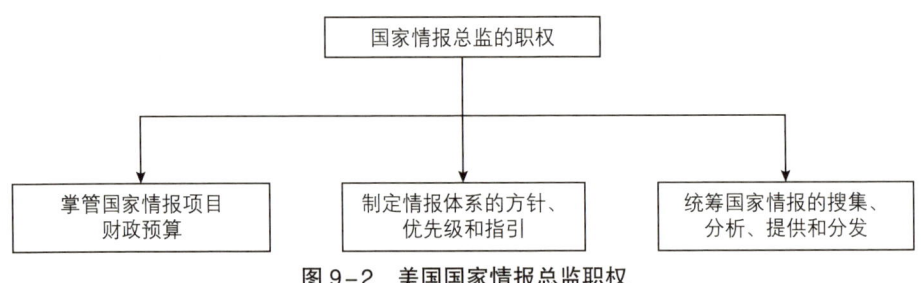

图9-2 美国国家情报总监职权

国家情报总监职位根据《2004年情报改革和反恐法案》而设立，该法规定，国家情报总监是美国情报体系的龙头，同时禁止国家情报总监同时担任中央情报局局长与其他情报机构的首长，并且要求中央情报局局长向国家情报总监报告其下属机构的行动。自2005年以来，共计产生了7任国家情报总监。2005年4月21日，美国驻伊拉克大使约翰·内格罗蓬特就职美国第1任国家情报总监。2007年2月13日，约翰·麦可·麦康奈尔成为第2任国家情报总监。2009年1月29日—2010年5月，前美军太平洋司令部司令丹尼斯·布莱尔就任第3任国家情报总监。2010年6月5日，美国总统奥巴马提名国防部副部长詹姆斯·克拉珀为第4任国家情报总监。2017年3月16日，前联邦参议员丹·科茨成为第5任国家情报总监。2020年2月28日，众议员约翰·拉特克利夫（John Ratcliffe）出任第6任国家情报总监。2021年1月20日，艾薇儿·海恩斯（Avril Haines）担任第7任国家情报总监（图9-3）。

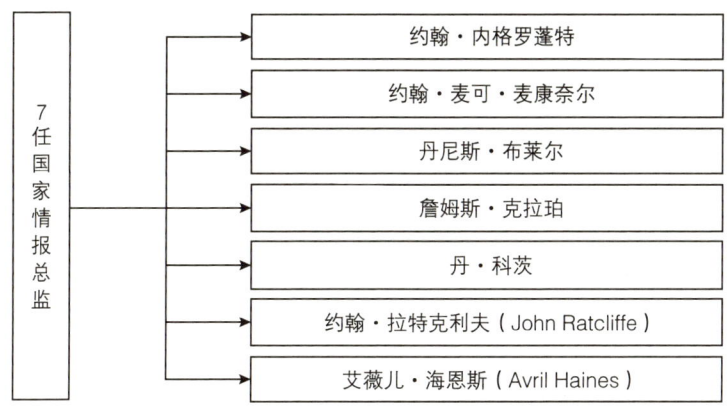

图 9-3 美国 7 任国家情报总监

国家情报总监办公室（ODNI）是美国联邦政府独立行政部门，大约有 1700 多名雇员，是美国最高的国家情报协调机构。国家情报总监办公室下设 3 个国家情报中心，在恐怖主义、武器扩散、反情报等重点领域进行情报协调工作。其中，国家反恐中心成立于 2005 年 6 月，负责反恐情报分析与共享，制订反恐行动计划。国家反扩散中心成立于 2005 年 12 月，负责协调反扩散战略计划。国家反情报与安全中心，成立于 2014 年 12 月，负责协调反情报与安全防护工作。

国家情报总监办公室设有两个副总监，一个主管情报任务集成（mission integration），另一个主管政策与能力（policy and capabilities）。同时设置多个国家情报主管具体负责协调经济、赛博、选举威胁、太空等领域的情报工作，以及向总统呈交每日简报。目前，国家情报主管有 16 个，其中 8 个分别负责非洲、东亚、欧亚大陆、欧洲、伊朗、南亚、西半球等地区的情报事务，另外 8 个分别负责反恐、反扩散、反情报、网络、经济问题、军事问题、科技情报、威胁融资等领域的情报工作。

9.3.2 美国情报业务体系的预算管理

美国情报界的情报预算按照国家情报项目（national intelligence program，NIP）和军事情报项目（military intelligence program，MIP）分为两个部分。国家情报项目根据《1947 年国家安全法》成立，不包括军事部门策划和实施战术军事行动时获取情报的项目和活动。国家情报总监负责指挥和监督国家情报项目。军事情报项目仅限于为美军策划和实施战术军事行动而采取的情报项目和活动,该项目由主管情报的国防部副部长指挥和监督。

2021 财年全部情报预算申请为 850 亿美元,其中国家情报项目预算申请为 619 亿美元,军事情报项目预算申请 231 亿美元。2021 财年的情报预算实际拨款额还没有公开。根据往年的数据,实际拨款额与申请额相差不多(表 9-1)。

表 9-1　美国情报项目预算额(2012—2021 财年)　　　　单位:亿美元

财年	国家情报项目		军事情报项目		全部情报项目	
	预算申请额	实际拨款额	预算申请额	实际拨款额	预算申请额	实际拨款额
2021	619	—	231	—	850	—
2020	628	627	230	231	858	858
2019	599	602	212	215	811	817
2018	577	594	207	221	784	815
2017	549	546	185	184	734	730
2016	539	530	179	177	696	707
2015	504	503	166	165	666	668
2014	522	505	146	174	668	679
2013	526	490	192	186	718	676
2012	550	539	—	215	—	754

数据来源:国家情报总监办公室网站。

9.3.3　美国情报业务管理体系的实施

国家情报总监办公室负责对美国情报体系进行统筹管理,除了对国家情报项目预算进行分配外,还通过制定统一的战略规划、工作标准、协调合作规范等手段对美国情报业务体系进行管理。

（1）制订统一的国家情报战略计划

国家情报总监负责制订国家情报计划，定期出台国家情报战略。在国家情报战略之下，国家情报总监办公室针对网络威胁、反恐、防扩散、反情报和安全等若干具体情报任务领域又提出下一级的业务战略，形成国家情报战略体系。《国家情报战略》报告每4年发布一次。自2005年以来已经发布了4版。该报告提出情报界未来4年应重点完成的工作任务目标和机构建设目标。2019年1月22日发布《2019国家情报战略》是美国国家情报战略的最新版本，为美国情报体系提出2020—2024年的战略指导。该报告重申了美国情报界的使命是：为国家安全决策提供及时、深刻、客观、相关的情报，以保卫美国政权及美国利益。该报告设定了七大任务目标和七大部门目标（图9-4）。7个任务目标包括战略情报、预期情报、当前运营情报3个基本任务目标和网络威胁情报、反恐、防扩散、反情报和安全4个特定任务目标。其中，战略情报的主要目标是确定和评估国家和非国家实体，深入了解其战略、活动和意图，就长期关注的问题对未来的发展提出警告，并支持美国的国家安全政策和战略决策。预期情报的主要目标是确定和评估新的、正在出现的趋势，不断变化的条件和未得到充分重视的发展内容，从而质疑原来长期存在的假设，鼓励新的观点，确定新的机会，并对美国利益面临的威胁提出警告。当前运营情报包括当前作战情报和网络威胁情报。当前作战情报的主要目标是提供及时的情报支持，使计划和正在进行的行动成为可能。网络威胁情报的主要目标是发现并理解来自从事恶意网络活动的国家和非国家行为者的网络威胁，以通知并支持国家安全决策、网络安全和全面应对活动。反恐的主要目标是识别、理解、监控和干扰从事恐怖主义和相关活动的国家和非国家行为体，以挫败对美国和伙伴的威胁。防扩散的主要目标是探测、描述和干扰从事大规模毁灭性武器及其运载工具扩散的国家和非国家行为者的活动，以挫败对美国和伙伴的大规模毁灭性武器威胁。反情报和安全的主要目标是探测、理解、威慑、破坏和防范来自外国情报机构和内部人士的威胁，以保护美国的国家和经济安全。7个部门目标包括集成任务管理，综合业务管理，人，创新，信息共享和保障，合作伙伴，隐私、公民自由和透明度。前2个目标侧重于情报部门的一般任务和业务实践，后5个目标侧重于整合情报部门在特定领域的努力，以成功完成任务目标。

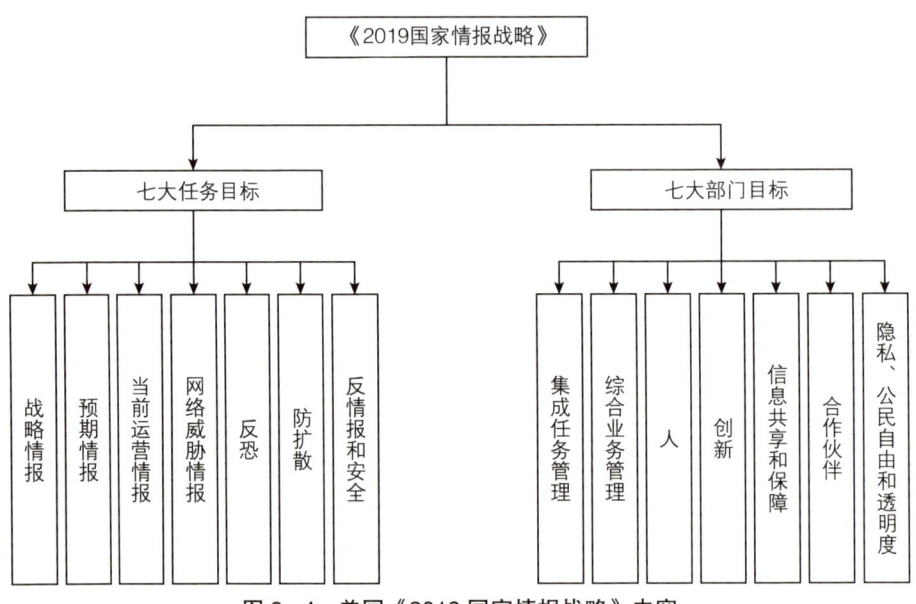

图9-4 美国《2019国家情报战略》内容

在总体国家情报战略之下，国家情报总监办公室自2005年以来，在反情报任务领域共发布了6份《国家反情报战略》，阐述了美国所面对的情报威胁及美国的应对策略。2020年2月10日美国发布了最新版本《2020—2022年国家反情报战略》，提出了外国情报机构对美国威胁的三大趋势及美国情报界五大反情报战略目标。3个趋势分别是针对美国的情报人员数量正在增加、情报人员拥有越来越复杂的能力手段及攻击者正在挖掘扩展更多的目标和漏洞。五大反情报战略目标分别是保护国家关键基础设施、减少对美国主要供应链的威胁、反制对美国的经济攻击、捍卫美国民主抵抗外国影响，以及反制外国情报网络技术行动。

（2）制定统一的国家情报业务标准

美国情报界目前实施的业务标准是2015年1月正式发布的情报界第203号指令分析标准（以下简称"ICD 203"），该标准2007年开始制定，经过修订后由国家情报总监批准生效。

ICD 203 提出了情报分析的"4+9"业务实施工作标准，即 4 个一般性标准：客观、独立于政治考虑之外、及时、穷尽所有信息来源。该指令又进一步提出 9 个专门针对情报产品的工作标准，对情报分析人员提出明确要求。①正确描述潜在来源、数据和方法的品质和可靠性；②正确表达和解释关键判断的不确定性；③正确区分情报信息与分析人员的假设和判断之间的差别；④纳入备选方案分析；⑤向客户证明相关性并提出可能的后果；⑥运用清晰、有逻辑的论证；⑦解释分析判断的可能变化或者一致性；⑧做出准确的判断和评估；⑨尽可能采取有效的可视化信息。ICD 203 标准指导情报分析产品的产生和评估，阐述了情报分析人员的责任，促进情报分析思考和情报工作实践的卓越性、集成性及灵活性。在情报分析技能的教育和培训中，ICD 203 提供了一个通用的基础。

（3）制定统一的国家情报产品体系

国家情报总监办公室负责的情报产品按呈报周期可分为每日情报、年度情报等，形成情报产品体系。美国情报界最为重要的情报产品是呈交给总统的每日简报，只有总统或经总统授权的人员才可阅读。除此之外，国家情报总监办公室代表美国情报界每年公开发布《年度威胁评估》报告。

2021 年 4 月发布的《年度威胁评估》报告把中国、俄罗斯、伊朗和朝鲜视为美国的四大威胁国家，中国位列第一，称中国正在推进成为全球大国。同时认为新型冠状病毒、气候变化和环境恶化、新兴技术、赛博、外国犯罪组织、移民、全球恐怖主义是七大跨国问题。另外，该报告把阿富汗、印度-巴基斯坦、中东、亚洲、拉丁美洲和非洲列为五大冲突和不稳定之源。美国没有公开发布 2020 年度威胁评估报告。《2019 年度威胁评估》报告提出的威胁是网络、在线干预大选、大规模杀伤性武器的扩散、恐怖主义、反间谍活动、新兴破坏性技术及其对经济实力的威胁、太空与反太空、跨国犯罪、经济与能源、人类安全等十大全球威胁，以及中俄、东亚、中东和北非、南亚、俄罗斯与欧亚大陆、欧洲、非洲、西半球等八大地区威胁。与《2019 年度威胁评估》报告相比，可以看出，美国情报界对美国所面临威胁的看法发生了重大变化，首次把中国的竞争视为美国最大的威胁。

（4）统筹管理跨部门情报合作活动

为建立并维护美国情报界与相关部门的信息共享关系，促进与情报相关的沟通，领导情报界在信息共享方面的合作，识别新兴的问题，支持军事行动，充分利用私营部门的信息，在保护公民自由的同时支持情报任务，美国国家情报总监办公室实施了信息共享环境（ISE）、情报科技伙伴（In-STeP）、科技探索中的情报探险（In-VEST）、情报高级研究计划活动（IARPA）、全球趋势报告等5个情报合作项目。

ISE是一个情报信息系统平台，通过该平台可以实现不同层级、不同类别及同等层级的情报实体及情报工作人员之间的双向或多向的互联互通。ISE宗旨是在所有可能的联邦、州、当地及部落实体及私人部门共享恐怖主义信息。ISE的本质特征是一个去中心化、分布式、协调式的环境，该环境在整个政府部门连接现有的系统，在现有系统的既有能力基础上，在各个安全层面并跨越各个层面促进信息共享，同时保护个人及公民的自由。

In-SteP项目的初衷是通过在情报研发活动中增加额外的协同效应来强化情报活动中的科技业务、增强参与伙伴的能力，从而促进投资决策。In-SteP主要采取一对一沟通方式来扩展情报活动中的伙伴关系。这种沟通方式有助于向情报界的利益相关方展示科研计划。自从2015以来，已经举办了超过50场一对一沟通会议。

In-VEST的目的是刺激公共及私营部门的先进技术，保证国家决策者和军事人员取得战略和战术上的优势。In-VEST技术路线图列出了新的科学机会，在这些机会的基础上，In-VEST试图为私营部门提供美国情报界将来要用到先进技术的早期信号，从而给工业界和学术界提供一个合适的即刻投资机会，支持美国情报界的未来需求。同时，In-VEST项目也可充分利用美国政府层面的研究活动并对其产生有益的影响。

IARPA办公室投资高风险/高回报研究，与情报界其他17家情报单位合作，以解决最具挑战性的情报科技问题。IARPA并非用内部人员去做研究，而是为学院、大学、公司、国家实验室及其他机构的研究人员投资，投资领域包括人工智能、财产确认与识别情报、生物安全、化学探测、赛博安全、高性能计算、人类判断、语言学、无线电频率地理定位及微电子安全制造等。到目前为止，IARPA 赞助了超过 500 家学术、小企业、大企业及非营利性机构。超过 1500 名应征者向 IARPA 提交了研究计划和摘要。

全球趋势报告项目开始于 1997 年，每 4 年公开发布一次报告，对塑造 20 年后世界的趋势和不确定性做出战略评估。该项目由国家情报总监办公室下设的国家情报委员会负责。该委员会从 1979 年以来一直作为情报界和政策界的桥梁。

9.4 科技情报业务管理规制的相关建议

9.4.1 提高科技情报业务费用的使用效益

科技情报业务费用的使用管理不仅是费用支出和财务金额的体现，更是对资源的分配使用。业务费用的效益主要是指用于计划的该部分投入能够产生的结果。业务费用应有详细的计划安排和资金说明。在科技情报业务费用明确之后，情报人员能够清楚工作的目标方向，知道可以利用多少经费，以此来完成既定的目标。费用管控实质上是对未来某段时间内工作需投入经费的概算，通过预测未来一段时间内科技情报业务工作可能面临的困难及需要支出的费用，利用费用管控提前谋划，积极准备，确保出现的偏差在可控的范围内，保证科技情报业务工作按照制订的计划正常实施。

科技情报业务的费用管控是复杂的工作，涵盖了情报业务流程的始终，主要包含事前控制、事中控制及事后控制 3 个部分内容。其中，事前控制主要是通过对业务工作的详细分析，确定费用的预算编制，同时确定为了实现业务目标而要进行工作的对应标准；事中控制主要是对业务实施中出现的偏差进行纠正协调，保证制定的目标能够如期实现；事后控制主要是通过分析既定目标和实现目标之间的差距，分析更正出现偏差的影响因素。

9.4.2 强化科技情报业务的组织管控

（1）完善管理机制，加强能力建设

首先，要不断完善科技情报业务管理的常态化监督机制，将常态化的管理工作纳入工作中去。在明确管理的各项职责的基础上，构建系统完备的常态化管理体系和运行模式。科学合理地利用管理量化分析工具及工作绩效考核手段，建立起适合科技情报业务管理标准的科学可行的制度体系，坚持不断改进的原则，完善制度体系。

其次，要不断提高科技情报业务管理人员的能力，通过教育与培训的方式，推动管理人员职能转型，提高管理人员的情报专业技术水平。高素质的综合人才队伍是科技情报业务工作的重要保障，高素质的综合人才不仅要掌握相关情报业务知识，还要对未来科技情报的发展趋势和战争走向有着提前预判的能力，以数据化的方式推动科技情报业务管理，形成高效精准的管理模式。

（2）加强组织管理，细化目标设定

在科技情报业务管理过程中，要不断完善组织机构，强化组织管理，特别是在制定管理目标的进程中，设定的目标要同整体的发展计划相统一。深入分析国内外科技情报业务的发展现状及发展趋势，充分考虑可能出现的风险因素，将管理措施贯穿整个过程中。管理层要明确科技情报业务的战略意义及目标要求，将管理工作融入管理决策的各个环节中去。将总体目标进行细化，制定分目标实现的措施。通过逐一实现细化后的目标，达到总目标的实现。在强有力的组织管理保障下，明确不同的责任分工，建立不同层次的目标以保证总目标的实现，将各种风险因素考虑进来，确保组织管理坚强有力。

9.4.3 多措并举培养高素质的科技情报业务管理人才

（1）健全情报业务管理人才培育体系

科学合理的情报业务管理人才培育体系能够为科技情报业务工作持续提供管理人才保障，根据情报工作的发展变化，不断改进管理人才培训内容的时效性和信息的覆盖性。通过健全管理人才培育体系，不断探索管理人才发展的新模式，完善管理人才培育基础信息建设，全面提高管理人才的培育水平，实现情报业务管理人才向高素质、高质量方向转变。建立具有特色的培训机构，推动培训质量的提升，逐步建成具有特色的情报业务管理人才培育体系。以情报管理人才培育为目的，完善相关课程的设置，培训课程是管理人才培育体系的重要组成部分，贯彻于培训工作的始终，是决定管理人才培训效果的重要内容。

要做好管理人才的培育工作，首先要做好调研工作，摸清当前情报业务管理所需的知识，在充分调研分析的基础上科学合理设置培训科目，满足管理人员的专业需求。根据科技情报业务管理的现实情况，应着重在经费编制、技术知识方面进行培训，同时还要充分考虑发展现状及人员的数量和专业素质，以此开设不同的管理培训科目，有效提高情报业务管理人才的培训效率。

（2）创新方式方法，建设科技情报业务管理人才队伍

人才是科技情报业务管理工作实施关键，其中，管理人员是推动科技情报业务工作顺利实施，高水准完成工作的核心要素，复杂信息环境下的科技情报机构应该积极探索管理人才队伍建设的创新方法、创新制度。将创新的理念灌输到科技情报业务管理中去，用创新的方式方法培养出一批优秀的管理人才，在此基础上，全面推动科技情报工作的开展。多措并举培育出科技情报机构的管理人才，坚持管理人才的培养和引进相结合，培育出适合科技情报业务管理的人才，为科技情报事业的长远发展奠定基础。同时，依托国内优秀的科研院校，为管理人才的培养提供坚实的物质条件保障，为人才队伍的建设提供科研经费的支持，为人才的培养创造条件。

9.5 本章小结

复杂信息环境下，科技情报卓智赋能的发挥离不开科技情报业务管理的效率和能力，健全的科技情报业务管理规制有利于科技情报事业的发

展。管理规制运行于科技情报管理体系中，对于具体的科技情报机构而言，需要重视和加强自身科技情报体系的建设和管理工作，借鉴国外先进国家的情报体系管理规制经验，而且要强化项目、团队、行业的协作力度，乃至科技情报共同体的体系化联合作战能力，通过高效的管理形成高质量的科技情报服务。应注意的是：在复杂信息环境下，维护和保障国家科技安全极其重要，所以科技安全意识应融入科技情报业务管理规制的制定中，规避各种对国家的社会、经济、政治等方面造成风险的可能性，以最终实现维护国家整体利益的目标。

参考文献

［1］上海社会科学院智库研究中心.2013年中国智库报告：影响力排名与政策建议［J］.中国科技信息，2014（12）：22－24.

［2］ODNI：mission，vision and value［EB/OL］.［2018－07－13］.https://www.dni.gov/index.php/who－we－are/mission－vision.

［3］Intelligence community directive number 1：policy directive for intelligence community leadership［EB/OL］.（2006－05－01）［2018－10－13］.https://www.hsdl.org/?view&did=14988.

［4］滕尼斯.共同体与社会［M］.北京：北京大学出版社，2010.

［5］鲍曼.共同体［M］.南京：江苏人民出版社，2003：1.

［6］默顿.社会理论和社会结构［M］.南京：译林出版社，2006.

［7］克兰.无形学院：知识在科学共同体的扩散［M］.北京：华夏出版社，1998.

第 10 章　专业人才队伍培养

中国的科技情报从诞生伊始，情报研究人员一直坚持开展情报学的研究，并将研究成果应用于科研实践，为开展情报研究和情报事业提供理论和方法的保障；科技情报机构通过情报学科教育培养大量的科技情报人才，延续科技情报事业。在复杂信息环境下，情报学已有的学科基础（如社会需求、实践条件、资源基础）发生变化，科技情报事业对情报专业人才队伍的需求比以往更为强烈，所以必须重视情报人才队伍的建设。国家发展的新格局、情报事业发展的新格局对科技情报理论的探索提出新的要求。作为专业人才队伍培养的摇篮，情报学科建设任重而道远。情报学教育应坚持和突出情报学专业特性，重视实施情报特色教育，这也是科技情报卓智赋能的要求。本章从介绍国内外的情报学教育入手，比较国内外情报学人才教育的培养模式和特点，进而对卓智赋能下的科技情报专业人才队伍培养提出相关建议。

10.1　国内情报学教育

我国的情报人才教育和培养伴随情报工作的不断发展而不断完善，并形成有中国特色的情报教育模式。国内高等院校的情报学教育以研究生培养为主，如北京大学、武汉大学、中国人民大学等。相关研究生培养计划或课程安排可从高校的研究生院或所在院系官方网站公示的最新版本获取：中国人民大学（硕士[1]、博士[2]）、北京师范大学（硕士[3]）、南开大学（硕士[4]、博士[5]）、吉林大学（硕士[6]、博士[7]）、东北师范大学（硕士[8]）、江苏大学（硕士[9]）、黑龙江大学（硕士[10]）、南京大学（硕士[11]、博士[12]）、郑州大学（硕士[13]）、武汉大学（博士[14]）、华中师范大学（硕士[15]、博士[16]）、湘潭大学（硕士[17]）、中山大学（博士[18]）、中国科学院大学（硕士[19]、博士[19]）。可以发现：①多数高校的硕士生和博士生课程是相通的，即两者可以相互选课。因此，仅在必修课中区分硕士生课程或博士生课程，选修课不做区分。②研究生课程类型基本可以分成两个大类：基于学术训练角度和基于研究专题角度。其中，博士生必修课主要是基于学术训练角度安排设置的，而硕士生必修课基本是两者兼顾的。

10.1.1 基于学术训练角度的课程分类

基于学术训练角度，中国大陆地区情报学研究生课程的分类统计情况如表10-1所示。博士生必修课是指纳入博士生培养计划的课程，而硕士生必修课中排除了在同一所院校中的同名博士生必修课。

表10-1 中国大陆地区情报学研究生课程的分类统计情况（基于学术训练角度）

单位：门

课程分类	博士生必修课	硕士生必修课（已列入博士生必修课的不计在内）	研究生选修课
研究方法类	12	7	6
情报学理论类	3	5	2
学术规范类	3	2	0
科研成果表达类	2	1	2
文献研读类	2	0	0
前沿讲座类	2	4	3
其他类	4	0	0

表10-2是课程分类的举例。具体结果如下：

① 研究方法类课程。研究方法类课程在博士生阶段最被重视，多数高校都将讲授研究方法的课程列入了博士生的必修范畴。在各种研究方法

中，科学研究的通用方法和图书馆、情报专用方法被涉及次数最多。除此之外，不同高校对于不同领域的交叉方法各有侧重。例如，在博士生阶段，南开大学强调管理学研究方法、中国人民大学突出逻辑学方法。值得关注的是，情报学教育方法的培养体系中，多数高校强调信息分析方法并将之作为必修课，少部分高校将信息可视化方法作为选修课程，但对于信息搜集方面的关注度相对较低。

② 情报学理论类课程。情报学理论类课程在博士生阶段设置不多，仅有北京大学和南京大学将情报学理论类课程设置为博士生的必修课。相反，在硕士生阶段，情报学理论类课程受到的重视程度相对较高，共有 5 所高校把情报学理论类课程作为硕士生的必修课。但是，从整体来看，情报学理论类课程在数量上远少于研究方法类课程。这种重方法而轻理论的格局，一方面是因为情报学本身的理论相对匮乏[20]，缺少能够构成一门核心课程的理论体系；另一方面是因为理论类课程不像方法类课程那样存在社会科学的通用模式，这使得理论课程乏善可陈[21]。这种局面对于中国情报学的长期发展是不利的。

③ 学术规范类课程。近些年来，国内高校非常重视科研伦理与学术道德的培养[22]，不断增设学术规范类课程作为硕士生或博士生的核心课程之一。此类课程在必修课程设置的数量方面，已经跃至第三，仅次于情报学理论类课程。

④ 前沿讲座类课程。前沿讲座可以帮助研究生拓宽学科视野，增长学术见闻[23]。表 10-2 仅列出被列为修读课程的前沿讲座，大部分高校即使没有将之列入修读范畴，也会在其他部分（如实践要求、学术交流要求等方面）提出相应的培养要求。

⑤ 科研成果表达类课程。科研成果对于高校学科评估和硕博人才评估的重要性毋庸置疑。国内高校对于科研成果表达类课程的设计主要集中在学术论文写作方面的训练，少部分高校专门强调了英文论文的写作。然而，学术论文并非唯一的科研成果形式。专利、软件著作权、研究报告、内参等其他形式的科研成果受到的关注显然不够[24-26]。在"去五唯"的大背景下，学术成果的形式应多元化发展[27]。但是，目前在国内高校的培养体系中，学术论文仍旧是几乎唯一的科研成果表达方式。这一来是因为科

技成果的评估体系尚不够完善,二来也是因为其他形式成果的学术价值尚不能在学术界取得广泛共识。

⑥ 文献研读类课程。在目前搜集到的国内研究生培养计划中,只有北京大学和中国人民大学将文献研读作为一门独立的课程设置在培养体系中。但这并不意味着仅有这两所高校重视文献研读。事实上,有很多专题课程都会将文献研读及研读后的课程汇报纳入教学大纲中来。经典文献和前沿文献的研读,仍旧是硕博培养中的重要环节[28]。

⑦ 其他类课程。此类课程主要是博士生必修课中,难以从学术训练角度进行分类的课程。这部分有4门课程,可以被看作情报学科所涉及的某一个分支专题。可以看出大多数高校在博士生培养阶段更加关注博士生的学术训练,而不再要求如硕士生一样去了解情报学的其他分支专题方向。

表10-2 中国大陆地区情报学研究生课程分类的举例(基于学术训练角度)

课程分类	课程举例		
	博士生必修课	硕士生必修课(已列入博士生必修课的不计在内)	研究生选修课(相关课程)
研究方法类	管理研究方法论(南开大学);管理研究方法论(吉林大学);社会科学研究方法与规范(中国人民大学);科学与逻辑方法论(中国人民大学);统计模型与应用(中国人民大学);科学研究方法(中国科学院大学);科研方法与论文写作(北京大学);图书情报专门研究方法(南开大学);图书情报高级研究方法与设计:总论(中山大学);研究方法前沿(中国人民大学);学术研究指导(中国人民大学);情报学理论与方法(南京大学)	图书情报学科研究方法(北京师范大学);管理研究方法(吉林大学);定量分析方法(吉林大学);图书馆学情报学档案学研究方法)(东北师范大学);信息资源管理研究方法(湘潭大学);图书情报学研究方法论(江苏大学);社会科学研究方法论专题(江苏大学)	管理研究数量分析方法(吉林大学);系统工程方法(南京大学);系统方法概论(郑州大学);情报学研究方法(南京大学);图书情报学研究方法(上海大学);情报学研究设计(北京大学)

续表

课程分类	课程举例		
	博士生必修课	硕士生必修课（已列入博士生必修课的不计在内）	研究生选修课（相关课程）
情报学理论类	信息科学原理（南京大学）；情报学理论与方法（南京大学）；情报学理论研究（北京大学）	情报学理论研究（南开大学）；情报学理论研究（北京师范大学）；现代情报学理论与方法（中国科学院大学）；情报学理论（湘潭大学）；情报学基础理论（江苏大学）	图书情报与档案管理学科理论前沿专题（吉林大学）；信息研究的本质与基础（中山大学）：图书情报现实问题的理论研究（中山大学）：信息科学与信息管理研究高级理论模型与框架（中山大学）：情报学理论与方法研究（南京大学）
学术规范类	学术规范与学术论文指导（南开大学）；图书情报高级研究方法与设计：研究伦理（中山大学）；学术研究指导（中国人民大学）	科学道德与学术规范（吉林大学）；学术规范和论文写作（中国人民大学）	—
前沿讲座类	信息资源管理前沿讲座（南开大学）；情报学研究进展（北京大学）	信息科学与信息管理研究前沿（中山大学）；信息科学前沿讲座（东北师范大学）；图书情报学研究前沿（江苏大学）；情报学研究进展（北京大学）	图书情报与档案管理学科理论前沿专题（吉林大学）；图书情报与档案管理学科实践热点专题（吉林大学）；情报学专题研究（南京大学）
科研成果表达类	图书情报高级研究方法与设计：科研成果组织、汇报与发表（中山大学）；科研方法与论文写作（北京大学）	学术规范和论文写作（中国人民大学）	高水平英文论文研读及写作指导（中国人民大学）；科研论文写作（湘潭大学）
文献研读类	情报学主文献研读课（中国人民大学）；情报学经典选读（北京大学）	—	—

续表

课程分类	课程举例		
	博士生必修课	硕士生必修课（已列入博士生必修课的不计在内）	研究生选修课（相关课程）
其他类	管理研究计算机辅助系统（吉林大学）；信息资源管理技术（南京大学）；信息处理与检索技术（南京大学）；信息社会研究（北京大学）	—	—

10.1.2 基于研究专题角度的课程分类

（1）硕士生必修课

基于研究专题角度，表10-3展示了中国大陆地区情报学研究生课程的分类统计情况。表10-4则是针对统计情况的课程分类举例。由于博士生的课程安排中，必修课程基本不涉及某一特定的研究专题（表10-1的"其他类"），因此研究专题分类以硕士生的课程安排为主。需要强调的是，由于在许多高校的课程体系中，硕士生与博士生的课程可以互选，因此下文提到的所有课程也可视作博士生的选修课。情报学硕士生培养方案中比较通用的课程类型有以下几个。

① 信息资源类课程。在所有课程类型中，信息资源类是被设置最多的类型。在"图书情报与档案管理"一级学科更名为"信息资源管理"的大背景下[29]，情报学是信息资源管理的主要研究方向之一。

② 信息检索类课程。信息检索一直被视作情报人员的看家本领之一，也是情报学最具特色的研究方向之一[30]。作为情报学重要的传统研究方向，其原理、方法、技术及研究前沿，都是高校研究生课程体系内最常见的关注点[31]。

③ 数据分析类课程。在人工智能和大数据时代下，包括数据挖掘、复杂网络、多元回归在内的许多数据分析方法及技术成为关注的重点[32]。其中，数据分析领域的方法和技术由于在就业市场上的热度相对较高，而且

在学术研究方面可以与后续的各种量化分析方法实现较好的衔接,因此它成为被设置数量较高的类型之一。

④ 信息组织类课程。信息组织与信息资源管理密切相关,同时也与信息搜集、存储、检索、分析等领域存在衔接关系,其课程设置也较受重视。

国内高校研究生教育必修课关注的其他研究方向:信息系统、情报分析、政务管理、知识管理、信息技术、信息服务、信息行为、竞争情报、科学计量、数字图书馆、政策规制、网络信息、信息社会。需要注意的是,情报学传统的研究方向——科学计量,仅在北京大学被列为硕士生的必修课程,其他大多数高校虽然都设置科学计量类课程,但均选择将之作为选修课。此外,"信息社会学"作为课程名称,仅在东北师范大学的硕士生必修课和北京大学的博士生必修课中出现。

表10-3 中国大陆地区情报学研究生课程的分类统计情况(基于研究专题角度)

单位:门

课程分类	课程统计	
	硕士生必修课	研究生选修课(硕士&博士)
信息资源类	11	8
信息检索类	8	8
数据分析类	8	7
信息组织类	5	6
信息系统类	3	7
情报分析类	3	6
政务管理类	3	6
知识管理类	3	5
信息技术类	3	5
信息服务类	2	12
信息行为类	2	6
竞争情报类	2	6

续表

课程分类	课程统计	
	硕士生必修课	研究生选修课（硕士&博士）
科学计量类	1	10
数字图书馆	1	6
政策规制类	1	5
网络信息类	1	2
信息社会类	1	0

表10-4 中国大陆地区情报学研究生课程分类的举例（基于研究专题角度）

课程分类	课程举例	
	硕士生必修课	研究生选修课（硕士&博士）
信息资源类	信息资源管理（吉林大学）；信息资源管理（中国人民大学）；信息资源管理理论与方法（郑州大学）；信息资源管理技术（南京大学）；网络信息资源组织与建设（郑州大学）；信息资源管理（郑州大学）；信息资源管理（东北师范大学）；信息资源开发与利用（东北师范大学）；信息资源管理前沿（上海大学）；信息资源管理理论（湘潭大学）；信息资源管理专论（北京大学）	数据管护（南开大学）；信息资源管理研究（中山大学）；信息资源共享专题研究及前沿进展（中山大学）；语义网资源管理研究（东北师范大学）；信息资源整合与利用（北京师范大学）；科技信息资源管理（中国科学院大学）；文献信息资源建设（上海大学）；数据管理专题（北京大学）
信息检索类	信息检索研究（南开大学）；信息检索理论与技术（吉林大学）；信息检索前沿（中国人民大学）；信息处理与检索技术（南京大学）；信息资源检索（郑州大学）；网络信息组织与检索（黑龙江大学）；信息检索原理与方法（湘潭大学）；现代情报检索理论与技术（北京大学）	信息检索专题研究（南开大学）；信息检索前沿研究（中国人民大学）；信息检索专题研究（南京大学）；文献检索与利用研究（南京大学）；情报检索算法研究（南京大学）；信息检索技术研究进展（郑州大学）；信息检索原理（北京师范大学）；计算机检索技术（湘潭大学）

续表

课程分类	课程举例	
	硕士生必修课	研究生选修课（硕士&博士）
数据分析类	Web情报挖掘（南开大学）；数据挖掘（郑州大学）；数据挖掘与信息分析（东北师范大学）；数据挖掘与分析（上海大学）；社交数据分析（南开大学）；实用数据分析方法与案例（中国人民大学）；多元统计分析（江苏大学）；实用数据分析方法与案例（东北师范大学）	数据仓库与数据挖掘（吉林大学）；复杂网络分析（东北师范大学）；数据挖掘（北京师范大学）；自然语言处理与文本分析（北京师范大学）；Web数据挖掘与应用（北京大学）；数据分析与统计建模（北京大学）；社会网络分析（北京大学）
信息组织类	信息组织理论与技术（吉林大学）；信息组织前沿研究（中国人民大学）；网络信息组织与检索（黑龙江大学）；数字信息资源组织（东北师范大学）；信息组织（中国科学院大学）	信息组织原理与方法（南开大学）；信息组织与信息行为研究进展（中山大学）；原数据组织与应用研究（南京大学）；信息与知识组织（中国科学院大学）；信息组织（湘潭大学）；网络信息资源组织研究（北京大学）
信息系统类	管理信息系统开发与应用（湘潭大学）；信息系统原理与应用（上海大学）；信息系统规划与建设（北京大学）	信息系统分析与设计（南开大学）；信息系统评估研究（南开大学）；信息资源数字化建设（郑州大学）；信息系统开发与管理（东北师范大学）；信息系统建设（中国科学院大学）；信息系统规划与继承（湘潭大学）；Web信息系统（北京大学）
情报分析类	情报分析与预测（南开大学）；信息分析与评估（湘潭大学）；情报分析（北京大学）	信息分析研究进展（南开大学）；信息分析研究（中山大学）；信息分析前沿研究（中国人民大学）；情报分析与研究（中国科学院大学）；信息分析研究（上海大学）；信息分析与计量（北京大学）

续表

课程分类	课程举例	
	硕士生必修课	研究生选修课（硕士＆博士）
政务管理类	政府信息化建设（湘潭大学）；电子政务信息资源研究（湘潭大学）	政府信息资源管理（南开大学）；电子政务与电子文件管理（中山大学）；电子政务研究（南京大学）；政府信息资源管理（郑州大学）；电子政务理论与实践（东北师范大学）；政府信息管理（北京师范大学）
知识管理类	知识管理（郑州大学）；知识管理研究（东北师范大学）；知识管理研究（湘潭大学）	知识管理专题研究（南开大学）；知识管理前沿研究（中国人民大学）；知识管理（南京大学）；知识技术（中国科学院大学）；知识管理专题研究（北京大学）
信息技术类	信息管理自动化（郑州大学）；现代信息技术（黑龙江大学）；现代信息管理技术（东北师范大学）	网络数据库开发（吉林大学）；多媒体信息处理与检索技术（南京大学）；数据仓库技术（南京大学）；情报处理技术研究（南京大学）；现代信息技术（上海大学）
信息服务类	用户研究与信息服务（中国科学院大学）；信息服务与用户研究（湘潭大学）	信息服务与用户研究（南开大学）；信息咨询服务（中国人民大学）；信息咨询研究（东北师范大学）；信息用户与服务研究（东北师范大学）；信息与用户服务（中国科学院大学）；参考咨询与服务（湘潭大学）；科研选题与科技查新（湘潭大学）；参考信息与服务（上海大学）；信息用户研究（上海大学）；管理咨询研究（北京大学）；信息服务与用户（北京大学）；信息服务业研究（北京大学）
信息行为类	信息行为研究（南开大学）；信息行为研究理论与方法（江苏大学）	信息行为专题研究（南开大学）；信息组织与信息行为研究进展（中山大学）；信息行为理论与前沿（中国人民大学）；信息行为科学研究（南京大学）；用户信息行为（北京师范大学）；人类信息行为研究（北京大学）

续表

课程分类	课程举例	
	硕士生必修课	研究生选修课（硕士 & 博士）
竞争情报类	情报研究与竞争情报（中国科学院大学）；竞争情报研究（湘潭大学）	竞争情报研究（南开大学）；企业竞争情报分析（吉林大学）；工商竞争情报（南京大学）；竞争情报研究（东北师范大学）；竞争情报研究（湘潭大学）；竞争情报研究（北京大学）
科学计量类	信息计量专题研究（北京大学）	Informatics 专题研究（南开大学）；Web 科技文献分析方法研究（中山大学）；信息计量与科学评估研究（中山大学）；科学计量文献导读（中国人民大学）；信息计量学研究进展（郑州大学）；科学计量与科技评估研究（东北师范大学）；网络信息计量与评估（北京师范大学）；信息计量学及其应用（中国科学院大学）；信息分析与文献计量（湘潭大学）；信息计量学（上海大学）
数字图书馆	数字图书馆（北京师范大学）	数字图书馆技术及应用（南开大学）；数字图书馆专题研究及前沿进展（中山大学）；数字图书馆概论（中国科学院大学）；数字图书馆原理与方法（湘潭大学）；数字图书馆技术与理论（上海大学）；数字图书馆专题（北京大学）
政策规制类	信息政策与法律（黑龙江大学）	信息资源法规与标准建设（南开大学）；信息法规研究（南京大学）；信息政策（郑州大学）；政策与法规（东北师范大学）；信息法学（湘潭大学）
网络信息类	Web 情报挖掘（南开大学）	网络知识组织系统（中国人民大学）；网络信息安全与控制（吉林大学）
信息社会类	信息社会学（东北师范大学）	—

（2）硕士生选修课

在硕士研究生的必修课之外，还存在着大量的选修课，这类课程未被任何一所高校设置为必修范畴，但却也与情报学存在密切关联。表10-5展示了中国大陆地区情报学研究生课程的分类统计情况，表10-6是这些课程分类的举例。硕士生选修课的课程类型主要有4类。

① 图书、文献、档案类。图书馆、文化馆及档案馆在一级学科层面就与情报学有着密切关联，近些年还存在部分学者提出图情档一体化的主张[33]，更是加深了其与情报学之间的联系。从课程设置来看，图书、文献、档案与情报学的课程体系并不完全兼容，这类课程往往是作为一种可选的知识拓展直接列入情报学体系中。

② 信息经济类。信息经济类课程主要由两个方面组成。一方面指将信息类课程引入经济学的知识体系，将之应用到人工智能、互联网+等相关产业中[34]；另一方面指利用信息本身，与经营管理的对手进行战略博弈，课程着重强调博弈论，力求将博弈论的知识应用到生产实践中去。

③ 科技情报类。科技情报是情报学最传统的方向之一。如果追溯中国情报学的历史，必然绕不开科技情报[35]。然而，目前多数高校并未将科技情报类课程列为核心课程。作为选修课时，大多也仅以科学计量或科技评估两种方式体现出来。目前只有中国科学院大学在相关课程中增加了科技政策和科技战略的相关表述。可以看出，科技情报业界与情报学学界在人才需求和人才培养方面，一定程度上已经出现分歧。

④ 企业管理类。企业管理中的商业情报或竞争情报，通常被视为情报学的研究范畴。同时，情报学在中国大陆地区属于管理学门类，部分高校（如南开大学、吉林大学）将情报学与商科专业置于同一学院，因此在许多高校存在企业管理类课程成为情报学选修课的现象。

国内高校研究生教育选修课关注的其他研究方向：社群信息、信息伦理、信息传播、信息素养、信息表达、电子商务、信息安全、数字人文、信息构建、数据治理、公共危机。这些普遍是近几年新兴起的研究方向。

表 10-5　中国大陆地区情报学研究生课程的分类统计情况（基于研究专题角度）

单位：门

课程分类	课程统计
图书、文献、档案类	11
信息经济类	7
科技情报类	6
企业管理类	5
社群信息类	3
信息伦理类	3
信息传播类	3
信息素养类	2
信息表达类	2
电子商务类	2
信息安全类	2
数字人文类	1
信息构建类	1
数据治理类	1
公共危机类	1

表 10-6　中国大陆地区情报学研究生课程分类的举例（基于研究专题角度）

课程分类	课程举例
图书、文献、档案类	书业管理专题研究（南开大学）；阅读研究（南开大学）；企业文档与信息管理（南开大学）；数字档案馆研究（南开大学）；信息资源整合与档案数字化（中山大学）；电子出版物研究（郑州大学）；文书与电子文件管理（东北师范大学）；编目专题研究（北京师范大学）；数字出版研究（湘潭大学）；档案学理论与研究（上海大学）；现代图书馆管理与服务（上海大学）
信息经济类	信息经济理论（吉林大学）；博弈论与信息经济学（南京大学）；信息经济研究（南京大学）；信息经济学高级专题（东北师范大学）；博弈论与信息经济学（北京师范大学）；博弈论与信息经济学（湘潭大学）；知识经济专题（北京大学）

续表

课程分类	课程举例
科技情报类	信息计量与科学评估研究（中山大学）；科学计量与科技评估研究（东北师范大学）；情报研究与科技评估（中国科学院大学）；科技评估方法与实践（中国科学院大学）；科技政策与战略情报（中国科学院大学）；专利情报研究（湘潭大学）
企业管理类	管理学与管理研究（南开大学）；企业战略与组织管理（南开大学）；资本市场信息分析（中国人民大学）；管理学原理（北京师范大学）；信息调研与预测（北京师范大学）
社群信息类	社群信息学（南开大学）；信息获取与公平研究（湘潭大学）；社群信息学（北京大学）
信息伦理类	信息伦理研究（南开大学）；图书情报职业伦理与法律（吉林大学）；信息产权与信息伦理（湘潭大学）
信息传播类	跨文化信息传播研究（南开大学）；社交数据分析（南开大学）；新型传媒研究（南京大学）
信息素养类	信息素养极其教育专题研究及前沿进展（中山大学）；信息素质教育理论与方法（中国科学院大学）
信息表达类	数据可视化（中国人民大学）；数据描述语言（吉林大学）
电子商务类	电子商务（吉林大学）；互联网商务模式（南京大学）
信息安全类	信息保密与信息安全（南京大学）；网络信息安全与控制（东北师范大学）
数字人文类	语义出版与数字人文的理论与实践（中国人民大学）
信息构建类	信息构建的理论与方法（中国人民大学）
数据治理类	大数据治理前沿研究（中国人民大学）
公共危机类	公共危机管理研究（湘潭大学）

10.2 国外情报学教育

国外情报学教育可以分为信息科学（information science）和情报研究（intelligence studies）两类。

10.2.1 信息科学类

iSchool 是目前全球大部分排名领先的院校信息学院组成的联盟，在很大程度上代表着信息领域教育的国际化动向。iSchool 集结了来自全球各个地区的对信息研究和信息相关的职业培训与教学有共同兴趣的多所大学，涉及的领域范围广泛，它强烈依赖社会和行为科学，以及计算、人工智能和语言学。iSchool 的院校组织通常以信息学院（school of information）、信息研究系（department of information studies）、信息管理系（department of information management）或信息系（department of information）的身份参与。截至 2022 年 8 月 20 日，全球 iSchool 联盟成员院校共计 123 所，其中亚太地区 35 所、欧洲地区 34 所、北美地区 54 所。在北美 54 所成员院校中，美国院校数量最多，共计 48 所。因此，本书使用 iSchool 中的信息科学（information science）项目［国外绝大部分高校以项目（program）设置培养方案］作为研究对象的遴选池[36]。

在国外院校中，与信息科学有关的主流项目包括信息科学（information science）、信息研究（information studies）、图书馆与信息科学（library and information science）和图书馆与信息研究（library and information studies）等本科、硕士与博士项目[37]。研究结果显示：①国外信息科学和信息研究的课程方向整体来看较为趋同，可将两者统一理解为信息科学；②国外的图书馆与信息科学、图书馆与信息研究的课程方向整体来看也高度相似，可将两者统一理解为图书馆与信息科学。有研究认为，图书馆与信息科学可视为图书馆学在信息时代发展的高级形态，这与国内泛称的图书情报学（即图书馆学和情报学的合称）并非完全对等关系[38]。

表 10-7 主要说明了国外院校信息科学及图书馆与信息科学项目设置情况。可以发现：国外有 27 所院校设置信息科学硕士项目；22 所院校设

信息科学博士项目；35所院校设置图书馆与信息科学硕士项目；12所院校设置图书馆与信息科学博士项目。

表10-7 国外院校信息科学及图书馆与信息科学项目设置情况

项目类别	项目名称	开设院校数量/所	开设院校名称
硕士	信息科学	27	奥尔堡大学（丹）、北卡罗来纳大学教堂山分校（美）、波尔图大学（葡）、柏林洪堡大学（德）、德雷塞尔大学（美）、德克萨斯大学奥斯汀分校（美）、惠灵顿维多利亚大学（新西兰）、蒙特利尔麦吉尔大学（加）、诺森比亚大学（英）、斯特拉斯克莱德大学（英）等
硕士	图书馆与信息科学	35	北得克萨斯大学（美）、波士顿西蒙斯大学（美）、不列颠哥伦比亚大学（加）、成均馆大学（韩）、德雷塞尔大学（美）、肯特州立大学（美）、伦敦大学学院（英）、威斯康星大学密尔沃基分校（美）、雪城大学（美）、伊利诺伊大学（美）等
博士	信息科学	22	奥尔巴尼大学（美）、北得克萨斯大学（美）、得克萨斯大学奥斯汀分校（美）、德雷塞尔大学（美）、俄克拉荷马大学（美）、加州大学洛杉矶分校（美）、斯特拉斯克莱德大学（英）、新泽西州立大学罗格斯分校（美）等
博士	图书馆与信息科学	12	波士顿西蒙斯大学（美）、不列颠哥伦比亚大学（加）、成均馆大学（韩）、南卡罗来纳大学（美）等

国外iSchool院校对信息科学、图书馆与信息科学项目的课程设置内容比较丰富，并不仅局限于信息学，课程涉及基础概念与研究方法类课程、工具类课程、管理类课程及与其他学科交叉类课程等[39]。

从表10-8可以看出，在以信息科学为名称的硕士项目课程设置中，以信息为关键词的课程远超过其他课程，具有较为显著的偏向信息研究与应用的特征。研究发现，在这些课程中，除了与信息有关的核心课程，还给予了学生较多的其他课程的选择余地，如机器学习、数字媒体、数字人文等。与信息科学硕士项目相比，信息科学博士项目设置了包括深度学习、数据挖掘、信息安全等技术取向的进阶课程。在以图书馆与信息科学为名称的硕士、博士项目课程设置中，信息作为关键词的课程也同样较多。不难发现，图书馆与信息科学项目相比较于信息科学项目，课程体系更加宽泛，除了覆盖信息相关的课程外，还涉及图书馆学、档案学等内容[39]。同时，这些课程更关注社会需求，重视交叉融合，这与我国情报学的人才培养模式有诸多相似之处[40]。

表 10-8 国外 iSchool 院校信息科学及图书馆与信息科学项目课程类型

项目类别	项目名称	课程类型总结
硕士	信息科学	① 信息科学基本概念、理论与方法类课程：如信息研究基础、信息研究理论与传统、竞争情报基础、信息学研究方法等； ② 信息组织与检索：如信息与知识组织、信息存储与检索、知识网络等； ③ 技术类课程：如数据库系统、数据分析、信息系统、商业智能、程序设计语言（Python、Java）等； ④ 用户类课程：如信息行为学、信息服务学、信息咨询、知识管理等； ⑤ 信息职业与社会问题：如信息职业、信息安全、信息政策与信息法规等； ⑥ 其他课程：如数字档案和图书馆、图书馆技术与系统等
硕士	图书馆与信息科学	① 图书馆与信息科学基础理论类课程：如图书馆与信息科学导论、数据科学（大数据）导论等； ② 研究方法与研究工具类课程：如图书馆与信息科学研究方法、信息（数据）可视化、信息计量学、Python 数据分析等； ③ 信息组织与检索类课程：如信息与知识组织、信息检索等； ④ 用户与管理类课程：如信息服务学、信息素养、知识管理、项目管理、信息用户学、信息咨询等； ⑤ 信息职业与社会问题：如信息隐私、社群信息学、版权、信息政策与法规等； ⑥ 领域知识课程：如健康信息学、音乐信息学、古籍保护等
博士	信息科学	① 信息科学理论、研究方法与学术写作类课程； ② 信息科学核心课程：包括但不限于信息科学硕士部分的②~⑤类课程； ③ 领域知识类课程：如健康信息学、信息政策、信息安全、商业智能等
博士	图书馆与信息科学	① 图书馆与信息科学理论、研究方法与学术写作类课程等； ② 图书馆与信息科学核心课程：包括但不限于图书馆与信息科学硕士部分的②~⑤类课程； ③ 领域知识类课程：如数字图书馆、专利信息、数字人文、数字出版、数字档案等

国外院校与信息科学相关项目的课程设置具有以下特点。

第一，重视基础概念与理论方法的教学。国外在信息科学领域的硕士和博士项目课程设置虽然灵活多样，但都设置了不少覆盖研究方法的课程，即使到了硕士与博士阶段，国外的信息科学教育依旧非常看重基础概念与理论方法的教学，即重视基础教学。

第二，课程覆盖面十分广泛。国外在信息科学领域的硕士和博士项目课程设置涉及面十分广泛，给予学生更多自主选择权。不仅开设与信息学相关的基础课程（如信息组织、信息检索、信息计量、信息行为、信息管理等），还开设相当一部分与数据分析有关的课程（如数据可视化、数据挖掘、数据库技术等）。此外，这些项目也很重视与数字化有关的课程，开设了包括数字图书馆、数字馆藏、数字策展、数字档案、数字管理、数字出版等在内的一系列课程。相当一部分内容在其他学科的课程也有所涉及，如项目管理、网页开发（信息架构）、信息心理学、数字媒体、遥感等。这表明，国外院校对信息科学相关项目的课程设置是结合人才需求实行多元培养的，课程设置灵活性较强，通过教育保障学生就业创业，并重视社会责任。

第三，加入学术科研类训练课程。国外在信息科学领域的硕士和博士项目课程设置中，特别是博士项目，专门加入了学术写作、教学指导类课程，用以帮助学生进行学术科研的训练。通过该课程的学习，学生可以掌握科学思维、科学研究、论文写作、专利写作、项目论证的基本方法，这有助于增强学生的科技创新意识，训练学生的创新思维，培养学生的学术兴趣，激发学生的学术灵感，提升学生的创作潜能。

10.2.2 情报研究类

美国高校、科研机构与智库开展情报研究（intelligence studies）均与美国国家安全与战略相关（表10-9）。

表 10-9 美国情报研究（国家安全方向）各高校开设的课程[41]

高校	学位	课程	
		必修课/核心课	选修课
美国军事大学	情报学文学学士/硕士	情报学概论、情报机构、情报收集与分析、法律与伦理、批判性分析、威胁、情报组织、战略情报、情报操作	反情报、地理空间情报、信号情报、公开源收集、人力情报、犯罪情报、网络战、战术情报、国家安全、非法融资、国土安全、情报剖析
帕特里克亨利学院	专业：战略情报	情报史、情报研究与分析、区域研究、战略情报	
圣母院学院	情报学文学学士	研究与分析方法、情报写作、金融调查与研究方法、战略情报	
	国家安全与情报学文学硕士	领导力，安全政策研究方法，国土安全，威胁分析，战略情报，分析危机，跨国威胁，生物防御和疾病预测，科学、技术与安全	
圣母大学	项目：国家安全和情报的新兴技术	新兴武器技术伦理学、基督教伦理、技术和战争	
印第安纳大学	本科生辅修：情报学	评估信息和情报、情报分析、信息可视化、战略情报、元数据、计算机与信息伦理	
宾夕法尼亚州立大学	安全与风险分析理学学士	安全经济学和隐私行为、信息和情报的作用、安全情报的可视化分析、情报环境、安全和风险分析、决策理论与分析、信息安全	
	地理空间情报研究生/学士后证书	遥感分析和应用、地理信息系统、地理空间情报高级分析方法、文化地理和国土安全	
	国土安全研究硕士	国土安全、暴力、威胁、恐怖和骚乱	
波音特帕克大学	情报与国家安全理学学士	情报演变、批判性思维、情报失察、媒体中的情报、应急预案和安全	
	情报与全球安全文学硕士	安全和情报学的研究方法、战略情报、情报操作、目标同心分析、威胁分析、情报交流和写作	
底特律大学	情报分析理学硕士	情报研究方法、空间分析与制图、国土安全与威胁评估、情报收集、情报分析、政策分析与战略创新（联邦执法）、分析与行为预测（犯罪分析）	

续表

高校	学位	课程	
		必修课/核心课	选修课
亨利—普特南大学	情报管理理学学士/硕士	情报写作、情报史、批判性思维、情报收集、公开源、分析方法	情报机构、技术侦察、情报操作、全源情报、情报政策、战略情报、政治分析、区域研究
约翰霍普金斯大学	情报分析理学硕士	情报分析案例研究、分析写作、战略思考、决策、结构分析技术	
梅西赫斯特大学	情报学学士 应用情报硕士	情报研究方法、情报理论应用、执法情报、情报通信、领导力、战略情报	分析技术、网络威胁、情报比较史、目标情报、金融情报、商业战略、数据分析
乔治城大学	安全研究文学硕士	情报理论与实践、情报分析、比较情报服务、新兴技术和国家安全、结构分析技术、情报官员和决策者的法律问题	
亚利桑那大学	情报学应用科学学士	技术写作、分析方法、公共和私营部门的伦理、批判性思维	

美国情报研究课程与培养体系的主要特点有如下几点。

（1）注重思维方式与情报研究方法的训练，并强调交叉领域教育

纵观美国高校的情报研究课程培养体系，在传统安全情报领域的培养内容主要包括：①思维方式培养。培养学生批判性思维能力[44]，让他们了解认知心理学的基本原理[44]，让学生认同并支持美国国家安全情报事业[45]，具有一定全球视野下的情报观。②研究方法训练。涉及基础数学能力[46]、信息技术分析方法（如计算机编程与数据科学、数据挖掘与建模、数据可视化）[47]、科学研究方法（如假设检验、因果分析、反事实推理）[47]、情报搜集与分析方法［如图像情报（IMINT）、信号情报（SIGINT）、人际情报（HUMINT）、测量与特征情报（MASINT）、公开源情报（OSINT）[41]，以及结构化分析方法（SATs）］。③交叉领域教育。开设相关课程，使学生对军事与情报历史[48]、地理信息系统[44]、国际及地缘政治问题[43,48]、情报工作中的伦理挑战[48-49]都有一定的了解。

（2）重视网络安全情报（cybersecurity intelligence）与反情报（counter intelligence）教育

在美国有多所高校开设了与网络安全情报及反情报相关的课程，甚至授予相关学位，拓展了传统国家安全情报的培养体系。

恩布里-里德尔航空大学开设了网络情报与安全本科学位，旨在让学生掌握网络空间分析、网络安全等方面的知识与技能[50]。该学位共包括120个学时，课程包括：①通识教育（general education），37学分，包括英语写作、编程基础等。②网络安全情报核心课程（cyber intelligence and security core），52学分，包括网络安全入门、病毒软件分析、数据结构与算法等；情报与安全增强课程（intelligence and security concentration），21学分，包括加密与网络安全、全球情报研究等。③毕业项目（senior capstone），3学分，完成毕业论文与项目。④任选课（open electives），7学分。南佛罗里达大学开设了网络情报与安全研究生学位，旨在培养该领域的专业人才，并使学生同时具有信息技术与情报分析两个方面能力[51]。这一学位的主要研究方向包括：网络安全、网络安全情报、情报分析、网络分析、国家安全等。最低要求33个学时，其中核心课程3门，共9个学时，分别是LIS6703情报核心概念（core concepts in intelligence）、LIS6700信息战略与决策（information strategy and decision-making）、LIS6107情报分析人员进阶专业与技术沟通（advanced professional & technical communication for analysts）（该课程学生至少需要拿到B）。必修课程7门，共21个学时，包括信息安全与风险管理、网络情报、信息分析等。实践课程1门（practicum），共3个学时。该硕士学位不需要论文写作与答辩[51]。

美国军事大学开设了反情报方向研究生学位（在线），旨在应对美国及其盟友面临的国家安全挑战[13]。该学位共18个学时，有4门必修课，共12个学时，包括SSGS500研究设计与方法（research design and methods）、INTL508情报分析（intelligence analysis）、INTL610反情报（counterintelligence）、INTL653欺诈、宣传与信息迷雾（deception, propaganda and disinformation）。还有2门选修课，共6个学时（6门选修课中选2门），包括INTL604跨部门行动（interagency operations）、INTL621信号情报（signals intelligence）、INTL622开源情报（OSINT）、INTL623人

际情报（human intelligence）、INTL637 情报画像（intelligence profiling）、INTL647 网络情报（cyber intelligence）。

需要指出的是，除了以上 3 所开设相关学位的院校外，美国其他开设情报研究课程的院校也基本都在培养体系中加入了网络安全情报与反情报的相关课程。

（3）注重教育与美国国家安全情报工作实践的结合

绝大多数开设情报研究课程的美国院校均以实践教育为主，力求培养能立即投入情报一线实际工作的专业人才而非研究型人才。例如，美国开设的 Intelligence 硕士学位都是应用硕士而非研究型硕士。目前唯一的例外是中佛罗里达大学，它在政治、安全与国际关系学院下开设了安全研究博士学位（security studies PhD）。这一博士学位项目旨在培养能分析安全问题并与政策制定者、普罗大众、政府及学术界沟通这些问题的专业人才[42]。这一项目要求申请者必须首先具有硕士学位（至少 30 个学时），在此基础上，该博士学位共需 56 个学时，包括 17 个学时的必修课、15 个学时的专业限选课、9 个学时的任选课、15 个学时的博士论文。尽管如此，该博士学位课程内容的选择也相当丰富且紧跟现实议题。例如，其必修课的一些课程包括：

INR7139 美国本土国内安全问题；

INR7337 国际安全问题；

POS7745 政治学研究高级定量研究方法；

POS7707 政治学研究高级定性研究方法。

其专业限选课的一些课程包括（由此可见美国在国家安全方面的全球战略及其课程体系选择的多样性）：

CPO6206 非洲比较政治学；

CPO6307 拉丁美洲政治议题；

CPO6407 中东比较政治学；

CPO6776 新兴力量比较研究；

INR6062 和平研究；

INR6065 战争问题研讨会；

INR6108 美国外交政策研讨会；

INR6257 非洲地区国际关系；

INR6275 中东地区国际政治；

POS6686 国家安全法；

POS6174 南半球政治研讨会；

POS6045 美洲国家政治研讨会。

（4）强调美国的全球战略与利益

美国一些开设 Intelligence 的院校会以实践教育为由，把一些与国家内政相关的议题也纳入其情报分析与实践的培养体系中。例如，恩布里-里德尔航空大学会派遣学生暑期去中国台湾地区实习，考察台海局势[42]；中佛罗里达大学的情报课程涉及美国在非洲、中东、美洲等的国际关系与政治议题。另外，由于与 Intelligence 相关的议题具有较强的实践性甚至敏感性，美国一些涉及其全球战略与利益且与 Intelligence 相关的课程或研究方法并非都在大学里讲授，而是会在智库（如美国布鲁金斯学会约翰·桑顿中国中心）[52]或情报部门内讲授。美国学生可以通过申请去这些机构实习或工作获得相关的知识与实践经验。例如，布鲁金斯学会就为美国的本科生、研究生提供了实习岗位；兰德智库则设立了研究生院，招收博士生研究美国的公共政策、国际关系（如当前俄乌冲突）等问题[53]。

10.3 卓智赋能下的科技情报专业人才培养

国内学术界对情报学应该对应国外的信息科学（information science）抑或情报研究（intelligence studies）一直存在争议。但对于科技情报工作实践而言，更重要的是科技情报人才能够去圆满解决具体问题，而不仅是讨论抽象定义。但是，目前我国的情报学教育缺少与科技情报相关的课程或培养方案。因此，复杂信息环境下情报专业教育如何坚守与发展创新，不仅关系到情报学学科自身的生存发展问题，也将影响到我国科技情报专业人才队伍的发展壮大。

通过对国内外与情报学、信息科学、情报研究相关的课程体系及研究生培养方案的比较分析，可以发现国外情报学教育有两个方面需要引起国内情报学教育关注：①国外的情报学教育重视实用化。国内的情报学教育偏于通识教育，博士研究生培养计划或课程安排侧重于学术训练方面的培养，硕士研究生培养计划或课程安排侧重于情报学子领域的各个研究专题。国外的研究生培养计划或课程安排具有非常鲜明的市场驱动属性，这会推动相关教育项目的市场化、实用化。②国外的情报学教育重视与国家安全情报工作的结合。国内的情报学研究生培养计划或课程安排涉及信息资源、信息检索、数据分析及信息组织方法和技术较多。国外情报学研究生培养计划或课程安排除此之外，还涉及情报思维方式、军事与情报历史、网络安全情报、地理信息系统、国际及地缘政治问题、情报工作中的伦理挑战等，关注网络安全情报与反情报教育，注重教育与国家安全情报工作实践的结合。

教育部联合有关部门按照《加快推进教育现代化实施方案（2018—2022年）》要求，制定并在加紧实施"六卓越一拔尖"计划2.0，建设新工科、新医科、新农科、新文科。这些政策的主要精神就是"五强调"：强调明确学科发展的使命导向；强调树立新的学科教育理念，即强调社会实践问题导向，注意能力培养和素质培养并重，培养创新型高质量人才；强调学科教育的新定位，例如，新文科的定位是为人文社会科学研究、公共文化服务和社会治理等领域培养具有文化自信、使命感强、有担当、有创新创业能力、有跨界融通整合能力的高素质人才；强调学科教育的新结构，改变学科设置不合理且与社会实际需要脱节的状况，提倡学科交叉融合，建设新学科；强调人才培养的新模式，全面提高教学质量。这无疑为科技情报专业人才的培养创造了极好的政策指导。

10.3.1　科技情报人才培养的目标定位

为满足科技情报卓智赋能的要求，满足科技情报体系的多样化诉求及科技情报工作的现实需求，科技情报人才需要具备丰富的知识储备，包括掌握情报学基础知识及特定情报领域的专业知识，完善情报专业技能，并拥有一定的人文社科、应用科学、统计科学、逻辑学等学科知识素养。因此，科技情报人才的培养需要突破门第之见，探索跨学科、跨院校、跨领域、跨系统的情报人才交流和联合培养模式。

科技情报人才的培养目标必须瞄准科技发展耳目、国家安全尖兵、决策支持参谋、科技创新引领，使情报学教育真正成为国家智库、智囊性人才的重要产出源。科技情报人才作为应用型人才，不但需要掌握情报学理论方法及相关领域知识，还应具有某一专业领域较深入的知识，如医学、理学、工学、农学等理工类学科，也包括人文社会科学方面的知识。只有这样的科技情报人才才可能在国家安全与发展中充当"耳目、尖兵、参谋"的角色，在相关的科学领域担负科学的引导使命。

10.3.2 科技情报人才的情报意识和认知能力

很多学者曾结合哲学、生物学、心理学等角度提出情报意识的概念，指出情报意识是人对客观事物的敏锐度、洞察力及反应能力，因此情报意识因人而异[54-56]。从这一认识看，科技情报人才的情报意识则是指情报人员在从事科技情报研究工作的过程中，基于自身的情报认知水平，对有关科技安全与发展的一切信息所做出的反应。按照表现形式，可以分为情报需求意识、情报处理意识、情报保密意识、情报价值意识、情报指导意识和情报服务意识等。

复杂信息环境下，科技情报生产面临的数据、信息不确定性在增加，科技情报人员面临更为严峻的数据、信息、知识、情报生产的困境，在这样的条件下，科技情报人员对数据、信息、知识、情报的认知能力和水平对于科技情报卓智赋能的发挥尤为重要。认知存在于科技情报业务流程（生产过程）的各个阶段和不同层次，不同层次的认知水平和能力是有差异的，方法也有不同，需要不断完善和迭代。科技情报人才作为情报的优秀生产者，必须具备科技情报的认知能力。

10.3.3 科技情报人才的专业化、特色化教育

科技情报人才既是科技情报事业发展的重要支撑条件，也是情报学学科建设中的重要教育议题。目前，我国的高等院校的情报教育绝大多数是以图书文献的收集、整理和服务为核心内容的图书馆和信息学教育。而与

国家安全和社会发展密切相关科技情报教学和研究很少，同时各领域间缺乏充分、务实的学术交流，这在很大程度上会造成科技情报专业特色难以传承和实现。

美国在"9·11"事件后，情报失察问题引发的关注对美国的情报人才培养和教育产生了连锁影响，美国在专业教育与课程设置上进行了适应性调整。积极设置涉及国土安全、情报研究等的专业特色课程，使美国情报研究专业获得前所未有的发展，甚至诞生了专门开展情报研究与教学工作的学院，如 CIA 大学的肯特情报分析学院、俄克拉荷马大学的情报与国家安全中心、梅西赫斯特大学的情报研究系等[57]。尽管各国对情报人才培养途径和培养方式的要求不尽相同，但对情报人才的教育始终要坚持专业化和特色化。专业化体现在职业性，即情报人才对具体情报工作的操作能力；特色化体现在情报素养性，即情报人才有别于非情报专业人士。所以，我国的科技情报人才培养在结合实际的同时，在培养途径和培养方式上要着力开展情报专业化、特色化的教育模式。

10.4　本章小结

情报力量是人和物的组合，专业化的科技情报人才队伍是科技情报体系能力的重要保障，情报人才队伍是业务能力的重要支撑条件，是实现科技情报卓智赋能的主体之一。复杂信息环境下，科技情报工作对情报人才的质量要求是极高的，科技情报人才要具有情报认知能力，掌握必要的信息分析方法，情报人才的情报认知水平、知识结构、情报方法技术素质等差异会形成不同甚至是对立的情报结果。因此，在科技情报人才培养模式方面，需要引起充分的重视。我国的科技情报人才队伍建设应根据自身需要构建具有中国特色的科技情报人才培养体系，注重科技情报教育与我国国家科技情报工作实践相结合，重视我国的国家战略与利益，以培养"耳目、尖兵、参谋"式人才、有决策参谋的科技情报人才和具有高度嗅觉的科技情报学家等为新的目标[58]。在遵循情报教育发展规律的基础上，如何完善对科技情报专业人才的情报素养教育，如何通过继续教育、能力培训等形式实现科技情报人才的能力培养，扩展情报教育所涉及的知识领域，如何通过跨学科、多领域的情报教育模式实现具备情报知识、情报能力、情报观念、情报伦理道德等全方面发展的人才培养机制等是复杂信息环境下科技情报专业人才培养未来需要深思熟虑的议题。

参考文献

［1］中国人民大学信息资源管理学院. 2022级学术硕士研究生120502情报学培养方案［EB/OL］.［2022-08-29］. https://yjs.ruc.edu.cn/gsapp/sys/pyfacxapp/*default/index.do?THEME=green&EMAP_LANG=zh#/pyfacxlb/2022/%E4%BF%A1%E6%81%AF%E8%B5%84%E6%BA%90%E7%AE%A1%E7%90%86%E5%AD%A6%E9%99%A2/all/102100.

［2］中国人民大学信息资源管理学院. 2022级学术博士研究生120502情报学培养方案［EB/OL］.［2022-08-29］. https://yjs.ruc.edu.cn/gsapp/sys/pyfacxapp/*default/index.do?THEME=green&EMAP_LANG=zh#/pyfacxlb/2022/%E4%BF%A1%E6%81%AF%E8%B5%84%E6%BA%90%E7%AE%A1%E7%90%86%E5%AD%A6%E9%99%A2/all/102100.

［3］北京师范大学政府管理学院. 图书情报与档案管理一级学科硕士研究生培养方案［EB/OL］.［2022-08-29］. http://www.sg.bnu.edu.cn/rcpy/sss/pyfa_sss/fa07549b2db141c2aa55c2f6050c6eef.htm.

［4］南开大学研究生院. 硕士研究生专业培养方案与课程简介（人文社科Ⅱ卷）［EB/OL］.［2022-08-29］. https://graduate.nankai.edu.cn/_upload/article/files/6e/97/9824e2e243e996e791550ad3f977/241da512-cdfd-4a30-a112-17afd98fb9fa.pdf.

［5］南开大学研究生院. 博士研究生专业培养方案与课程简介（人文社科卷）［EB/OL］.［2022-08-29］. https://graduate.nankai.edu.cn/_upload/article/files/b8/2a/316c13fc4a23b48ffaea664a6b4b/27e3f8ae-196f-453a-89ce-fa1f9c5bc39f.pdf.

［6］吉林大学管理学院. 情报学专业硕士研究生培养方案［EB/OL］.［2022-08-29］. https://gl.jlu.edu.cn/info/1034/2783.htm.

［7］吉林大学管理学院. 图书情报与档案管理学科博士研究生的培养方案［EB/OL］.［2022-08-29］. https://gl.jlu.edu.cn/info/1036/2772.htm.

[8] 东北师范大学. 图书情报与档案管理一级学科硕士研究生培养方案 [EB/OL]. [2022-08-29]. https://www.nenu.edu.cn/_upload/article/d7/cd/0bcacf2f4d70b5ac55e5aa466fcd/6aa89cc4-27c6-491c-836a-bc321b55b2ac.pdf.

[9] 江苏大学图书馆. 图书情报与档案管理学科硕士研究生培养方案 [EB/OL]. [2022-08-29]. https://lib.ujs.edu.cn/info/1142/3412.htm.

[10] 黑龙江大学信息管理学院. 情报学专业研究生培养方案 [EB/OL]. [2022-08-29]. http://xxgl.hlju.edu.cn/info/1017/1070.htm.

[11] 南京大学研究生院. 硕士研究生培养方案 [EB/OL]. [2022-08-29]. https://grawww.nju.edu.cn/30/b7/c1021a12471/page.htm.

[12] 南京大学研究生院. 博士研究生培养方案 [EB/OL]. [2022-08-29]. https://grawww.nju.edu.cn/80/f9/c1021a491769/page.htm.

[13] 郑州大学信息管理学院. 情报学硕士研究生培养方案 [EB/OL]. [2022-08-29]. http://www5.zzu.edu.cn/xxgl/info/1085/1455.htm.

[14] 武汉大学信息管理学院. 情报学专业攻读博士学位研究生培养方案 [EB/OL]. [2022-08-29]. https://sim.whu.edu.cn/info/1042/1060.htm.

[15] 华中师范大学信息管理学院. 情报学专业硕士研究生培养方案 [EB/OL]. [2022-08-29]. http://imd.ccnu.edu.cn/info/1019/7973.htm.

[16] 华中师范大学信息管理学院. 情报学专业博士研究生培养方案 [EB/OL]. [2022-08-29]. http://imd.ccnu.edu.cn/info/1557/7978.htm.

[17] 湘潭大学公共管理学院. 湘潭大学图书情报与档案管理一级学科硕士研究生培养方案 [EB/OL]. [2022-08-29]. https://glxy.xtu.edu.cn/info/1028/1151.htm.

[18] 中山大学信息管理学院. 博士研究生培养方案 [EB/OL]. [2022-08-29]. https://ischool.sysu.edu.cn/cn/content/%E5%8D%9A%E5%A3%AB%E5%9F%B9%E5%85%BB#.

[19] 中国科学院文献情报中心. 中国科学院大学图书情报与档案管理一级学科研究生培养方案 [EB/OL]. [2022-08-30]. http://www.las.cas.cn/yjsjy2021/pyyxw/pyfa2021/202112/t20211229_6329119.html.

[20] 王芳, 陈锋, 祝娜, 等. 我国情报学理论的来源、应用及学科专属度研究 [J]. 情报学报, 2016, 35 (11): 1148-1164.

[21] 罗彬香. 我国情报学理论创新研究面临的若干问题 [J]. 情报理论与实践, 2016, 39 (10): 1-4.

[22] 龚向和, 魏文松. 学术规范的功能定位、合理限度及其法律制度体系建构 [J]. 中国高教研究, 2019 (11): 69-76.

[23] 蒋凯. 前沿讲座在研究生学术成长中的作用 [J]. 学位与研究生教育, 2011 (3): 36-40.

[24] 周湘智. 论内参型智库报告的撰写策略 [J]. 图书情报工作, 2019, 63 (18): 70-77.

[25] 祁延莉, 冀红梅, 张春波. 再谈专利文摘及其撰写方式 [J]. 图书与情报, 1998 (1): 61-62, 56.

[26] 邢春国, 张红萍, 高大林. 科技查新报告检索策略撰写格式探讨 [J]. 现代情报, 2012, 32 (7): 141-143.

[27] 苏鹏, 张琳. 学术代表作时间周期、首发载体及题材类型特征研究: 以图灵奖为例 [J]. 图书情报知识, 2021 (1): 66-75.

[28] 吉雪菲, 董小玉. 基于混合式学习的研究生主文献研读机制: 以西南大学为例 [J]. 研究生教育研究, 2018 (4): 46-51.

[29] 初景利, 黄水清. 从"图书情报与档案管理"到"信息资源管理": 一级学科更名的解析与思考 [J]. 图书情报工作, 2022, 66 (14): 1-7.

[30] ZHAO D, STROTMANN A. The knowledge base and research front of information science 2006-2010: an author cocitation and bibliographic coupling analysis [J]. Journal of the association for information science and technology, 2014, 65 (5): 995-1006.

[31] 黄如花, 吉翠芳. 美国硕士研究生信息检索课程特点及启示 [J]. 情报科学, 2014 (6 vo 32): 78-81, 88.

[32] 安璐, 欧孟花, 李纲. 数据挖掘课程的知识体系构建 [J]. 图书情报知识, 2016 (5): 4-12.

[33] 王小云. 图情档专业课程资源一体化建设研究 [J]. 图书馆学研究, 2017 (6): 22-26.

[34] 张宁, 袁勤俭. 信息经济理论创新与中国问题: 2016 中国信息经济学会学术年会综述 [J]. 现代情报, 2017, 37 (5): 162-165.

[35] 柯平. 情报学教育向何处去? [J]. 情报理论与实践, 2020, 43 (6): 1-9.

[36] iSchool [EB/OL]. [2022-09-01]. https://ischools.org/.

[37] 任建英. iSchool 运动对我国图书情报学研究生教育的启示 [J]. 现代情报, 2015, 35 (2): 133-136.

[38] 王知津, 樊振佳, 张宁. 新时代我国情报学教育的国际化与本土化 [J]. 情报学进展, 2022, 14 (0): 1-49.

[39] 孟广均. 国外图书馆与资讯学教育: 调研与思考（下）[J]. 吉首大学学报（社会科学版）, 2008 (3): 158-164, 169.

[40] 马费成, 李志元. 新文科背景下我国图书情报学科的发展前景 [J]. 中国图书馆学报, 2020, 46 (6): 4-15.

[41] 魏雅雯. 美国高校 Intelligence Studies 课程调研与分析 [J]. 竞争情报, 2018, 1 (14): 33-39.

[42] University of Central Florida. Security Studies PhD [EB/OL]. [2022-08-07]. https://sia.psu.edu/academics/electives/sia-electives.

[43] Embry-Riddle Aeronautical University. Global Security & Intelligence Studies [EB/OL]. [2022-08-08]. https://catalog.erau.edu/prescott/business-security-intelligence/bachelors/cyber-intelligence-security/.

[44] American Military University. Undergraduate Certificate – Intelligence Analysis [EB/OL]. [2022-08-06]. https://catalog.apus.edu/undergraduate/academic-programs/certificates/undergraduate-certificate-intelligence-analysis/undergraduate-certificate-intelligence-analysis.pdf.

[45] Eastern Kentucky University. Undergraduate Certificate in Intelligence and National Security Studies [EB/OL]. [2022-08-07]. https://homelandsecurity.eku.edu/program-guide-undergraduate-courses.

[46] Naval Postgraduate School. NPS Master Curriculum Chart [EB/OL]. [2022-08-09]. https://www.nps.edu/web/registrar/academic-catalog.

[47] James Madison University. Intelligence Analysis, B.S. [EB/OL]. [2022-08-09]. https://catalog.jmu.edu/preview_program.php?catoid=41&poid=13361&returnto=1552.

[48] American Military University. Graduate Certificate – Intelligence Studies [EB/OL]. [2022-08-06]. https://catalog.apus.edu/graduate/academic-programs/certificates/graduate-certificate-intelligence-studies/graduate-certificate-intelligence-studies.pdf.

［49］James Madison University. Cyber Intelligence Graduate Certificate［EB/OL］.［2022-08-09］. https://www.jmu.edu/pce/programs/all/cyber-intelligence/what-is-the-curriculum.shtml.

［50］Embry-Riddle Aeronautical University. B.S. in Cyber Intelligence and Security［EB/OL］.［2022-08-08］. https://erau.edu/degrees/bachelor/global-security-intelligence-studies.

［51］University of South Florida. Cybersecurity Intelligence and Information Security, Information Assurance: What's the Difference?［EB/OL］.［2022-08-07］. https://www.securitymagazine.com/blogs/14-security-blog/post/89383-cybersecurity-information-security-network-security-information-assurance-whats-the-difference.

［52］Brookings John L. Thornton China Center［EB/OL］.［2022-08-20］. https://www.brookings.edu/center/john-l-thornton-china-center/.

［53］Rand Corporation. The Pardee RAND Graduate School［EB/OL］.［2022-08-20］. https://www.prgs.edu/.

［54］萧林.情报意识初探［J］.情报学报，1987，6（4）：308-312.

［55］陈建龙.论情报需要与情报行为的互逆过程［J］.情报学报，1993，12（5）：385-390.

［56］冷东明.论强化情报意识［J］.情报科学，2002（11）：1165-1166，1183.

［57］胡雅萍，潘彬彬.美国情报分析培训研究：以CIA肯特学院为例［J］.情报杂志，2014（7）：6-11.

［58］苏新宁.新时代情报学教育的使命与定位［J］.情报学报，2020，12（39）：1245-1252.

科技情报卓智赋能之
场景解析篇

第 11 章 已然扫描

科技情报工作的任务本质是解决科技管理决策中的信息不完备问题。在复杂信息环境下，科技情报工作更加重视面向国家重大科技发展需求，解决如何有效支撑实现国家科技竞争制胜、如何获取国家竞争优势、如何有效提供支撑的问题。科技情报卓智赋能理念所主导的科技情报业务场景主要是已然扫描、或然预见、未然感知和前瞻规划。本章就"已然扫描"进行解读。

11.1 已然扫描的含义

"已然"有既成事实，已经如此的意思。"已然"一词曾在汉代贾谊的《治安策》中出现："凡人之智，能见已然，不能见将然"[1]。科技情报工作中所谓的"已然"是指已经发生或存在的事实性对象，此类对象的指征寓于情报业务场景各种各样的信息资源之中。"扫描"指通过电子束、无线电波等的左右移动，在屏幕上显示出的画面或图形[2]。Aguilar 认为扫描有 4 种类型[3]：①无目标阅览，阅读各种各样的出版物，只为了解一下情况，无具体目的；②带任务阅览，对信息做出响应，即需要评估信息对组织机构的价值；③非正式搜索，主动寻求专门信息，但方式是相对非结构化的；④正式搜索，一种前摄性扫描模式，采用适当的搜索方法为专门目的而获取信息。

扫描作业在科技情报业务流程中的主要作用包括：①建立一种把信息组织起来并且将信息正确地传递给情报用户的"系统"；②探测科学技术的

趋势，探测对国家科技发展非常重要的事件，向各级用户提供关于科技领域的预警信息；③使科技决策者在确定战略时能够了解当前变革和潜在变革。因此，已然扫描是指通过对特定的信息资源实施扫描作业来获取有关特定对象的情报事实，是地平线谱系扫描在特定业务场景中的投射。

11.2 已然扫描的任务解析

11.2.1 已然扫描的目的

已然扫描采用的扫描方法是地平线谱系扫描，地平线谱系扫描是所有科技发展预测、评估、预警的基础，所以保证正确的地平线谱系扫描方向是后续工作的保障。因此，在地平线谱系扫描开始时就要明确其扫描目的，以便于后续的科技情报线索发现工作。地平线谱系扫描的目的也是已然扫描的目的。

（1）支撑科技决策，加强战略规划引导

利用扫描信息开展决策，本身就是地平线谱系扫描流程中的重要环节。当今社会，人们需要在海量数据中寻找情报。真假混杂的信息迷雾往往会使国家或政府机构在科技发展决策方面存在很多不确定性，而理解情报"任务有异、理法相通"，则能够"守正创新、迷雾可察"。地平线谱系扫描是科技情报工作者用于解决决策过程中信息不完备问题的重要手段。通过地平线谱系扫描，获取科技创新发展中的弱信号，研判科技发展水平，通过最终生成的扫描产品实现信息服务、信息共享和情报感知，为国家或政府机构的政策制定提供预测、验证，缓解总体风险水平，使决策制定更加集中，以辅助决策者更好地做出正确选择。

（2）扩展已知环境，分析科技创新发展趋势

地平线谱系扫描充分放眼观察已知事物发展的各种新动态。在科学技术领域，对已有科学技术的监测也属于地平线谱系扫描的一个重要部分，其目的主要包括提供科技信息基础服务和进行科技前沿探索。一方面，地平线谱系扫描基于现有科技信息资源，实现信息与用户需求的匹配，采用

信息检索、信息处理等基础手段实现对已知技术的科技信息服务。另一方面，地平线谱系扫描需结合某一具体科技领域的具体问题和需求进行扫描，通过持续扫描发现已知科技领域技术的未知应用及关键核心领域中新萌芽技术的应用前景，发现科技创新发展的潜在机会，并将扫描结果应用于科技预见、颠覆性技术发现和关键核心技术监测项目的立项决策活动中，以实现科技创新发展目的。

11.2.2 已然扫描的业务场景

已然扫描的需求通常来自用户的直接要求，科技情报业务中的动态跟踪、研究报告、科技查新等均属于已然扫描的业务场景内容。已然扫描主要完成指定情报需求或问题的相关情报研究工作，并最终形成相应的情报产品。

（1）动态跟踪

动态跟踪是通过跟踪扫描、分析研究获得的关于竞争对手的科技领域最新情报的报告，它是针对特定对象，为特定目的提供的经过选择与加工处理的动态信息。动态跟踪对动态情报进行及时报道，是呈报上级科技管理部门及相关科研部门的一类重要科技情报成果，它重点关注的是上级科技管理部门关切的科技问题，例如：如何实现可信、可靠、可解释的人工智能技术路线和方案，能否实现材料表面原子尺度可控去除，碳中和背景下如何实现火电行业的低碳发展等，它也可以作为其他情报研究的基础资料。

动态跟踪的情报成果基本内容包括以下几个方面。

① 对相关科技领域有重要影响的政策、决策和决定，包括制定的规划、计划和重要政策的变化；

② 对国家科技安全有重要影响的事件；

③ 相关科技领域科技发展的重要突破与进展；

④ 相关科技领域出现的新概念、新技术。

（2）研究报告

研究报告包括综述、述评报告、专题报告、评估报告等。其中，综述是对某一科技问题的大量有关资料进行归纳、整理、分析、加工，综合而成的一种研究报告；述评报告是在综述基础上的深入发展，其内容是关于某方面科学技术现状、动向和发展预测的系统阐述和科学综合；专题报告是针对某项专门课题，如某项技术的引进或转让、某项科技产品的开发和利用等进行专门信息研究的报告；评估报告是根据相关的评估准则的要求，在履行必要评估程序后，对评估对象的评估内容进行全面调查、综合分析和科学判断。

研究报告的情报成果基本内容包括以下几个方面。

① 揭示某一领域的科学技术发展水平、差距和动向；

② 对某一领域的科技问题进行判断，提出建议或给出解决问题的方案。

（3）科技查新

科技查新是在我国科技体制改革的进程中产生、发展起来的基于科技文献检索和科技咨询的一项新型科技信息咨询服务工作。作为科技管理的重要组成部分，科技查新在科研立项、科技成果评估、专利申请、技术交易等活动中提供着重要的文献评估作用。科技查新以反映查新项目主题内容的查新点为依据，以文献检索和情报调研为手段，以获取密切相关文献为检索目标，通过文本内容分析研究方法对相关文献进行对比和分析，对科技项目、科技成果等的新颖性进行情报学审查，以写出有逻辑、有根据、有分析、有对比、有结论的查新报告，具有一定的科技决策支撑意义。

科技查新的情报成果基本内容包括以下几个方面。

① 查新的领域和范围描述；

② 查新对象的新颖性判断；

③ 查新对象的创新性（理论创新、技术创新和应用创新）判断。

11.3 已然扫描的基本模型和步骤

已然扫描主要针对已知的情报问题和明确的情报需求，对已发生情况进行扫描作业。科技情报业务工作对该作业的描述是针对特定问题，普查各种相关科技情报源头，运用相关情报线索发现方法，实现科技情报事实的发现，并及时把情报事实进行展示。简言之，已然扫描的过程由问题—扫描—分析—评估—结论组成，已然扫描的基本模型如图11-1所示。

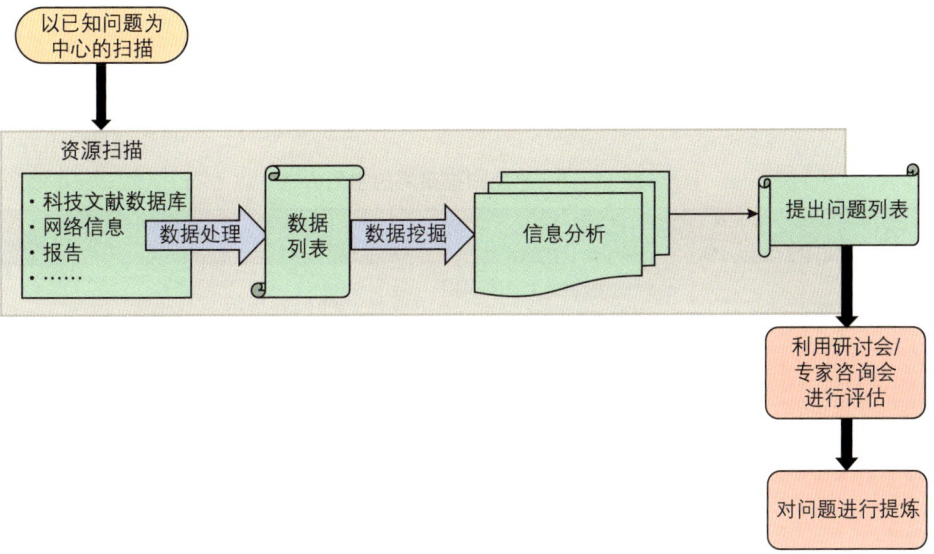

图 11-1　已然扫描基本模型

已然扫描的基本步骤有以下几个方面。
① 搜索，获取概貌；
② 根据问题定义扫描领域；
③ 表征扫描领域；
④ 选择待扫描信息源和扫描方法，实施扫描；
⑤ 按扫描方案进行搜索；
⑥ 对扫描结果进行信息分析；
⑦ 对相关问题进行评估；
⑧ 对结论进行提炼以形成扫描产品。

11.4 已然扫描采用的主要方法和实施要求

（1）主要方法

已然扫描对于方法的选择和使用并无绝对的限制。从科技情报相关研究和业务实践来看，所采用的方法是多样化的。在不同的具体业务场景中，可以基于情报问题和需求采用适用的方法。已然扫描采用的方法主要分为计划和指导、信息获取、分析和咨询3种类型，如表11-1所示。

表11-1 已然扫描采用的主要方法

扫描阶段	方法	方法描述	优点	不足
计划和指导	访谈	一对一提问（访谈对象为专家或利益相关者），以识别问题、探讨重要驱动力量及不确定性领域	访谈是一种很好理解、广为接受的技巧；易于得到关键人物的前瞻意见	共同利益主体间缺乏互动性
	问题树/逻辑图	将关键问题分解成"彼此互斥、穷尽所有"的一揽子问题	识别出"针对关键问题能提供一个完整答案"的所需信息	不太适合一般性问题或不能精确定义范围的问题
信息获取	数据库检索	专业数据库数据	数据精准、可靠	专业性较强，需要学科专业知识
	权威网站	政府网站、科研机构网站的相关信息发布	信息权威、可靠	具有时滞性、模糊性
	网络爬虫	按照一定规则，自动转到网站信息的程序或脚本	能够及时、全面地获得相关信息	存在窃取数据和信息的风险
	开放论坛	在线论坛，任何人都可以参与	更广泛地获取"众人智慧"	内容质量缺乏保障
分析和咨询	信息分析	采用科学计量、内容分析、对比、归纳和综合等方式对已有文献进行定量、定性分析	获取科技领域的相关研究动态，揭示科技发展水平、差距和动向等	大部分是对已有结果的分析总结，具有一定的时间限制
	德尔菲问卷调查	通过问卷获取专家咨询建议	容易获得对某个学科领域当前状况的概述	非互动式的

（2）实施要求

依据情报问题的不同，已然扫描的实施会使用不同的研究方法，形成不同有价值的情报成果（产品），因此情报成果内容所要求的重点也会有所差异。例如：动态跟踪强调时效性、准确性和简明性；情报研究报告强调客观性、全面性、综合性和完整性；专题报告强调针对性和全面性；科技查新强调新颖性和创新性。已然扫描的共性实施要求基本可以归纳为以下几点。

① 为科技信息资源的保障，有固定的信息资源谱系建设支持；

② 解析研究对象，了解研究对象的学科和技术，聚焦研究重点或具体问题；

③ 依据研究目的和研究问题的特点，确定并选取不同类型的相关数据，分析和揭示不同类型数据蕴含的问题；

④ 总结不同的分析结论，通过适合的研究方法，如系统分析法得出研究结论。

11.5 已然扫描的作业案例

澳大利亚创新与科学委员会制定长期国家科学与创新战略计划。澳大利亚学术学院理事会（Australian Council of Learned Academies，ACOLA）联合澳大利亚人文学院、科学院、社会科学院和技术与工程学院，澳大利亚健康与医学科学院及新西兰皇家学会负责相关研究报告的撰写工作，该报告是制定长期国家科学与创新战略计划的重要部分。研究报告的撰写工作是一个已然扫描的科技情报业务场景，研究报告的研究方法以地平线扫描方法为主，对目标任务领域范围内所有证据、数据和报告进行搜索、定义扫描领域，并在扫描过程中融入了专家咨询、同行评审等分析和评估方法，最终形成扫描产品。

2017—2020年，ACOLA连续发布了澳大利亚学术学院理事会报告，这些跨学科的研究报告以澳大利亚学术学院内部丰富的学科专业文献和专家领域知识为基础，分析澳大利亚的经济、社会、文化和环境未来发展、变革所面临的挑战和机遇，为响应澳大利亚创新与科学委员会制定长期国家科学与创新战略计划、政策决策需求提供了重要的情报事实依据。研究报告的内容可以辅助澳大利亚政府或相关机构确定国家科学技术发展的优先顺序，有助于对科技前沿研究的规划、决策，促进科技领域的突破和创新，保持国家科技优势，降低被竞争对手进行科技突袭的风险等。

研究报告的主要内容和方法描述如表 11-2 所示。

表 11-2 ACOLA 研究报告的主要内容和方法描述

时间	报告名称	报告的主要内容	方法描述
2020 年 11 月	物联网：在澳大利亚最大化部署的好处	审视物联网的机遇、风险，并在确保负责任部署的同时提出培养技术领先地位的方法	采用跨学科的方法来评估机遇和挑战。借鉴了行业和顾问团体的证据、数据和报告；采用了利益相关者访谈、专家咨询、专家小组研讨、同行评审等方法
2020 年 9 月	农业技术的未来	该报告审查了 8 项技术对农业部门的影响。这些技术包括传感器、物联网、机器人、机器学习、大规模优化和数据融合、生物技术、纳米技术和分布式账本技术。这些技术为提高农业生产效率和盈利能力，发展新型农业产业和市场等做出了贡献	
2019 年 7 月	人工智能的部署及其对澳大利亚的影响	该报告将社会置于人工智能发展的核心，分析了人工智能技术带来的机遇、挑战和前景，并探讨了劳动力、教育、人权和监管环境等因素与人工智能的关系	
2018 年 9 月	澳大利亚的合成生物学：2030 年展望	该项目研究合成生物学在未来 10 年可能在澳大利亚出现的机会和问题	
2018 年 1 月	澳大利亚精准医学的未来	ACOLA 的精准医疗项目探索了精准医疗技术的当前趋势，并探讨了更广泛地实施精准医疗在澳大利亚可能发挥的作用	
2017 年 11 月	能源储备在澳大利亚未来能源供应组合中的作用	该项目研究了储能在澳大利亚能源系统中可能发挥的变革作用；未来的机遇和挑战；储能技术及其基础科学的现状和未来趋势。该项目研究了能源储备在澳大利亚未来 10 年及以后在低碳经济转型中，在科学、技术、经济和社会等方面所发挥的作用	

11.6　本章小结

尽管具体的科技情报业务场景依据情报问题和需求会有所不同，但是科技情报工作的基本目的是一致的。已然扫描主要对已有情况进行研究和分析，从而得出结论。它的主要科技情报业务场景，如动态跟踪、研究报告、科技查新等基本以文字、数据等形式提供参考资料，展示印证观点，实现对特定科技决策部门的科技决策信息保障。需要注意的是，为保障已然扫描的情报成果质量，科技情报人员需要对科技信息始终保持高度敏感，对于信息的发布时间、权威性等要及时审核和筛选，以保证获得可信度高、时效性强的有关信息。此外，科技情报人员需要重视科技信息的积累，避免遗漏，确保信息及时更新。

参考文献

[1] 百度百科.已然[EB/OL].[2022-10-20].https://baike.baidu.com/item/%E5%B7%B2%E7%84%B6/8103855?fr=aladdin.

[2] 百度百科.扫描[EB/OL].[2022-10-20].https://baike.baidu.com/item/%E6%89%AB%E6%8F%8F?fromModule=lemma_search-box.

[3] 王延飞,杜元清.情报感知论[M].北京：科学技术文献出版社，2021：203.

第 12 章　或然预见

复杂信息环境下的科技决策不确定性大，决策对象的边界模糊、内容繁杂，决策的内容往往涉及多个交叉学科的各种利益主体，决策导出的政策之间亦存在显性或隐性的各种关联，使得科技情报工作者在任务执行过程中更加重视与不确定因素相关的研究议题。或然预见就是聚集不确定因素进行预测性情报研究。或然预见亦可用于对研究对象进行或然判断的科技决策情报分析业务场景的表征，本章就科技情报卓智赋能理念所主导的"或然预见"业务场景进行解读。

12.1　或然预见的含义

"或然"，指或者；随机的、没有规律的可能性[1]。预见有两个含义，一是根据普遍的科学规律预先料到事物可能的变化过程及大致结果；二是能预先料到的见识[2]。或然预见是针对某个对象的发展趋势所进行的预测性研究，此类研究需要结合研究问题搜集大量的数据，进行现状调查和分析，建立数学模型，在分析、研究、判断的基础上，做出未来一定时期的预测。研究内容涉及问题的发展动向、发展规模、发展过程中可能出现的问题和其他因素，以及各关键点之间的关系变化甚至事件实现的可能性、可能时间等。

或然预见具有一定的"或然性"。"或然性"一词的权威出处是《社会心理学词典》。原文是："或然性即概率，统计学是它的工具。科学依靠的就是或然性（概率）而不是绝对性。可以说，心理科学的研究都要揭示其或然性。统计学通过对某些数据的处理后能告诉人们在某一特定情境下，事件的或然性是多大"。例如，对俄罗斯停止能源供应将会产生的影响，未来10年的科技前沿技术是什么、"双碳"目标下的区域科技发展方向是什么等均是一种或然性的评估预见。

12.2 或然预见的任务解析

12.2.1 或然预见的目的

或然预见侧重于对正在发生着的对象情况进行动态监测性的研究并进行相关预见。或然预见可以借助已然扫描的情报成果，在掌握当前研究对象"过去"的基础上对其进行预见性的情报研究工作。此外，相比过去，复杂信息环境下的科技发展存在很多"可能因素"，会使国家或政府机构在科技发展战略决策方面具有更多的不确定性，对各种类型的"可能因素"及风险也需要开展评估和预见。

（1）支撑科技决策，预见科技前沿

世界各国对于科技创新高度重视，抢占未来科技制高点的竞争愈发激烈。目前，我国科技发展速度飞快，已成功进入创新型国家行列。但是，我国科技创新在原创能力、高端人才、关键核心技术等方面还有不少短板。近年来，美国在芯片、光刻机等技术方面对我国的封锁，令我们更加认识到提高科技原创能力、攻破"卡脖子"技术的重要性。在全球科技激烈的竞争中，只有准确把握未来科技前沿，才能在全球科技竞争中掌握主动权。通过或然预见，可以为政府和科技管理部门制定科技战略、布局科技前沿发展方向提供决策参考依据。

（2）支撑产业和区域创新发展，预见创新发展路径

产业技术创新是实现我国经济高质量发展的重要手段，近年来国家出台大量政策规划以支撑产业技术创新活动。区域科技创新是完善国家创新体系的重要环节，是增强区域竞争力的重要手段。2014年，《国务院关于加快科技服务业发展的若干意见》中提出，科技咨询服务、科学技术普及服

务与综合科技服务是提升科技情报服务业对创新和产业发展支撑效果的关键。或然预见的情报成果能够为产业和区域创新发展提供相关技术预见服务，表征创新发展路径重要影响因素，为国家的产业和区域发展规划提供决策参考依据。

12.2.2 或然预见的业务场景

（1）科技前沿问题的或然预见

科技前沿问题预见是科技情报工作为国家科技战略决策服务的主要任务和主要业务场景，其目的是为了在科技战略决策层面瞄准科技前沿，把握大势，抢占先机，尽早进行科技战略规划和布局，是一种或然预见。科技前沿问题预见是对科技发展轨迹的事先反映。科技前沿问题预见描述现实中尚不存在的科技发展状况或技术前景问题，这种预见结果是不充分和不确定的，在方法运用的过程中往往带有若干假设条件，运用模型计算的结果多数是近似值，具有或然性。

或然预见的情报成果基本内容包括以下几个方面。

① 对科技领域具有重要影响的事件或技术；
② 某一具体科技领域的前沿研究或技术及发展规模；
③ 科技领域具体的重要研究或技术的突破性进展。

（2）科技产业和区域发展方向的或然预见

科技产业和区域发展方向的或然预见主要指为产业和区域技术创新服务的战略性预见活动。开展科技产业和区域发展方向的或然预见将有力落实国家重大战略发展规划和中央决策部署，实现各创新主体之间的知识流动和协同创新，促进形成优势互补、高质量发展的区域产业经济布局，助力国家经济高质量发展。科技产业和区域发展方向的或然预见描述当前科技产业和区域中不能明晰或确定的发展状态或发展路径，这种预见结果具有不确定性，需要预见在一定约束条件下，如何设计监测和评估体系以重塑科技实施与区域经济发展格局，这种设计要预设若干假设情景，具有或然性。

或然预见的情报成果基本内容包括以下几个方面。

① 科技产业和区域的发展方向；
② 在科技产业和区域的发展过程中，可能出现的问题或风险因素；
③ 对科技产业和区域的发展问题提出建议或指出解决问题的路径。

（3）科技风险预警

风险是可能性和结果两种情况的产物。一旦发生某些事件，就会产生某种结果。风险是将可能性从中筛选出来；预警是针对事件或发展状态的高度警示，预警问题很难，预警方法的标准能够确定，但不可能像原来预想的那样精确，如哪个方法最能精确地预测到"9·11"恐怖袭击事件。预警是风险管理的基础体系中的重要环节，科技风险预警是对科技环境的预见工作，以便采取后续行动。风险是事件发生的可能性（概率）乘以事件的结果，特别是对于特殊类型的风险，由于它减少了用于可能性计算的相关统计数字，降低了概率分布，不确定性更加显著，具有或然性。

或然预见的情报成果基本内容包括以下两个方面。
① 环境风险（通常被定义为威胁）出现的可能性，发生的概率或时间；
② 内部风险（也称为操作风险）出现的可能性，发生的概率或时间。

12.3 或然预见的基本模型和步骤

或然预见主要在对情报问题和情报需求进行已然扫描的基础上，对其未发生的情报进行预测。科技情报业务工作对该作业的描述是针对情报对象，探索性地扫描各种科技情报源头试图发现问题，基于情报问题提出假设并再次进行扫描，通过运用相关情报线索发现方法完成预测活动并进行成果的展示。例如，对科技发展趋势或影响进行预测。这类预见活动一般需要搜集大量的科技数据，进行现状调查和科技数据分析，运用逻辑推理方法和科学思维，建议运用数学模型进行计算，在分析、研究和判断的基础上对相关科技对象的发展前景，提出未来一定时期的预测。简言之，或然预见的过程由对象—扫描—分析—问题—扫描—评估—结论组成，或然预见的基本模型如图12-1所示。

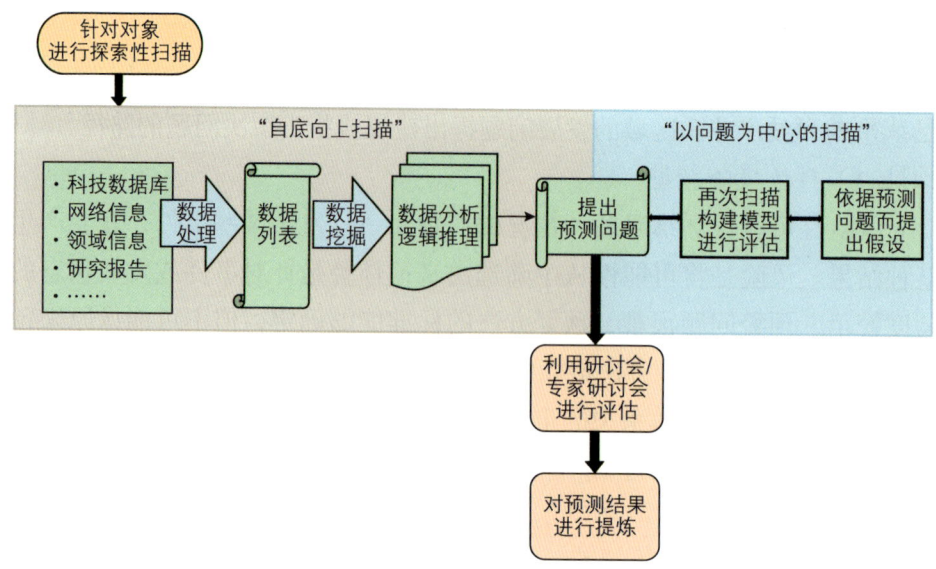

图 12-1 或然预见的基本模型

或然预见的基本步骤有以下几个方面。

① 根据对象进行探索性的领域扫描；
② 表征扫描领域；
③ 选择待扫描信息源和扫描方法，实施扫描；
④ 聚焦重点或具体问题，对扫描结果进行信息分析和逻辑推理；
⑤ 预设假设条件，提出预测问题；
⑥ 再次扫描，构建模型进行运算和分析；
⑦ 对研究结论进行专家咨询和提炼；
⑧ 形成预见产品。

12.4 或然预见采用的主要方法和实施要求

（1）主要方法

或然预见的工作流程主要涉及扫描、信息获取、分析、预测，其对应方法中的扫描、信息获取、分析等方法与已然扫描相关流程方法并无较大差异，相关方法可参见表 11-1，而预测这一工作流程常见的方法参见表

12-1。需要指出的是,预测工作不仅需要依靠相关方法及工具,更需要依靠科技情报工作者、相关专家领域的知识、经验和智慧,以解读和洞察信息或现象背后更深层、更本质的规律、变化及影响,实现正确的评估和预见。

表 12-1 或然预见的基本方法

方法	方法描述	优点	不足
时间序列分析	一种动态数据处理的统计方法,一般用于系统描述、系统分析、预测未来等	可以从时间序列中找出变量变化的特征、趋势及发展规律,从而对变量的未来变化进行有效预测	在应用时间序列分析法进行市场预测时,应注意市场未来发展变化规律和发展水平,不一定与其历史和现在的发展变化规律完全一致
PEST	对政治、经济、社会和技术四大类宏观环境的分析	可以从宏观角度全面地分析外部环境	变化因素大
SWOT	将与研究对象密切相关的各种优势、劣势因素,通过全面扫描列举出来,并依照矩阵形式排列,之后用系统分析的思想,把各种因素相互匹配起来分析,从而得出一系列相应的结论,而结论通常带有一定的决策性	可以对研究对象所处的情景进行全面、系统、准确的研究,从而根据研究结果制定相应的发展战略、计划及对策等	缺乏对要素重要性的度量;优劣势评估的相对参照不明确
定标比超	与从事该项活动最佳者进行比较,从而提出行动方法,以弥补自身的不足	针对性强;可操作性强;创新性强	有效性持续时间短;缺乏预测能力
层次分析	将与决策有关的元素分解成目标、准则、方案等层次,在此基础之上进行定性和定量分析的决策方法	系统性的分析方法;所需定量数据信息较少	指标过多数据统计量大,且权重难以确定
趋势预测	自变量为时间,因变量为时间的函数模式	考虑时间序列发展趋势,使预测结果更好地符合实际	突出时间序列暂不考虑外界因素影响,因而存在预测误差的缺陷

续表

方法	方法描述	优点	不足
案例分析	对有代表性的事物（现象）深入地进行周密而仔细的研究，从而获得总体认识的一种科学分析方法	易于理解；有助于把握事件的本质；增加实证的有效性	严格性容易受到质疑
外推法	根据过去和现在的发展趋势推断未来的一种方法	可以揭示技术发展的未来趋势，并能够定量地估计某些功能特性	形势发生突变时会失败
情景分析法	假定某种现象或某种趋势将持续，对预测对象可能出现的情况或引起的后果做出预测的方法	提高组织的战略适应能力；实现资源优化配置	有些情景可能不够现实；所用场景可能缺乏充分的基础，数据可能具有随机性

（2）实施要求

或然预见的研究成果具有战略意义，可以为国家科技管理部门和决策者确定科技、产业、区域的发展方向、路径等提供决策依据。或然预见的实施依据根据科技情报任务的不同，可采用不同的研究方法，以形成不同的有价值的情报成果（产品）。或然预见的情报产品均具有超前性、探索性和不精确性的特点，在情报业务实施过程中，它们的共性要求基本包括以下几点。

① 科技信息资源的保障，信息资源需要及时进行动态更新；

② 依据研究对象和研究问题的特点，进行全谱系科技信息扫描；

③ 运用多种定量和定性研究方法，分析和揭示多种来源与类型的科技数据蕴含的科学现象；

④ 通过科学逻辑思维推理和模型，总结各种分析结论。

12.5 或然预见的作业案例

近年来，世界主要国家高度重视生命科学领域的相关研究工作，同时积极加强生命科学领域的前瞻部署和研究投资。以美国为例，其在2015年用于生命科学研究的经费已占整个研究经费的一半。2019 年，包括 CRISPR（clustered regularly interspaced short palindromic repeats）基因编辑在内，合成生物学技术等仍作为生命科学领域的前沿技术，继续争取技术进步或突破。生命科学涉及的学科领域较多，惠及和影响国家与民族，乃至整个人类社会的发展和生存。因此，这一领域的科技前沿预见研究具有重要现实意义。

（1）针对研究对象，扫描其学科和技术、聚焦预测问题

生命科学在整个科学家族中是比较年轻的科学，生命科学这一词汇大约在 20 世纪中叶开始出现并逐渐被广泛使用。生命科学体系是指生物学及与其有关的广泛领域，因此涉及的学科较广，各国对生命科学的学科或技术划分并不相同。本书从生命科学研究大国——中国和美国学科研究分类入手，分析中美两国在生命科学领域前沿技术研究涉及的主要学科和技术。相比较而言，中国在生命科学领域涉及的学科更为广泛。国家自然科学基金委员会（National Natural Science Foundation of China，NSFC）的生命科学部划分为微生物学、植物学、动物学；生态学、林学与草学；生物物理与生物化学、分子生物学、生物材料、成像与组织工程、免疫学；神经科学与心理学、生理学与整合生物学；遗传学与生物信息学、细胞生物学、发育生物学与生殖生物学；食品科学、农学基础与作物学；植物保护学、园艺学与植物营养学；畜牧学、兽医学、水产学。而美国国家科学基金会（National Science Foundation，NSF）的生命科学分类主要包括：环境生物学、综合组织系统、生物基础设施、分子和细胞生物学。可见，两个比较一致的学科是分子生物学和细胞生物学。结合网络学术资源介绍的中美两国生命科学学科分类情况，本书认为生命科学领域的科技前沿技术研究涉及的学科和技术聚焦于分子生物学、细胞生物学、微生物学、生物物理学、生物化学、遗传学和生物技术等。生命科学研究的分类如表 12-2 所示。

表 12-2 生命科学研究的分类

序号	美国国家科学基金会	国家自然科学基金委员会	学术网络（美国）	学术网络（中国）
1	环境生物学	微生物学	微生物学	普通生物学
2	综合组织系统	植物学	微生物学	细胞生物学
3	生物基础设施	动物学	生物物理学	遗传学
4	分子和细胞生物学	遗传学与生物信息学	分子生物学	生理学
5		细胞生物学	分子生物学	神经生物学
6		发育生物学与生殖生物学	遗传学	生物化学
7		免疫学	细胞生物学	生物物理学
8		神经科学与心理学	神经生物学	分子生物学
9		生理学与整合生物学	分子生物学	生物工程
10		分子生物学与生物技术		环境生物学与生物生态学
11		生态学		古生物学
12		林学与草学		水生生物学
13		农学基础与作物学		寄生生物学
14		食品科学		微生物学
15		植物保护学		植物学
16		园艺学与植物营养学		动物学
17		畜牧学		昆虫学
18		兽医学		人类学
19		水产学		心理学
20				基础医学
21				药物学
22				农学
23				生物学其他学科

（2）依据研究问题的特点，选取数据再次扫描，分析和揭示不同类型数据蕴含的前沿问题

科技前沿是指在某一具体科技领域中具有继承性、战略性特点的研究或技术。继承性指以前人研究的成果为起点，在前人研究的基础上提出和发展能够代表该领域最领先、最尖端的科学技术，解决前人还没有解决的问题；战略性指具有较大发展潜力或能够产生较大影响的一类科学技术[3]。基于这两个特点，本书将数据源分为两类（科技文献和科技项目）分别进行数据扫描采集，之后运用定量分析方法和定性分析方法相结合的系统综合法实现生命科学领域的科技前沿预见。

1）继承性——科技文献数据扫描分析

选取生命科学领域的科技文献数据（科技论文和科技专利）进行分析，分析结果如图12-2和图12-3所示。基于科技论文的关键词共现图谱分析结果表明，其涉及的研究热点主要包括：线粒体基因组（mitochondrial genome）、系统发育（phylogeny）、系统发育分析（phylogenetic analysis）、叶绿体基因组（chloroplast genome）、多态性（polymorphism）、进化（evolution）、有丝分裂（mitogenome）、生物标志物（biomarker）、群体遗传学（population genetics）、线粒体DNA（mitochondrial DNA）、氧化应激（oxidative stress）。基于科技专利的关键词共现图谱分析结果表明，其涉及的技术热点主要包括：制备药物（preparing medicine）、药物组成（pharmaceutical composition）、分子标记物（molecular marker）、制备产品（preparing product）、大肠杆菌（escherichia coli）、制备试剂盒（preparing kit）、生物样品（biological sample）、受试者TC（subject TC）、新基因（new gene）、制备药物（preparing medicament）。

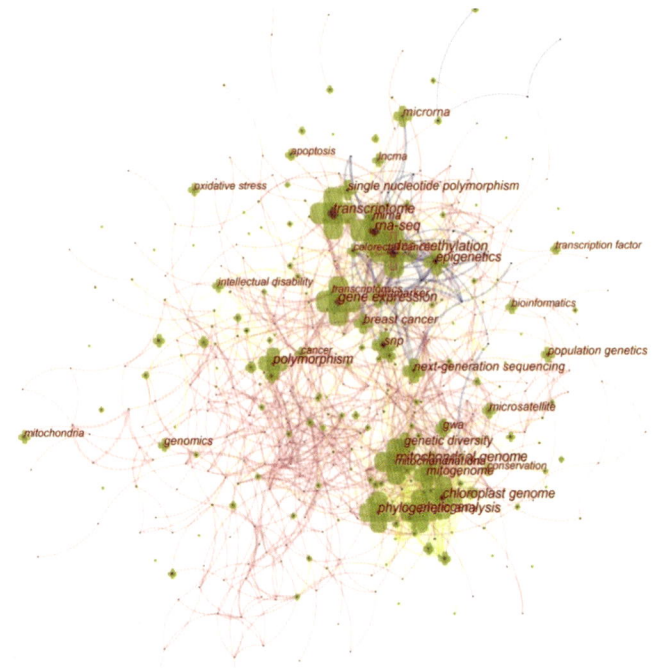

图 12-2 科技论文关键词共现图谱

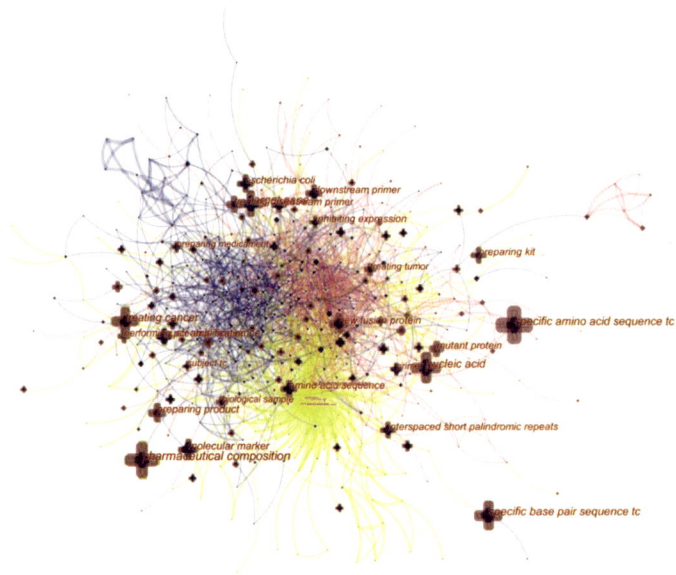

图 12-3 科技专利关键词共现图谱

2)战略性——科技项目数据扫描分析

美国国立卫生研究院（National Institutes of Health，NIH），是美国最高水平的医学与行为学研究机构，初创于 1887 年，任务是探索生命本质和行为学方面的基础知识。本书以 NIH 的数据为例，选取其在生命科学领域的科技项目立项数据进行统计和聚类分析，可以得到 1980 年以来这一领域的研发趋势图，如图 12-4 所示。

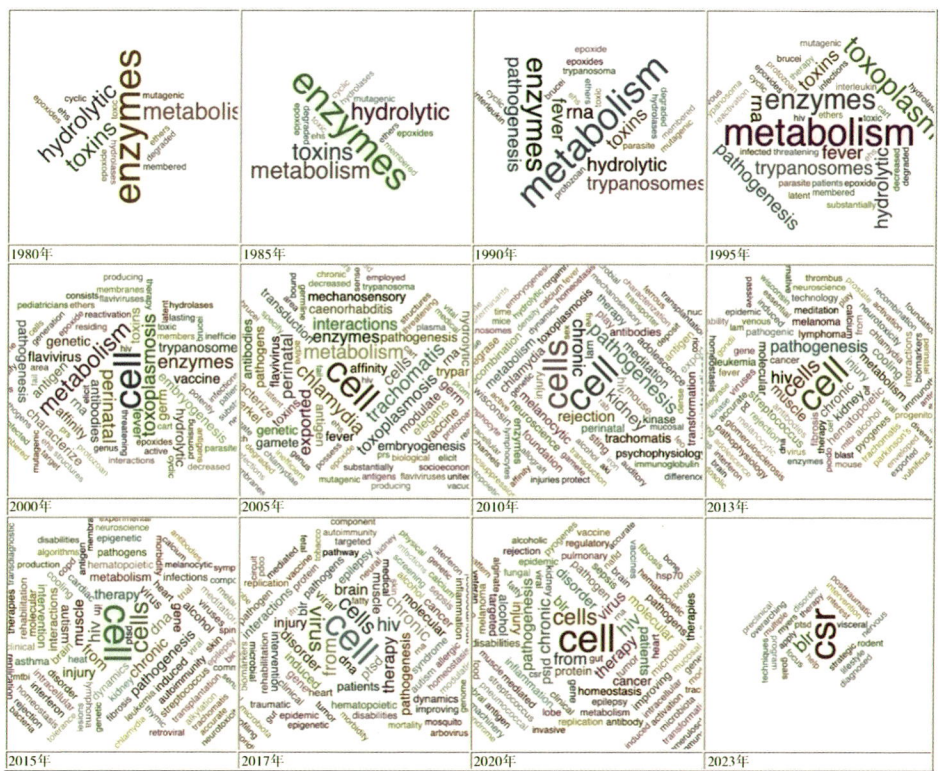

图 12-4　美国 NIH 生命科学领域科技项目立项数据分析（1980—2023 年）

依据分析结果可以获取美国 NIH 科技项目研发的重点，如表 12-3 所示。

表 12-3　美国 NIH 科技项目研发的重点内容

时间	科技项目研发重点内容
1980 年	酶 enzymes、环氧化合物 epoxide
1985 年	酶 enzymes、代谢 metabolism、诱变 mutagenic
1990 年	酶 enzymes、代谢 metabolism、发病机制 pathogenesis
1995 年	代谢 metabolism、酶 enzymes、弓形虫病 toxoplasmosis
2000 年	细胞 cell、代谢 metabolism、弓形虫病 toxoplasmosis、抗体 antibodies、疫苗 vaccine
2005 年	细胞 cell、脊柱裂 trachomatis、衣原体 chlamydia、弓形虫病 toxoplasmosis、抗体 antibodies、代谢 metabolism、疫苗 vaccine
2010 年	细胞 cell、慢性病 chronic、发病机制 pathogenesis、肾病 kidney、抗体 antibodies、脊柱裂 trachomatis
2013 年	细胞 cell、慢性病 chronic、发病机制 pathogenesis、艾滋病病毒 HIV、肌肉 muscle、肾病 kidney
2015 年	细胞 cell、慢性病 chronic、发病机制 pathogenesis、艾滋病病毒 HIV、脱氧核糖核酸 DNA、肌肉 muscle
2017 年	细胞 cell、艾滋病病毒 HIV、慢性病 chronic、病毒 virus、发病机制 pathogenesis、脱氧核糖核酸 DNA、癫痫 epilepsy
2020 年	细胞 cell、慢性病 chronic、发病机制 pathogenesis、癌症 cancer、艾滋病病毒 HIV、病毒 virus、分子 molecular、蛋白质 protein
2023 年	临床研究报告 CSR、生物芯片、序列分析、神经 nervous、创伤后应激障碍 PTSD

分析发现，美国 NIH 自 1980 年开始加强生命科学前沿研究的资助，启动基因编辑领域的前期研究，布局生物酶、环氧化合物和诱变机制研究。2000 年启动细胞、抗体和疫苗研究，同时也面向美国国内的弓形虫病、脊柱裂、慢性病、艾滋病病毒等疾病开展研究，基本持续至今。2020—2023 年的项目资助研究集中在细胞、发病机制、癌症、艾滋病病毒、分子、蛋白质、生物芯片、神经技术、创伤后应激障碍等。

（3）总结不同的分析结论，通过系统综合法和专家咨询进行预见与评估

① 科技文献数据的分析结论。以基因研究为例，分析结果中的研究热点是大肠杆菌，它是合成生物的加工厂，人工编辑的基因需要其表达成蛋白质。因此，大肠杆菌和基因编辑成为热点词。分析结果中的技术热点是基因编辑技术——Crispr 和 zinc finger nuclease，它们主要用于临床、遗传病，进行基因编辑和改造，对具有先天基因缺陷遗传病的患者进行治疗。基因编辑这一研究和技术热点的发现与科技项目立项数据的分析结果是可以吻合的。

② 科技项目研发数据的分析结论。以美国为代表的主要国家一直在推动生命科学领域的研究。美国长期高度重视这一领域的研发工作。例如，1980 年已对用于人工编辑的基因所需的酵母、大肠杆菌等菌类进行研究，并且一直持续研发。美国 NIH 科技项目在 1980 年已经面向酶（人工基因编辑合成物）进行资助，2000 年之后转向细胞、抗体、慢性病、发病机制等。美国在生命科学领域的研发投入在 2015 年已经占政府民用研发投入的 50%，美国政府 60% 的科研经费用于生命科学研究。

综合上述不同类型数据的分析结果及领域专家意见，生命科学领域科技前沿的预见结论是：美国将在蛋白质、生物芯片等新领域有突破性进展。美国 NIH 资助的基因组学、人脑连接组学、微流控生物芯片系统、精准医疗技术、分子交感方法、人体三维器官、人体微生物群工程、组织芯片等研究项目将为癌症、艾滋病等疾病的治疗带来新技术革命。在基因研究领域，我国与美国的前沿研究和未来趋势类似。

12.6　本章小结

或然预见作为复杂信息环境下科技情报业务的主要场景之一，常用于对世界科学技术发展的预见活动，如与科技相关的产业发展预见、区域发展预见、科技风险预警等。或然预见通过对相关科技数据的全谱系扫描，对重大科技突破、前沿研究成果发现、科学或技术领域的突发快速发展或

进步、现有技术的非预期新兴使用方式等进行感知和刻画,及时对国内外可能出现的科技威胁、技术突袭、技术封锁等不确定性风险问题做出响应和预警,并预测其对政治、军事、经济、文化、社会等方面可能产生的相关影响,以保障预防和抵消措施的实施,保持我国在全球科技战略上的主动地位。

参考文献

［1］百度百科. 或然［EB/OL］.［2020-10-20］. https://baike.baidu.com/item/%E6%88%96%E7%84%B6/7461510?fr=aladdin.

［2］百度百科. 预见［EB/OL］.［2020-10-20］. https://baike.baidu.com/item/%E9%A2%84%E8%A7%81/5738463?fr=aladdin.

［3］曾文,李辉,樊彦芳,等.开源情报环境下的科技前沿识别体系研究［J］.情报理论与实践,2019,42(7):30-34.

第 13 章 未然感知

"未然感知"是科技情报卓智赋能的一个标志性业务场景，注重解决科技情报任务主体对于未知或知之不详的情报问题的处理，具体而言指科技情报人员在信息采集、加工、分析和处理过程中，综合运用各种方法和技术完成对情报用户需求、情报对象内容和情报任务组织的认知、解读与表达。"未然感知"所针对的问题通常没有先例可循，难以通过简单和单一的研究方法与技术形成结果，它具有战略性、复杂性和风险性的特点。

13.1 未然感知的含义

"未然"，指还未变成现实[1]；感知即意识对内外界信息的觉察、感觉、注意、知觉的一系列过程，感知可分为感觉过程和知觉过程[2]。从情报视角看，感知，即客观事物通过感觉器官在人脑中的直接反映；如果从字面上将"感"与"知"拆分，可理解为由感觉而知道。在情报感知的语境下，"感"不再是完全被动的反映，而是专业情报人员主动地综合利用多种方法工具对数据信息进行处理；"知"不再局限于模糊的了解、知道，而是要清楚地理解、评析、展望。情报感知是对情报用户需求、情报对象内容和情报任务组织进行充分认知、解读和表达，以帮助决策者在信息不完备的情况下做出判断，用"减少意外"的形式提供决策支持[3]。所以，在科技情报的语境下，未然感知是针对某个情报对象未知情况的充分认知、解读和表达，此类情报业务场景需要搜集大量的数据，开展全谱系的扫描和深度分析，建立数学模型并进行计算，在分析、研究、判断的基础上发现数据中的情报线索。

未然感知具有一定的"未知性"。未知是指产生一定的局限性，且处于迷茫的感知状态[4]。因此，未然感知的过程和结果更具有"情报"的色彩。未然感知需要全域数据资源的支撑、各种先进方法和技术的加持才能科学地揭示其未知性。未然感知的研究内容涉及未来技术发展的萌芽、科技发展过程中预期出现的问题和关键性影响因素等，如颠覆性技术的研判就是一种典型的未然感知。

13.2 未然感知的任务解析

13.2.1 未然感知的目的

"夫风生于地，起于青平之末"（宋玉《风赋》）。未来战争所需的军事技术，可能就是相关产业发展的核心竞争技术。因此，在一定意义上，科技创新所面临的重要挑战是技术应用的复杂性和未知性。在科技情报业务工作中，面对模糊不确定的未来性问题，难以直接通过简单的分析方法和技术预测结果，且该类问题具有复杂性和前瞻性，没有成功的案例可以参考，对这类问题的探索往往具有重大的意义和价值。

"早醒远眺"是科技情报的特色使命，从这个意义上说，对"未知"问题的感知探索，对不确定性的揭示是科技情报真正的价值。未然感知的主要目的和任务是在对世界科学技术发展的前沿活动进行持续地平线谱系扫描的基础上，感知未知的重大科学研究和技术突破、现有技术的非预期新兴使用方式；通过感知国内外可能出现的科技威胁、技术突袭、技术封锁等不确定性问题对我国政治、军事、经济、文化、社会等方面产生的相关影响，及时发出警报信号。

13.2.2 未然感知的业务场景

（1）突破性科学研究和技术问题的感知

突破性科学研究和技术问题是现实中未知的科学技术问题。随着新一轮科技革命和产业变革加速演进，尽早对具有突破性的科学研究和技术问题进行感知对推动我国科技创新发展具有重要的战略意义。当前，不同学科之间的深度交叉融合呈现出势不可挡之势，相比过去突破性科学研究和技术问题的感知复杂程度在增加，所以对这类情报问题的描述结果是非常不确定的，对相关科技领域进行科学技术谱系扫描，对多来源科技数据内容进行研究和技术主题的关联和识别，以及定性或定量分析方法的综合运用是非常必要的。

未然感知的情报成果基本内容包括以下两个方面。

① 突破性科学研究和技术问题的描绘；

② 突破性科学研究和技术问题将会产生的影响。

（2）科技威胁和突袭问题的感知与防范

科技威胁和突袭问题是由于科技水平存在短处和缺失导致的。随着美国对华高科技产品的限制和打击不断加剧，我国的高科技企业陷入了前所未有的困扰，令我国的科技短板和缺失问题不断凸显，科技威胁和突袭问题的风险在剧增。潜在的科技差距使我国企业在产品研发、创新和生产中承受着巨大的不确定性，相比过去，科技威胁和突袭问题的感知与防范变得更为紧迫。科技威胁和突袭问题的感知与防范具有不确定性。

未然感知的情报成果基本内容包括以下两个方面。

① 描述未知的、具体的突破性科学研究和技术问题；

② 描述未知的、具体的科技威胁和突袭问题，以及防范措施。

（3）颠覆性技术感知

颠覆性技术最早由 C. M. Christensen 在 "Disruptive Technologies: Catching the Wave" 一文中提及。Christensen 提出：颠覆性技术与现有主流技术价值体系无法兼容，所以常常被社会的主流市场忽视，可是最后会从低端市场爆发，并逐渐颠覆已有市场格局。该结论迅速引发关注和热议，美国国防高级研究计划局、俄罗斯先期研究基金会、日本颠覆性技术创新计划等相继开展颠覆性技术的相关研究，我国政府高度重视颠覆性技术，党的十九大报告明确指出：加快建设创新型国家，要突出颠覆性技术创新。颠覆性技术的识别和评估问题是情报研究方法及应用实践的一个关键战场，是当前我国情报工作面向科技战略服务的重要任务之一。

未然感知的情报成果基本内容包括以下两个方面。
① 识别和评估具有潜在颠覆性技术的信号；
② 科学预测颠覆性技术发生的可能性。

13.3 未然感知的基本模型和步骤

未然感知主要是在特定环境中对未知对象及相关事务的未来发展做出具有参考性的分析与推测，这种分析和推测建立在大量的科技数据/信息资源基础之上；相比已然扫描、或然预见，未然感知对相关分析方法的选择和运用能力要求更高，特别是对科技信息迷雾问题的辨识要作为未然感知实施过程中需要关注和解决的一个主要环节。自然科学和社会科学的先进方法在未知感知实施过程中需要加以融合运用，才能更好地梳理和发现各种情报线索，提前感知研判未来发生的突破性科技事件、竞争对手或其他对象（某国、某地区、某机构或公司等）将开展的科技活动、发展出的技术或能力等。未然感知的模型如图13-1所示，其中地平线扫描是指谱系扫描。

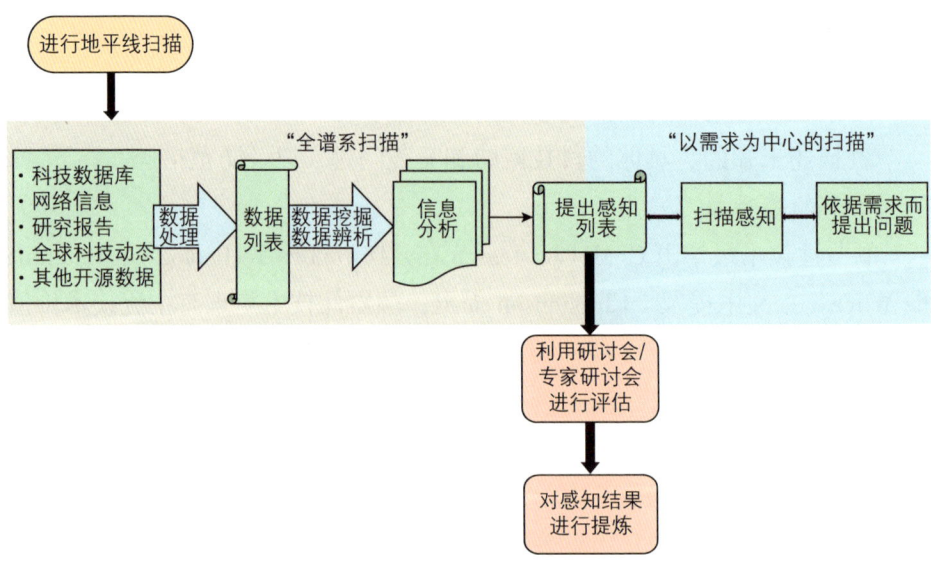

图13-1 未然感知的模型

未然感知的基本步骤包括以下几个方面。
① 若无明确需求则进行探索性的地平线扫描；
② 确定扫描目的；
③ 定义和描述扫描对象（领域、特征）；
④ 选择待扫描信息源和扫描方法，实施扫描；
⑤ 数据处理；
⑥ 数据挖掘和数据辨析；
⑦ 信息分析；
⑧ 对感知结果进行专家咨询；
⑨ 形成感知产品。

13.4 未然感知采用的主要方法和实施要求

（1）主要方法

未然感知的工作流程以科技情报感知方法为主，主要涉及扫描和感知两个环节。相关方法可参见表11-1和表12-1。科技情报感知是科技情报专业人员在常规性科技信息采集、加工和分析处理过程中，综合运用各种方法工具完成对情报用户需求、情报对象内容和情报任务组织的认知、解读和表达[5]。科技情报感知是复杂信息环境下情报工作的有力抓手，特别是在目标未知之时，要对可能有情报价值的感知对象进行长期监控和全面扫描，将扫描的原始结果预处理加工至可理解可利用的状态，并在此基础上分析感知对象的发展态势，预判感知结果的适用领域及在该领域的价值。未然感知的方法主要涉及对数据的处理、对数据内容的分析和成果的表达，其与已然扫描、或然预见所采用的情报研究方法并不矛盾，仍以定性方法、定量方法、定量和定性分析方法的融合方法为主。但是，未然感知的实现特别需要综合集成关联领域的方法规律和运用规则，实现多种方法、技术工具的有机组合。当前，人工智能等新兴技术正改变和增强情报研究方法及技术，帮助提高情报的收集、处理及分析能力，增强了科技情报人员在制定战略、增值分析及见解方面的能力。常见的未然感知方法如表13-1所示。

表 13-1　未然感知的基本方法

方法名称	方法描述	优点	缺点
德尔菲法	充分考虑专家意见，进行多次问卷调查，体现专家的个人想法	以专家意见为主进行技术预判	领域专家易受主观意识和思维局限性影响
情景分析法	明确预测焦点，发展情景逻辑，分析情景的内容	考察社会、经济、政治等多方面因素，对技术的未来发展进行多种可能性的预测	过多的想象会偏离技术主题
专利地图法	单个专利用关键词向量表示，借助降维技术实现可视化，然后将图中的空白区域视为技术机会	直观地将大量专利之间的复杂关系展示出来	降维过程可能造成信息的丢失
弱信号检测法	识别已经出现但与主流技术不同的技术，据此提早判断具有发展潜力的技术形态	定量地筛选出可能的新颖性专利，明确表达技术含义	挖掘出已经出现的技术
科学与技术关联法	识别论文中存在，但是还未被开发成技术的主题	利用多源数据进行技术的挖掘	分析层面较宏观，结果粒度较大
链路预判法	通过分析已知网络节点及网络结构等信息，预测网络中尚未产生连边的两个节点之间产生连接的可能性	揭示网络未出现的链接	基于专利引证构建的网络存在数据时滞和引文数据不全面问题
多属性和多目标决策方法	多属性决策也称有限方案多目标决策，指在考虑多个属性的情况下，选择最优备选方案或进行方案排序的决策，它是现代决策科学的一个重要组成部分	评估对象的描述相对准确，可以处理多决策者、多指标、动态的对象	评估中无法涉及有模糊因素的对象
统计分析方法	运用数学方式，建立数学模型，对通过调查获取的各种数据及资料进行数理统计和分析，形成定量的结论	全面性、可比性、客观合理性	需要统计数据支持，无法反映客观发展水平

（2）实施要求

未然感知的研究成果具有非常重要的战略意义，可以为科技创新发展保驾护航，体现了"早醒远眺"的科技情报工作特色和科技情报感知的洞察能力。未然感知主要描述我国未知的、具体的科学技术问题，这种问题的描述结果具有不确定性，这种感知的实施需要更宽泛的科技信息资源、更复杂的分析策略和方法，以形成具有情报价值的产品。但是，由于未然感知的情报具有超前性、非共识性和不确定性的特点，科技情报感知能力的成功运用在很大程度上依赖于科技情报人员和科技领域专家的专业知识与经验。未然感知的共性要求基本包括以下几点。

① 充分的信息资源布局和准备；
② 运用多种定量和定性方法开展情报线索发现的能力；
③ 运用多种定量和定性方法开展感知分析的能力；
④ 运用多种定量和定性方法开展情报刻画的能力。

13.5 未然感知的作业案例

颠覆性意味着已有结构发生混乱、已有秩序和过程被打断或打乱，发生剧变，具有不一致性、不连续性。颠覆性技术能够带来具有突破性效果的创新技术，对已有技术和市场带来革命性的影响，对政治、经济、科技、军事等方面均会产生不同程度的重要影响，涉及我国的国家安全和利益。因此，颠覆性技术感知是一个典型的未然感知作业案例，也是科技情报研究方法及应用实践的一个关键战场，更是当前我国科技情报服务极为重要的业务场景。颠覆性技术感知是国家科技产业摆脱技术依赖，实现弯道超车的重要手段，通过感知及时发现和培育颠覆性技术对于我国抢占新科技变革的战略主动权，赢得全球化竞争发展先机具有重要意义。

颠覆性技术感知指在现有技术中，识别和评估出具有潜在颠覆性技术的信号，并在综合考虑技术实施的可行性及综合各方面影响因素的基础上，对颠覆性技术的发生可能性进行科学预测。可以这样认为，颠覆性技术感知的核心问题是颠覆性技术的识别和评估。由于颠覆性技术的发生没有统一的技术轨迹和规律，没有可依赖的发展路径，因此感知的难度较大。中国科学技术信息研究所立足长期在颠覆性技术感知领域的探索实践，采用机器智能与专家智慧相结合的思路，通过对海量多源异构信息的持续监测、感知可能的情报线索信号、采用自研的多维识别方法识别遴选出潜在的颠覆性技术点，结合业内专家与情报分析专家的研判解读，最终形成颠覆性技术感知产品（结果）——2022年"最具可能性的十大颠覆性技术"与"最具影响力的十大颠覆性技术"两个榜单。所采用的主要步骤及方法如下。

（1）潜在颠覆性技术感知

采用包括基于技术发展内在机制的技术演变路径绘制、基于技术融合的识别方法、基于机器学习的颠覆性技术发生发展的特征指标模型方法等在内的10余种颠覆性技术识别方法，融合全球海量科技信息、市场信息、政策信息等，识别遴选出部分潜在颠覆性技术；此外，依托自建的"颠覆性技术感知响应平台"，采用多来源信息监测扫描方法，采集各国政府、权威智库、研究机构等自2010年以来发布的颠覆性技术相关预测报告500余份，经过整理分析实现部分潜在颠覆性技术的感知。

（2）候选颠覆性技术遴选

候选颠覆性技术遴选分为定量评估与定性评估两个环节。从潜在颠覆性技术清单中，根据技术出现频次、出现时间、主题新颖度等定量指标，遴选出初步的候选颠覆性技术清单。该清单再由领域专家和情报专家评估，重点考量技术的颠覆可能性、颠覆影响力（包括科技、社会、经济、生态等方面影响力）、技术成熟度等指标，遴选出候选颠覆性技术。

（3）颠覆性技术选定

从候选颠覆性技术清单中，综合考虑技术在应对未来大挑战中的作用，以及技术的使能、赋能效果及颠覆可能性、颠覆影响力、与国家战略相关性、我国已有基础、未来市场规模等因素，由科技领域专家和情报专家共同研判，分别遴选出未来5年内可能实现突破的最具可能性的颠覆性技术，和未来5~15年可能实现突破的最具影响力的颠覆性技术。

（4）颠覆性技术分析解读

通过多维度、多角度深入分析解读，了解技术发展脉络、趋势、主要布局等。此步骤重点从技术的颠覆影响力、颠覆可能性、技术成熟度、发展状态、趋势、主要应用、预期市场规模、主要参与者等方面对每一项技术进行详细深入的分析解读，以此对每一项颠覆性技术的影响、发展脉络、发展趋势、主要布局等进行全面系统的描绘与刻画。

最终识别遴选出来的颠覆性技术，按照技术影响力、可能性，以及与我国"四个面向"（面向世界科技前沿、面向经济主战场、面向国家重大需求、面向人民生命健康）战略相关性等维度实现技术全景展示，如图13-2所示。

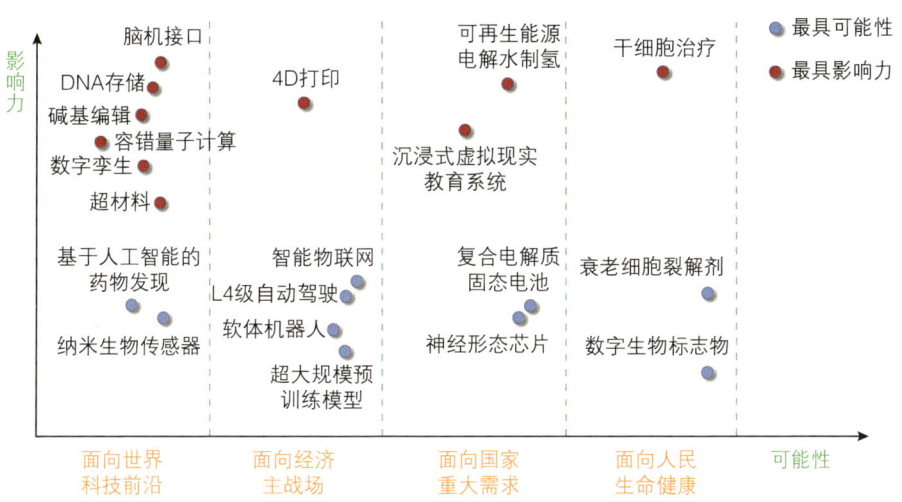

图 13-2 最具可能性和最具影响力的十大颠覆性技术

如图13-2所示，最具可能性的十大颠覆性技术，即5年左右最有可能实现突破的颠覆性技术分别为以下几个方面。

①"面向世界科技前沿"的技术：

纳米生物传感器；

基于人工智能的药物发现。

②"面向经济主战场"的技术：

智能物联网；

L4 级自动驾驶；

软体机器人；

超大规模预训练模型。

③ "面向国家重大需求"的技术：

复合电解质固态电池；

神经形态芯片。

④ "面向人民生命健康"的技术：

衰老细胞裂解剂；

数字生物标志物。

如图 13-2 所示，最具影响力的十大颠覆性技术，即未来 5～15 年最有可能实现且具有巨大影响力的技术分别为以下几个方面。

① "面向世界科技前沿"的技术：

脑机接口；

DNA 存储；

碱基编辑；

容错量子计算；

数字孪生；

超材料。

② "面向经济主战场"的技术：

4D 打印。

③ "面向国家重大需求"的技术：

可再生能源电解水制氢；

沉浸式虚拟现实教育系统。

④ "面向人民生命健康"的技术：

干细胞治疗。

13.6　本章小结

未然感知侧重于科学技术未来将发生的情况并进行未然预判研究，

它主要通过对扫描对象及相关事物的未来状况做出具有一定参考性的分析与推测，并在事情即将发生时向有关部门发出预报从而最大程度减轻危害和损失。复杂信息环境下的未然感知具有更大的不确定性，世界各国的博弈使得对未知性问题的情报线索感知、提前进行科技战略布局和应对变得尤为重要，所以具有未然感知特点的科技情报业务备受关注。科技情报业务是服务于科技战略决策，指导国家科技战略规划，通过科技情报工作解决科技管理决策中的信息不完备问题，形成回应未知性问题的科技情报产品。需要注意的是，未然感知的研究方法应在已有研究方法的基础上更加注重融合性、多样性和创新性。

参考文献

［1］百度百科.未然［EB/OL］.［2022-10-20］.https://baike.baidu.com/item/%E6%9C%AA%E7%84%B6/4196602?fr=aladdin.

［2］百度百科.感知［EB/OL］.［2022-10-20］.https://baike.baidu.com/item/%E6%84%9F%E7%9F%A5/10752910?fr=aladdin.

［3］赵柯然，王延飞.情报感知的方法探析［J］.情报理论与实践，2018，41（8）：11-16.

［4］百度百科.未知［EB/OL］.［2022-10-20］.https://baike.baidu.com/item/%E6%9C%AA%E7%9F%A5/2882?fr=aladdin.

［5］王延飞，赵柯然，陈美华，等.情报感知的研究解析［J］.情报理论与实践，2018，41（8）：1-4.

第 14 章 前瞻规划

"早醒远眺"是科技情报工作的特色使命,发挥情报工作者的专业智慧,帮助情报用户面向未来事业进行规划与设计是科技情报能力的体现,"前瞻规划"则是科技情报卓智赋能的典型业务场景,在此场景中科技情报工作的专业特色和科技情报工作者的专业智慧被有效地集成融合起来服务于前瞻性科技战略发展规划的制定和执行。

14.1 前瞻规划的含义

"前瞻",基本意思是向前面看[1]。规划,基本意思是个人或组织制定的比较全面长远的发展计划,是对未来整体性、长期性、基本性问题的思考,以便设计未来整套行动的方案[2]。例如,2021年3月发布的《中华人民共和国国民经济和社会发展第十四个五年规划和2035年远景目标纲要》就是典型的前瞻规划。在科技情报的语境下,前瞻规划是一种面向研究对象未来的情报业务,服务于科技管理部门或管理者,以便更科学地制定和执行科学规划,具有先导性、启示性和依据性。

前瞻规划的形成是科技情报的业务场景,如已然扫描、或然预见、未然感知,以及情报技术基础综合能力保障的结果。具体而言,在科技战略规划中,采用科技情报业务场景,如未然感知,进行当前及未来的科技发展先导性的预判性分析,为科研管理决策者制定相关布局规划、发展方向提供依据,体现出科技情报研究的先导性和依据性作用;在科研项目立项规划中,采用科技情报业务场景,如已然扫描,可以全面地进行学科间交叉分析，提供国内外科技领域研究进展、研究重点和难点，以形成正确的项目规划方向，体现出科技情报研究的启示性作用。

14.2 前瞻规划的任务解析

14.2.1 前瞻规划的目的

前瞻规划是科技管理的核心任务之一。科学管理的首要任务和核心内容是科学决策，而科学化的决策依赖于优化的决策方案和规划，这需要以必要的科技情报为基础。因为科技管理者在为某一明确的科技决策需求制定规划之前，必须对决策对象、决策环境、决策后果进行系统全面的调查和综合分析，提供全方位的信息，才能确定整体的发展目标，所以这就需要提供相关的科技情报以便进行参考、借鉴和相互比较，此过程是科技情报研究成果的综合运用过程，即前瞻规划的实现过程。如果没有准确、及时、充分的前瞻规划进行保障和支持，可能就会失去正确的方向。

前瞻规划的目的在于为科技管理者提供未来科技规划的制定依据和情报保障，为加强科技管理提供相关资源配置和调控信息，并形成相应的科技情报产品。在宏观层面上，科学的前瞻规划能够保障我国掌握先进的科学技术主动权，掌握全球科技竞争的先机，确保我国在全球科技竞争中立于不败之地。在微观层面上，科学的前瞻规划能够保障企业正确的科技研发方向，确保企业的可持续发展。

14.2.2 前瞻规划的业务场景

（1）支撑前瞻规划的科技情报技术基础建设

前瞻规划的制定必须建立在充分了解规划对象现状的基础之上，了解现状的主要途径是扫描科技信息、分析科技信息、发现情报线索，由此可见这些途径均是围绕科技情报技术基础展开的。科技情报技术基础建设是科技情报业务工作开展的基础，同样也是形成前瞻规划的基础。所以，科技情报技术基础建设涉及的信息资源谱系问题、情报线索发现方法、情报产品的评价问题也是前瞻规划过程中,发挥科技情报作用的重要业务场景。

前瞻规划的情报成果基本内容包括以下两个方面。

① 前瞻规划问题的现状描绘;

② 用于前瞻规划的科技情报线索描绘。

(2)支撑前瞻规划的逻辑框架设计

对于不同层次的情报用户而言,前瞻规划的具体需求也不尽相同。在规划过程中,科技情报业务的开展必须要根据情报用户的需求完成指定决策需求的相关科技情报研究工作,才能进行规划的逻辑框架设计。确切地讲,逻辑框架设计的完成是基于信息资源的谱系扫描结果、情报线索之间的逻辑关系分析结果、规划内容可选项的推导结果。因此,谱系扫描的对象和方式、情报线索发现和分析方法是前瞻规划过程中,科技业务场景需要关注的内容。

前瞻规划的情报成果基本内容包括以下三个方面。

① 前瞻规划问题的可行性条件描绘;

② 前瞻规划的逻辑框架方案,内容涉及前瞻规划的目标、所需条件、建议等;

③ 前瞻规划的方法和工具。

14.3 前瞻规划的基本模型和步骤

前瞻规划是复杂信息环境下科技情报工作的主要业务场景之一,更为关注前瞻性。科技情报机构要针对情报服务对象的规划制定提供具有参考性的情报专业研究和分析工作,并形成规划制定的依据或框架设计的建议等内容,这种研究和分析是建立在大量的科技数据/信息资源储备和情报技术基础之上的,是发挥科技情报机构体系能力的重要体现。一旦规划任务和需求下达后,科技情报人员会根据规划的目的、对象、环境进行科技情报业务的分解,采用相关情报业务研究方法开展对应的工作,这些工作主要包括谱系扫描、情报线索发现、论证规划的各种条件和可能结果的优劣等。前瞻规划的基本模型如图 14-1 所示。在复杂信息环境下，前瞻规划中的科技情报业务分解主要涉及本书前文所述的已然扫描、或然预见和未然感知的情报业务场景中所涉及的相关情报作业，从某种意义上讲，此 3 种业务场景下的情报产品，如科技前沿、科技产业和区域科技发展方向的预见、颠覆性技术的感知可以为前瞻规划提供参考依据。

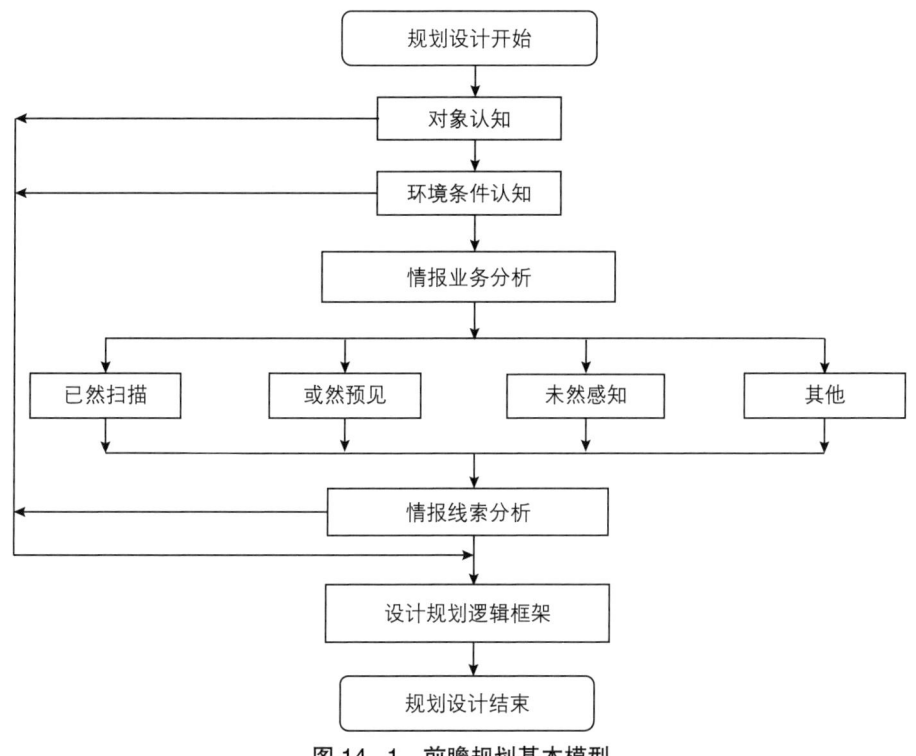

图 14-1 前瞻规划基本模型

前瞻规划的基本步骤有以下几个方面。

① 对规划对象的认知；

② 对规划对象信息环境的认知，对信息源进行筛选；

③ 依据对任务对象、环境的认知，解析情报业务，开展情报线索发现；

④ 情报线索分析；

⑤ 综合各种条件约束和情报线索分析结果，分析各种选项、设计规划的逻辑框架。

14.4 前瞻规划采用的主要方法和实施要求

（1）主要方法

前瞻规划采用的主要方法是地平线谱系扫描方法、综合分析方法和逻辑推理方法。地平线谱系扫描的目的之一是不断地获取外部环境信息，如事件、趋势、关系等信息，识别出可能影响未来形势、造成威胁的潜在问题，并及时向相关机构进行汇报。基本流程如图14-2所示。因此，进行地平线谱系扫描可以提供制定规划所需的决策支持。前瞻规划中的地平线谱系扫描是在已知环境基础上的扩展性扫描，尽可能识别所有潜在的影响因素或制约条件。例如：构成威胁或创造机会的问题或事件，意外的新问题，持续的问题或趋势，未来挑战和机遇等。已有的实践案例表明，地平线谱系扫描在具体实施的各阶段中，运用什么具体的扫描策略或方法并没有具体的限制，常用的地平线谱系扫描研究方法[3-4]分类如表14-1所示。综合分析方法和逻辑推理方法则是分析、推理、最终形成规划逻辑框架的基本方法。

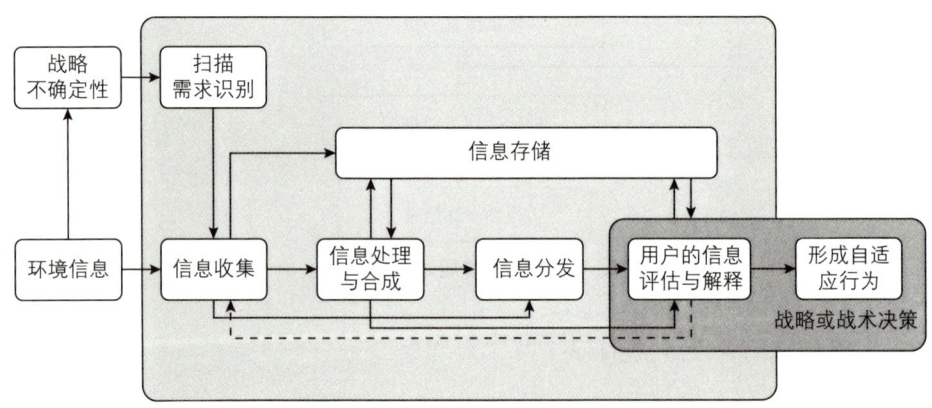

图14-2 地平线谱系扫描的基本流程

表14-1 地平线谱系扫描研究方法的分类

扫描阶段	方法	优点	缺点
确定范围	专家访谈：一对一提问，识别问题，探讨重要驱动力量及不确定领域	易于实施和接受；易于得到关键人物对于未来的前瞻意见	专家知识有限
	问题树：将关键问题分解	识别出所有用于解决关键问题的信息	不适合一般性问题或不能精确定义范围的问题
搜集信息	文献调查法：查找相关文献	利用已经公布的"证据"信息	得到的是已知结果
	专家讨论会：专家基于个人经验和知识，提出可能的问题	专家参与具有可信度，讨论会的互动可形成有深度的想法，使问题提炼得更准确	参与人不同，结论也会不同
	开放论坛：任何人都可以参与	利用"众智"	无法保证质量
捕捉信号	德尔菲问卷调查：通过问卷获取专家咨询建议	可提供某个科技领域的当前状况	非互动形式
趋势监测	趋势外推：研究历史表现以识别未来趋势	有利于识别和理解驱动因素	过去的表现未必是未来的先导
结果解析	情景分析：考虑一系列可能的未来状态，然后探索每个状态的可能后果	帮助组织机构为变革做好准备，测试现行战略的鲁棒性	需要大量资源以实现产出
	系统地图：展示影响中心问题的所有因素之间的关系，指出影响的效果是正还是负	帮助理解影响中心问题的一系列因素	需要前期知识
提出应对策略	逆推：描述关于未来的愿景，然后识别出实现愿景所需的关键步骤	可以作为一个独立任务完成	需要分析结构以识别所有相关因素

（2）实施要求

接受前瞻规划任务后，采用何种方法要根据对实际情况的评估而定。例如 1993 年，德国与日本专家合作使用德尔菲法对德国科技未来规划进行首次预测，德国选择该方法是由于德尔菲法在日本取得成功。但是，由于两国的国情不同，德国专家忽视了德尔菲法完全以技术为导向这一事实，这不符合德国科学技术政策是为了满足社会需求这一主要原则。在经历了一系列项目之后，德国得出结论：德尔菲法只是地平线谱系扫描众多方法组合中的一种，不能单纯依赖这一种方法。

前瞻规划所采用方法的基本要求主要针对地平线谱系扫描的有效性要求，地平线谱系扫描的有效性指自动化扫描的有效性和专家判断的有效性。

① 自动化扫描的有效性。对于收集和扫描大规模信息而言，自动化的扫描过程是非常有效且必要的。自动化扫描的有效性指扫描建立在明确扫描对象的基础上，依次完成构建扫描对象特征、选择扫描源和扫描方法、检索扫描主题，全面收集与主题相关的内容。

② 专家判断的有效性。地平线谱系扫描的自动化是具有可行性的，但同时也存在一定的问题，如在各种评估、决策和结果转化等工作中，自动化不能完全取代科技情报人员的作用。科技情报人员需要在地平线谱系扫描的整个过程中，根据不同的维度来评估主题、协调扫描领域、考虑不同学科的知识并深入分析。如对于某些交叉学科来说，某些主题关系越遥远越难以理解，就越需要专家的参与，即自动化不是唯一的解决方案，人类的参与仍然是关键。

14.5 前瞻规划的作业案例

（1）德国的科技前瞻规划

自 1999 年起，德国联邦教育及研究部（Bundesministerium für Bildung und Forschung，BMBF）开展了大型前瞻性项目 FUTUR[5-6]，德尔菲法与其他前瞻性方法的结合是 FUTUR 项目实施的基础。德国联邦教育及研究部具有明确的规划对象和信息环境的认知。为保证扫描的全面性，该项目将专家分为内部和外部两个项目专家团队。内部专家包括850名知名专家（选择时考虑专业经验、参与的跨学科研究、决策能力、性别和年龄），他们开展系列分析工作、焦点小组会议、在线讨论，为未来制定指南，但是他们不能涵盖所有的领域。所以，引进外部专家弥补了这一不足。外部专家600人，由内部专家建议或自我推荐组成，他们以虚拟模式进行工作，如在线讨论。在专家帮助下，该项目确定了5个关键情报业务主题，这些主题是确定前瞻性未来的基础。FUTUR项目规划主要分为3个步骤。

第一，确定有希望的科学技术发展趋势，并进行分类。社会需求、跨学科程度、与研究的相关性、新颖性是评估技术前景的标准。在此阶段形成17个战略主题，这些主题是后续分析的基础。

第二，在17个主题基础上形成"未来图景"，"未来图景"反映了可能的发展道路及其对外部因素的依赖程度。

第三，根据"未来图景"，从4个角度为科学技术政策制定准则。

德国根据其前瞻性研究成果，对很多学科进行了项目资助，制定了发展目标和实现这些目标的步骤，提出了科学和创新政策计划清单，创建可以消化创新产品的国内新市场。

（2）中国科技情报机构开展的前瞻规划研究

20世纪80年代，在世界新技术革命浪潮日益高涨的形势下，世界科学技术发展出现了一个特别值得注意的动向，即发达国家或国家集团之间的高技术竞争日益激化。美国星球大战计划、欧洲尤里卡计划、日本振兴科学技术政策大纲相继在国际舞台上亮相。基于这样的研究对象认知和环境认知，为使科技管理部门能够更好地制定科技规划，国家科委国际合作局和中国科学技术情报研究所（中国科学技术信息研究所的前身）共同主持开展前瞻规划研究，并形成《世界高技术发展战略与政策》报告。该前瞻规划研究主要分为3个步骤。

第一，该研究全面扫描大量的、各种来源的科技资料，筛选后分解成各国的高技术发展规划与战略、当前高技术发展的主要方向、发展高技术的政策与措施、典型高技术区4个部分的情报业务。

第二,该研究分别对 4 个部分的情报业务进行分析,在尽可能获取相关信息的基础上,基于各国的观点和事实,运用演绎、归纳和溯因方法得出分析结论。例如:运用归纳方法进行推理,即根据"高技术——当前国际竞争的焦点",得到结论"美国、西欧、日本、苏联等国家在当前国际竞争中的态势表明:夺取高技术优势,已经成为当前国际竞争的焦点。在当今世界,只有占有技术优势,尤其是高技术优势,才能在军事上和经济上具有强大的实力地位。由此可见,在当今世界,一个国家的科学技术水平和研究开发潜力已经成为衡量其经济和军事实力的主要标志。"运用溯因方法推理"高技术的带头领域",得出结论,即"各发达国家优先发展的 3 类高技术是信息技术、材料、生物工程。美国、日本和西欧之间的高技术竞争主要在这 3 个领域进行"。

第三,美国、日本、德国、法国和苏联等国家发展高技术的政策与措施,以及美国、日本、英国、法国、加拿大和德国等国家高技术区的剖析及结论,为我国后续的科学技术规划的设计和实施提供了参考依据。

14.6 本章小结

"不谋万世者,不足谋一时;不谋全局者,不足谋一域"。大到国家的科技发展战略规划,小到科研人员个体,做好前瞻规划可以为其明晰前进的目标、前行的方向和前行的步骤。规划作为一种有目的的活动,其方向和目标必须是明确的,同时要有具体性和实际性。因此,做好前瞻规划必须对科技资源,科技对象发展规律,科技对象的历史、现状和发展态势与发展要件等情况了解清楚,这些均是科技情报业务的专长。在前瞻规划的情报业务实施过程中,科技情报人员要充分发挥专业智慧,重视各种科技情报研究方法的综合运用。

参考文献

[1] 百度百科. 前瞻[EB/OL]. [2022-10-20]. https://baike.baidu.com/item/%E5%89%8D%E7%9E%BB/8392587?fromModule=lemma_search-box.

[2] 百度百科. 规划[EB/OL]. [2022-10-20]. https://baike.baidu.com/item/%E8%A7%84%E5%88%92/2273615?fr=aladdin.

[3] WILLIAM J, SUTHERLAND1, HARRY J, et al. The need for environmental horizon scanning[J]. Trends in Ecology & Evolution, 2009, 24(10): 523-527.

[4] 方勇, 王璐菲, 申淼. 美国国防部战略能力办公室如何推动科技创新[J]. 军事文摘, 2016(11): 6-9.

[5] вГермании[EB/OL]. [2020-02-14]. www.hse.ru/data/2010/12/31/1208182136/germany.pdf.

[6] Horizon scanning programme team[EB/OL]. [2020-02-07]. https://www.gov.uk/government/groups/horizon-scanning-programme-team.

第 15 章 科技情报业务支撑平台建设

随着人工智能的复苏及快速发展，海量数据的信息分析需求加剧，认知科学和认知计算成为计算机科学与信息科学领域的研究热点。科技情报业务支撑平台是支持现代科技情报业务开展的基础平台，在一定意义上，它也是一种认知计算系统。与过去相比，今天的科技情报所处的信息环境已发生改变，导致科技情报研究重点、工作模式、业务场景均发生新的变革，拓宽、融合和创新科技情报理论和实践是大势所趋。因此，本章提出了科技情报卓智赋能下的科技情报认知论，并在此基础上阐释科技情报业务支撑平台的建设问题。

15.1 情报认知论

15.1.1 关于认知科学

认知是脑和神经系统产生心智的过程与活动，通常只要有脑和神经系统的动物都会有某种程度的心智。认知有认识和感知的解释，1975 年，美国学者将哲学、心理学、语言学、人类学、计算机科学和神经科学 6 个学科整合在一起并产生一个新兴学科——认知科学（cognitive science）。之后，以此 6 个学科为支撑形成 6 个新的分支方向，即心智哲学、认知心理学、认知语言学、认知人类学、人工智能和认知神经科学。6 个学科之间互相交叉，又产生出 11 个新兴交叉学科，即控制论、神经语言学、神经心理学、认知过程仿真、计算语言学、心理语言学、心理哲学、语言哲学、人类学语言学、认知人类学、脑进化。

目前，认知科学尚未成熟，仍在发展过程中。认知科学家主要研究人如何获取、加工、保持和利用信息，并以此作为行为和获得后续知识的基础。采用的基本研究方式有两种：①干认知科学（dry cognitive science，DCS）；②湿认知科学（wet cognitive science，WCS）。认知科学作为一门高度交叉的学科，不同学科可以从不同的研究角度对认知开展研究。

15.1.2 认知科学研究现状

认知科学是20世纪世界科学标志性的新兴研究之一。认知科学的基本观点最初见于20世纪40—50年代中的一些各自分离的特殊学科之中，20世纪60年代后获得较大的发展。认知科学是研究人、动物和机器的智能本质与规律的科学，研究内容可以涉及情感、意识、知觉、学习、记忆、推理、语言理解、知识获得等。所以，认知科学的创立标志着以现代科学为基础，人类对自身特有的心理活动、脑和心智关系、人工智能的研究都进入了一个新阶段，它是近代科学发展史上的主要事件之一。

（1）国内认知科学研究现状

国内认知科学相关研究主要分布在心理学、中国语言文字、哲学、自然科学理论与方法、教育理论与教育管理、科学研究管理等众多学科。经分析可发现，国内认知科学的研究热点主要包括认知科学、人工智能、心理学、具身认知、联结主义等。认知科学与具身认知、人工智能、脑科学、神经现象学等关键词联系较为紧密；具身认知与认知神经科学、心理学、联结主义等关键词联系较为紧密，如图15-1所示。

（2）国外认知科学研究现状

国外认知科学相关研究主要分布在计算机科学、神经科学、心理学、历史哲学与科学哲学、工程、哲学、行为科学等学科领域，学科覆盖范围也比较广泛，学科交叉性明显。经分析可发现，国外认知科学的研究热点有cognition（认知）、cognitive sciences（认知科学）、artificial intelligence（人工智能）、embodied cognition（具身认知）、neuropsychology（神经心理学）等。

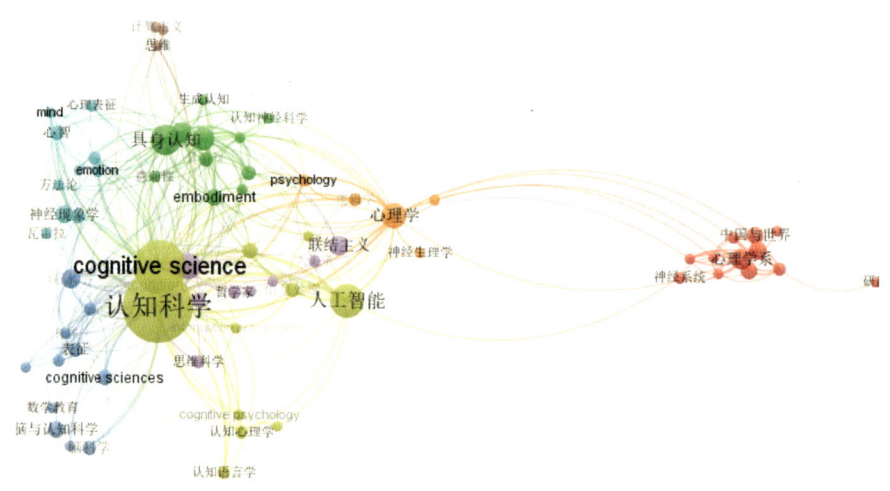

图 15-1 国内认知科学相关研究关键词共现分析

artificial intelligence（人工智能）与 computation（计算）、cognitive sciences（认知科学）、embodied cognition（具身认知）等关键词联系较为紧密；embodied cognition（具身认知）与 cognition（认知）、artificial intelligence（人工智能）、enactive cognitive science（主动认知科学）等关键词联系较为紧密，如图 15-2 所示。

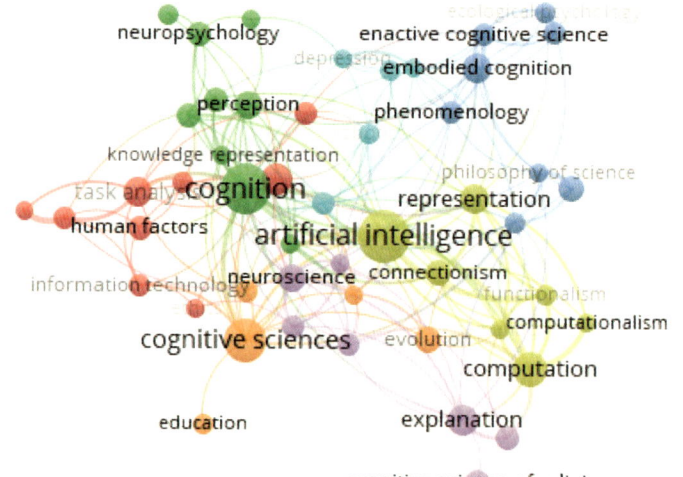

图 15-2 国外认知科学相关研究关键词共现分析

15.1.3 信息与认知科学

（1）信息认知观

20世纪60年代，英国著名科学哲学家卡尔·波普尔（K. R. Popper）提出了著名的"三个世界"理论。20世纪70年代后期，英国著名图书馆学家、信息科学家布鲁克斯（B. C. Brookes）将波普尔的理论引入图书馆学、信息学，提出了著名的"知识基础论""信息认知理论"。布鲁克斯的信息认知观为，信息科学发展方向是知识结构的组织和活化，既涉及客观知识结构，也涉及主观知识结构。

加拿大学者贝尔金（Belkin）的信息认知观为，文本是传送者有目的地组织起来的，意在改变接受者概念结构的符号集合。他提出了著名的"知识非常态"（anomalous states of knowledge，ASK）理论，并建立了以ASK理论为基础的"信息检索认知沟通系统"模式。

美国学者德尔文（Dervin）的信息认知观为，信息的不连续性、人的主体性及情境对信息渠道和信息内容的选择具有影响。他创建"意义建构"（sense-makingy）假说，并提出"意义建构三步模式"，即"情境—差距—使用"。

（2）信息、认知计算与认知计算系统

随着现代科学技术的进步，大数据和人工智能时代的到来，基于海量数据的信息分析需求加剧，机器学习的研究重心已开始从感知领域转移到认知领域，如何提升对大规模数据的认知能力成为计算机科学领域的研究热点之一。1995年，美国哈佛大学的维利艾特（L. G. Valiant）提出认知计算的概念，他把认知计算定义为将神经生物学、心理学和人工智能联系在一起的学科。认知计算发展历程如图15-3所示，计算主义、知识发展、认知科学、大数据促进了认知计算的兴起和发展。

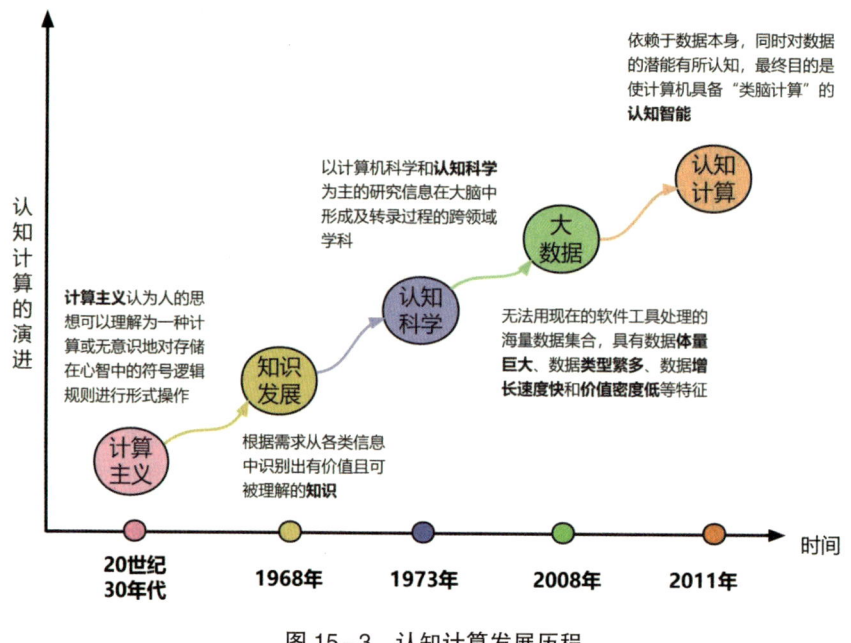

图 15-3 认知计算发展历程

认知计算的特点是：①它主要指通过对人脑功能的研究而得出的一系列技术；②它描述各种人工智能和信号处理的结合，是一种模仿人脑处理信息并增强人类决策能力的技术。认知计算系统的特点是：①信息自适应性；②交互性；③可迭代；④语义分析；⑤概率系统。

（3）认知信息学

2002年，电子技术与信息科学工程师协会（IEEE）召开第一届认知信息学国际年会，提出"认知信息学"的概念，并逐步形成认知科学领域新的研究热点。国外关于认知信息学的理论框架包含自然智能、抽象智能、符号数学与认知计算4个方面，该框架从物理世界到抽象世界、从认知到计算，层层递进，模拟了人类知识发现、知识推理的过程。2013年，认知信息学的概念和理论进入国内情报研究人员的研究视野，促进了认知信息学在国内情报学界的传播。

20世纪80年代，国内学者开始探讨情报学与心理学的融合，从科学融合角度提出建立"认知情报学"，研究"用户心理"向"认知"领域的深化，对"认知偏差""关联理论""认知对抗理论"等研究方向颇为关注。国内研究人员对于认知情报学的研究尚处于起步阶段，主要涉及两个层次：

① 情报学学科层次。从情报学发展趋势和面临的挑战出发，对国外认知信息学进行研究，提出加强对认知情报学的研究。

② 情报工作层次。将认知过程作为情报研究中的一个要素，探索情报服务、情报分析中认知的影响。

15.1.4 认知模型

认知模型是人类对真实世界进行认知的过程模型。所谓认知，通常包括感知与注意、知识表示、记忆与学习、语言、问题求解和推理等方面。其目的是为了从某些方面探索和研究人的思维机制，特别是人的信息处理机制，同时也为设计相应的人工智能系统提供新的体系结构和技术方法。

（1）计算机科学领域的认知模型

计算机科学领域的研究人员采纳两种不同的方式：①符号认知模型。它以产生式规则为基础，对符号串进行抽象的符号运算；产生式系统依次评估产生式规则（"条件—动作"的形式），执行相应的动作。产生式规则可描述人类在推理和问题解决中的信息加工过程，较好地解释人在不同领域的问题解决活动中的操作行为，如 SOAR（state operator and result）模型、ACT（adaptive control of thought）模型。②联结主义认知模型。也将其称为神经网络模型，是基于模仿生物神经网络的结构和功能的一种信息处理系统。人工神经网络的一般结构类型有前馈式网络、输入输出有反馈的前馈网络、前馈内层互联网络、反馈型全互联网络、反馈型局部联结网络。

（2）信息科学领域的认知模型

在信息科学领域，将认知科学与信息科学相融合是现代信息科学学者的研究重点之一。特别是在信息科学的信息检索研究中，以系统为中心的研究体系正逐步向以用户认知为中心的研究体系转变，并形成了许多具有代表性的认知信息检索模型。例如，英国信息学家 T. D. Wilson 提出 Wilson 模型，他认为认知交互的信息检索总是处在信息搜索过程的情境中，并且这个搜索的过程又构成几个信息行为中的一个。成功的检索意味着用户找到了满足其需要的全部或部分信息，失败则意味着未找到所需信息或不满意于所找到的信息。因此，要重复检索的过程。此外，N. J. Belkin 的片段模型、Kuhlthau 检索阶段与过程模型、比较著名的认知模型，Saracevic 分层模型均为比较经典的应用于信息检索的认知模型。

15.2 科技情报认知论

中国的情报学研究源于科技情报工作，具有中国的本土特色。诚如著名科学家钱学森同志对科技情报的认识，中国的科技情报是一个发展中的概念。科技情报随着现代科学技术的发展而成为一门科学技术，历经创立、发展、创新的过程而不断成长。在中国的科技情报研究过程中，通过引进多学科理论，如信息论和控制论，借鉴国外情报学理论，如美国情报学家萨拉塞维奇的《情报科学引论》、苏联情报学家米哈伊洛夫的《科学交流与情报学》，而在文献计量学、信息资源管理、竞争情报等领域进行了开拓性的理论探索。直至今天，随着科技情报生产的数据条件——信息环境的变化，科技情报分析方法和技术的进步——大数据技术的出现和人工智能的复兴，使得科技情报理论进入一个新的发展阶段，为科技情报事业的发展带来新的机遇和挑战。在已有理论基础上进行创新性的拓展和深化，是中国科技情报工作者的历史担当与使命。

科技情报认知论是从认知角度，研究科技情报主体在情报生产和利用过程中的认知流程、结构、方程（模型）与方法。科技情报认知论的前提是：科技情报的有效生产和利用需要经过科技情报工作主体的一个认知过程，而在一定的时空条件下，认知资源是有限的，需要进行合理管理与分配；认知存在于科技情报生产的不同层次，不同层次的认知水平和能力是有差异的，需要不断完善和迭代，如图 15-4 所示。

第 15 章 科技情报业务支撑平台建设

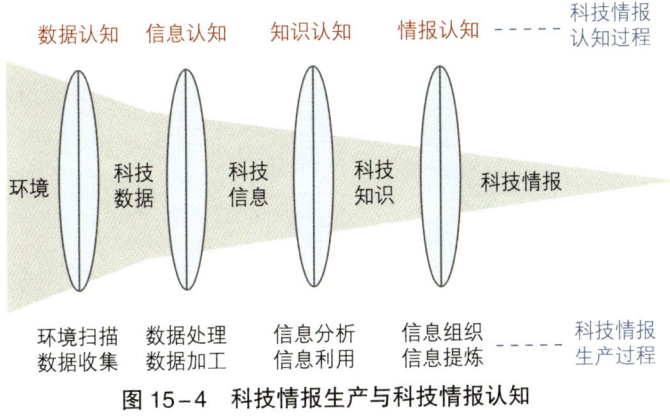

图 15-4 科技情报生产与科技情报认知

15.2.1 科技情报认知的基本流程

科学技术飞速发展和开源数据的复杂化给科技情报研究和工作流程带来了前所未有的改变。例如：大数据现象明显已经产生了前所未有的过剩情报，科技情报机构的采集能力远远超过了分析/感知能力。科技情报生产面临的数据、信息的不确定性在增加，科技情报人员面临更为严峻的数据、信息、知识、情报生产挑战。

如图 15-5 所示，传统意义上的认知是人类推测和判断客观事物的心理过程，是人类对过去的经验及对有关线索进行分析的基础上形成的对信息的理解、分类、归纳、演绎和计算。作为人类的一种复杂行为动作，认知活动包括思维、语言、定向和意识 4 个部分；研究内容包括知觉、注意、记忆、推理、语言理解、知识获得、情感和统称为意识的高级心理现象。基于这种理解，我们再审视科技情报业务的基本流程。在情报搜集环节涉及数据的感知和取舍，相关的认知结构包括注意、控制与记忆；在情报分析和获取环节涉及信息分析、知识获取，相关的认知结构包括思维和想象；在情报认定和应用环节涉及服务和提升情报主体对情报的认知程度，相关的认知结构包括想象和感觉。科技情报链主要涉及"数据→信息→知识→情报"，"数据"是事实的数字化、编码化、序列化、结构化；"信息"是数据在信息媒介上的映射；"知识"是对信息的加工、吸收、提取、评估的结果；"情报"则是运

/325/

用知识的能力。因此,科技情报认知的基本结构包括4个层次,即科技数据认知、科技信息认知、科技知识认知和科技情报认知。

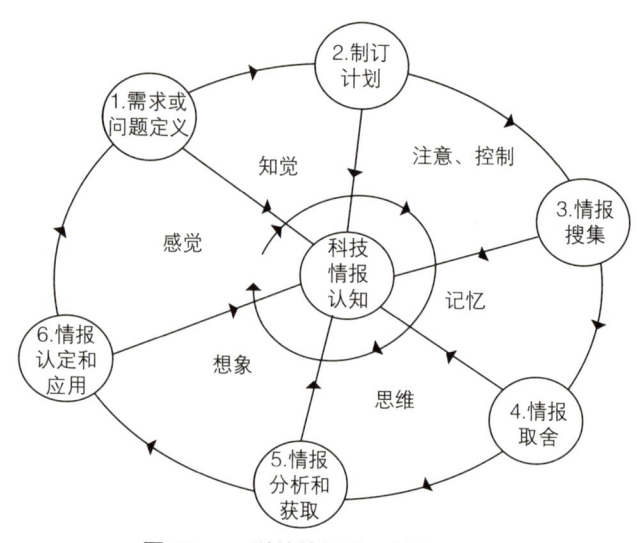

图 15-5 科技情报认知的基本流程

15.2.2 科技情报认知的层次结构和关系

接受、认知、发布、利用信息是人类的本能,但人类与其他生命对信息的认知不同,除生物本能外,能根据目的有意识地去认知信息,还能够将在感性认知中获取的信息上升到理性高度,加以总结与概括,形成理论和方法,并加以存贮。科技情报作为一门科学技术,具有科学技术的属性;科技情报研究活动具有的跨学科特点,使其对情报主体的能力具有极高的要求。特别是在当前复杂的数据、信息环境和国际全方位竞争态势下,科技情报研究和生产正面临前所未有的挑战,解决科技情报产品的不确定性是主要的难点问题。发挥认知在科技情报研究和工作中的作用,是直面这一挑战、解决难点问题的有效途径。

(1)科技数据认知

20世纪初,认知科学的语言转向及其分析哲学、语言哲学运动对我们认知科学的发展具有重要意义,但在21世纪的数据时代却遇到前所未有的困难。在 21 世纪这个新时代，一切科学的认知均将建立在数据的基础上，即无论是互联网、大数据、人工智能、区块链还是其他一切新技术、新方法，均建立在海量数据的基础上，数据成为这个世纪最基础的认知要素。数据语言逐渐成为一种比自然语言、逻辑语言更精准、更方便的认知语言。因此，随着大数据时代的来临，认知科学从 20 世纪的语言转向发展到 21 世纪的数据转向。如今，数据转向既有必要性，又有可能性，而且已经开始了从语言到数据、从逻辑到算法、从分析到综合数据分析流程、从证明到发现、从因果到相关的 5 个维度的标志性。

在科技情报研究和工作中，科技数据的认知思维尤为重要。当前的科技情报生产面临着多种来源、多种类型和内容复杂的科技数据对象，这些科技数据对科技情报生产有不容忽视的价值，重要的是能否将其挖掘出来，并产生概念与认知的飞跃，从而推动科技情报质量有质的飞跃。情报人员要将科技数据认知思维运用到解决科技情报问题上，要培养自己的数据认知思维，即注重科技数据的收集，使用数据来提出问题、解决问题、提高认知。数据认知思维包括两个核心点：一是科技数据的敏感度；二是科技数据收集和处理方法。

（2）科技信息认知

信息认知多聚焦于信息检索的研究领域。由于认知心理的作用，此类信息认知行为可分为 3 种类型，即技能型、规则型和知识型。技能型的信息认知行为指当用户的信息需求被认知确定以后，用户就会通过已存储的信息活动技能，自觉地运用以往的经验来完成其信息检索行为。规则型的信息认知行为指如果用户缺乏信息分析经验，就只能遵循信息活动过程中的某种程序和规范被动地进行信息检索。知识型的信息认知行为指信息检索行为受检索目的的控制，需进行有意识的、抽象的判断推理，设计出达到目的的最佳方案。因为这一行为源于技能与规则，所以上升为知识行为。用户的行为始终在上述 3 种信息认知行为之间交替变化。

在科技情报研究和工作中，科技信息认知不仅建立在数据认知的基础上，而且有自己的信息认知特点，这个特点主要指对科技数据如何进行信息分析的认知。情报人员要将信息认知思维运用到解决科技情报问题上，要培养自己的信息认知思维，科技信息认知要有处理和认识信息的量与质关系的能力。信息的量是信息的不足与多余、充足与过剩的问题；信息的质是信息的有用与无用、有利与有害问题。具有信息认知思维和能力的情报人员，能够认识到什么样的信息是情报生产最需要且最适合的，能够认识到采用何种方法是情报分析最适用的。

（3）科技知识认知

现代认知心理学认为，知识是个体通过与其环境相互作用后获得的信息组织。因为每个人的知识认知水平不同，所以对信息的认知及行为就不同。知识有3种：公共知识、中介知识和个人知识。公共知识指文献或者以任何形式记录的知识和信息；中介知识指分类、文献或索引等形式的记录知识的表征；个人知识指用户的知识状态和当前需求。人们的信息认知及行为过程就是这3种知识相互转化的过程。

在科技情报研究和工作中，科技知识认知不仅涵盖认知心理学意义上的知识认知，还包括在信息认知基础上的知识认知。在信息爆炸的时代，网络提供的是繁杂而无序的信息，信息的认知问题困扰着信息用户及信息机构。科技情报机构面临的不仅是传统意义上的知识认知，还面临着对开源信息的组织与管理，使混乱的信息有序化、复杂的信息简单化、臃肿的信息浓缩化。现代技术环境为科技情报获取信息创造了更为宽广的空间，信息的分析和利用从本质上说就是一项认知活动。情报人员作为信息获取过程的科技情报主体之一，其知识能力及知识认知结构非常重要，如其需要能够进行自适应学习，能够依据信息环境条件的变化及时调整信息分析策略，适应新的情况，从而产生新的认知行为，避免认知行为的偏离和错误。

（4）科技情报认知

《辞海》中关于情报的定义是"战时关于敌情之报告，曰情报"。美国情报学家S. Kent认为"情报是一种知识、一种行动、一种组织"。R. M. Clark在 *Intelligence Analysis* 中认为"情报的本质是减少冲突中的不确定性"。钱学森同志认为"科技情报是激活了、活化了的知识"。在计算机科学领域，计算机进行计算时的所有对象都是数据；对有意义的数据进行管理是信息，信息存在于所有管理信息系统中；让计算机解决问题的规则是知识，知识存在于所有智能信息系统中的知识库里。而在科技情报领域，科技情报研究不仅关注计算机科学家研究关注的数据、信息、知识，而且还需关注情报。所以，与哲学家、计算机科学家、管理学家研究关注的数据、信息、知识不同，科技情报仅存在于科技情报领域。

在科技情报研究和工作中，科技情报是科技情报领域专有的研究对象。科技情报认知建立在科技数据认知、科技信息认知和科技知识认知的基础之上，是保障当前复杂信息环境下科技情报产品质量的主要途径之一。科技情报认知链主要涉及"数据认知→信息认知→知识认知→情报认知"。情报人员作为情报生产的科技情报主体之一，其情报认知能力是整个科技情报生产过程中的最高层次。情报认知主要指情报人员运用知识的能力，即利用知识对信息进行分析处理，使之成为服务于决策的一种新认知。此外，面对不同的科技情报需求，情报人员需要结合情报用户需求及所处的环境约束而形成满足情报用户需求的智能型策略或方法。

15.2.3 科技情报认知体系的基本方程

现代科学研究在微观、宏观、复杂性等方面不断深入，"数字化、智能化"正日益发挥不可替代的作用，多学科交叉前沿技术和一系列颠覆性技术正在不断塑造新的科学研究竞争格局。面对不断涌现的新技术、新知识、新概念，如何与前沿科学家和工程师同步认知最新科技发展态势，高效和准确地还原不同研究主题与领域知识本体全貌，进而从纷繁复杂的科技数据中快速和精准地监测、抓取、挖掘出有效信息，为科技决策者和科研人员架起"从数据到信息，从知识到情报"的桥梁，是科技情报机构和情报工作者面临的重要问题。开源科技数据的海量式增长给科技情报业务的开展带来了前所未有的挑战，同时也提供了获取科技情报的数据、信息和知识的可行性条件。人工智能技术的快速发展和崛起，为构建科技情报认知体系及方程提供了基础，为利用算法和计算框架对科技情报领域的各种研究对象进行抽象和描述、计算、服务和应用提供了可操作性。

本书认为：科技情报是数据、信息、知识和情报的"循环流动"，这种"循环流动"伴随着科技情报人员不同层次认知的介入可以带来原有数据、信息、知识结构状态的变化，从而实现情报生产质量的不断提升，形成新的结构状态。因此，可构建科技情报认知体系基本方程，如式（15-1）所示：

$$\begin{cases} \text{STI}(C, E) + \Delta C + \Delta E = \text{STI}(C + \Delta C, E + \Delta E) \\ C = C(D, I, K) \end{cases} \quad (15-1)$$

式中：STI（C，E）表示科技情报的初始状态；ΔC 表示科技情报主体的认知增量；ΔE 表示影响科技情报生产的相关其他要素增量；STI（$C+\Delta C$，$E+\Delta E$）表示新的情报状态；C=C（D，I，K）表示认知的原有状态（数据认知、信息认知、知识认知）。

从科技情报研究工作的实践看，科技情报人员从过去利用人工方法分析科技文献开展情报研究，到现在借助信息化、智能化手段综合分析各种来源的科技数据，科技情报的生产水平和质量得以不断地提升和改善。从认知体系基本方程的定义看，认知是用已有的知识结构来接纳新知识，而使旧的知识结构得以改造与发展。在现代科技情报研究工作中，情报主体的认知能力和水平是决定情报质量的核心要素之一，并且这种认知能力和水平随着情报主体的实践经验积累不断得以完善，并应用于情报业务实践中。科技情报的质量伴随各个层次认知水平的提升而不断提高，最终实现科技情报生产与科技情报质量的良性迭代和健康发展。

15.3 科技情报业务支撑平台建设

当前，国际形势日益严峻且复杂，世界大国之间科技竞争的博弈日益剧烈且持久，新中国成立初期，西方列强对我们科技事业进行遏制和封锁的做法在重现，而我国在一些领域的产业链和供应链的科技实力仍然存在不足，"卡脖子"技术并未完全解决；此外，持续发展中的互联网技术承载和传输纷繁复杂的海量数据的同时，信息噪声也随之产生。科技信息用户对情报产品的内容、质量和表达需求与日俱增。复杂信息环境下的科技情报业务支撑平台与已有的科技情报业务平台有所不同，主要表现在两个方面：首先，它是以科技情报认知论为理论依据，在充分认知新形势下的科技情报业务特点而实施的具有科技情报认知特色的平台建设；其次，它是为满足复杂信息环境下的科技情报业务开展需求而实施的平台建设。因此，在平台建设的具体操作上，在科技情报的研究方法和业务场景的设计方面要呈现出新的时代特点与需求。

15.3.1 科技情报研究方法的创新方向

科技情报业务支撑平台离不开情报研究方法的支持，情报研究方法决定了平台的应用效果。在复杂的信息环境下，科技情报面临着要提供更强有力的情报支撑需求，而强有力情报支撑的基础是科技情报研究方法的创新和发展。科技情报研究方法的目的是以开源数据为主要研究对象，运用行之有效的情报研究方法，生产有价值的、为国家科技事业服务的开源情报。开源情报早已有之，自其诞生之日起，就为国家安全和国家战略服务[1]。互联网和大数据分析的兴起，给开源情报带来革命，给情报共同体和各领域带来更多有价值和新颖的数据源，给科技情报研究方法带来新的需求和挑战。据美国中央情报局统计，2007年的情报超过80%来自开源情报。运用经验和技术从公开渠道信息中生成有价值的开源情报，将是界定未来数十年敌我双方情报业务能力高低的分水岭，进而影响战术优势和战略全局。2019年8月19日，美国国防情报局局长表示："充分利用开源情报，开源情报与其他情报数据相结合，可以显著提高情报的准确性，从而进一步推进美国国防情报局的任务使命，即提供外军情报，以防止战争发生或决定性地赢得战争"。目前，美国国防情报局正在开发"机器辅助分析快速数据库系统"（MARS），该系统利用云计算、人工智能和机器学习等技术，使许多目前由人工完成的任务实现自动化。该系统充分利用开源情报，其将是美军所有国防情报的公共存储数据库，用户可以使用不同的应用程序以获取所需的信息，大幅降低分析人员从多个数据库筛选信息的时间。美国情报界的这一举措，无疑会给中国科技情报业务支撑平台的建设带来警示和启示。

（1）科技情报研究方法面临的主要困境

与传统科技情报的信息环境相比，开源情报环境下的科技信息资源类型、数量、存在形式和获取方式均已发生变化，开放获取、科技博客、社交网络等成为新的科技信息资源，而目前中国的科技情报资源体系尚不完善，对富媒体化、多模态化的信息资源分析和利用能力仍有待提高，已有的科技情报研究方法存在不适用性；此外，国外科技文献信息资源购买受限使我国对国外科技信息的监测和分析受到阻碍，无疑给科技情报研究方法的使用带来困扰。在此种形式下，现有的情报研究方法面对不同层次用户和领域的科技情报需求、不同任务类型的科技情报需求。需要我国的科技情报人员继承老一辈科技情报工作者自主发展的优良传统，在现有的信息资源条件下，运用先进的智能技术，聚焦开源信息迷雾中的线索发现任务诉求，开启中国科技情报研究方法探索的新征程。

（2）科技情报研究方法的创新方向

在复杂信息环境下，科技情报研究的不确定性更为显著，科技情报研究方法更为关注多源数据之间的比较，如相关性分析，在过程上强调效率，研究方法要打破数据壁垒和数据局限，不仅要正确利用自身产生的数据，还要充分利用外界所有的大量相关数据。因此，迫切要求情报研究方法及体系的适应性创新，这种研究方法的创新方向要点主要体现在以下6个方面。

① 面向具体科技领域的开源情报融合方法研究。当前，开源情报已进入新的发展阶段，如火如荼的开放科学运动也将带来更多的开源情报，科研成果和学术信息在互联网上的传播也得到了迅速推动与交流，大量科研数据不再受到版权费用和获取权限的限制，智库等咨询机构及学术机构可以更便捷地获取到各种类型的科研数据和学术资料。这使得开源情报源除具有公开性、多源性外，在情报内容上更具备丰富性、时效性和复杂性，情报研究方法需要从单一领域科技情报研究转向全领域的科技情报研究，多源信息融合是当前情报环境下科技情报研究方法的新特点。开源情报在科技型数据层次上，呈现多源、异构的特点。在情报内容层次上，基于统计或语义分析的结果将呈现不同维度的信息特征表现。与其他研究或应用领域的信息融合问题相比，开源情报的信息融合问题更为复杂，因此，科技情报领域的信息融合方法是科技情报研究方法需要重点创新的方向之一。

② 面向科技战略决策需求的场景建模和组合分析方法研究。近年来，现代计算机处理速度快，具备多个中央处理器，大内存和灵活的交互式可视化效果促进了解决深度不确定性决策问题的新型量化方法的产生。在政策分析和综合评估中，应重视采用计算机、多场景仿真方法。在新型的科技情报研究方法中，分析人员利用模型构建不同场景，利用场景的多样性来比较各类完全不同的情况，进而提出论据，而不是使用概率权重法进行汇总得出结果。建模强调利用计算机试验来了解世界的概念框架，特别是利用计算机生成的不同可视化效果之间的相互作用，帮助人们形成关于计算机试验集合属性的假设，然后开展针对该集合的计算机搜索，对这些假设进行系统测试。在决策分析时，探索性建模方法建立大量貌似合理的未来的场景集合，当预测长远的未来信息时，场景集合可以为这些论据提供有效支持。因此，构建探索性数据分析系统，使用描述性统计方法建立算法，使用数学公式完成建模，解读传统分析方法无法判定的变量间的关系，基于专门计算模型和数学分析方法完成更深入的研究是科技情报研究方法需要重点创新的方向之二。

③ 基于智能技术提升科技情报生产力的情报研究新方法。人工智能已经在提升情报分析和决策效率中发挥了重要作用，在智能信息处理、情报分析预测等情报关键领域发挥作用，提供先进的情报分析工具。智能技术在情报工作中的落地和实践，有力促进了其向情报生产力的转变。利用数据分析技术，将信息综合利用环节提前至数据处理阶段，一方面可提前发现隶属于机构的弱信号信息间的潜在联系；另一方面减轻情报分析人员的信息搜集压力，以便其集中精力实现结构化情报分析。其主要思路为一旦信息获取，马上对其进行时间与实体性（人物、地点、特征等）的语义标注。利用数据挖掘技术对所有获取信息进行关联分析，尽早发现弱信号和潜在联系，根据标注向承担相关任务且具有权限的情报分析人员实时推送信息结果。情报人员主要利用自身知识和经验积累，通过综合使用合适的结构化方法对获取的关联性信息结构进行分析，向情报机构提出新的情报搜集需求。动态调整情报搜集规划是科技情报研究方法需要重点创新的方向之三。

④ 重视应用多学科方法的情报研究新方法。20 世纪以来，边缘学科、

横断学科、综合学科的不断涌现和软科学的兴起，不仅揭示了现代学科的相互渗透、交叉融合的趋势，还展现了丰富多彩的跨学科研究方法，这些方法不但加强了科学研究思维和活动，还成为新的科学创新活动中的行动指南。单纯的基于某一单独学科的情报研究方法已经无法满足决策者的基本需求，只能有目的地将多学科及从事各门学科研究的研究者组织起来，协同作战，才有可能取得进展和突破，进而产生了应用多学科方法开展综合性、系统性研究的现实需要。因此，为了适应新环境下的科技情报需求，应用多学科方法已成为有效开展科技情报研究的必然选择。多学科、跨领域研究方法的综合运用体现在多个方面，包括不断纳入其他领域的方法，将多个学科进行融合，将现代分析方法与技术的定量分析方法进行结合等，这是科技情报研究方法需要重点创新的方向之四。

⑤ 关注确保科技数据安全的科技情报研究方法。随着社会数字化、信息化、数据化、智能化不断发展，各种类型的数据库、资料库、知识库层出不穷，信息资源建设取得丰硕的成果，与此同时，各种搜索工具的出现极大地方便了基础事实性信息的获取。在新一代的开源情报环境下，科技数据安全包括两个方面：一是科技数据的质量安全。开源情报的内容更具丰富性、时效性和复杂性，而且情报源的数据规模持续增长，数据的质量，即数据的真实性和有效性需要考虑。二是科技数据的生产和传输安全。我们在重视数据质量的同时，自身科技数据在开源情报环境下的生产、传输过程中的安全问题同样需要重视，数据的可传播性、保密性等需要规范，这对于国家科技安全具有重要意义。因此，结合科技领域的数据特点，融合多学科方法和技术，如区块链技术，在科技情报研究方法中融入保证科技数据安全的方法和策略，整合各情报相关方，打造具有安全性、松耦合、模块化、标准化、服务化的泛在数据基础支撑平台是新一代开源情报环境下科技情报研究方法需要重点创新的方向之五。

⑥ 优化科技管理的科技情报研究方法。科技管理包括科技项目管理、科研机构管理、科技期刊管理、科技人员管理等诸多方面。优化科技管理离不开科技管理的评估。科技管理评估是一项复杂的系统工程，牵涉评估原则、指标选取、数据归一化、评估方法选择、灵敏度分析、评估结果组合等诸多方面。在开源情报这一新的信息形式下，我们可依据开源数据进

行专业化评估，提供分类明确、更细化的科技情报研究方法和工具，以构建科技评估管理系统。该方法包括科学合理的科技全过程指标体系设计，大规模、大尺度的数据分析方法，多维度、多侧面的关联计算，以及形象生动的可视化技术展示。提供相关领域的科学技术评估，如对我国各重点学科领域进行准确的世界定位，评估我国各学术研究机构的研究水平，掌握我国科学家在世界科学地图中的分布情况，关注我国科研院所、机构的研究布局等，为我国全面评估和优化科技管理工作，建立科技情报人员的科学培养机制提供依据。因此，用于优化科技管理的科技情报研究方法是科技情报研究方法需要重点创新的方向之六。

15.3.2　科技情报业务支撑平台的主要业务场景

本书在前几章已对科技情报卓智赋能下的主要业务场景，即已然扫描、或然预见、未然感知和前瞻规划进行了解读，科技情报业务支撑平台的主要业务场景亦是如此，此处不再赘述。具体到每一个业务场景，则要根据科技情报对象的要求进行应用上的细化。

15.4　科技情报业务支撑平台的作业案例

本书重点介绍中国科学技术信息研究所（简称"中信所"）正在推进的具有代表性的科技情报业务支撑平台——颠覆性技术感知响应平台和颠覆性技术创新服务平台的建设情况。两个平台在功能、用户及信息公开范围等方面既相关又有差别，相辅相成、互为补充，有效衔接。如图15-6所示，颠覆性技术感知响应平台是中信所承担国家重点研发计划项目的核心成果，是按照科技部重要工作部署建立的，主要以技术为主线，面向科技部专业司局和专业机构开展科技决策支撑，主要实现技术监测、识别预警、评估等功能。颠覆性技术创新服务平台是以产品和服务为主线，在感知响应平台基础上进一步延伸功能，面向企业、科研机构、科研人员开展技术洞见、项目资助、技术管理与成果培育等服务，该平台可以基于一定机制进行开放性服务。

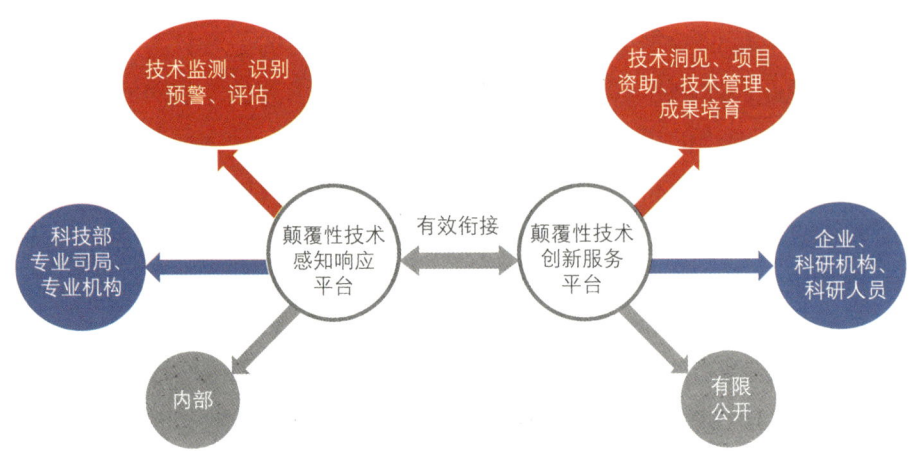

图 15-6　颠覆性技术信息化平台的建设组成

15.4.1　颠覆性技术感知响应平台

与传统技术相比，颠覆性技术具有非常显著的变革性、突破性、替代性、前瞻性、交叉性和高风险、高回报性特征。这些特征决定了只利用单一数据源或少量数据无法实现颠覆性技术的准确识别，需要多源异构海量数据的持续汇聚、挖掘；只考虑技术本身是无法实现有效识别的，需要综合考虑政策、市场、创新主体等多方面的因素；只关注共识性的强信号无益于颠覆性技术的早期识别，往往需要及时感知、抓取到潜在的弱信号。因此，对于颠覆性技术的识别仅靠一个通用的识别方法是不可行的，需要一种多维度的技术识别方法，该方法需要强调定性与定量研究方法相结合。

（1）采用的模型和方法

中信所在建设颠覆性技术感知响应平台时提出并研制了"过滤漏斗"模型，如图 15-7 所示。该模型采用逐步逼近方法，从多发易发阈、技术领域、科研机构、企业、定性评估、决策 6 个角度进行分步过滤，不断迭代反馈，逐渐逼近识别目标。中间每个步骤穿插专家预判，涵盖识别与监测、评估、行动等颠覆性感知全阶段。使平台具有提高识别结果准确性、完备

第15章 科技情报业务支撑平台建设

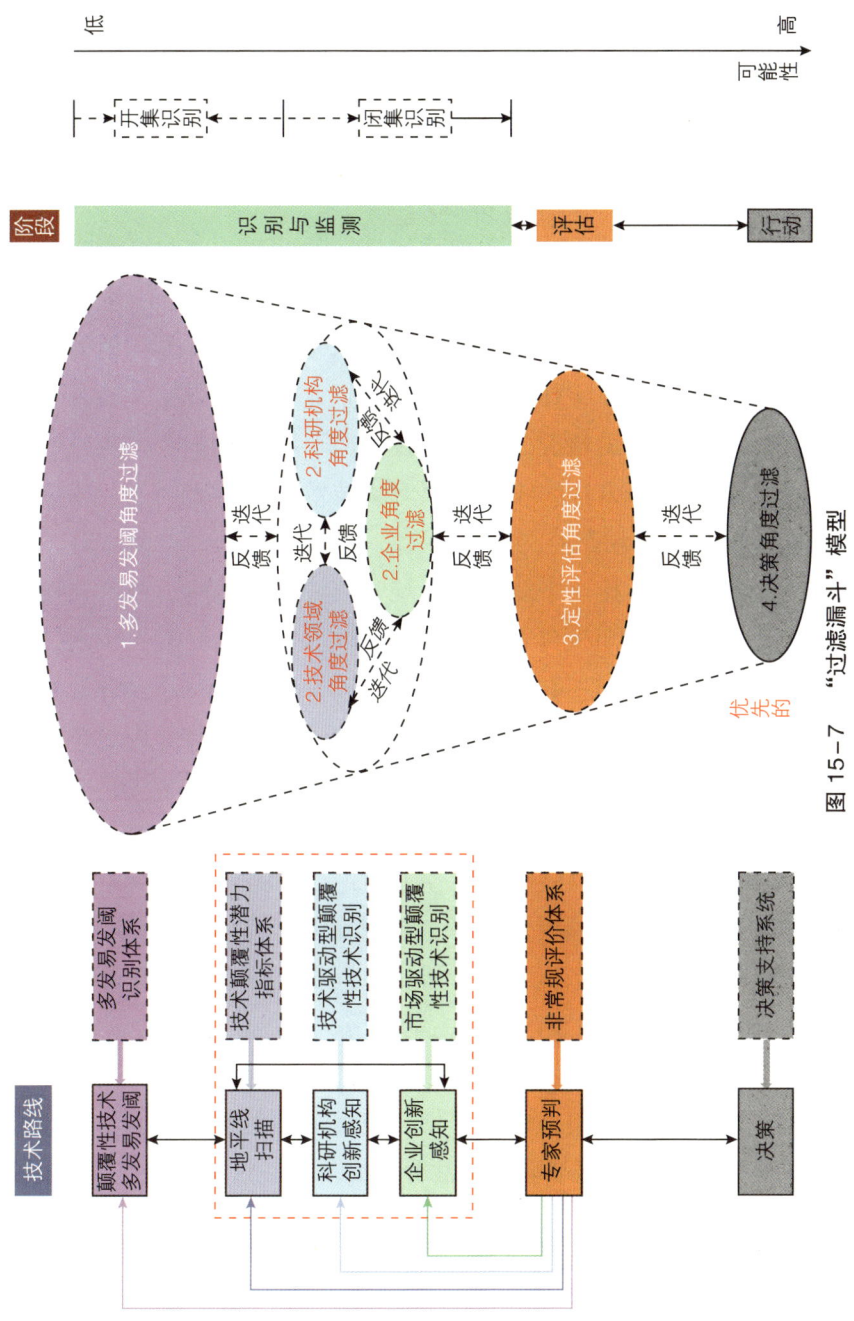

图 15-7 "过滤漏斗"模型

性、实现早期识别、与应用紧密结合等优点。基本明确了信息—弱信号—颠覆性技术的方法路径，依此建立了技术弱信号识别模型，以及颠覆性技术识别模型、遴选模型、评估模型，并将这些模型工具化，嵌入颠覆性技术感知响应平台中。该平台中的相关方法也采用前文所述已然扫描、或然预见、未然感知和前瞻规划中的某些方法。

（2）颠覆性技术感知响应平台功能设计

颠覆性技术感知响应平台主要实现技术动向的监测、感知、响应与评估等功能。

监测功能：该平台可实现对全球颠覆性技术领域发展状况、颠覆性技术政策规划情况、重要创新主体（科研机构、企业、科技人员）动态、主要国家颠覆性技术项目资助情况、重大科技突破、颠覆性技术预测报告、新产品新服务、新工具新方法、主要国家对华技术出口管制列表、相关科技论文与专利等情况实时动态监测。

感知功能：该平台依托地平线扫描系统、政策感知平台、科研机构创新感知平台、企业创新感知平台等，利用信号抽取、信号分析等技术结合专家智慧的方法；基于颠覆性技术弱信号识别模型，通过包括"全球监测→信息抽取→信号分析→技术评估"的自下而上、逐步收敛的分析过程，感知潜在颠覆性技术弱信号、市场弱信号、政策弱信号等。

响应功能：通过挖掘弱信号发展轨迹，分析弱信号发展规律，关联弱信号与颠覆性技术，利用机器智能与专家智慧结合、定性评估与大数据分析挖掘相迭代的思路，基于颠覆性技术"过滤漏斗"模型，形成潜在颠覆性技术清单。及时将相关信息以专报、研报、周报、月报、年报等形式向科技部相关司局进行报送，并实现平台主动预警、推荐。

评估功能：该平台针对颠覆性技术非共识、不确定性大等特点，通过构建非常规评价体系实现颠覆性技术评估，包括是不是颠覆性技术、颠覆可能性、颠覆影响力、与我国战略相关性等方面。

15.4.2 颠覆性技术创新服务平台

颠覆性技术创新服务平台是为了更好地落实推进我国颠覆性技术发现

与培育的相关工作而开发的，它是一个以技术管理、技术服务为主线的集监测、洞见、资助、管理、培育于一体的科技情报服务平台。该平台与"颠覆性技术感知响应平台""国家科技管理信息系统"等已有业务系统能有效协同衔接，共同为科技管理部门、创新主体等提供颠覆性技术研究、监测、预警、识别、遴选、评估、资助、管理、培育等服务，支撑国家颠覆性技术创新资源配置与科技管理需求，为各创新主体提供整体解决方案。中信所在"颠覆性技术创新服务平台"中设计了洞见研报、技术洞察、服务平台、智能工具、解决方案等5个功能模块。

（1）洞见研报模块

提供全球技术雷达、全球技术预警、全球技术线索、全球技术榜单、全球技术洞见、颠覆性技术研究专报等6类颠覆性技术报告的研究成果展示，如图15-8所示。

图15-8 洞见研报模块

其中，全球技术雷达通过动态跟踪全球权威网站，实现技术监测，评估监测技术的创新性、科学价值、经济价值与应用前景，遴选出技术新进展、新动向、新苗头，以期为技术突破的及时感知、颠覆性技术的早期识别、前瞻性科研项目的研发布局及技术风险预警等提供参考，如图15-9所示。

图 15-9　全球技术雷达

全球技术洞见以全球技术监测数据为基础，采用定量与定性相结合的研究方法，从技术颠覆性、造成的影响、可实现度等角度出发，识别遴选出重要技术。围绕技术专题，分析其技术内容、政策动向、研发投入等方面的重要信息与情报线索，并使用数据分析与文本挖掘等方法对相关专利进行深度研究，从而勾勒出该技术专题发展的概貌，为相关决策提供支持，如图 15-10 所示。

图 15-10　全球技术洞见

（2）技术洞察模块

技术洞察模块包括技术监测、技术管理与技术预测 3 个部分。其中，技术监测涉及重大科技突破、新工具/方法、新产品/服务、监测源、技术动态和高风险项目等内容;技术管理涉及颠覆性技术资助模式、颠覆性技术创新模式、颠覆性技术创新政策支撑要素、颠覆性技术专项/计划典型案例等内容;技术预测涉及颠覆性技术、颠覆性技术弱信号、预测报告等内容。这部分可以为用户提供颠覆性技术研究领域所需要的特色资源,如图 15-11 所示。

图 15-11 技术洞察模块

其中,颠覆性技术子模块展示的是:利用技术、政策与市场全方位监测、机器智能与专家智慧结合、定性评估与大数据分析挖掘相迭代的思路,通过重组各类科技资源,采用地平线扫描、颠覆性技术弱信号识别等方法形成的技术清单。这部分数据可做到与颠覆性技术感知响应平台同步更新,展示结果如图 15-12 所示。

图 15-12 颠覆性技术子模块

颠覆性技术弱信号子模块展示的是颠覆性技术弱信号的识别结果。通过该模块的分析可以实现颠覆性技术的早期识别。此外，在其基础上，通过信号聚类、分析、研判，形成《全球技术线索》报告，可以实现对技术苗头的早识别、早预判、早应对。这部分内容与颠覆性技术感知响应平台同步更新，如图15-13所示。

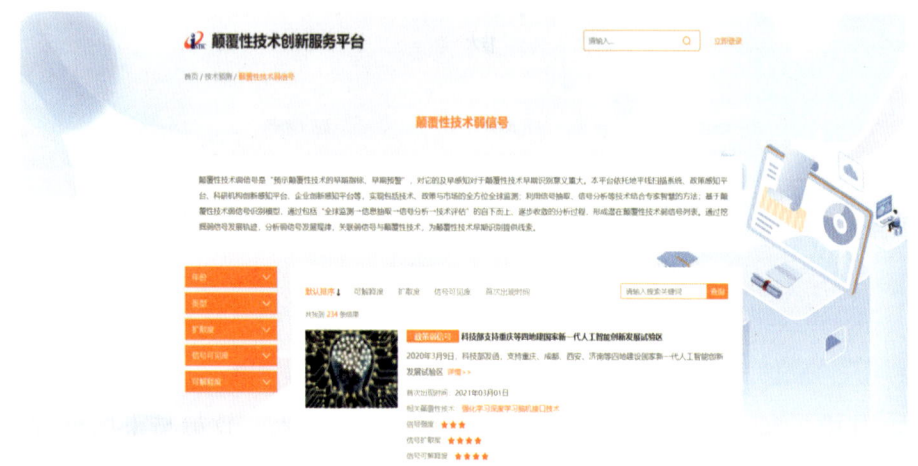

图15-13　颠覆性技术弱信号子模块

（3）服务平台模块

颠覆性技术创新服务平台目前主要包括科技情报监测预警平台、颠覆性技术感知响应平台、非共识项目评估系统3个系统，未来还会进一步增加。

（4）智能工具模块

工具本身也是产品，可为用户提供服务支撑。在智能工具模块，颠覆性技术创新服务平台提供信息采集处理工具、数据管理系统、知识图谱、自动分类标引工具、自动聚类工具等，未来还会持续更新，如图15-14所示。

图 15-14　智能工具模块

（5）解决方案模块

解决方案模块设计了 7 种适合不同情报用户、不同情报业务应用场景的解决方案，包括技术监测、技术识别、技术预警、技术评估、项目评估、技术专题分析、技术分类等，可以根据用户需求提供个性化定制的全套解决方案服务，如图 15-15 所示。

图 15-15　解决方案模块

15.4.3 支撑平台的应用

中信所在颠覆性技术感知响应平台和颠覆性技术创新服务平台建设之初就强调研究与应用必须紧密结合，首先要把研究成果直接面向科技部的科研管理实践。依托颠覆性技术感知响应平台和颠覆性技术创新服务平台，中信所在以下 6 个方面有效支撑了新时代科技创新管理工作。

① 全面支撑"十四五"重点研发计划"颠覆性技术创新"重点专项的组织实施，目前中信所已被列为专项的管理枢纽；② 支撑颠覆性技术研发方向公开征集与研发方向评估遴选工作；③ 为研发方向遴选提供了工作方案设计、组织实施、信息支撑等服务，已配合科技部完成了多次颠覆性技术研发方向建议筛选工作；④ 支撑全国颠覆性技术创新大赛指南制定；⑤ 形成了"关键领域及关键技术清单"，支撑科技资源配置；⑥ 开展颠覆性技术项目管理体制机制的研究，很好地支撑了科技计划项目管理新机制、新模式的形成，推进了科技计划项目管理改革与重塑。

15.5 本章小结

中国的科技情报从诞生伊始，情报研究人员一直坚持开展情报学的研究，并将研究成果应用于科研实践，为开展情报研究和情报事业提供理论与方法的保障，延续科技情报事业的不断前行。当今世界正经历百年未有之大变局，新一轮科技革命和产业变革深入发展，国际力量对比深刻调整，国际环境日趋复杂，我国的发展环境面临着深刻复杂的变化，并处于重要的战略机遇期，科技情报的作用凸显，同时也需要新的科技情报理论去指导实践工作。本书在相关研究的基础上，结合科技情报业务实践经验，提出复杂信息环境下的科技情报认知论。从科技情报业务流程和情报认知链的视角，提出创新科技情报的研究方法，并将其落实于中信所的科技情报业务支撑平台建设中，已取得积极的应用效果。

参考文献

[1] HEATHER J W, ILANA B. Defining second generation open source intelligence for the defense enterprise [EB/OL]. [2018-05-17]. https://www.rand.org/pubs/research_reports/RR1964.htm:RAND.

结束语

中国的科技情报事业于20世纪50年代中期起步，自诞生之日起，就与国家建设发展的脉搏息息相关，经过多个阶段的发展而逐步迈向更加智能的科技情报时代。主动与国家发展需求相契合，发挥"耳目、尖兵、参谋"的作用是中国科技情报机构始终不变的责任和担当；善于学习、借鉴、引进多学科知识，不断丰富中国科技情报的理论是中国科技情报业务的研究特点和工作方法。国际科技竞争环境的不稳定性和不确定性促使我们对复杂信息环境下科技情报理论体系构建问题做出深刻的思考。与过去相比，科技情报所处信息环境已发生改变，导致科技情报研究和工作模式、科技情报的业务场景和情报需求、科技情报事业的研究重点均发生新的变革，拓宽、融合和创新科技情报理论体系是大势所趋。当前，科技情报的现实工作条件——复杂的信息环境，给科技情报研究和管理工作提出了前所未有的能力要求，提升科技情报能力迫切需要科技情报理论的支撑，新时期科技情报理论体系的构建是现今国内科技情报界必须解决的现实问题。

近几年来，中信所在科技情报业务的具体工作中不断进行探索和实践，特别是聚焦国家科技战略发展对科技情报工作的需求，进行了一系列的科技情报业务体系的改革、调整和优化。基于中信所的实践，本书提出科技情报卓智赋能理论，该情报理论体系的构建研究着眼于新形势下国家科技创新、科技战略决策的情报需求，紧扣科技情报研究机构主动适应行业发展新特点、新趋势、新要求，实施创新驱动发展战略、新型智库建设，实现科技情报事业创新发展的使命。本书阐述了复杂信息环境下科技情报卓智赋能理论的相关内容、要求和建议。希望学界同仁能够结合科技情报业务的深入开展，不断完善和充实该理论体系的内容，为中国的科技情报事业发展做出不懈的努力。

附　录

附录1　国外情报工作人才调研

附录1.1　谢尔曼·肯特（Sherman Kent）[①]

谢尔曼·肯特（1903—1986年），是美国著名的情报学家，是战略情报分析领域的开拓者，被誉为"情报分析之父"。

附图1-1　谢尔曼·肯特照片[②]

---

① 资料来源：https://web.archive.org/web/20070612215517/；https://www.cia.gov/library/kent-center-occasional-papers/vol1no5.htm.
② 资料来源：https://cf.myheritageimages.com/records/thumb/wikidata/q3481962/q3481962_96x_5174556d.png.

1926年,肯特在耶鲁大学获得文学学士学位。

1933年,肯特在耶鲁大学获得历史学博士学位,随后留校任教。

1935年,肯特在博士毕业两年后,获得耶鲁大学教授职位。

1941年,美国为参加二战,成立美国情报协调局,肯特随后加入该部门,主要负责北非的情报研究工作。

1942年,肯特带领团队编写一系列北非港口和铁路的研究报告,为盟军在北非登陆提供了情报支持。该项工作充分展现了肯特非凡的情报才能,使他声名鹊起。

1943年,肯特被任命为研究分析处的欧非科(Europe–Africa Division)科长。在这里的经历使他有了撰写情报著作的想法。

1945年,美国于战后解散了战略情报部门,将研究分析处更名为情报研究办公室,成为国务院的下属机构。在战后的这一阶段,战时的情报人员不受重视,甚至被传统部门人员所排挤。肯特随后前往国家战争学院(National War College),主要讲授美国国家安全问题方面的课程,并逐步确证情报是国家安全问题中至关重要的因素之一,其情报理论思想逐渐成形。

1947年,肯特开始着手撰写《战略情报:为美国世界政策服务》(*Strategic Intelligence for American World Policy*)。

1949年,《战略情报:为美国世界政策服务》出版。肯特因此被邀请加入美国中央情报局(以下简称"中情局")新组建的国家评估办公室和国家评估委员会。

1952年,肯特开始担任国家评估办公室主任和国家评估委员会主席。

1967年,肯特退休。

附录1.2 小理查兹·J. 休厄(Richards J. Heuer Jr.)

小理查兹·J. 休厄(？— 2018年)曾任职于中情局,为中情局服务了45年。他1950年毕业于威廉学院并获得哲学学位,1951年,日后成为中情局局长的理查德·赫尔姆斯(Richard Helms)(也毕业于威廉学院)将正在加州大学伯克利分校读研究生的休厄招入中情局。休厄在行动总部(Directorate of Operations)工作了24年后,于1975年转到情报总部（Directorate of Intelligence）。休厄对叛逃至美国的前克格勃特工尤里诺申科（Yuri Nosenko）到底是奸细还是真实叛逃这一极具争议问题的分析使他有所知名。休厄于1979年从中情局退休，但仍继续与中情局保持密切合作，而让他声名鹊起的是他提出了情报的结构化分析方法。

附图1-2　小理查兹·J.休厄照片[①]

1977年，休厄在国际研究协会（International Studies Association，ISA）年会上组织了主题为"定量方法在政治情报中的运用——中情局经验"（Quantitative Approaches to Political Intelligence：The CIA Experience）的研讨会，并在会后认识了以色列军方情报高级官员Zvi Lanir。后者向休厄推荐了心理学家卡尼曼（Kahneman）与特沃斯基（Tversky）在认知心理学上的最新研究成果，并告诫他"好的情报分析不来自数字，而来自人的大脑"[②]。因此，休厄开始尝试将卡尼曼与特沃斯基的认知心理学理论应用到情报工作中。1979年，休厄从中情局退休，但继续从事认知心理学与情报分析结合的研究工作。1984年，里根政府委托休厄为应对苏联的欺骗性情报开发一套反情报分析方法，尤其是如何验证情报证据的真伪。于是，休厄设计

---

① 资料来源：https://www.impactmania.com/338/steven-heuer/.
② 资料来源：https://www.e-education.psu.edu/geog885/sites/www.e-education.psu.edu.geog885/files/file/Evolution_SAT_Heuer.pdf.

了竞争性假设分析法。2005 年，自动化竞争性假设分析软件开始普及，结构化分析方法开始被美国政府、英国政府推广。2009 年，休厄出版《情报分析心理学》，介绍结构化分析方法如何应对各种认知偏见[①]；2011 年，休厄与前同事弗森（Randy Pherson）出版《结构化分析方法》，系统介绍了 50 种结构化分析方法[②]。

附录 1.3　罗伯特·克拉克（Robert M. Clark）[③][④]

罗伯特·克拉克是美国空军中校（目前已退休）。罗伯特·克拉克的职业生涯开始于美国空军，当时他担任美国空军电子战军官和情报官。1970—1984 年，他是中央情报局负责开发分析的高级分析师和小组负责人，研究包括苏联雷达、通信和电子战系统在内的一系列问题。自 1984 年起，他一直在私营部门工作，首先担任科学技术分析公司（STAC，该公司是一家为美国情报界服务的私营公司）的总裁兼首席执行官，负责组织和指导情报收集与分析支持工作，并开发了新的收集和分析方法。在 STAC 期间，他指导了对 SIGINT 架构的评估工作。1999—2000 年，罗伯特·克拉克担任 BTG, Inc. 的集团副总裁。他参与了 DNI（Director of National Intelligence）情报社区官员课程的开发，并于 2001—2008 年担任教职员工。2008—2009 年，他担任 DNI 情报社区导论课程的课程主任。罗伯特·克拉克目前为约翰斯·霍普金斯大学（Johns Hopkins University）的兼职教授，教授研究生课程。

---

① 资料来源：*Psychology of intelligence analysis*.
② 资料来源：*Structured analytic techniques for intelligence analysis*.
③ 资料来源：https://www.amazon.com/Robert-M.-Clark/e/B001JP0J38%3Fref=dbs_a_mng_rwt_scns_share.
④ 资料来源：https://us.sagepub.com/en-us/nam/author/robert-m-clark.

附图1-3 罗伯特·克拉克照片

罗伯特·克拉克编写了诸多著作,如《地理空间情报之路:GEOINT 的故事》(*The Road to Geospatial Intelligence*:*The Story of GEOINT*,2020年)、《情报分析:以目标为中心的方法》(*Intelligence Analysis*:*A Target-Centric Approach*,2019年)、《情报技术收集》(*The Technical Collection of Intelligence*,2010年)和《情报收集》(*Intelligence Collection*,2014年);此外,他还与威廉·米歇尔(William Mitchell)博士合著了《以目标为中心的网络建模》(*Target-Centric Network Modeling*,2015年)和《欺骗:反情报和反欺骗》(*Deception*:*Counterintelligence and Counterdeception*,2018年),并与马克·洛文塔尔(Mark Lowenthal)博士合编了《情报学合辑:五大学科》(*Intelligence Collection*:*The Five Disciplines*,2015年)。

罗伯特·克拉克为麻省理工学院(MIT)的理学学士、伊利诺伊大学(University of Illinois)的电气工程专业博士及乔治·华盛顿大学(George Washington University)的法学博士。他还是弗吉尼亚州律师协会和美国专利商标律师协会的成员。

附录2 国外高校信息科学相关研究生项目培养方案调研

附录2.1 雪城大学信息学院研究生项目

（1）雪城大学信息学院硕士研究生教育[①]

雪城大学信息学院硕士研究生教育（master's programs）主要有3个方向（还有一个在线教育方向，略），分别是：①数据科学应用（applied data science）；②信息系统（information systems）；③图书馆与信息科学（library and information science）。

1）数据科学应用方向[②]

旨在教导学生理解组织需求，运用创造力解决特殊的问题，以及将数据分析的创新方法运用到商业运作中来。毕业后，学生将能运用基于数据分析的知识解决实际问题。数据科学应用方向进一步细化为3个可选培养路径。

① 数据与商业分析（data and business analytics）：聚焦数据科学在商业活动中的应用；

② 语言分析（language analytics）：聚焦分析非结构化的语言数据；

③ 数据流水线与平台（data pipelines and platforms）：聚焦数据收集与数据工程技术。

无论选择哪个培养路径，均需要修满34个学分，可一年内毕业。

◇ 主核心课程

主核心课程为数据库、数据分析与商业分析提供基础知识。具体包括：

IST 659 数据管理概念与数据库管理（3学分）；

IST 687 数据科学导论（3学分）；

IST 707 机器学习应用（3学分）；

IST 718 大数据分析（3学分）；

[①] 资料来源 https://ischool.syr.edu/academics/masters-programs/.

[②] 资料来源 https://ischool.syr.edu/academics/applied-data-science-masters-degree/.

IST 772 数据科学中的定量思维（3 学分）；

SCM 651 商业分析（3 学分）。

此核心课程从以下路径中选择（包括可视化分析两门通选课程）。

- 数据与商业分析

ACC 652 会计分析（3 学分）；

FIN 654 财务分析（3 学分）；

MAR 653 市场分析（3 学分）；

MBC 638 数据分析与决策（3 学分）；

SCM 702 管理科学原理（3 学分）。

- 数据流水线与平台

IST 652 数据分析脚本（3 学分）；

IST 722 数据仓库（3 学分）；

IST 769 高级大数据管理（3 学分）。

- 语言分析

IST 644 自然语言处理（3 学分）；

IST 736 文本挖掘（3 学分）。

- 可视化分析

IST 719 信息可视化（3 学分）；

IST 737 可视化分析面板（3 学分）。

◇ 选修课程

IST 615 云端管理（3 学分）；

IST 618 信息政策（3 学分）；

IST 623 信息安全导论（3 学分）；

IST 644 数据科学项目管理（3 学分）；

MAS 974 数据科学实习（3 学分）；

MAS 766 线性统计模型 I：回归模型（3 学分）；

MAS 777 时间序列建模与分析（3 学分）。

◇ 毕业要求课程

IST 782 数据科学应用毕业设计（1 学分）。

2）信息系统方向[①]

旨在培养学生成为有技术背景与能力的商业领袖。这也是目前经济环境下薪酬最高、需求量最大的职位。这一方向结合商学院的 MBA 课程与信息学院的信息技术课程，使学生掌握信息系统相关知识技能，助力用户与企业。需要修满 36 个学分，通常 1～2 年毕业。

◇ 核心课程

IST 614 信息技术管理与政策（3 学分）；

IST 621 信息管理与技术（3 学分）；

IST 654 信息系统分析（3 学分）；

IST 651 企业数据系统脚本分析（3 学分）；

IST 659 数据管理概念与数据库管理（3 学分）。

◇ 选修课程

IST 603 全球财务系统架构（3 学分）；

IST 608 区块链管理（3 学分）；

IST 615 云端管理（3 学分）；

IST 618 信息政策（3 学分）；

IST 619 数字传输经济学（3 学分）；

IST 623 信息安全导论（3 学分）；

IST 625 企业风险管理（3 学分）；

IST 636 信息安全主要议题（3 学分）；

IST 641 基于用户的设计（3 学分）；

IST 643 企业服务与虚拟系统（3 学分）；

IST 644 数据科学项目管理（3 学分）；

IST 645 信息系统项目管理（3 学分）；

IST 649 人机交互（3 学分）；

IST 651 企业数据系统脚本分析（3 学分）；

IST 658 高级企业网络管理（3 学分）；

IST 659 数据管理概念与数据库管理（3 学分）；

---

① 资料来源：https://ischool.syr.edu/academics/information-systems-masters-degree/.

IST 672 信息科学研究方法基础（3 学分）；

IST 673 技术与未来工作（3 学分）；

IST 682 信息专家的文化竞争力（3 学分）；

IST 687 数据科学导论（3 学分）；

IST 690 独立研究（1~6 学分）；

IST 719 信息可视化（3 学分）；

IST 722 数据仓库（3 学分）；

IST 726 企业架构：概念与实践（3 学分）；

IST 728 信息安全政策（3 学分）；

IST 745 项目组合与管理（3 学分）；

IST 769 高级大数据管理（3 学分）。

◇ 毕业要求课程

IST 755 信息资源战略管理（3 学分）或 IST 765 信息系统研究毕业设计（3 学分）与 IST 971 信息系统专业实习（3 学分）。

3）图书馆与信息科学方向[1]

图书馆并非藏书楼。该方向旨在教育学生在图书馆各种危机与灾难发生时所能扮演的角色及图书馆如何面对社会的不公正并促进社会包容与平等。该方向也教育学生担负起一个图书馆员的社会责任。自 1928 年被美国图书馆协会（American Library Association，ALA）认证以来，雪城大学图书馆专业一直致力于使社区与组织更好地利用图书馆及信息资源。需要修满 36 个学分，通常在两年内毕业。

◇ 核心课程

● 导论核心课程（3 学分）

IST 511 信息科学的文化基础（3 学分）。

● 信息资源核心课程（9 学分）

IST 605 索引与信息素养服务（3 学分）；

IST 613 图书馆规划、市场运作与评估（3 学分）；

---

[1] 资料来源：https://ischool.syr.edu/academics/library-and-information-science-masters-degree/.

IST 616 信息资源：管理与获取（3 学分）。
- 管理与政策核心课程（3 学分）

IST 717 图书馆领导与管理（3 学分）。

◇ 选修课程

IST 564 无障碍图书馆与信息服务（3 学分）；

IST 604 信息资源编目（3 学分）；

IST 607 图书馆员、档案管理员、文化遗产工作者的数字人文（3 学分）；

IST 611 教育机构中的信息技术（3 学分）；

IST 612 图书馆与信息中心的青少年服务（3 学分）；

IST 615 云端管理（3 学分）；

IST 617 信息利用的动机因素（3 学分）；

IST 619 数字传输经济学（3 学分）；

IST 622 文化遗产保护导论（3 学分）；

IST 624 图书馆与文档集保护（3 学分）；

IST 625 企业风险管理（3 学分）；

IST 626 信息公正与社区参与（3 学分）；

IST 628 文档集整理与描述（3 学分）；

IST 631 主体映像与分类理论（3 学分）；

IST 632 特殊馆藏管理与组织（3 学分）；

IST 635 收藏发展与获取（3 学分）；

IST 638 索引与抽象系统与服务（3 学分）；

IST 641 基于用户的设计（3 学分）；

IST 645 信息系统项目管理（3 学分）；

IST 646 信息专业人员的数据叙事（3 学分）；

IST 649 人机交互（3 学分）；

IST 651 企业数据系统脚本分析（3 学分）；

IST 654 信息系统分析（3 学分）；

IST 659 数据管理概念与数据库管理（3 学分）；

IST 661 学校图书馆管理（3 学分）；

IST 662 信息专业人员的教导方法与技术（3 学分）；

IST 663 学校图书馆员的教导领导力（3学分）；

IST 664 自然语言处理（3学分）；

IST 668 学校图书馆通识（3学分）；

IST 671 信息科学研究方法基础（3学分）；

IST 672 公共图书馆（3学分）；

IST 674 图书馆学（3学分）；

IST 676 图书馆中的数据与数字服务（3学分）；

IST 681 元数据（3学分）；

IST 682 信息专业人员的文化竞争力（3学分）；

IST 687 数据科学导论（3学分）；

IST 707 机器学习应用（3学分）；

IST 715 图书馆、档案馆与博物馆（3学分）；

IST 719 信息可视化（3学分）；

IST 735 针对信息专业人员的版权问题（3学分）；

IST 772 数据科学中的定量思维（3学分）；

IST 776 信息科学与技术中的研究方法（3学分）；

IST 973 信息科学实习项目（1~6学分）。

◇ 毕业要求课程

IST 773 毕业设计（3学分）。

（2）雪城大学信息学院博士研究生教育[①]

雪城大学信息学院博士研究生教育分为两个大的方向。一个是传统的、学术性博士学位（doctor of philosophy，Ph.D.）；另一个是面向管理与商业领域的应用博士学位（doctor of professional studies，DPS）。以下将主要介绍前者，对后者只做简要介绍。

---

① 资料来源：https://ischool.syr.edu/academics/ph-d-in-information-science-and-technology/.

1）学术性博士学位

雪城大学信息学院博士研究生教育的全称是信息科学与技术博士学位（Ph.D. in information science and technology），其核心理念是信息是一种可管理且具有鲜明人类属性的资源（"information is a manageable resource with a distinctively human component"）。雪城大学信息学院的研究生、博士生导师来自各个学科领域，包括管理学、传播学、社会学、计算科学、心理学、政策研究、图书馆学，因此该学院认为能提供一种"以人为本"而非"以计算机为本"的信息研究方式（"to provide a human-centered, rather than a computer-centered, approach to information"）。

完成信息学院博士学位共需78个学分，具有相关专业硕士学位的学生可以豁免其中30个学分。因此，大多数博士生需要完成48个学分。博士生的培养与研究主要包括以下领域。

信息与社会：信息与公共政策、社会变革、信息与传播技术（information and communication technologies，ICT）、电子政府、数字不平等、媒介融合、社区网络、图书馆；

信息与组织：数字赋能的新组织模式、ICT主导的电子商务、数据驱动的创新与变革、基于ICT的组织；

信息与个人：人机交互、信息搜索行为、医疗信息；

信息系统：设计、可持续性（survivability）、安全；

信息技术：新兴技术、无线网络、自然语言处理、中间设备（middleware）、信息可视化；

信息组织与获取：数据科学与超大数据集、元数据、数据呈现、知识发现、信息检索、图像检索；

网络化信息：数字图书馆、分布式公共信息、数字参考咨询（digital reference）；

信息与教育：数字素养、在线学习（e-learning）、学校图书馆媒体、异步学习网络（asynchronous learning networks）。

博士学位的学分与课程设置如下：

◇ 博士论文（18学分）

IST 999- 博士论文（18学分）。

◇ 研究与教学实习（共 12 学分）

这两门是核心必修课，但设置非常灵活。博士生可根据导师的建议或自己的偏好选择。其中，研究实习可以跟一位教授做研究项目（可以不必跟自己的导师），也可以在导师指导下开展独立研究（independent study）。教学实习则类似助教的工作，学生可根据自己的兴趣或导师的建议选择。这些实习任务通常在 4 个学期（两年）内完成。

IST 810- 研究实习（2 学分）；

IST 840- 教学实习（1 学分）。

◇ 核心选修课（共 16 学分）

IST 801- 博士生入校第一课（1 学分，一般会讨论信息科学与技术领域的经典理论）；

IST 776 信息科学与技术的研究方法（3 学分）；

IST 777 信息科学与技术的统计方法（3 学分）；

IST 790 信息组织中的前沿问题（3 学分）；

IST 820 研究方法讨论课（3 学分）；

IST 830 信息系统讨论课（3 学分）。

剩余学分学生可根据导师建议与自己偏好在本系的硕士研究生课程或其他院系（甚至其他高校，如康奈尔，不过这需要征得导师与系主任同意）的博士研究生、硕士研究生课程中选取。

博士生在完成研究与教学实习及选修课所需学分后需要进行课程完结答辩（end of coursework，EOC），相当于国内或其他院校博士研究生培养中的博士研究生资格考试。不过，雪城大学信息学院的 EOC 并不采用"笔试+口试"的模式，而更像一种"预答辩"模式。学生需要写一篇文档，总结自己的课程所学并为将来的研究方向做出说明与初步计划。学生需要完成 EOC 文档的口头答辩（答辩委员会一般由 3 位教授组成）才能正式进行博士研究生论文研究。学生在通过 EOC 后会正式成为博士研究生候选人（Ph.D. candidate）。EOC 之后是博士研究生论文开题答辩（dissertation proposal defense）及最终的博士研究生论文答辩。

2）应用博士学位（DPS）[①]

DPS 项目设立的目标是吸引并培训企业或行业的中层管理者。当然，这也是雪城大学信息学院收入的重要来源之一。DPS 的学制为 3 年，共需完成 51 个学分，学生需要完成一篇毕业论文并答辩。3 年期间，学生要参加 6 次每次为期 3 天的到校讨论活动。讨论内容包括学业进度、职业发展、同学社交等。

DPS 的学分与课程设置如下。

◇ 毕业论文（39 学分）

◇ 方法与理论课程（9 学分）

IST 776 信息科学与技术的研究方法（3 学分）；

IST 777 信息科学与技术的统计方法（3 学分）；

IST 790 信息组织中的前沿问题（3 学分）。

◇ 到校讨论课程（3 学分）

IST 801：博士生入校第一课（3 学分，一般会讨论信息科学与技术领域的经典理论）；

IST 880：6 次，每次为期 3 天的到校讨论活动，分别在第 2、第 4、第 5、第 7、第 8 学期举行（第一次即 IST 801，通常在正式开学前进行），不计学分。

附录 2.2　印第安纳大学硕士项目

美国印第安纳大学（Indiana University）与信息科学有关的硕士项目包括信息科学硕士（master of information science）、图书馆学硕士（master of library science）、数据科学硕士（master of data science）和人机交互与设计硕士（master of human-computer interaction and design）。它们的培养方案如下。

[①] 资料来源：https://ischool.syr.edu/academics/doctor-of-professional-studies-in-information-management/。

（1）印第安纳大学信息科学硕士项目培养方案[①]

◇ 必修课程（18学分）

ILS-Z 510 信息研究导论（3学分，必须在学生的前18个学分中完成本课程）。

ILS-Z 511 数据库设计（3学分）。

ILS-Z 515 信息架构（3学分）。

ILS-Z 516 人机交互（3学分）。

编程类课程（3学分）。

在以下两门课程中任选其一：

ILS-Z 513 组织信息学（3学分）；

ILS-Z 556 系统分析与设计（3学分）。

◇ 选修课（18学分）

选修课可以从本系或外系的任何500及以上的课程中选择，包括但不限于以下课程：

ILS-Z 601 文献阅读（1~6学分）；

ILS-Z 602 研究性学习（1~6学分）；

ILS-Z 603 图书馆和信息科学研讨会（1~3学分，通常为1.5学分。这些研讨会侧重于实用的专业技能。学生可以多次选修ILS-Z 603课程，最多把ILS-Z 603的6个学分计入学位）；

ILS-Z 604 图书馆和信息科学主题（3学分，与专业问题相关的主题）。

◇ 4+1 信息科学硕士

此外，4+1硕士课程面向希望通过硕士学位继续深造的积极进取的本科生。学生在大三时申请该项目，并在大四时开始学习本项目的课程。被录取的学生将在大四选修本系12个学分，并在毕业后的暑假选修另外6个学分。暑期工作可以通过研究生课程进行，也可以通过校外实习进行。学生将在接下来的两个学期中分别修读9个学分的课程，完成4+1硕士学位。学位要求与普通信息科学硕士学位相同，本科或研究生阶段所修的课

[①] 资料来源：https://bulletins.iu.edu/iub/sice/2022-2023/graduate/degree-programs/master-of-information-science/index.shtml。

程不得同时计入本科和研究生学位当中。

（2）印第安纳大学图书馆学硕士项目培养方案[①]

◇ 必修课程（15 学分）

ILS-Z 501 用户服务和工具（3 学分）。

ILS-Z 503 表示和组织（3 学分）。

ILS-Z 550 信息机构及其管理（3 学分）。

ILS-Z 605 图书馆和信息科学实习（3 学分，必须在学生的前 18 个学分中完成本课程）。

完成以下技术课程中的一门：

ILS-Z 511 数据库设计（3 学分）；

ILS-Z 512 信息系统设计（3 学分）；

ILS-Z 516 人机交互（3 学分）；

ILS-Z 517 网络编程（3 学分）；

ILS-Z 532 网络信息架构（3 学分）；

ILS-Z 534 检索（3 学分）；

ILS-Z 554 图书馆系统（3 学分）；

ILS-Z 556 系统分析与设计（3 学分）；

ILS-Z 634 元数据（3 学分）；

ILS-Z 636 数据语义学（3 学分）；

ILS-Z 637 信息可视化（3 学分）；

ILS-Z 639 社交媒体挖掘（3 学分）；

ILS-Z 652 数字图书馆（3 学分）；

ILS-Z 656 数字出版标准和系统（3 学分）；

ILS-Z 657 数字人文（3 学分）。

◇ 选修课（21 学分）

选修课可以从本系或外系的任何 5 字头及以上的课程中选择，包括但不限于以下课程：

---

① 资料来源：https://bulletins.iu.edu/iub/sice/2022-2023/graduate/degree-programs/master-of-library-science/index.shtml.

ILS-Z 601 文献阅读（1~6 学分）；

ILS-Z 602 研究性学习（1~6 学分）；

ILS-Z 603 图书馆和信息科学研讨会（1~3 学分，通常为 1.5 学分。这些研讨会侧重于实用的专业技能。学生可以多次选修 ILS-Z 603 课程，最多把 ILS-Z 603 的 6 个学分计入学位）；

ILS-Z 604 图书馆和信息科学主题（3 学分，与专业问题相关的主题）；

ILS-Z 629 信息源和服务主题（3 学分，与专业问题相关的主题）。

◇ 4+1 图书馆学硕士

此外，4+1 硕士课程面向希望通过硕士学位继续深造的积极进取的本科生。学生在大三时申请该项目，并在大四时开始学习本项目的课程。被录取的学生将在大四选修 12 个本系学分，并在毕业后的暑假选修另外 6 个学分。暑期工作可以通过研究生课程进行，也可以通过校外实习进行。学生将在接下来的两个学期中分别修读 9 个学分的课程，完成 4+1 硕士学位。学位要求与普通图书馆学硕士学位相同，本科或研究生阶段所修的课程不得同时计入本科和研究生学位当中。

（3）印第安纳大学数据科学硕士项目培养方案[①]

数据科学项目分为纯线下、纯线上和混合式（40% 为线上，60% 为线下）3 种模式。这里主要截取纯线下模式进行展示。数据科学项目（纯线下）分为应用数据科学、大数据系统、计算和分析、管理数据科学 4 个方向，学生需要任选其一。

1）应用数据科学方向

应用数据科学课程提供数据科学方法及其在不同领域应用的训练。该课程适合希望专注于数据科学应用领域的跨学科背景的学生。该方向的培养方案包括以下内容。

◇ 统计方法（3 学分）

STAT-S 520 统计学概论或者更高级别的统计课程。

---

① 资料来源：https://bulletins.iu.edu/iub/sice/2022-2023/graduate/degree-programs/master-of-data-science/index.shtml.

◇ 数据挖掘和搜索（3学分）

从以下课程中选择一门：

CSCI-B 551 人工智能要素；

CSCI-B 555 机器学习；

CSCI-B 565 数据挖掘；

CSCI-P 556 应用机器学习；

ENGR-E 511 机器学习信号处理；

ILS-Z 534 检索；

INFO-I 606 网络科学（只能算一次）。

◇ 数据管理与工程（3学分）

从以下课程中选择一门：

CSCI-B 561 高级数据库概念；

ENGR-E 516 工程云计算；

INFO-I 535 大数据和复杂数据的管理、访问和使用。

◇ 数据可视化和叙述（3学分）

从以下课程中选择一门：

ENGR-E 583 信息可视化（只能算一次）；

ENGR-E 584 科学可视化；

INFO-I 590 个信息学主题；

STAT-S 670 探索性数据分析。

◇ 数据科学领域知识（6学分）

从以下模块中选一个模块，集中选修至少两门模块内课程。

● 增强现实模块

INFO-I 590 信息学主题：虚拟现实中的人工生命；

INFO-I 590 信息学主题：构建虚拟世界；

INFO-I 590 信息学主题：创建虚拟资产；

INFO-I 590 信息学主题：虚拟现实简介。

● 数据安全和隐私模块

INFO-I 520 网络系统的安全性；

INFO-I 525 组织信息学和安全经济学；

INFO-I 533 系统和协议安全和信息保障；

INFO-I 538 密码学简介。

- 健康和生物医学数据科学模块

INFO-I 507 健康信息学概论；

INFO-I 519 生物信息学概论；

INFO-I 529 生物信息学中的机器学习。

- 人机交互模块

CSCI-B 657 计算机视觉；

ENGR-E 523 物联网；

ENGR-E 599 智能系统工程主题；

INFO-I 590 自主机器人；

INFO-I 513 可用的人工智能；

INFO-I 527 移动和普及设计；

INFO-I 540 人机交互；

INFO-I 542 人机交互基础。

- 社会数据科学模块

ENGR-E 583 信息可视化（只能算一次）；

ILS-Z 639 社交媒体挖掘；

INFO-I 513 可用的人工智能；

INFO-I 590 信息学主题；

INFO-I 606 网络科学（只能算一次）。

◇ 实习（3学分）

◇ 选修课（9学分）

2）大数据系统方向

大数据系统课程侧重于用于收集、管理和挖掘海量数据的软件系统的开发和工程性内容。这最适合具有计算机科学或工程背景的学生。其先决条件为：该方向的学生需要在 STEM 课程工作中打下坚实的基础。具体如下：选择本方向的学生需要精通 C、Java 或 Python；熟悉 R 和 MATLAB；了解微积分Ⅰ和Ⅱ、离散数学、概率论。该方向的培养方案包括以下内容。

◇ 统计方法（3学时）

从以下课程中选择一门：

SPEA-V 506 有效决策的统计分析；

STAT-S 520 统计学概论或更高阶的统计课程。

◇ 人工智能和机器学习工程（6学分）

从以下课程中选择两门：

CSCI-B 555 机器学习；

CSCI-B 565 数据挖掘；

CSCI-P 556 应用机器学习；

ENGR-E 511 机器学习信号处理；

ENGR-E 533 深度学习系统；

ENGR-E 536 高性能图分析。

◇ 大数据、云计算和可视化（9学分）

从以下课程中选择3门：

CSCI-B 561 高级数据库概念；

ENGR-E 516 工程云计算；

ENGR-E 522 用于大规模图像应用的HPC和云计算；

ENGR-E 534 大数据应用；

ENGR-E 583 信息可视化；

ENGR-E 584 科学可视化；

ENGR-E 616 高级云计算；

ENGR-E 623 应用流数据系统。

◇ 核心工程（3学分）

从以下课程中选择一门：

ENGR-E 503 智能系统简介；

ENGR-E 517 高性能计算；

ENGR-E 523 物联网；

ENGR-E 535 用于医疗应用的图像处理；

ENGR-E 551 模拟纳米级系统。

◇ 选修课（9学分）

3）计算和分析方向

计算和分析方向侧重于基础数据科学方法。该课程最适合具有计算机科学、统计学或数学背景且希望深入研究数据科学方法机制的学生。该方向的培养方案包括以下内容。

◇ 数据系统基础（3学分）

CSCI-B 561 高级数据库概念。

◇ 算法基础（3学分）

从以下课程中选择一门：

CSCI-B 503 算法设计与分析；

CSCI-B 505 应用算法。

◇ 数据分析基础（6学分）

第一门课为STAT-S 520统计学概论或更高阶的统计课程，第二门课需要从以下列表中任选一门：

CSCI-B 555 机器学习；

CSCI-B 565 数据挖掘。

◇ 大数据基础设施（3学分）

从以下课程中选择一门：

ENGR-E 516 工程云计算；

INFO-I 535 大数据和复杂数据的管理、访问和使用。

◇ 选修课（15学分）。

4）管理数据科学方向

管理数据科学课程将数据库系统和编程语言方面的高级知识与强大的人际交往及项目管理技能相结合。该课程最适合具有先前工作经验且希望发展组织及项目管理技能的学生。该方向的培养方案包括以下内容。

◇ 统计方法（3学分）

从以下课程中选择一门：

SPEA-V 506 有效决策的统计分析；

STAT-S 520 统计学概论或更高阶的统计课程。

◇ 机器学习、数据挖掘和文本挖掘（3学分）

从以下课程中选择一门：

CSCI-B 505 应用算法；

CSCI-B 551 人工智能要素；

CSCI-B 555 机器学习；

CSCI-B 561 高级数据库概念；

CSCI-B 565 数据挖掘；

CSCI-B 657 计算机视觉；

CSCI-P 556 应用机器学习；

ENGR-E 511 机器学习信号处理；

ILS-Z 534 检索；

INFO-I 513 可用的人工智能；

INFO-I 606 网络科学。

◇ 数据可视化和数据叙事（3学分）

从以下课程中选择一门：

ENGR-E 583 信息可视化；

ENGR-E 584 科学可视化；

INFO-I 590 数据可视化。

◇ 理论管理（6学分）

从以下课程中选择两门：

ILS-Z 513 组织信息学；

ILS-Z 604 数据伦理；

ILS-Z 645 大数据的社会和组织信息学。

◇ 实践管理（6学分）

从以下课程中选择两门：

ILS-Z 512 信息系统设计；

ILS-Z 556 系统分析与设计；

ILS-Z 586 数字策展。

◇ 实习项目（3学分）

◇ 选修课（6学分）

（4）印第安纳大学人机交互与设计硕士项目培养方案[①]

人机交互与设计硕士是一个为期两年的项目，该项目包括36个学分的学习，通常连续两年学习，平均分配为每学期3门课程或9个学分。以下按照学期安排展示该项目的培养方案。

◇ 第一学年秋季学期

INFO-I 541 交互设计实践（3学分）；

INFO-I 542 人机交互基础（3学分）；

INFO-I 561 人机交互中的含义和形式（3学分）。

◇ 第一学年春季学期

INFO-I 543 交互设计方法（3学分）；

选修课（3学分）；

选修课（3学分）。

◇ 第二学年秋季学期

INFO-I 544 体验设计（3学分）；

INFO-I 527 移动和普遍设计或INFO-I 549 高级原型制作（3学分）；

INFO-I 694 人机交互Ⅰ论文/项目（3学分）。

◇ 第二学年春季学期

INFO-I 694 人机交互Ⅱ论文/项目（3学分）。

选修课（3学分）。

选修课（3学分）。

该项目的推荐选修课列表包括：

INFO-I 528 参与式设计（3学分）；

INFO-I 567 设计策略（3学分）；

INFO-I 568 科技创业（3学分）；

INFO-I 590 信息学主题（主题：交互文化，3学分）；

INFO-I 590 信息学主题（主题：社会计算，3学分）；

INFO-I 590 信息学主题（主题：人机交互与设计的可持续性，3学分）；

[①] 资料来源：https://bulletins.iu.edu/iub/sice/2022-2023/graduate/degree-programs/human-computer-interaction-design/index.shtml.

INFO-I 590 信息学主题（主题：人机交互与设计中的视觉素养，3 学分）；

INFO-I 604 人机交互设计理论（3 学分）；

SOAD-S 552 非专业研究生平面设计（3 学分）。

后　记

就在本书即将付梓之际，一场由ChatGPT引发的热议和思考呼啸而来。2022年11月30日，美国OpenAI公司推出AI对话系统ChatGPT，其本质是一款为对话而优化的AI大语言模型，它用海量的算料、超强的算力、强健的模型和极高的投入成本解决传统语言模型的知识和推理缺陷，从量变到质变，生成与人类思维和语言更为相似的推理和表达效果。一经推出迅速成为国内外讨论的焦点，引发了学术界、产业界甚至军界等对未来人工智能技术发展应用的深入思考。ChatGPT及类似技术对开源情报工作产生的影响，其技术发展给我国情报工作带来的挑战的复杂性，进一步验证了我们提出的复杂信息环境下科技情报卓智赋能的理论与实践的现实需求和挑战。

从技术的视角来看，对开源情报工作而言，ChatGPT及类似技术将从多个方面产生深刻影响。首先，此类技术将对情报工作范式产生影响。情报工作者能够利用类似ChatGPT的工具开展机器阅读、信息标注与抽取、自动推理并进行文本生成创作。更重要的是，该技术能够通过与用户交流，学习吸纳用户知识，不断更新其自身知识，并表现出部分认知推理能力。其次，此类技术将带来情报全链条业务变革。此类技术将促进情报获取、处理、分析速度的提升，实现情报工作快速响应。ChatGPT及类似技术可以通过自动生成情报分析报告草稿、准确翻译外文等功能提高情报生产效率。再次，此类技术将对情报服务模式产生影响。此类技术实现了更高水平的人机对话，大幅提高了人机交互效率，推动传统信息检索升级为自然语言问答交流。此类技术能够根据聊天上下文进行互动、实现连续多轮对话、质疑不正确的提问及主动承认错误，回答问题的方式更加贴近人类，实现了人机对话式情报服务的大幅进步。生成式大模型及其类似技术的发展和应用使得我国开源情报工作面临极大挑战：一是人工智能文本的生成可能成为个别国家攻击我国的情报武器。类似 ChatGPT 这样的工具可以快速生成大量虚假信息，用于制造和散布信息迷雾，极有可能成为舆论攻击、意识形态渗透、科技竞争的新武器。此类技术工具的应用使虚假信息伪造成本更低、速度更快、高仿程度更高，导致网络深度伪造信息更加泛滥。二是信息源的变化导致情报和反情报工作难度增加。相关工具的广泛使用会导致开源环境下获取的自动生成内容增加，原创信息相对减少，给信息甄别和情报分析带来极大干扰。对大量开源情报进行真伪验证需要情报组织花费时间和精力，也会消耗决策者宝贵的时间。三是我国的国家安全可能会受到更大挑战。类似技术的代码自动生成功能降低了黑客攻击的门槛，由此引起的网络攻击泄密事件会增加。如果我国用户大量使用非自主可控的 ChatGPT 类服务，可能导致机密泄露，影响国家安全。假如未来大量应用程序基于 ChatGPT 类接口开发，此类技术本身就可能成为新的"卡脖子"技术。四是可能进一步加剧我国与发达国家在开源情报领域的差距。类似技术可能会催生出一批新情报应用场景和业态，但是由于我国自主可控大语言模型的代际差距、高质量人工标注的训练数据匮乏、芯片等"卡脖子"技术尚未攻克及算力落后等问题，可能导致开源情报工作处于被动境地。

  从情报的视角来看，对于开源情报工作而言，我们不禁要问：ChatGPT 是一场科技意外吗？它在惊艳世人的同时，在技术上是否是一次"技术突袭"？答案肯定是否定的，因为我们在 2022 年度发布的《颠覆性技术前瞻 2022》报告中已经明确提出"超大规模预训练模型"是十大最具可能性的颠覆性技术之一，同时我们在 2022 年的全球技术雷达扫描中也多次做出预警。但 ChatGPT 为什么没有发生在中国？我们的科技情报工作应该如何发力才能更好地发挥"耳目、尖兵、参谋"的作用？主动与国家发展需求相契合，发挥"耳目、尖兵、参谋"的作用是中国科技情报机构始终不变的责任和担当。当前，世界新一轮科技革命和产业变革加速演进，全球科技发展态势呈现高度不确定性并将持续增强，国际力量对比深刻调整，柔性和硬性对抗交织上升，中国的发展环境正面临深刻复杂的变化。在这

后 记

场百年未有之大变局中,科技情报对象和情报议题所呈现的不确定性愈加活跃,科技情报事业的发展面临新的机遇和挑战,国家的科技事业发展对科技情报的作用提出前所未有的要求。对科技情报、科技情报事业和科技情报赋能能力进行深入思考,是中国科技情报人不可回避的义务。这也是在本书探讨复杂信息环境下科技情报卓智赋能的理论与实践时,我特别想与同行朋友们分享和继续研究的主题。科技创新的飞轮需要知识创新的飞轮和科技情报的引擎来加速发动,中国的科技自立自强需要科技情报先行,中国的科技强国梦更需要科技情报先行,科技情报既是为明天而做的工作,也是从明天来推演今天的工作。

回望我从事科技情报工作的经历,19年前,怀揣着一颗要用知识和智慧报效国家科技战略与政策研究的心,我来到中信所,开启了科技情报研究工作实践和理论探索。科技情报卓智赋能理论的提出,是中信所坚持科技情报理论创新发展的重要成果,是中信所在坚守科技情报前沿实践中体会的真谛,也是中信所的科技情报工作者赓续中国科技情报事业创新奋斗的精神血脉的学术结晶。该理论的研究目的是构建适应复杂信息环境下国家科技战略发展要求,并与总体国家安全观相契合、支持创新驱动发展战略的科技情报理论体系。其实践意义在于通过该理论体系的指导,提高科技情报业务的工作效率、拓展科技情报研究方法体系、提升我国科技情报体系建设的能力、保障科技情报事业的持续健康发展。本书回应复杂信息环境下的科技情报理论体系构建问题,解析科技情报理论体系的研究构成,指出科技情报业务开展的工作方向,强调发挥"卓智"的科技情报机构体系能力和科技情报人的专业智慧是实现科技情报最大化赋能的基础。

本书是多年来我在科技情报研究和实践过程中,从古今中外的情报实践和思想宝库中汲取营养,结合当前的科技情报需求,为科技情报机构及研究人员、从业人员、研究生和有志于学习情报的人们提供的一个参考读物,在汲取、传播国内外先进的情报原理、学说的同时,努力注意联系当代中国情报研究的新进展、新经验,尽力做到将古今中外的情报学思想融为一体。同时,结合了中信所和业内同行机构的最新理论创新与实践案例。在此,我衷心向所有关注中国科技情报事业和曾经帮助过我的学者、研究人员和朋友们一并表示诚挚的感谢。要感谢的人太多太多，无法一一列举，但我还是要特别感谢武汉大学的马费成老师和北京大学的赖茂生老师等情报界前辈一直以来给予我的鼓励和认同，是你们的支持和宽容给予了我足够的信心与勇气，让我在科技情报的专业上一路前行并坚守下来；还要特别感谢北京大学信息管理系的王延飞老师，延飞老师不但是我在北京大学进行博士研究生培养的合作者，也是我学术研究的良师益友，我的很多学术火花和理论闪光点都来源于他的启发和无私奉献；感谢中信所的同事们用卓越的理论研究和优异的业务成绩成就验证了科技情报卓智赋能理论与实践，这一理论体系的提出和形成是中信所集体智慧的结晶；感谢我在中信所三尺讲台上培养和合作过的学生们，他们不但传承放大了我的学术理论和观点，而且他们中的很多人放弃优厚的待遇和仕途前景，选择留在中信所把他们的知识和青春奉献给伟大时代的科技情报实践；最后我要特别感谢曾文研究员和我的小伙伴们，他们在日常交流和研讨中记录每一个闪光点和思想火花，并把它们转化成学术语言和理论体系，他们为本书的完成付出了大量智慧和精力。但本书的疏漏和不足之处由我自己承担。火热的科技情报事业呼唤创新的科技情报理论，创新的科技情报业务必将催生出创新的科技情报理论。尽管《科技情报卓智赋能论》目前是以一种粗浅和披头散发的状态与同行们见面，但我相信它一定会激发和碰撞出业内同仁们更多创新和智慧的产出，期待我们共同挚爱的科技情报事业在建设科技强国的进程中不辱使命，真正成为耳目、尖兵和参谋。

赵志耘

2023 年 2 月 8 日于复兴路 15 号